本书出版获得教育部人文社会科学研究青年基金项目（22XJC790008）、内蒙古自然科学基金项目（2022QN7002）、内蒙古黄河流域经济高质量发展研究中心项目（24HND09）、内蒙古自治区中蒙俄经济走廊研究协同创新中心研究项目（ZMEY202328）等资助。

草原生态修复的财政支出政策效益研究

李 婷◎著

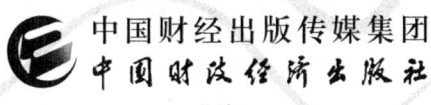

·北京·

图书在版编目（CIP）数据

草原生态修复的财政支出政策效益研究 / 李婷著. -- 北京：中国财政经济出版社，2024.1
ISBN 978 - 7 - 5223 - 2687 - 0

Ⅰ.①草… Ⅱ.①李… Ⅲ.①草原生态系统 - 生态恢复 - 财政支出 - 经济绩效 - 研究 - 中国 Ⅳ.①F812.2

中国国家版本馆 CIP 数据核字（2024）第 033878 号

责任编辑：张晓丽　　　　　责任印制：史大鹏
封面设计：孙俪铭　　　　　责任校对：徐艳丽

草原生态修复的财政支出政策效益研究
CAOYUAN SHENGTAI XIUFU DE CAIZHENG ZHICHU ZHENGCE XIAOYI YANJIU

中国财政经济出版社 出版

URL：http://www.cfeph.cn
E - mail：cfeph@ cfeph.cn

（版权所有　翻印必究）

社址：北京市海淀区阜成路甲 28 号　邮政编码：100142
营销中心电话：010 - 88191522
天猫网店：中国财政经济出版社旗舰店
网址：https://zgczjjcbs.tmall.com
中煤（北京）印务有限公司印刷　各地新华书店经销
成品尺寸：170mm×240mm　16 开　22 印张　354 000 字
2024 年 1 月第 1 版　　2024 年 1 月北京第 1 次印刷
定价：68.00 元
ISBN 978 - 7 - 5223 - 2687 - 0
（图书出现印装问题，本社负责调换，电话：010 - 88190548）
本社图书质量投诉电话：010 - 88190744
打击盗版举报热线：010 - 88191661　　QQ：2242791300

前言

草原是中国面积最大的陆地生态系统，在应对全球气候变化和构建人类命运共同体中发挥着重要的生态调节功能。党的十八大以来，草原地位发生重要变化，"山水林田湖草沙是生命共同体"思想深入人心，党的十九大报告中明确将"草"作为生态文明建设重要组成部分，党的二十大报告中提出推行草原休养生息，维护和促进草原生态系统良性循环越来越引起全社会的高度关注，在生态文明建设中，草原生态修复作为首要任务已形成广泛共识。财政作为国家治理基础和重要支柱，是建设生态文明的基础保障。自21世纪以来，草原生态修复治理的财政支持力度不断加强：大力实施退牧还草（2003年至今）、京津风沙源治理一期工程（2002—2012年）和二期工程（2013—2022年）、三轮草原生态补奖政策（2011—2015年；2016—2020年；2021—2025年）等草原生态建设工程，各级财政投入资金累计超过3200亿元。草原生态补奖政策作为一项重要的生态补偿转移支付制度，在促进草原生态保护（生态效益）和牧民增收（经济社会效益）方面发挥了不可替代的作用。政府利用财政支出政策手段，遵循成本效益分析法，力争实现草原生态修复治理的生态效益、经济效益和社会效益目标最大化。但是现实中，参与草原生态修复治理的主体众多，且涉及部门较为分散，不仅有央地政府和各级行政部门，还包含最大的利益主体——牧民，政府通过财政支出政策激励牧民积极参与草原生态修复治理，助力实现草原生态系统修复，实际上财政支出政策效益目标是否充分实现？实现程度有多大？主要障碍点在哪里？是否还有提升空间？这一系列问题的回答在当前显得十分重要和紧迫，引起政府部门和社会各界的广泛关注。

关于草原生态修复的财政支出政策的效益研究，当前主要集中在生态效益、经济效益和社会效益的评析上，而财政支出政策有效性除了关心政府花钱后所获取的效益外，还要从理论上构建一个清晰的、激励相容的作用路径，将影响草原生态修复财政支出效益的所有主体纳入统一分析框架，分析不同参与主体的行为选择如何影响草原生态修复治理效果，在对三大效益予以评析基础上，找出影响效益提升的障碍点，重构草原生态修复财政支出政策效益提升的理论框架，做到理论与实践的融合统一。本书从理论上，将影响草原生态修复财政支出政策效益的主体纳入统一的理论框架中，验证财政支出政策的激励效果；从实践上，不同财政支出资金投向对草原区域效益评估具有异质性，尽可能选取全样本一手数据予以实证检验效益是否充分实现。以往研究主要集中在评估政策是否有效，并没有构建新的效益提升路径。而系统评估典型区域的草原生态修复的财政支出政策效益是关乎政策有效性和连续性的前提，中国草原生态修复的财政支出政策三大效益具有明显异质性，财政支出政策有效性受多方因素影响，如财政资金投入规模和结构、财政体制及财政制度等，分析有效性是否充分实现，找到制约因素，重构央地政府的财政激励政策已经成为当前各级政府和社会各界关心的热点问题。

草原生态修复作为一个系统性工程，参与主体较多，财政支出政策作用机理对生态修复效益影响具有异质性，仅仅从单一视角分析其效益是否能够反映真实情况？为此，本书主要在理论和实践检验下，从草原生态修复财政支出视角分析三大效益的实现及提升机制，并提出了以下三个层次的问题：（1）草原生态修复的财政支出政策的生态效益、经济效益和社会效益是否充分实现？（2）为了实现草原生态修复的财政支出政策效益目标的最大化，央地政府采取什么样的财政支出政策（资金投入）可以助力草原生态修复效益目标（产出）实现帕累托最优？（3）中国现行的草原生态修复的财政支出政策效益存在帕累托改进空间（作用机制如何），而具体的局限性体现在哪里？如何重构草原生态修复的财政支出政策效益提升驱动机制？

为了对上述问题予以回应，本书基于公共物品理论和外部性理论、生态经济效益理论、激励相容理论等多学科多领域的融合理论，运用问卷调研法、案例分析法、比较研究法及多种实证分析方法予以验证草原生态修复财政支出政策的三大效益是否充分实现，进一步以优化和提升财政支出政策效益

（帕累托改进）为目标，构建随机动态演化博弈数理模型，客观阐释财政支出政策效益的非帕累托最优，存在资源错配问题，未实现整体社会福利最大化。因此，本书紧紧围绕中心观点：高质量的财政支出政策必须是可持续的和有效的，确保财政资金在草原生态修复领域实现效益最大化，在委托代理理论下，需要明确中央政府和地方政府治理目标，依据成本效益分析法，分析财政支出政策效益是否实现预设目标；在地方政府、企业和牧民等不同参与主体相互制约约束下，财政支出政策激励的均衡结果是如何影响草原生态修复治理效益的提升，重构财政支出政策最优作用路径，以期为财政支出政策提质增效提供理论指导和技术支持。

具体来看，本书主要包含九章五个部分：按照提出问题、分析问题、解决问题的逻辑主线，围绕中心议题展开研究。具体研究内容如下：

第一部分主要是引言和问题的提出。根据草原生态修复财政支出政策有效性不足，财政支出政策的三大效益是否充分实现这一问题，提出本书的研究中心议题——如何从理论上重构财政支出政策效益提升路径。从草原生态修复治理、政府和市场在草原生态修复治理中的作用、草原生态修复治理的公共政策三个方面，归纳出国内外草原生态修复财政支出政策效益的研究进展，总结出草原生态修复财政支出政策效益研究主要集中在两个方面：生态修复治理的财政支出政策的补偿机制构建；对草原生态修复财政支出政策补偿效果从生态效益、经济效益和社会效益三个方面予以评析。虽然国内外理论研究成果颇丰，但从财政视角出发，融合多学科多领域的理论方法，分析草原生态修复的财政支出政策效益提升路径还有继续深入研究的可能性。

第二部分主要从三个层面展开本书具体议题的分析。第一个层面是基础理论分析：结合公共物品理论、外部性理论、生态经济效益理论、激励相容理论，阐述相关理论对草原生态修复效益提升的重要实践指导意义；第二个层面是现状分析：以草原生态修复的总体思路、遵循原则、路径选择为研究框架，总结内蒙古草原生态修复发展历程，概括草原生态修复的财政支出政策内容，重点剖析草原生态修复财政支出政策的生态效益、经济效益和社会效益实施效果；第三个层面是存在障碍点分析：找到影响草原生态修复的财政支出政策效益提升的障碍点，如财政资金投入不足、财政投资结构有待完善、中央和地方政府事权和支出责任划分不清，调动多元主体共同参与草原生态修复治理，充分发挥财政政策效应等，为进一步得出财政政策优化路径奠定基础。

第三部分是博弈理论模型提升机制构建。以三方动态演化博弈的有限理性为出发点，运用演化博弈理论分析草原生态修复治理过程中地方政府、企业和牧民的决策策略行为，重点考察央地政府的草原生态修复治理的政策目标和实际执行效果，研究结果表明：三方参与主体的初始意愿会影响均衡策略选择；中央政府财政补贴额度和力度的大小、地方政府的激励机制、牧民预期成本都会影响均衡策略选择；中央政府政策激励机制会对效益提升起到显著影响。其中，经济效益会随着补贴投入的增加呈现正向变化，生态效益会随着补贴投入的增加逐步上升后会达到一个极值，社会效益随着补贴投入的增加并不会呈现一致变化趋势。

第四部分主要是从不同维度出发，利用实证分析方法，采取重点典型案例剖析，对草原生态修复的财政支出政策的生态效益、经济效益和社会效益予以评估。在生态效益分析上：将影响草原生态修复的自然（气温和降水）和人为因素纳入分析框架，得出两者存在倒"U"形关系，并发现财政自给率和政府相对绩效具有调节效应；在经济效益分析上：以草原生态补奖政策（财政支出政策）作为准自然实验，在"以人为本"和绿色可持续发展理念的指引下，将政策中提出促进牧民增收作为政策实施的经济绩效，分析支出政策对促进牧民增收的影响及作用机制，得出财政支出政策并未实现促进牧民增收目标；在社会效益分析上：从社会公平视角出发，依据相对贫困的FGT指数，研究发现草原生态修复的财政支出政策影响相对减贫的道路任重道远，经济增长、劳动力就业水平都是影响社会效益有效提升的关键。

第五部分提出本书的结论与政策建议。纵观全书研究主线，得出以下结论：草原生态修复的财政支出政策的三大效益还有提升空间；总结财政支出政策效益提升的作用路径，构建理论作用机理，结合内蒙古自治区草原生态修复实际，提出要加强顶层设计；明确央地事权和支出责任划分；发挥财政资金激励引导作用，加大草原生态修复工程的资金投入；增加"扶志扶智"的各项教育和基础设施资金投入；动态调整不同草原区域的财政资金结构；健全多层次制度保障体系，为推进生态文明建设和建设美丽中国提供良好的智力支持。

总之，本书的研究是以草原生态修复财政支出政策效益提升为研究主线，以动态演化博弈模型为依托，分析三方参与主体的动态演化路径，为构建效益提升机制构建理论模型，对草原生态修复财政支出政策的生态效益、经济效益和社会效益予以实证检验，进一步得出结论与政策建议。通过理论和实证相结合的分析方法，主要得到以下结论和观点：第一，草原生态修复的财政支出政策的效益仍存在较大提升空间，财政激励机制是主导，构建多元化的融资渠道是关键。第二，不断增加对牧民的教育、就业、扶贫等造血型的财政资金支持，提升牧民自身的人力资本能力，相较于直接给予，货币和实物的输血型财政补贴更为有益。第三，结合区域特色，分区域分阶段动态调整财政资金投向，草原生态修复的财政支出政策效益要与多样化、异质化与异地化需求相匹配，形成常态化并行之有效的政策制度，确保政策的可持续性。

本书的创新点主要体现在以下三个方面：

（1）拓展草原生态修复财政支出政策效益提升维度，深挖草原生态修复财政支出政策生态效益、经济效益和社会效益提升空间。关于草原生态修复财政支出政策效益研究大都集中在效率领域，从公平视角分析多维度的效益提升路径关注较少，本书遵循效率与公平相结合的视角，依据草原植被覆盖度、农牧民收入和相对贫困三个维度考察财政支出政策对草原生态修复三大效益的异质性匹配关系。

（2）构建随机动态演化博弈模型并仿真模拟分析，刻画央地政府委托代理行为，客观分析中央政府政策激励对地方政府和牧民的策略行为选择路径，比较不同初始意愿的稳定策略选择对效益提升的影响机制；实证测度草原生态修复财政支出政策效益是否充分实现，利用 Stata、Matlab 软件实证检验财政支出政策效益的运行机制与体系动态性，通过交叉固定效应模型、双重差分模型和一阶差分 GMM 模型识别草原生态修复财政支出政策生态效益、经济效益和社会效益。

（3）提炼出若干具有区域特色的政策建议：一是分级分区域分阶段精准施策，动态调整纯牧区、半农半牧区的草原生态修复的财政资金投向；二是加大对牧民的教育、就业技能培训等人力资本投资，构建解决相对贫困的"扶志扶智"长效机制；三是构建多元化的绿色长效生态补偿机制，实现各级政府和牧民共治共赢共富的新局面。

　　本书理论研究围绕如何构建草原生态修复财政支出政策效益提升机制，运用多学科的基础理论，从动态演化博弈视角予以分析，虽然力求做到了理论和实践研究的相统一，但是由于宏微观数据获取到旗县一级较有难度，指标选取力求做到贴合实际，但是未来仍然可以在效益评估上继续深入进行数据挖掘，因此，本书的不足之处主要体现在：一是由于草原生态修复的相关理论研究跨越多个学科，囿于对其他学科知识理解的限制，在写作过程中相关学科的理论基础不够夯实。二是由于本书研究视角的限制，关于草原生态修复财政支出政策有效性的评价研究还可继续挖掘。三是由于缺乏财政部门的实践工作经验，对于本书的研究结论理解还有待加强。

目 录

第 1 章　绪论 / 001

　　1.1　研究背景和意义 / 003

　　1.2　相关概念界定 / 008

　　1.3　研究思路与基本内容 / 016

　　1.4　创新点及不足 / 022

第 2 章　国内外文献综述 / 025

　　2.1　国外相关文献综述 / 027

　　2.2　国内相关文献综述 / 030

　　2.3　国内外文献述评 / 036

第 3 章　基础理论 / 039

　　3.1　公共物品理论 / 041

　　3.2　外部性理论 / 044

　　3.3　生态经济效益理论 / 048

　　3.4　激励相容理论 / 050

　　3.5　本章小结 / 053

第 4 章　草原生态修复的财政支出政策效益现状与问题分析 / 055

　　4.1　我国草原生态修复的财政支出政策效益现状 / 057

　　4.2　内蒙古草原生态修复的财政支出政策效益现状 / 075

　　4.3　草原生态修复财政支出政策效益提升存在的问题分析 / 083

　　4.4　本章小结 / 091

第 5 章　草原生态修复的财政支出政策效益提升驱动机制分析 / 093

　　5.1　草原生态修复财政支出政策效益提升驱动机制的演化博弈分析 / 095

　　5.2　演化博弈模型构建 / 098

　　5.3　博弈模型求解 / 104

　　5.4　演化博弈仿真及策略分析 / 108

　　5.5　本章小结 / 115

第 6 章　草原生态修复的财政支出政策生态效益实证分析 / 117

　　6.1　机理分析和研究假设 / 119

　　6.2　研究设计 / 122

　　6.3　实证结果分析 / 131

　　6.4　本章小结 / 158

第 7 章　草原生态修复的财政支出政策经济效益实证分析 / 161

　　7.1　机理分析和研究假设 / 163

　　7.2　研究设计 / 167

　　7.3　实证结果分析 / 170

　　7.4　本章小结 / 186

第 8 章　草原生态修复的财政支出政策社会效益实证分析 / 189

　　8.1　机理分析与研究假设 / 191

　　8.2　研究设计 / 194

　　8.3　实证结果分析 / 202

　　8.4　本章小结 / 271

第 9 章　结论、政策建议与研究展望 / 273

　　9.1　研究结论 / 275

　　9.2　政策建议 / 278

　　9.3　研究展望 / 290

参考文献 / 292

附录 / 303

后记 / 340

第 1 章

绪 论

1.1 研究背景和意义

1.1.1 研究背景

中国大约有40%的国土面积被草原覆盖，草原作为重要的生态资源，是中国重要的生态安全屏障，也是全球生态系统健康稳定发展的关键，更是实现国家生态文明建设的重要载体。全球草原受到自然因素[①]和人为因素[②]影响，在承受着不同程度的破坏，草原面临着生态修复的艰巨任务，身肩生态文明建设的政治责任。加强草原生态修复，促进草原合理利用，改善草原生态环境，完善草原生态修复制度体系构建，实现草原生态治理体系和治理能力现代化，不仅是经济高质量发展的前提，也是实现"双碳"目标、促进乡村振兴、实现美丽中国建设的重要抓手，更是实现共同富裕的基础保障。党的十八大以来，"两山"理念逐步深入人心，党中央、国务院高度重视草原生态修复工作。2017年，习近平在中央全面深化改革领导小组第37次会议上，提出"山水林田湖草是一个完整的生命命运共同体"，中国最大的陆地生态系统——草原正式纳入人类命运共同体中，这种大生态观格局正式形成。2018年，宪法修正案中，将"生态文明"纳入宪法，中共中央印发的《深化党和国家机构改革方案》中，正式成立国家林业和草原局，这体现了国家对草原工作的重视，也体现了国家要进一步强化草原工作的决心[③]。2020年11月，中共中央办公厅、国务院办公厅印发《关于全面推行林长制的意见》中指出，明确地方党政领导干部保护发展森林草原资源的目标责任，构建党政问责的长效机制。2021年3月，国务院办公厅印发《关于加强草原保护修复的若干意见》（国办发〔2021〕7号），指出当前草原生态形势依然比较严峻，应进一步加强草原生态保护修复。2022年10月，党的二十大中明确提出"推进绿色发展，促进人与自然和谐共生"，强调推行草原休养生息，为

[①] 包括受到气候变暖、干旱少雨等自然环境因素影响。
[②] 包括乱砍滥伐过度放牧、工业建设征用地管理不善、掠夺式的资源开发等人为因素影响。
[③] 国家林业和草原局. 改革春风拂过 草原恢复生机 [EB/OL]. 澎湃, 2018-12-17. https://www.thepaper.cn/newsDetail_forward_2747548.

进一步加强草原保护修复指明了方法和路径。

内蒙古自治区位于中国北部边疆，地处祖国正北方，是邻省最多的少数民族地区，是中国重要的农畜产品生产加工基地、北部边疆的重要生态主体、北方最重要的生态安全屏障，在"一带一路"主线之一的中俄蒙经济带中，发挥着重要的战略地位和举足轻重的作用，也是京津冀协同发展的辐射区域。内蒙古自治区拥有13.2亿亩的天然草原面积，占自治区面积的74%，占全国草原总面积的22%，植物种类2330多种①。20世纪50年代开始，全区草原受到气候变暖、干旱少雨等自然环境因素影响，以及乱砍滥伐过度放牧、工业建设征用地、管理不善、掠夺式的资源开发等人为因素影响，绝大多数草原遭受退化、沙化、盐渍化、石漠化。草原退化引发一系列生态问题，如局部地区碳循环关系失调、气候调节功能下降、土壤养分和水分保持能力下降、生物多样性锐减、鼠害虫害灾害不断爆发、沙尘暴等极端天气显现，这不仅威胁国家生态安全，同时制约草原牧区畜牧业发展，限制牧民增收。加快草原生态修复对内蒙古自治区实现生态文明建设，畜牧经济发展转型，助力牧民增产增收、摆脱贫困，促进民族地区生态科学发展，实现少数民族地区团结稳定，努力打造北疆亮丽风景线具有重大战略意义。

草原生态修复作为典型的准公共物品，具有空间外溢性特征，离不开各级政府的财政资金支持。自21世纪初开始，中央政府通过纵向财政转移支付方式，先后组织实施多个草地资源丰富省区开展"退牧还草""京津风沙源治理"的草原生态修复工程；2011年开始，中央财政每年安排专项资金，对草原资源丰富的省区给予补助奖励，落实草原生态保护补助奖励政策措施。截至2020年底，中央财政对于草原生态保护补助奖励资金已累计投入1701.64亿元，1200多万户农牧民受益②。在草原生态修复治理过程中，政府利用财政支出政策手段，依据成本效益分析法，分析草原生态修复财政支出的生态效益、经济效益和社会效益目标是否充分实现，验证财政支出政策的有效性，找到制约因素，重构央地政府的财政激励政策已经成为当前各级政府和社会各界关心的热点问题。

当前对草原生态修复的财政支出政策的效益评价仍没有统一结论。以草

---

① 内蒙古：为全国草原生态修复创造经验［EB/OL］．新浪新闻，2019 - 07 - 26. http：//news.sina.com.cn/o/2019 - 07 - 26/doc - ihytcitm4706950.shtml.

② 根据历年补奖政策资金安排情况整理得出。

原生态补奖政策为例,分析财政支出政策效益主要集中在三大领域。在生态效益领域:大部分学者认为财政支出政策提升了草原生态修复治理的生态效益(Hou 等,2021),但也有部分学者认为生态系统呈现局部地区持续恶化的趋势(Liu,2017);在经济效益领域:部分学者将牧民增收作为评价指标之一(杨春,2018),但部分学者认为农牧民增收受限,经济效益不明显(罗媛月,2020);在社会效益领域:通过从牧民生产生活方式的转变分析,认为社会效益有所提升(周升强,2021),也有部分学者认为随着人口压力的不断增加,人草畜矛盾仍较为突出,社会效益波动幅度较大(肖仁乾,2021)。而财政支出政策效益评价不统一的原因主要来自于两个方面:一是中央和地方政府在委托代理理论下,财权与事权和支出责任不匹配,央地政府在草原生态修复治理中目标和任务有所偏差,存在帕累托效率损失,社会福利并未达到最大化;二是不同参与主体(地方政府、企业、牧民)的行为选择是相互制约和相互约束的,不同的博弈演化行为结果会影响草原生态修复治理的效益实现。

国内学术界对财政支出政策影响草原生态修复的效益评价文献较多,但是大都从两个层面予以研究:一是研究视角上,集中在生态补偿机制视角,主要分析草原生态修复治理的生态效益、经济效益和社会效益的实现程度;二是技术手段上,对单一区域采取实地调查获取微观数据,利用不同的实证方法,分析政策效益是否实现。但是,草原生态修复作为一个系统性工程,参与主体较多,财政支出政策作用机理对生态修复效益影响具有区域异质性,仅从单一区域分析其效益是否能够反映真实情况?其作用机制如何?如何构建效益提升路径?为此,本书主要提出了以下三个层次问题:(1)草原生态修复的财政支出政策的生态效益、经济效益和社会效益是否充分实现?(2)为了实现草原生态修复的财政支出政策效益目标的最大化,央地政府采取什么样的财政支出政策(资金投入)可以助力草原生态修复效益目标(产出)实现帕累托最优?(3)中国现行的草原生态修复的财政支出政策效益存在帕累托改进空间(作用机制如何),而具体的局限性体现在哪里?如何重构草原生态修复的财政支出政策效益提升驱动机制?

为了对上述问题予以回应,本书基于委托代理理论和生态经济效益理论等多学科融合理论,构建随机动态演化博弈数理模型,客观阐释了财政支出政策的效益是非帕累托最优的,存在资源错配,未实现整体社会福利最大化,并运用问卷调研法、案例分析法及实证分析方法予以验证,进一步以优化和提升财政支出政策效益(帕累托改进)为目标,紧紧围绕本书的中心观点——高质量的财政支出政策必须是可持续的和有效的,确保财政资金在草原生态修复领域实现效益最大化,依托委托代理理论,明确央地政府治理目标,依据成本效益分析方法,分析效益是否实现设定的目标;在地方政府、企业和牧民等不同参与主体的相互制约约束作用下,财政支出政策激励的均衡结果是如何影响草原生态修复治理效益,分析财政支出政策手段的作用路径,重构财政支出政策最优作用路径,以期为财政支出政策提质增效提供理论指导和技术支持。

1.1.2 研究意义

国际上对生态系统退化的原因、程度、机理、评估等方面做了较为深入的研究,从财政支出政策手段分析生态系统重建恢复的模式和技术等方面也进行了细致研究[①]。从财政支出政策视角分析优化草原生态修复治理效益作用路径具有较强的理论指导意义。

第一,丰富和完善草原生态修复治理的财政学理论研究范围。通过财政学研究视角,在公共物品理论和外部性理论分析框架下,本书阐释了生态修复工作离不开各级政府财政资金支持,并以内蒙古这一草原富集区域为例,深入分析财政支出政策效益作用机理,动态调整各项财政支出政策措施,完善草原生态修复实践工作具有重要理论指导意义。

第二,基于草原生态补奖政策分析效益是否充分实现,揭示财政补贴的作用机理,为生态文明建设确立科学的生态补偿观提供理论依据。从内蒙古的特殊区域位置来看,其内联八个省份,外接俄罗斯和蒙古国,是"一带一路"的重要连接地区,也是北方重要生态安全屏障;从生态保护实践上看,国家对内蒙古草原生态保护投入了大量资金,支持内蒙古各项生态保护工作;从政策实施上看,内蒙古参与"京津风沙源治理工程""退牧还草工程""草原生态移民""生态补奖政策""草原生态扶贫",本书旨在分析政府政策效果,总结三大效益实现作用路径,为草原生态修复财政支出政策支持提供理

---

① 镡建国,庄玲. 内蒙古草原生态修复技术模式 [J]. 草原与草业,2015,27 (01): 13 – 16.

论和实践指引，夯实草原生态文明建设的研究基础。

第三，引入随机动态演化博弈数理模型，系统分析财政支出政策有效性提供理论框架。根据央地政府的草原生态修复治理目标的解析，本书结合地方政府偏好、牧民、企业参与草原生态修复治理的作用机理，构建三方参与的演化博弈模型，通过仿真模拟，分析财政激励政策对草原生态修复效益的影响因素及演化路径，为实现生态效益、经济效益和社会效益的统一构建有效的政策治理体系。

中国于2019年重新启动天然草原生态修复试点工作，由于技术上缺乏经验，同时制度设计、专业人才、资金绩效评价体系不健全等原因，草原生态修复还需系统性、针对性的指导措施，构建科学合理的草原生态修复保障机制是解决当前草原生态修复工作的重点。因此，加强对草原生态修复的财政支出政策有效性研究，提高草原生态修复的财政支出政策管理水平，对于保护草原生态系统、巩固民族团结、促进畜牧经济发展、提高牧民收入、平衡人与自然可持续发展具有重要实践意义和现实意义。

第一，有利于加快生态文明建设进程。草原作为陆地上最大的生态资源，中国国土面积2/3被草原覆盖。这层绿色皮肤保护着大地、涵养水源、保持水土、固碳释氧、维持物种多样性、防风固沙等，具有非常重要的生态功能。内蒙古草原资源占有量在全国处于前列，其生态环境好坏不仅关系到本区域生态环境状况，还影响着全国生态安全。

第二，有利于草原生态系统平衡，保障国家生态和边疆安全。针对当前生态系统发展情况，亟须大力加强草原生态环境修复工作，从全国范围来看，草原生态环境问题局部有所改善，整体恶化情况没有得到根本解决，绝大部分草原仍存在"三化"问题。草原生态系统处于不稳定状态，采取有效的生态修复治理措施，促进草原生态系统良性循环，发挥筑牢内蒙古"两个屏障、一个桥头堡"的重要作用，为国内其他地区提供经验。

第三，有利于优化草原生态修复效益提升路径。当前财政支出政策对草原生态修复支持仍存在资金不足、区域差异大、与牧民需求不匹配等情况，发挥好财政资金杠杆作用，调动牧民保护草原的积极性，切实解决好牧民、牧业和草原的关系，走生态环保型、生态产业转型发展道路；加强草原监管体系，夯实草原生态修复基础；为后期的财政支出政策优化和调整指明方向，具有一定的现实指导的实践意义。

1.2 相关概念界定

1.2.1 草原生态修复

1.2.1.1 草原

国内外关于"草原"的理解大都从气候条件、地质条件及所处区位等因素出发,国外草原主要由温带草原构成:一类是"Steppe";另一类是"Prairie",主要是由旱生草本植物为主的优势群落构成。而国内在界定"草原"和"草场"主要是从植物地理学、资源地理学和农学视角出发,根据词源和两者功能不同,区分"草原"和"草地"词义。

表1-1　　　　　　　　　草原和草地的区分

类型	定义关键词	对应英文单词	种类	历程		
				20世纪50年代	20世纪80年代	21世纪后
草原	旱生;草本植物;群落	Steppe;Prairie	温性草原;高寒草原;热性草原	与植物地理学中的定义一致	泛指饲用植物地;20世纪90年代,认为草地是草原的一个组成部分	延续资源地理学定义
草地	土地资源;草本植物;群落	Grassland	天然植被类型:草原、草甸、草本沼泽、(灌)草丛;以草灌木植被为主的建群落		20世纪80年代前,饲用植物地称为草场,草原是草场一个种类;20世纪80年代末,对新疆和内蒙古地区牧用地使用"草地"取代"草场"	生产饲用植物为主土地

资料来源:根据杜占池等.草原、草地与牧地辨析[J].草业与畜牧,2009(07):1-7,31整理得出。

从表1-1可以看出,在植物地理学和资源地理学中,草地的概念范围中还包括荒漠、灌丛和疏林。本书研究更加偏重于理论经济研究,对于"草原"概念界定结合国内通行做法,从植物地理学学派角度出发,界定"草原"和"草地"是趋同的,这里的"草原"主要是指以牧用草地为主,不包含以美化景观和体育竞赛场地、保护环境的人工草地。本书后期在实地调研过程中,所列出的一些"草场"就等同于本书所研究的"草原"这一对象。

根据草原气候和地质环境不同，草原植被类型主要有温带草原、高山草原、泛滥草原和荒漠草原①。温带草原依照水热条件不同，分为典型草原、荒漠化草原和草甸草原②。

中国草地资源主要分布在13个省级行政区，即西藏、内蒙古、新疆、青海、四川、甘肃、云南、山西、吉林、河北、黑龙江、宁夏和辽宁。结合当前植物地理学、农学等对"草原"界定，本书主要从地理范围和行政区域出发，界定范围为中国内蒙古自治区。内蒙古自治区"草原"分布较有特点，处于东北草原区和蒙甘宁草原区；受到半干湿的中温带季风气候影响，内蒙古东部地区划分为半湿润地带，西部地区划分为半干旱地带。内蒙古自治区"草原"自西向东呈现出不同类型，区域内12个盟市103个旗县草原资源拥有量如图1-1所示。

图1-1　内蒙古各旗县草原拥有量

注：根据内蒙古林业和草原管理局相关资料整理绘制得出。

1.2.1.2　生态修复

国内外关于"生态修复"概念内涵认识尚不统一，国际上通用"Ecological Restoration"表示"生态恢复"。中国在引入过程中，由于词汇翻译原因，通常用"生态恢复"和"生态修复"来定义此词。1995年国际恢复生态学

---

① 林静．宽广美丽的草原［M］．北京：中国社会出版社，2012．
② 张明华．我国的草原［M］．北京：商务印书馆，1982．

会（Society of Ecological Restoration，SER）认为"Ecological Restoration"是对受损和退化生态系统进行恢复、重建和改善的一个过程①，包括恢复、重建和新建等多重含义，分阶段制定恢复目标并使其达到最初"自然"状态②。不同视角下其内涵界定是不趋同的，具体理解如表1-2所示。

表1-2　不同视角下"Ecological Restoration"理解

生态学视角	保护角度	社会经济角度	文化角度	个人角度
人为加强受损生态系统尽快恢复原状态	保护生物物种多样性	人类可以从恢复的生态系统服务中继续受益	加强人类之间交流沟通的方式	人与自然和谐共生

资料来源：根据章异平等．浅议Ecological Restoration一词的中文翻译［J］．生态学杂志，2015，34（02）：541-549整理得出。

从表1-2可以看出，"Ecological Restoration"从生态学视角理解其含义更为贴近，其强调人为干预生态系统尽快恢复原状态过程。中国1995年后引入"Ecological Restoration"，张新时（2013）认为应将其翻译为"生态重建"，有人为直接参与，其科学含义和技术水平高于"生态恢复"，处于生态系统管理更高层次。章异平等（2015）认为采用"生态修复"更为准确，有人工参与，人类自觉自愿投入大量人力、物力和资金技术，加快生态系统达到理想状态。国内关于"生态修复""生态恢复"理解如表1-3所示。

表1-3　国内关于"生态修复"和"生态恢复"不同理解

区别	生态恢复	生态修复
词源理解	实质上恢复不仅是除去污染物，还要使整个系统功能保持完整性	汉语理解中修复包含恢复，对受损生态系统和已经遭受毁坏地进行修复，并包含人工辅助的意思，实质上强调去除污染或干扰后重新达到有用
研究对象	针对环境污染和生态破坏两种，如草原、森林、荒漠化等采用生态恢复	人为干扰造成环境污染，从目前研究和实践项目来看，修复一词在针对受污染土壤、水体等介质时使用较多，如土壤修复、水体修复等

---

① Society for Ecological Restoration，SER，2004．（Society of Ecological Restoration，SER）在2002年给出的定义：Ecological restoration is the process of assisting the recovery of an ecosystem that has been degraded, damaged, or destroyed.

② 1995年提出生态恢复是维持生态系统健康及更新的过程；是一门研究生物多样性、生态过程和结构、区域及其历史情况、可持续的社会实践等的生态整合性的恢复和管理学科；2004年认为是研究由于人类活动引起原生态系统生物多样性和动态损害的一门修复学科。

续表

区别	生态恢复	生态修复
采取手段	不强调人的主动性，采取自然或人为等多种措施	发挥人的主导作用
理论基础	以基础生态学理论为主，分为自主设计理论和人为设计理论两种	没有专门的修复生态学理论研究基础
研究目的	为保证生态系统的完整性和可持续性，需要恢复到之前的完美状态	修复完成之前的状态，但不包含达到完美状态
社会公众认可度	偏重于自然式修复，通过划定保护地方式实施自然保育和恢复	使用频率较高，特别是在生态工程或行动方面，更加强调人类活动的参与

资料来源：根据孟伟庆等．再议 Ecological Restoration 一词的中文翻译与内涵 [J]．生态学杂志，2016，35（10）：2824-2830 整理得出。

从狭义上来讲，生态修复（Ecological Remediation）从生态学理论出发，是结合各种物理修复、化学修复以及工程技术措施，经过不断组合优化，在修复污染环境的过程中达到最佳效果和最低耗费的一种方法。从广义上来讲，生态修复属于恢复生态学和生态工程学的研究范畴，即包括污染环境和非污染环境的生态修复，通过生态系统自身的组织和调节功能，将已经遭受破坏的环境进行"修复"。在文献中，广义的"生态修复"与"生态恢复"是一致的，从恢复技术角度出发，"生态修复"是"生态恢复"的一种途径和方法。基于对恢复生态学理论研究，并结合中国新闻周刊、各个相关部门发布政策公告和相关学者的研究分析等，本书所界定的"生态修复"是广义上生态修复，即和国际生态学会上定义的"生态恢复"较为趋同。

综上所述，结合草原和生态修复内涵界定，刘加文（2018）认为草原生态修复是运用自然和人工干预手段，修复、重建和改进被破坏的生态系统，使之健康、持续、稳定运转；王悦（2020）认为草原生态修复是一项系统性工程，需要各部门、各行业多方参与，共同协作。本书结合国内相关学者及国际生态学会的论述，对草原生态修复概念界定为：为了实现生态文明建设，从可持续发展的角度出发，运用自然恢复或人为干预手段，多部门协同参与，促进草原资源通过自身生态系统调节得以休养、通过人为干预使已经遭受破坏草原得以恢复，实现草原的经济、生态和社会效益的统一。

1.2.2 财政支出政策工具

生态修复对应生态保护，作为一种准公共物品，具有很强正外部性，政府资金投入对生态修复治理是当前大多数国家的选择。当前影响草原生态修复的财政支出政策主要通过政府投资和财政补贴予以实现，前者主要是政府通过安排工程性、项目性资金的投入，为草原生态修复提供必要的基础设施建设，后者主要是对草原生态修复的利益受损者——农牧民给予的财政补贴。中国于2020年发布的《关于构建现代环境治理体系的指导意见》中明确转移支付制度在生态文明建设中发挥着重要作用，要完善转移支付制度满足地方环境治理需求。同年发布《生态环境领域中央与地方财政事权和支出责任划分改革方案》中，明确提出在生态环境领域，加强财政事权和支出责任合理划分。在构建现代化治理体系的要求下，应细化生态环保资金转移支付制度的重要事实下，研究国家对草原资源富集省区的转移支付制度，提高草原生态修复资金使用绩效具有重要意义。

1.2.2.1 财政投资

自21世纪以来，退耕还林还草、退牧还草及京津风沙源治理工程的实施是加快草原生态修复速度的重点项目支出，通过政府预算资金安排，有效治理草原"三化"（退化、沙化和盐碱化），草原生态修复效果较为显著。以中央政府为主体，从中国具体国情出发，将财政资金安排用于草原生态修复的集中性的、有目的性的政策性投资，这是财政支出政策支持草原生态修复的一个重要组成部分，这对于实现国家的生态安全，促进草牧业可持续发展，改善牧民的生产生活条件，具有重大意义。通过铁网围工程项目的资金安排，将草原合理划定为禁牧区和草畜平衡区，通过补播改良、禁牧、划区轮牧和舍饲圈养的方式，让草原得以自然修养，增加天然草原的鲜草产量，加快草原修复进程，增加草原植被覆盖度。

草原生态修复的政府投资主要集中于基础设施项目的建设上，在工程区项目建设范围内，通过财政资金安排对草原生态修复的各类综合治理项目工程采取必要的措施，草原得以修复，不仅促进当地生态环境的改善，而且也对周围省份具有正外部性，例如京津风沙源治理工程，草原得以恢复的同时，北京周围的生态环境也得到明显好转。建设关于草原生态修复治理的工程类资金的安排主要是通过一般公共预算支出科目中的211类级项目——节能环保支出予以资金安排。因此，本书所界定的草原生态修复的财政投资主要是指以政府为主体，通过财政预算内资金安排，在草原区域安排的集中性的以及政策性的投资项目，可以满足社会公共需要，实现生态、经济和社会效益的协调发展。

1.2.2.2 生态补偿（生态财政补贴）

财政支出政策影响草原生态修复效益主要是通过生态补偿予以实现，即通过政府转移性支出政策手段，弥补草原生态修复的外部性，提升草原修复的生态效益、经济效益和社会效益的实现。当前国内外对生态补偿（Ecological Compensation）在概念界定上并没有形成统一认识。生态补偿主要起源于国家在环保方面制定的一些政策。例如，1976年德国实施的"Engriffs Regelung"政策，1986年，美国实施的湿地保护政策，都体现了处理经济发展与生态环境保护间平衡的理念，目的都是保护生态环境不受人类过度开发使用。国际上对于"生态补偿"多称其为"生态环境服务付费"（Payment for Ecological and Environmental Services，PES），Costanza等以及联合国千年生态系统评估关于生态补偿机制的研究具有代表性，通过研究生态服务付费机制，运用经济手段调节相关利益者间的关系，通过各种规则制定，激励和协调参与者对生态环境保护的积极性。生态补偿从狭义上来讲，是对生态系统或自然资源保护（破坏）所获得的效益（赔偿损失）；而广义上的生态补偿还要包括对造成环境污染的人群征收相关费用。因此，国际上实施生态服务付费机制的国家大都从广义角度来定义生态补偿。

生态补偿的含义还可以从补偿对象进行划分，一是补偿对象为自然资源的补偿，这主要指对遭受破坏的生态环境进行修复。例如，退耕还林还草、流域污染治理、天然林保护、生物物种保护等。二是补偿对象为对人的补偿，即根据外部性理论，对保护（破坏）生态环境的相关行为主体给予奖励（惩罚）。例如，对退耕还林还草的农牧民给予一定资金补偿、对绿色环保企业给予减免税优惠、对开矿者征收一定排污费等。因此，生态补偿是一种双向补偿，包含环境危害者和利益享受者，补偿范围也较为宽广，不仅涉及生态保护方面，还包含一系列政策及规则制定。

中国生态补偿研究主要是将其作为一种财政政策工具，属于转移支付的一种手段，在生态环境保护和修复中，适用于森林营造培育、水源涵养、自然保护区、荒漠化治理，结合生态系统服务给予利益相关者部分利益，由国家、其他受益组织或个人进行价值补偿。关于草原生态修复治理的补助类资金的安排主要是通过一般公共预算支出科目中的213类级科目——农林水支出予以资金安排。本书将生态补偿作为政府转移支付形式，基于三轮草原生态补助奖励政策，对使用草原资源的使用者（农牧民）在生态保护过程中的利益损失由政府进行补偿，具体涉及的草原生态补奖政策属于生态补偿的一种方式，是中国对草原牧区投入规模最大、覆盖面积最广、牧民受益最多的一项财政支出政策。

1.2.2.3 政府采购

政府采购制度作为政府宏观调控的重要手段，是建立和完善社会主义市场经济发展要求下的公共财政体制的重要抓手，政府采购规模和范围不断拓展，在采购资金、地区范围、项目构成和采购品目上都取得了巨大成效。在草原生态修复领域，通过公开透明的采购方式，遵循政府采购流程，在节约财政资金、提高财政资金的使用效益的同时还调动了中小企业的市场参与积极性。政府采购指标体系及绩效考核机制的逐步完善，为政府采购活动及相关参与主体公平竞争奠定了良好的监督机制。

政府绿色采购政策是不断深化草原生态保护补助奖励政策改革的制度保障，为草原生态修复领域提供更多的技术支持，通过建立绿色采购引导机制，加大政府采购范围，带动绿色产业链的形成，通过绿色政府采购有效刺激市场需求，为草原生态修复工程提供绿色产品及技术支持。按照"公开、公正、公平"原则，严格执行政府采购资金要求，对于网围栏项目采取绿色采购的招投标方式，提高项目工程的采购效率。草原生态修复领域除了围栏工程外，在牧草种植、新建机井、发电机组、喷灌设备、病害技术服务、鼠害虫害防治等都采取政府采购方式，在向中小企业进行绿色采购时，政府引导企业进行绿色产品和生态技术的研发，是践行生态绿色创新理念的重要举措。

1.2.3 财政支出政策效益

效益一般与成本对应，在投入一定资金后，对资金使用的效果和收益予以评价，包括项目资金投入后所产生的直接效益，也包含附带的间接效益。财政支出效益是指政府运用财政支出政策手段干预市场失灵，通过合理安排财政资金投入规模和调整财政资金投入结构，重新整合社会经济资源，进行财政资金的合理分配，满足社会共同需要，实现财政支出政策产出最大化的目标，并对资金使用效果予以评析。

草原生态修复具有长期性，且草原经济的边际效益投入较低，但是社会边际效益却很高，这种外部性只能通过政府予以干预，以财政支出政策手段，利用预算内拨款、财政专项资金、中央转移支付等方式提供草原生态修复所需资金。主要衡量效益的方法有成本效益分析法、最低费用选择法和公共劳务收费法。在衡量效益指标选择上，不仅要注重经济和微观效益，还要从长远角度实现经济效益和社会效益的统一，不能仅关注眼前经济利益，还要从社会发展全局效果出发，考虑不同效益间相互制约关系，从整体评估支出政策效益。

草原财政支出效益主要是在财政体制下，对草原财政支出的财政资金投入后，所产生的结果进行研究。本书分析草原生态修复的财政支出政策效益主要界定为生态效益、经济效益和社会效益三个方面。根据国务院128次常务会议通过的草原生态保护补助奖励政策、《中央财政林业草原生态保护恢复资金管理实施办法》，其中，生态效益表现为实现草原生态保护，通过政策补偿，实现退化草原的生态恢复；经济效益是为了实现牧民持续增收；社会效益主要体现在生态效益和经济效益有所提升的前提下，牧民的生产生活水平和生活质量都有所提升。

因此，结合当前的政策分析和对有关财政支出科目的分类整理，同时结合与相关部门的深度访谈结果①，本书给予三大效益的概念界定如下：

草原生态修复的财政支出的生态效益是指通过相关财政支出科目的资金安排，草原生态修复的主要衡量指标——植被覆盖度②的变化，进而衡量是否真正实现了退化草原的植被恢复及生态环境好转。草原生态修复的财政支出的经济效益是指通过财政支出的资金安排③的影响，农牧民的生产生活方式发生改变后，其收入水平是否呈现持续的增收态势。草原生态修复的财政支出的社会效益是指通过财政支出安排，对于农牧区贫困群体减贫效果，是否已经建立了稳定的长效返贫机制。

草原财政支出政策效益不仅要考量财政支出规模和结构对社会再生产及经济社会生活的影响，还要充分兼顾其首要目标是要实现生态环境保护。为了发挥政策有效性，要尽可能少投入、优化投入，实现生态效益、经济效益

---

① 通过和林草部门工作人员的深度访谈了解到，当前关于草原生态修复的资金安排绝大部分集中在211节能环保支出和213农林水支出科目中。
② 结合遥感数据获取的归一化植被指数（NDVI）。
③ 主要是2011年开始的与农牧民收入密切相关的草原生态保护补助奖励政策。

和社会效益的提升。这就离不开运用成本效益分析法，从经济学分析视角出发，达到用最小的支出获取最大效益的目的。本书充分借鉴胡振通（2016）对财政支出政策效益评估的三大效益分析，在草原生态修复治理领域，中央政府通过转移支付制度，地方政府执行生态修复治理过程中，考虑牧民和企业等不同参与主体，主要从三个方面予以评析：一是财政支出政策影响草原植被覆盖度的生态效益如何？二是财政支出政策对牧民收入影响产生的经济效益如何？三是财政支出政策影响修复区域减贫效果的社会效益如何？由于研究区域的不同，选择样本的不同，效益评价结果也会有所偏差，本书力图从较为客观的角度，将影响生态修复的主体纳入一个理论分析框架中，确保效益结果的真实性，为后期政策制定和调整提供参考方向。

1.3 研究思路与基本内容

1.3.1 研究思路

本书的研究思路是基于公共物品理论、外部性理论、生态经济效益理论、激励相容理论提出本书的研究对象，通过概念及理论分析明晰财政政策支持草原生态修复的必要性及紧迫性，这也是问题的研究起源；深入剖析财政支出政策支持草原生态修复存在问题；通过构建随机动态演化博弈模型，采取数理模型工具分析不同主体参与草原生态修复治理，影响政策效益的作用机理，分析财政支出政策手段对草原生态修复的作用路径，揭示草原生态修复财政支出政策低效及无效的原因；并利用实证检验方式，验证财政支出政策影响草原生态修复的生态效益、经济效益和社会效益是否充分实现；最后为实现财政支出效益最大化，提出政策建议。本书具体研究思路与研究框架如图1-2所示。

1.3.2 研究内容

本书立足于近年来内蒙古草原生态修复治理工作的财政支出政策效益分析，重点分析"退牧还林还草工程"（2003年）、"草原生态补奖政策"（2011年）、"山水林田湖草沙生态保护与修复"（2021年）的财政支出政策效益的

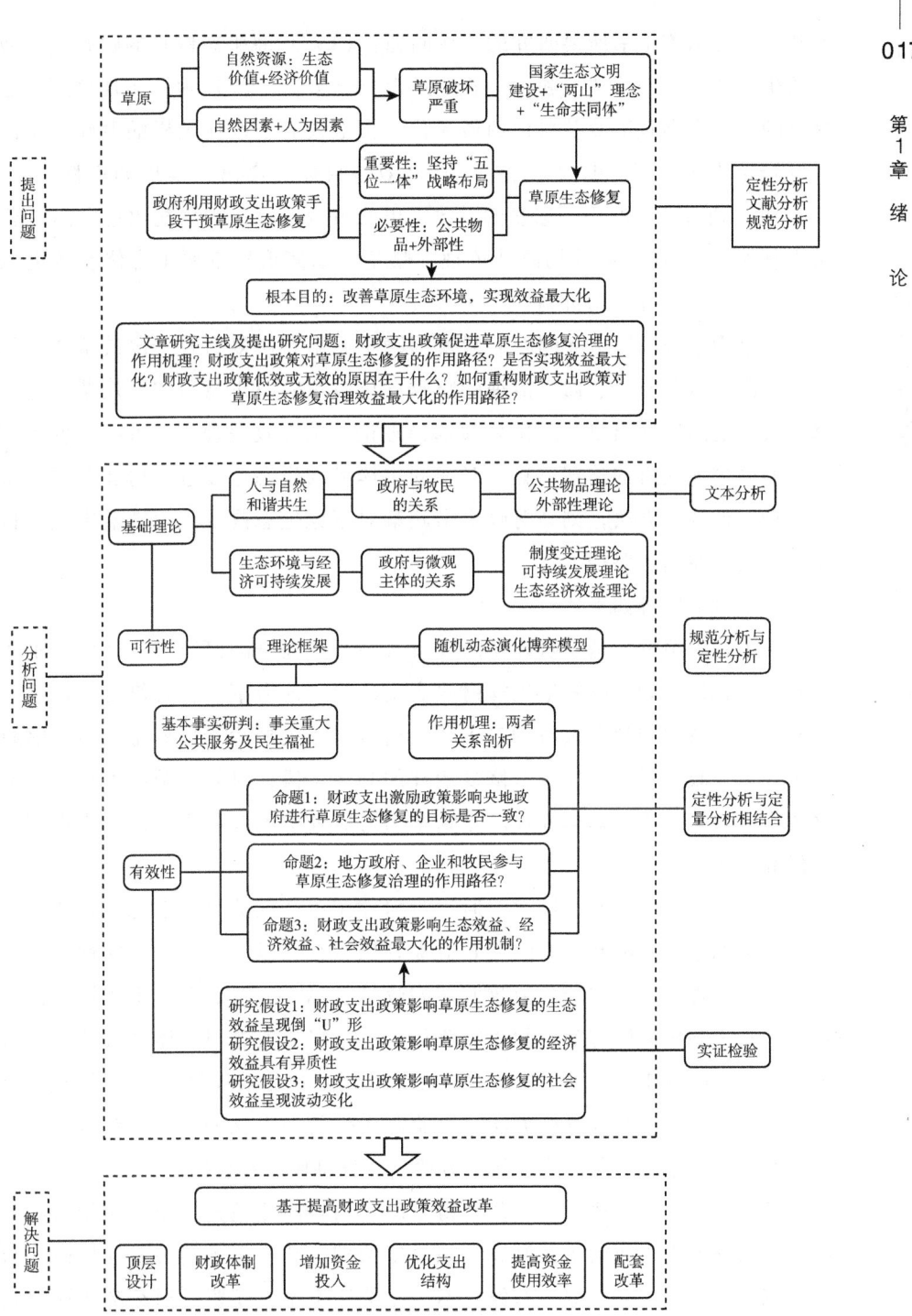

图 1-2 研究框架

实现。主要回答本书所要研究的重点问题：（1）草原生态修复的财政支出政策的生态效益、经济效益和社会效益是否充分实现？（2）为了实现草原生态修复的财政支出政策效益目标的最大化，央地政府采取什么样的财政支出政策（资金投入）可以助力草原生态修复效益目标（产出）实现帕累托最优？（3）中国现行的草原生态修复的财政支出政策效益存在帕累托改进空间（作用机制如何），而具体的局限性体现在哪里？如何重构草原生态修复的财政支出政策效益提升驱动机制？

本书为系统回答上述问题，紧紧围绕草原生态修复财政支出政策作用机制，对内蒙古草原生态修复治理的财政支出政策效益进行研究。从草原生态修复公共物品属性出发，运用公共选择理论、生态效益理论、可持续发展理论，明确央地政府的治理路径，对不同主体参与生态修复进行博弈分析，采用多种实证分析方法，刻画财政支出政策对草原生态修复三大效益影响，构建最优的效益实现路径。

本书章节安排如下：

第1章为绪论。基于财政支出政策效益有待提升的研究背景，提出本书的研究主旨，即如何高效地发挥财政支出政策，助力草原生态修复实现生态效益、经济效益和社会效益的最大化。通过对相关概念予以界定，明晰财政支出政策是政府干预草原生态修复治理的必要手段，对效益予以评析是回答财政支出政策是否有效的标尺。总结本书的研究框架及研究方法，为本书后期研究指明方向。

第2章为国内外文献综述。通过对国外相关文献的整理汇总，总结出当前草原生态修复的财政支出政策效益提升仍然存在以下研究的可能性：一是基于委托代理理论，结合央地政府不同政策目标，分析财政支出政策的作用机制，对生态修复治理效益的影响路径；二是将相关参与主体纳入动态分析框架，评析财政支出政策的有效性；三是利用宏观和微观数据的整理和汇总，采取大样本数据的实证分析方法，检验三大效益是否充分实现。对本书的主要研究思路框架、主要内容和研究方法进行详细阐述和说明。

第3章为基础理论。基于公共物品理论和外部性理论诠释了为什么需要政府采取财政支出政策干预草原生态修复治理，政府干预的必要性如何；给予生态效益理论阐释草原生态修复不仅要关注生态，还要做到经济和社会效益的协调统一；政府作为草原生态修复财政支出政策的制定者，通过激励相容的制度设计,处理好所有参与主体间的利益关系,为财政支出政策有效性发挥奠定基础理论。

第4章为草原生态修复的财政支出政策效益现状与问题分析。本章对中国草原生态修复的必要性、路径选择及政策内容进行回顾和总结,进一步分析内蒙古草原生态修复的发展历程及政策内容,并重点分析当前两轮草原生态补奖政策,作为一项政府转移支付制度,分析草原生态补奖政策标准及实施效果,总结出财政支出政策效益提升方面存在的不足,主要从政府部门职能划分不清、事权和支出责任划分不清、财政资金投入不足、财政支出结构不合理、财政相关配套政策缺失,得出在实现草原生态修复三大效益的过程中,财政支出政策的有效性还有待进一步挖掘。

第5章为草原生态修复的财政支出政策效益提升驱动机制分析。以三方动态演化博弈的有限理性为出发点,运用演化博弈理论分析草原生态修复治理过程中地方政府、企业和牧民的决策策略行为,重点考察了央地政府的草原生态修复治理的政策目标和实际执行效果,研究结果表明:第一,三方参与主体的初始意愿会影响均衡策略选择;第二,中央政府财政补贴额度和力度的大小、激励机制构建、牧民预期成本都会影响均衡策略选择;第三,中央政府政策激励机制会对效益提升起到显著影响,其中,经济效益会随着补贴投入的增加而呈现正向变化,生态效益会随着补贴投入的增加逐步上升后会达到一个极值,社会效益随着财政补贴收入的变化较为敏感,在短期不能充分实现,要构建长效机制。

第6章为草原生态修复的财政支出政策生态效益实证分析。通过遥感数据获取草原植被的 NDVI 指数,以内蒙古 103 个旗县作为全样本,包含 54 个半牧业旗县和纯牧业旗县,分析财政支出(节能环保支出、农林水支出和两者总和)对草原植被覆盖度的影响,采用面板交互固定效应模型,在研究过程中,将影响草原植被覆盖度的自然因素纳入分析框架,通过研究发现,草原生态修复的财政支出政策的生态效益呈现倒"U"形,并在不同区域、采取不同财政支出政策等因素影响呈现区域异质性,同时,财政自给率和政府相对绩效具有调节效应。

第7章为草原生态修复的财政支出政策经济效益实证分析。以草原生态补奖政策为例,分析其实现牧民增收的影响效果,进而验证经济效益是否充分实现。利用内蒙古 103 个旗县区的实际调研,获取上千份微观调查问卷大样本数据，采用双重差分法探究草原生态补奖政策对牧民收入的影响及其机制。发现草原生态补奖政策并未显著提高牧民总收入，原因在于"禁牧"政策导致部分地区畜牧收入下降幅度过大，由于受到教育、文化背景、语言沟通等方面限制，增加的非畜牧业收入并不能弥补畜牧业收入下降幅度。进一步研究表明：牧民受教育水平较低使其在劳动力市场上不具备竞争力，这是导致其不能顺利转向非畜牧业的关键因素。

第8章为草原生态修复的财政支出政策社会效益实证分析。在实现全面脱贫及共同富裕建设背景下，草原生态修复的财政支出政策是否有助于农牧区相对贫困问题的解决？本书进一步以相对贫困衡量的FGT指数为主要观察对象，通过研究发现草原生态修复的财政支出政策对于农牧民的相对贫困问题起到了一定作用，但是，在异质性分析中发现，不同类型的财政支出规模和结构、不同类型的草原区域对于相对减贫的影响是不同的。随着财政支出分位数的增大，相对减贫成效越发显著，而民生性支出和经济建设支出的各自分项支出中，对于相对减贫的影响具有异质性，在当前"扶志扶智"的长效减贫机制构建中，应该增加教育等民生性财政支出，增加人力资本的积累，在经济建设领域，应该增加农林水支出和交通运输支出等与草原基础设施建设密切相关的支出，进而为农牧民提供必要的智力支持。

第9章为结论、政策建议与研究展望。结合内蒙古草原生态修复的实际政策，因地制宜的为内蒙古草原生态修复效益提升，提供切实可行的政策建议。第一，加强顶层设计和制度建设；第二，完善中央政府的财政激励机制；第三，优化财政支出结构，明晰节能环保和农林水支出的结构调整，同时优化不同财政支出类型的财政支出政策，如增加教育、就业和人力资本的资金支出，建立多层次制度保障体系，进而提高财政资金使用效率；第四，分级分区域精准施策，动态调整财政资金投向；第五，明晰央地政府事权和支出责任划分，转变政府职能，加强部门间责权分工；第六，健全多元化融资渠道，构建动态调整的政策体系。因此，本书从财政资金投入、财政支出结构优化、财政体制建设、财政激励制度设计等方面确保财政支出政策的有效性，提升草原生态修复的财政支出政策三大效益，实现整体社会福利最大化。

总之，本书是以财政支出政策效益提升为主线，围绕生态效益、经济效益和社会效益是否充分实现，分析政策对草原生态保护、牧民增收、减贫的影响路径，以公共物品理论、外部性理论、生态经济效益理论、激励相容理论为基础，从草原生态修复基本属性出发，明晰政府职责边界，以提高内蒙古草原生态修复治理效率为目标，探索适合内蒙古草原生态修复财政管理体制创新路径。得出要因地制宜，结合草原生态文化特色，完善内蒙古草原生态修复的财政管理体制，明晰央地政府事权与支出责任划分，优化不同区域的财政支出规模和结构，动态调整资金安排等主要政策建议。

1.3.3 研究方法

财政政策是宏观经济调控重要手段，对于经济学研究方法在坚持马克思主义的科学方法论的前提下，理论与实践相结合，并采用实证分析和规范分析、定量分析和定性分析、纵向和横向对比分析，这也是本书所运用到的基本方法。

1.3.3.1 文献分析法

本书通过收集整理国内外草原生态修复治理的财政支出政策、财政支出对生态修复的影响、生态补偿政策效益等相关领域文献，运用相关资料调查软件，获得国外草原生态修复中的财政支出政策，归纳出财政支出（转移支付制度）对草原生态修复的重要作用。梳理我国其他草原资源丰富省份及内蒙古草原生态修复财政政策支持历程，结合国外草原生态修复治理的政策措施，总结得出内蒙古草原生态修复离不开政府的财政资金支持。根据公共物品理论、外部性理论、生态经济效益理论及可持续发展理论的相关研究，厘清财政支持内蒙古草原生态修复的作用机理，确定本书研究思路，构建出整体研究框架。

1.3.3.2 调查研究法

本书基于内蒙古 103 个旗县草原生态补奖政策对牧民收入影响的研究，历时近两年时间，系统收集整理 2000 多户农牧民家庭的 3 年收支数据，并对 2016 年草原生态补奖政策效果进行评析，通过对部分牧民家庭的实地调研和深度访谈，系统周密地了解牧民对草原生态补奖政策的满意程度，同时，通过与财政部门、农牧业、林草局等部门的相关工作人员的深度访谈及依申请公开的方式，获取了部门指标和数据，通过进一步的分析和比较，提出本书研究假设。

1.3.3.3 比较法和归纳法相结合

草原生态修复治理在 13 个省级行政区大范围展开，特别是在新疆、青海等草原资源丰富的区域，本书通过比较和整理其他区域的典型政策做法，结合内蒙古的实际情况进行横向对比，提出完善内蒙古草原生态修复的财政支出政策效益提升的政策建议；在中国财政政策支持草原生态修复的实践中，通过纵向对比新中国成立前后草原生态修复的不同政策，归纳得出内蒙古草原生态修复治理中财政支出政策的不足，发现差距、审时度势、因地制宜的为内蒙古草原生态修复治理工作提供经验借鉴。

1.3.3.4 定性分析与定量分析相结合

本书在阐明财政支出政策对草原生态修复效益影响基础上，采取定性分析方法，阐述财政支出政策对生态效益、经济效益和社会效益的不同作用路径，提出具体研究假设。借助地理信息经济学中的遥感数据，运用 Stata16.0、Matlab 等统计软件进行定量分析，采用固定效应模型、DID（双重差分）、广义矩估计等方法，分析草原生态修复的财政支出政策对生态效益、经济效益和社会效益影响，分析政策有效性。

1.3.3.5 实证分析与规范分析相结合

通过构建随机动态演化博弈模型，分析不同参与主体的影响路径，解释草原生态修复治理的财政支出政策效益，回答是什么的问题。同时，运用实证分析方法，回答应该是什么问题，通过微观调查数据及宏观数据，分析财政支出政策的生态效益、经济效益和社会效益。在此基础上，重新优化财政支出政策作用路径，为政府决策部门提供参考。

1.4 创新点及不足

1.4.1 创新点

本书的创新点主要是：

（1）拓展草原生态修复财政支出政策效益提升维度，深挖草原生态修复财政支出政策生态效益、经济效益和社会效益具有提升空间。关于草原生态修复财政支出政策效益研究大都集中在效率领域，从公平视角分析多维度的效益提升路径关注较少，本书遵循效率与公平相结合的视角，依据草原植被覆盖度、农牧民收入和相对贫困三个维度考察财政支出政策对草原生态修复三大效益的异质性匹配关系。

（2）构建随机动态演化博弈模型并仿真模拟分析，刻画央地政府委托代理行为，客观分析中央政府政策激励对地方政府和牧民的策略行为选择路径，比较不同初始意愿的稳定策略选择对效益提升的影响机制；实证测度草原生态修复财政支出政策效益是否充分实现，利用 Stata、Matlab 软件实证检验财政支出政策效益的运行机制与体系动态性，通过交叉固定效应模型、双重差分模型和一阶差分 GMM 模型识别财政支出政策生态效益、经济效益和社会效益都具有提升空间。

（3）提炼出若干具有区域特色的政策建议：一是分级分区域分阶段精准施策，动态调整纯牧区、半农半牧区的草原生态修复的财政资金投向；二是加大对牧民的教育、就业技能培训等人力资本投资，构建解决相对贫困的"扶志扶智"长效机制；三是构建多元化的绿色长效生态补偿机制，实现各级政府和牧民共治共赢共富的新局面。

1.4.2 研究不足

本书理论研究围绕提升财政支出政策效益机制构建，运用多学科的基础理论，从动态演化博弈视角予以分析，虽然力求做到了理论和实践研究的相统一，但是由于宏微观数据获取到旗县一级较有难度，指标选取力求做到贴合实际，未来仍然可以在效益评估上继续深入进行数据挖掘，因此，本书的不足之处主要体现在：一是由于草原生态修复的相关理论研究跨越多个学科，囿于对其他学科知识理解的限制，在写作过程中相关学科的理论基础不够夯实。二是由于本书研究视角的限制，关于草原生态修复财政支出政策有效性的实证研究还可以继续挖掘。三是由于缺乏财政部门的实践工作经验，对于本书的研究结论理解还有待加强。

第 2 章

国内外文献综述

国内外在财政支出政策影响草原生态修复治理的研究上，主要集中在两个方面，一是财政支出政策手段的异质性效果；二是不同的研究方法，大都从"生态环境服务付费"激励视角出发，运用定量方法对草原生态修复治理政策效果进行分析，而系统采取理论分析和实证检验，分析支出政策影响草原生态修复三大效益路径尚未统一，因此，如何围绕财政支出政策效益评析，提升效益路径，这为本书提供了一定研究可能性。

2.1 国外相关文献综述

19世纪30年代开始，美国对退化草原的植被进行修复，并积累了丰富经验。20世纪初期，美国草原学家克莱门兹（Clements）于1916年创立植物演替模型，该模型后期应用于20世纪30年代美国爆发的"黑风暴"事件中，取得一定成效。Holmberg GV等（1978）对美国的退化和沙化草地治理进行了详细分析。

2.1.1 关于草原生态修复治理研究

第一，关于生态修复定义界定。19世纪30年代，生态修复作为生态学的一个分支学科开始受到关注，Cairns（1980）主编的《受损生态系统的恢复过程》，重点关注生态修复的研究和实践，涉及生态恢复（Ecological Restoration）、生态修复（Ecological Rehabilitation）、生态重建（Ecological Reconstruction）等概念[①]。Diamond（1987）侧重于对植被恢复的研究、Jordan（1995）、Cairns（1995）认为，生态恢复是如何将受损的生态系统恢复到以前的状态。美国自然资源委员会（The US Natural Resource Council）于1995年定义了生态恢复：为了使生态系统恢复到较为接近受到干扰前的状态过程。根据国际生态恢复协会（2004）的定义，生态修复是一种有目的的活动，对受到人类活动干预后，产生了负面影响的生态系统，运用一定方式改善生态系统，使其达到健康性、完整性和可持续性，回归其正常历史轨道。

---

① 杨爱民，刘孝盈，李跃辉. 水土保持生态修复的概念、分类与技术方法 [J]. 中国水土保持，2005（01）：15-17, 55.

第二，关于草原生态修复重要性及必要性研究。随着工业化不断加速发展，环境恶化程度愈演愈烈，正确处理人与自然的关系已得到各国的认可，开展草原生态恢复建设，不仅可以促进生态环境的改善，还体现了对生态文化的开发和重视，是全球生态环境可持续发展的基础。Dobson 等（1997）认为欧洲受损草地恢复变得越发重要。Cuperus 等（2002），Rundcrantz 和 Skärbäck（2003），Sabine Tischew 等（2010），Jo Treweek 和 Thompson（1997）等学者发现通过修建基础设施的方式促进本国经济发展，后来人们发现以牺牲自然为代价，破坏草原的行为是不可取的。John（2016）、Wang 等（2018）则认为过度放牧是草地资源破坏的主要影响因素。

第三，关于草原生态修复相关理论研究。20 世纪 50—60 年代，欧洲以及北美的国家针对自己国内环境问题，利用一定技术手段对环境问题进行治理，关于生态系统的植被动态平衡范式的一元理论基础逐渐被取代。Holling（1973）、Hurd 等（1974）、Sutherland（1974）等生态学家提出非平衡范式的生态系统也可达到多种稳定状态，其中建模理论以生态学理论为基础，结合管理学、经济学、社会学等多学科研究视角予以分析。Maria（1999）对蒙古国荒漠草原和典型草原的植被进行动态分析，发现森林适用于传统平衡范式，而草原则适用于非平衡范式。Joan G. Ehrenfeld 等（2000）通过分析三大主体的生态恢复目标，指出应制定恢复的准则和标准，以此确定不同类型目标适合的生态恢复方案。

第四，草原生态修复治理的研究方法。Gerardo Ceballos 等（2010）、Bateman 等（2011）从生态学和经济学的研究视角，发现放牧等活动会对该地草原生态产生影响，采用经济分析法，将消耗性生态资产纳入可持续性假设中，应关注破坏生态恢复阈值以下的存量。Jack E. Norland 等（2015）以美国北达科他州东部和明尼苏达州西北部草原恢复为例，采用 logistic 回归法，得出草原恢复重建采用不同方式会得到不同效果，这也为未来管理者进行草原规划提供合理经验。Felipe Vásquez Lavín 等（2016）利用贝叶斯估计方法在或有估值 PES 应用背景下估计分位数二元回归和 WTP 分布，得出平均 WTP 值比支持 70% 的绝大多数人口值高 10—37 倍。Ting Li 等（2017）认为生态修复存在于复杂生态系统中，通过制定综合指数来评价生态修复效果。

2.1.2 政府和市场在草原生态修复治理中作用

第一,政府在草原生态修复治理中发挥着不可替代的作用。Mirja Kosonen 等(1997)、Morris J(2000)认为政府在草原恢复中应提供必要资金支持,可带来后期社会和环境效益。Nicholson-Crotty(2004)认为美国生态修复中,联邦拨款占州和地方所占比例较大。Kate C. Fagan 等(2008)、Pushpam Kumar 等(2010)、Yin,R 等(2010)、Crookes 等(2013)得出在生态修复过程中,传统方式就是利用政府和金融投资支持的方式完成修复项目。Sara Borgström 等(2016)通过以第一个设立公共生态修复基金的国家——瑞典为例,分析政府在自然资源保护方面的支出,得出国家在自然资源保护支出占政府支出总额的11%左右。

第二,从市场参与角度分析,草原生态修复治理离不开市场机制共同参与。Molnar A 等(2004),从市场规模角度出发,分析小农牧户参与市场机制及其研究方法,推进生态认证,确保生态恢复得到市场和牧民认可。Waldén Emelie(2018)通过调查恢复半天然草原,得出草原恢复程度绝大多数取决于牧民意愿,大多数牧民认为,草原恢复主要依靠农业环境付费机制,要求当地政府提供非财政支持。Dagmar Hagen、Kristin 等(2013)以冰岛为例,认为大多数生态恢复是国家机构作为政策重要参与者,例如土壤保护局,还有一些非政府组织参与,例如能源公司、土地所有者和非政府组织等。

2.1.3 草原生态修复治理的财政支出政策效益研究

国外草地资源较为丰富的国家,对草原生态恢复治理方面研究较早,且已形成完整治理体系。2002年,美国政府推行自然保护项目(CRP),农业法案中增加自然保护经费,新增一个草地保护区。发达国家在对草原生态修复的发展历程上,大都呈现出过度无序使用草地资源阶段—治理阶段—可持续发展阶段。Poling M(1991)认为,1934年席卷美国西部草原的"黑风暴"事件,开始重视草原生态修复治理问题,同年颁布《泰勒牧场法案》成为政府建立市场化管理模式的标志,放牧收费成为当时较为流行模式。

首先,关于生态补偿机制研究。现有研究中认为,生态补偿项目的初始阶段，政府是生态补偿的主体。Sara（2004）认为政府购买模式是国际上支付生态环境服务的重要方式。Adhikari B（2013）认为在生态补偿机制选择上，以市场为主体的生态环境服务付费是当前使用较为广泛的一种方式。

其次，关于生态系统服务价值补偿研究。国际上大都用"生态或环境服务付费"（PES）概念。PES一般被认为是利用市场经济手段来管理环境问题，受益者在享受生态服务过程中，支付一定费用弥补对生态环境服务使用。Bullock等（2011）、Stefanie Engel等（2008）认为采取生态服务费方式可以有效解决生态环境保护的外部性问题。Bennett和Gosnell（2015）、Xie等（2015）、Wunder（2015）等认为生态系统服务报酬或环境服务报酬是使用者向生态服务或环境服务提供者支付相应的费用。Stefano Pagiola等（2004）、Lindsey Nieratkaa等（2015）、Florence Bétrisey等（2016）、Adesiyan等（2019）认为贫困与生态系统服务付费之间存在正相关性。但Pagiola等（2002）、Grieg-Gran等（2005）、Ravnborg等（2007）、Wunder（2008）认为PES作为一种提高自然资源管理效率的机制，不是减少贫困的机制。

最后，关于生态系统评价内容和方法。第一，联合国经济合作发展组织（OECD）PSR模型，主要评估环境影响因素的各个指标构成，控制生态环境恶化所采取的行动。例如，Waiz R（2000）利用PSR模型对生态系统进行分析。第二，关于生态服务系统评价价值功能。例如，Costanza R（1997）对全球17种生态系统公益价值进行评估。第三，基于联合国千年生态系统评估（MA）框架的生态系统评估。此方法被认为是PSR模型拓展，分析生态环境影响因素，还从不同时空尺度上，将环境与人类福利的关系引入。

2.2 国内相关文献综述

2.2.1 关于草原生态修复治理研究

第一，草原生态修复重要性及意义。康爱民（2004）、陈峰（2020）认为生态修复前提是正确处理人与自然关系，尊重自然，进行人为引导、加快地表植被覆盖率，防止水土流失，实施产业政策制定及城镇化建设。盖志毅等（2006）、邵勇军（2017）认为生态环境安全被提升为国家和国际安全问题。在推进绿色发展，开展种草养畜方面具有重要意义。刘加文（2018）认为草原生态修复是实现生态文明建设重要载体，可以促进草原地区经济社会和谐发展。Hu（2017）、黄季焜（2018）、何涛（2019）、祁辉（2020）、苏宝达（2021）认为草原生态修复是当前生态文明建设的基本要求，面对草原"三化"问题不断加剧，开展草原生态修复工作是紧迫且必需的。宁清同（2019）、杨雪（2021）认为应建立生态修复保证金、强制性生态修复保险等保障机制。

第二，草原生态修复与可持续发展关系。在公共物品的提供政策支持上，王雍君（2020）认为财政政策合理目标是实现政策的可持续性及能够体现财政政策兼容性。蒋光藻（2002）认为应将草原生态系统作为一个整体，处理好人、草、蓄、动物之间制衡关系，实现草原生产力发展。刘丙友（2003）、康爱民（2004）、杨渺（2005）从生态价值的视角出发，认为草原生态系统协调发展，必须控制好人口数量，发展多种经营模式，实行跨区域经济补偿。高雷等（2012）、韩文祥（2013）、张小平（2015）、杨永红等（2016）认为草原生态补偿可促进牧民增收，是实现草原地区经济发展的重要举措。林成志等（2005）、康俊霞（2010）、林华（2015）、英丁文毛（2018）、董秀兰（2019）从草原生态恢复与可持续发展进行研究，稳步推进草原生态保护制度建设、完善草原保护体系、落实草原生态补奖政策，科学合理利用草原。殷国梅（2021）、宁晨东等（2021）认为不同草原生态修复措施组合效果不同，围栏、禁牧、施复合肥和补播组合效果最好，围栏、禁牧、施复合肥在当年产生经济效益最大，围栏和禁牧是退化草原修复的前提。

2.2.2 草原生态修复治理的政府与市场职责

草原生态修复离不开各级政府资金支持。盖志毅（2010）认为在草原生态文明建设过程中应充分考虑经济、政治和文化价值等多重指标。调整中央政府和草原牧区利益分配，加大对草原生态环境财政支持力度。刘明远（2003）认为在荒漠化治理中，制度创新要有科学合理的制度安排。李文莲（2005）认为政府间"委托—代理"关系如缺乏必要产权界定，会导致公共部门管理低效率。政府应充分发挥领路人作用。Xingliang Pan等（2017）、王飞等（2020）认为草原生态修复应加大政府资金投入，保证经济和生态效益共同实现。2015年9月，中央政府提出在生态保护与建设领域，要鼓励市场主体进入，开创草原生态保护建设新思路。王铁梅（2016）认为由于政府投资资金和效益不足，市场主体通过提供修复产品而进入草原生态修复领域。田海静（2020）、王曙光（2021）认为加强草原生态监测指标的构建及完善是解决草原生态修复治理的前提。

2.2.3 关于财政支出政策手段的研究

侯向阳等（2013）、胡苏萍等（2019）认为生态服务付费是提供生态服务的一种经济激励机制，通过将环境保护正外部性内在化，使服务提供者获得效益。赵雪雁等（2013）、杨旭东等（2016）认为生态补偿项目对农牧户生计影响可以体现在社会公平领域，研究发现生态补偿后农户生计总资本显著增加，农户生计方式从从事农业活动向非农活动转变。杨春（2014）、牟艳军（2016）从生态效益、社会效益和经济效益角度出发，分别设定不同指标，以此评价短期、中期和长期政策效益。毛培胜等（2017）、罗云雪（2020）认为草原生态补奖机制是依据草原生态系统功能，确定补偿主体、标准以及期限的政策制度，健全生态补偿机制有利于促进草原生态效益、社会效益、经济效益共同的可持续发展。

从草原生态补奖政策实施方式分析。杨春（2015）、王晓明（2016）、杨旭东（2017）、侍伟利（2017）、腾薇薇（2018）、李冰等（2019）、杨惠清（2020）、王海川（2021）通过分析不同区域草原生态补奖机制运作，提出完善相关配套政策措施、提高生态补偿标准，提供多元化补偿，实现生态效益、经济效益和社会效益统一。吉蕾蕾（2018）通过分析草原生态保护补奖政策效益，认为草原、牧业和牧民三方都有所受益。

政府采购制度是各国有效治理环境的激励手段之一，通过政府的引领作用，充分发挥其在绿色环保领域的目标，影响市场行为主体积极参与环境治理，发挥财政政策的有效性（徐焕东，2005；尚妍，2013），通过政府采购，实现节约财政资金，能够有效实现国家生态、经济和社会发展的环境治理目标（马海涛等，2014）。采取政府采购方式，增加环保资金投入，促进企业实现绿色技术创新（张亚欧，2020）。在效益方面，通过对绿色采购制度进行研究，生态环境的效益较为显著（Rietbergen，2013；展刘洋，2015；傅京燕，2017），Bovea（2020）认为其对绿色可持续的经济发展的效益较为显著。

2.2.4 内蒙古草原生态修复治理研究

从草原修复技术手段分析,草原生态修复促使土壤和植被恢复到最好状态。镡建国(2015)对内蒙古草原退化的成因和现状进行分析,创建符合生态发展规律的"人—蓄—水—土—草"高度耦合的最佳发展模式。马秀梅(2020)、杨晓刚(2021)、杨会霞(2021)认为近年来内蒙古草原生态修复治理效果明显,草原监测体系不断完善。

从内蒙古草原生态保护政策支持角度分析,草原禁牧、草畜平衡等政策措施对草原植被和退化起到积极作用。王召明(2017)对草原地区产业结构合理调整、生态移民等政策,确保牧民收入增加,生活有所保障的同时实现草原生态修复和治理工作。安广峰(2016)对内蒙古包头市达尔罕茂明安联合旗近10年草原生态环境问题进行分析,认为草原生态环境保护是具有生态效应、经济效应和社会效应。罗刚(2015)认为加大对草原生态建设的教育和宣传力度,建立完善的追责机制也是必要措施。

从经济增长角度来分析,以牺牲环境为代价,促进经济增长都是不可取的。周杰等(2015)根据内蒙古2000—2017年数据,发现草原生态环境与畜牧业经济发展水平呈增长趋势,近年来两者呈良好互动及正耦合关系。巩芳(2016)以内蒙古为例,通过环境库兹尼茨曲线,分析草原生态环境与地区经济增长关系,结果显示地区经济增长与草原生态环境恶化呈正向线性关系。青兰等(2017)通过总结乌兰夫对草原保护思想得出,中央各项补救措施必须具有政策灵活性,给予地方政府更多权利,因地制宜管理草原,不能让牧民过度依赖政府各项补奖政策。董晓宇等(2020)利用2000—2017年内蒙古荒漠草原植被物候变化数据研究表明气候变化对荒漠草原植被物候和生产力有显著影响。

2.2.5 内蒙古草原生态修复的财政支出政策

从内蒙古草原生态保护与经济可持续发展关系分析。郭永超(2019)认为当前草原生态治理工程主要有京津风沙源治理工程、退牧还草工程以及草原生态补奖机制,当前草原生态补奖政策取得一定成效,但是仍存在很多问题,要加强生态补偿投入力度、拓展新的生态补偿区域、处理好生态环境与经济的协调发展。

从内蒙古草原生态保护财政支出政策支持方面,王永明(2014)以内蒙古锡林郭勒盟为例,在草原牧区实行的产权制度、财税政策、生态移民和人口政策、草原建设和生态治理政策、锡林郭勒盟所推行的"两转双赢"政策等,都对草原生态恢复产生影响。李玉新等(2014)以内蒙古四子王旗为例,分析牧民对草原生态补奖政策的评价是可以保障政策顺利实施与改进的重要影响因素,大多数牧民对政策比较满意。

从财政视角进行分析,按照财政资金使用方向的不同,主要从以下两个方面来分析财政支出政策的效果。一是在财政专项资金使用方面。马凯(2011)利用综合评价法对资金使用进行绩效评价。刘璨等(2017)通过分析内蒙古和甘肃2008年国家重点生态功能区财政转移支付,发现资金存在分配不科学、转移支付力度不足、监测与考评制度不清晰等问题。靳乐山等(2018)通过分析生态补偿在环境保护和修复中的作用,得出在生态保护红线以内的修复活动还应由政府出资较为合理;市场化生态补偿主要适用于能够创造经济效益的生态保护和修复项目;政府和社会资本合作的方式可以发挥政府统筹协调作用。二是草原生态补奖方面。额尔敦乌日图等(2013)认为要从政策层面加强补奖机制的长效性,牧民生产性收入的减少和补贴收入增加,最终牧民收入是否真正意义上提高还有待考察。陈永泉等(2013)、包晓斌(2015)、孔德帅等(2016)、祁晓慧等(2016)从草原资源可持续利用的视角出发,对草原生态补偿责权关系、补偿范围、标准、方式、制度保障等进行分析,提出在新时期加强内蒙古草原生态补偿机制构建,如设立草原生态补偿基金、实行生态补偿优先序、改进实施战略。李平等(2017)通过分析草原生态补奖政策的效益后,发现当前仍存在超载过牧问题、生态补偿机制不清晰,在一些地方演变成了生态福利,生态效益和经济效益间冲突明显,并据此提出政策建议。

从草原生态补奖政策意义上来看,杨牧(2019)、冯秀等(2019)认为草原生态补奖政策是及时和必需的,通过财政政策引导,可以充分调动牧民参与草原保护和建设积极性,合理安排补奖政策并建立补奖机制的长效保障。闫召友(2017)通过分析内蒙古草原生态的现状,在生态补偿方面发现草原生态补偿资金不足、标准不统一、基础设施建设落后等问题,并提出要建立和完善生态补偿的法律机制、组织和体系以及补偿标准。

从研究视角及方法来看,国内学者的研究具有碎片化和区域局限化特征,主要对社会经济生活方面的影响进行研究，但将三大效益纳入统一框架，构建财政支出优化路径的研究甚少。路冠军等（2015）从政治社会学视角分析草原生态补奖政策，认为生态补奖对牧民生计、基层社会治理产生负面影响。周升强等（2017）通过对2017年草原禁牧区和草畜平衡区的实地调研数据，运用Probit模型，得出两个区域内农牧户对补奖政策满意度是有差异的，禁牧区满意度高于草畜平衡区。于达尔罕（2018）通过分析内蒙古鄂温克旗的生态补偿政策，采用博弈论分析生态补偿实施中多元利益主体，通过建立博弈均衡的长效生态补偿机制。巩芳等（2020）利用拓展能值模型分析草原生态补奖政策，计算出内蒙古10个盟市的草原生态外溢价值都是正值，且处于生态盈余。

从政策实施过程来看，张浩（2015）通过对内蒙古阿拉善盟左旗实地调研数据，分析草原生态保护补助奖励机制的贫困影响评价。发现草原生态补奖政策有利于草原生态恢复，促进畜牧业发展转型。胡振通等（2016）认为草原生态补奖监管可保证生态补偿支付顺利实现，得出弱监管会降低草原生态补偿目标实现，为了改进草原生态补偿监管，应合理设定补偿标准、提高违约成本和完善监管体系。奥成宁等（2019）通过分析内蒙古草原生态补偿政策实施现状，针对政府和牧民间的博弈关系，结合成本效益分析，得出当前政策对牧民的考虑较少，明确补偿标准来解决此问题。

2.2.6 财政支出政策效益

生态补奖实施效果进行分析，大多数学者都认为生态补奖政策缺乏长效机制、不能真正调动牧民生产积极性。伊风艳等（2015）、王加亭等（2016）、戴微著等（2018）以内蒙古为例，通过对牧区调研，得出草原生态补奖机制有利于草原生态恢复，提高牧民生活水平，由于管理体制、资金分配方式、草场的确权存在问题，建议建立草原生态补偿的长效机制。尹晓青（2017）、于波等（2018）、巩芳等（2019）通过分析内蒙古的草原生态补奖政策实施以来的效果，得出当前生态补偿标准水平不高，但过度补偿，牧民收入虽然提高，草原生态会呈现倒"U"形发展。要进一步明晰生态补奖政策目标、逐步取消各项不统一的政策、简政放权，给予地方政府更多的权利、建立生态补偿和生态保护共赢机制、实施禁牧草场有效管理方式、重视禁牧地区的其他相关产业扶持政策。

在生态效益领域，部分学者认为草原生态修复的财政支出政策的生态效益显著，植被覆盖度有所提高、生物量增加（刘爱军，2014；智荣，2022）；还有部分学者认为在评估生态效益时，将影响草原生态的自然因素，如降水和气温等纳入分析框架（马海丽等，2021；朱小华，2022），研究发现财政支出政策在实现生态效益时的作用有限。

在经济效益领域，保护草原生态是将放牧限制在合理的承受范围内，这必然会挤出原有的一部分属于超载的畜牧行为，需要牧民向畜牧和非畜牧业相结合的收入结构转型。牧民的收入结构如果不能顺利地实现过渡和转变，则可能会带来牧民总体收入的下降，从而与增收目标相违背。从已有文献来看，该政策对非畜牧业就业的促进程度较低（王丹和黄季焜，2018），这可能会是影响增收目标是否实现的重要因素。

在社会效益领域，储德银（2013）采用GMM方法验证财政分权对农村贫困产生的影响，财政分权程度越高，越有利于缓解农村贫困。王晓芳（2018）认为财政分权有助于降低农村贫困发生率，非生产性财政支出不利于改善贫困。孙博文（2021）认为财政分权对农村减贫领域存在直接效应，且投资支出发挥中介效应。张楠（2021）采用三种相对贫困标准，测度财政工具的减贫效应，发现财政分配体系有助于实现精准扶贫。

通过分析可以发现，当前内蒙古对于草原生态修复方面的财政政策研究，主要集中于牧民的草原生态补奖资金方面。这项具有针对性的资金补助直接补贴给禁牧地区和草畜平衡区的牧民，有助于直接增加牧民收入，促进牧民生产生活质量的转型和提高。也正是因为对此政策研究较为广泛，补奖政策实施过程中存在诸多问题，实际效果也有待进一步考证，这也为本书下一步的研究埋下伏笔。

2.3　国内外文献述评

2.3.1　国外文献述评

目前，国外学者对生态修复的理论研究和实证研究都要早于中国学者，发达国家草原管理主要从理论、机理和应用层面、实现效益等方面进行探讨。

应用生态补偿理论及相关研究成果构建起较为完整的生态价值核算及补偿体系：一是草原管理部门职责划分明晰，充分重视草原生态功能属性，草原开发用途多样。二是有明确的草原管理法案，除了基本法案，还有相关配套的法律法规，政策制定较为完善。三是采取多元化的草原生态补偿方式，政府和市场职责范围界定清晰。但是，系统的专门针对草原生态补偿对受偿主体（农牧民）的社会福利研究较少。

2.3.2 国内文献述评

国内学者也从不同学科角度、不同视阈对草原生态进行研究。从学科角度构成来看，草原生态系统修复并不单纯涉及生态学，还涉及经济学、社会学、政治学、法学等，是一个综合交叉学科体系构成；草原生态修复是一项系统性工程，除了要有技术、工程层面的支撑，还需要搭配不同的政策来确保修复工作顺利进行；当前国内学者对草原修复的财政投入机制研究大多数从某个区域来进行分析和研究；对于防治主体大都侧重于政府职责的分析；在财政制度机制安排上，国家林草局、内蒙古草原研究所、内蒙古高校、蒙草企业等都从不同技术、工程和理论上深入分析，对于财政投入机制，大多数学者都集中于2011年，财政部在8个牧区省份实施草原生态补奖政策，关于补奖政策实施以及实施政策后所产生的问题都提出了具有针对性的建议，并在第二轮生态补奖中，国家上级部门也有所采纳，在第二轮生态补奖后，草原生态修复仍存在一些现实问题。因此，关于财政对于草原生态修复过程中的三大效益提升还有进一步研究和挖掘的可能性。

一是，理论模型研究有待深入。已有关于草原生态修复的财政政策支持研究大都围绕生态服务付费机制的生态经济效益理论，生态修复的公共品理论、外部性理论，生态与经济共同发展的可持续发展理论等进行大量定性分析。从动态演化博弈视角将所有参与主体纳入统一分析框架的研究较少，这就缺乏了系统的理论模型构建。

二是，财政支出政策效益评价结果不一。从影响草原生态修复的财政支出政策的效益分析出发，大多数学者基于部分区域，分析政策效益是否实现最初设定的两个目标：实现生态保护（生态效益）和实现牧民增收（经济社会效益）。利用微观入户调查数据研究发现，有些学者认为草原生态补奖政策的两个目标并没有充分实现，原因集中于国家草原生态补奖政策标准过低。而另一些学者通过对近年来草原生态修复的大数据，观察草原的草场植被覆盖度、产草量等指标，基于遥感技术，分析生态效益是否实现。

三是，从财政资金使用效果评价不一。由于草原生态修复资金的相关实施年限短，各种技术指标跨度多个学科，在草种繁育、边境防火隔离带建设、有害生物防治等方面大都涉及农牧业方面专业知识，而卫星遥感信息的搜集又是地理学研究范畴，从财政视角予以分析资金使用效率的文章有较强局限性，从当前草原生态补奖政策实施作为切入点是本书的研究范畴，这项政策实施年限较长，是草原生态修复领域的一项专门针对牧民的财政补贴，通过分析政策三大效益对今后政府部门及研究部门具有一定的政策参考价值。

四是，草原生态修复的区域差异化研究较少。当前研究大都是针对某一个特定区域分析财政资金的使用效果，由于中国草原分布较为广泛，在13个省（区）都有所涉及，而草原的面积十分辽阔，由于区域地理因素的影响而导致微观数据获取十分困难，以内蒙古锡林郭勒盟为例，一个嘎查（村）的牧户家庭大约有100户，但是一个家庭和一个家庭的距离大概有50里，而政策的落脚点是在牧民身上，只有真正通过访谈、实地调研的方式才能加大获取实际数据的可能性，因此，研究整个草原生态补奖覆盖范围内的各个省（区）的异质性难度较大，这也是本书选择内蒙古地区的一个原因。

五是，关于草原生态补奖资金的监管研究较少。当前关于补奖资金的使用研究较多，但是关于资金的后续监管研究较少。加强技术监管，利用大数据和互联网平台进行监管，建立完备的监管体系是今后草原生态修复领域的一个较为有效的方式，这也是本书根据内蒙古的实际情况予以分析的一个重点。

根据国内外文献整理分析，发现关于草原生态修复财政政策支持已经有较为完备的理论基础，但关于政策支持的效果、区域异质性等方面的研究还有较大空间。在研究方法上，当前关于政策实施以定性分析为主，定量分析主要集中在 Logit 模型评估，运用 DID 模型的相关研究不足。从研究范围上来看，当前研究大都集中在某一个区域的某一个市，受到调研范围大，获取数据较难的影响，本书主要对获取的内蒙古所有牧区旗县的数据进行研究，确保所得出的政策建议更加具有可信度。

第 3 章

基础理论

本章主要对草原生态修复的财政支出政策效益的相关基础理论予以分析。从公共物品理论、外部性理论、可持续发展理论、生态经济效益理论、激励相容理论分析财政支出政策支持草原生态修复，实现生态、经济和社会效益最大化的重要性及必要性，从理论上阐释草原生态修复财政支出政策效益提升的作用路径，科学论证财政支出政策的有效性是确保实现三大效益最大化的前提。

3.1 公共物品理论

3.1.1 公共物品理论概述

在公共经济学的研究领域，公共物品（Public Goods）是最为基本的一个概念，研究公共物品大都将其和私人物品（Personal Goods）对应起来。根据公共物品特征进一步分析其分类方式，而不同种类的公共物品供给又呈现出来不同特点。

19世纪80年代奥意财政学派对公共物品进行比较系统的研究。著名经济学家保罗·萨缪尔森（P. Samuelson，1954）在《公共支出纯粹理论》中，系统阐释公共物品的含义，从消费的非竞争性视角出发，认为"每个人消费这种物品或劳务都不会导致别人对该种产品或劳务消费的减少"[①]。通过式（3-1）可以看出：公共物品的消费具有非竞争性。

$$G_k = G_{ki}(i = 1, 2, \cdots, i; k = j + 1, \cdots, j + k) \qquad (3-1)$$

其中，i 表示消费者的序号，k 表示商品的序号。

奥尔森（M. Olson，1971年）在其《集体行动的逻辑》中[②]指出"任何物品，如果一个集团 $G_1, \cdots, G_i, \cdots, G_n$ 中的任何人 G_i 都可以消费它，那么它就是可以被那一集团中的其他人消费"，这主要是从公共物品的效用的非排他性来界定。

---

① Samuelson, P. A., Pure theory of public expenditure [J]. Review of Economicsand Statistics, 1954, 36: 387-389.

② Olson Mancur. The logic of collective action - public goods and the theory of groups [M]. Harvard University Press, 1971.

公共选择学派集大成者布坎南（J. M. Buchanan, 1967）在其《民主财政论》①中指出,公共物品是"任何集团或社团因任何原因通过集体组织的方式提供的商品或服务"。

斯蒂格利茨（Joseph E. Stiglitz, 1993）在其《经济学》②中指出"公共物品是具有消费的非竞争性的,即增加一个人的消费,并不会导致其成本增加,而排除任何人对它的消费要花费巨大成本,也具有非排他性"。世界银行在《1997年世界发展报告》中为公共物品下了明确的定义："公共物品是同时具有非竞争性和非排他性的物品。其中,非竞争性是指某个使用者对该物品的消费,并不会减少它对其他使用者供给该物品;非排他性是指某个使用者不能被排除在消费该物品以外,对公共物品的消费使用付费的方式是行不通的,导致私人不愿提供这种物品。"公共物品具有消费上的效用不可分割性和强制性,当公共物品面向整个社会提供时,每个社会成员都可以无差异的享受,其所带来的效用是不可以进行分割的;一旦公共物品生产出来后,具有高度垄断性,社会成员必须享用,没有其他选择的余地,被动接受这种公共物品是强制性的表现。

国外学者对公共物品定义界定侧重点有所不同,早期对公共物品的研究更多是从政治学视角出发。后期是从经济学视角出发,对公共物品概念进行对比分析。斯蒂格利茨和世界银行对于公共物品的定义趋于一致,都提及了公共物品非竞争性和非排他性。国内学者通过整理分析汇总国外学者对公共物品的定义,结合公共管理学及公共经济学的研究基础,提出公共物品的含义："公共物品是具有非竞争性和非排他性或者两者具有其一特性,效用不可分割,主要用于满足社会公共需要的物品"。

公共物品的分类可以依照不同的角度加以划分。按照国内学者陈振明的划分方式,公共物品主要有两种分类方法③。

第一,根据公共物品的特征,可将其划分为纯公共物品和准公共物品。凡是同时具备非竞争性和非排他性的物品,称为纯公共物品;而具备两个特性之一的物品,称为准公共物品。草地资源所提供的生态效益是一种公共物品,其在消费过程中具有非竞争性,会造成资源的过度使用,从而产生"公地悲剧"效应;而在消费的过程中,其具有的非排他性导致使用草地资源的

---

① Buchanan J M. Public finance in democratic process [J]. Journal of Politics, 1967, 30: 347-352.
② Joseph E. Stiglitz. Economics [M]. W. W. Norton & Company, Inc, 1993.
③ 陈振明等. 公共管理学（第2部）[M]. 北京：中国人民大学出版社, 2017.

牧民产生"搭便车"心理。

第二，按照受益范围的不同，如果公共物品是由中央政府提供的，则为全国性公共物品；如果公共物品的提供者为地方政府，则被称为地方公共物品。草原的生态保护属于地方性公共物品，但是草原生态环境的改善不仅只限于本地居民受益，由于其外部效应，会给相邻区域甚至是整个国家的生态系统带来收益，因此，这类公共物品的提供应该由中央政府和地方政府共同出资，而出资的比例根据公共物品的受益程度以及地方政府的资金情况共同决定。

3.1.2 公共物品的最优供给

由于公共物品的特性，导致仅仅依靠市场机制无法实现公共物品供给均衡，理论上通常有庇古均衡[1]、林达尔均衡[2]、萨缪尔森均衡[3]和马斯格雷夫均衡[4]四个模型，要想实现私人物品的帕累托最优，前提就是要求个人边际替代率与个人边际转换率是相等的，而要想实现公共物品的帕累托最优，前提条件就变成了所有人的"公共"边际替代率总和与边际转换率总和是相等的。

由于市场在提供公共物品方面是低效率的，政府介入提供公共物品是必要的，但需要区分公共物品提供并不等同于公共生产，政府并不是公共物品的唯一供给者。根据公共物品供给理论，主要有两种供给方式：一是私人供给，主要是在"布坎南自愿解""囚徒困境"和"纳什均衡"中体现出来。即政府通过某些方式委托其他私人企业的间接生产方式来实现，通过签订合同、特许权经营、政府参股以及新型公私合作等方式。二是公共供给，这主

---

[1] 英国经济学家庇古提出：在假设效用是可以比较大小求导的，每个人在消费公共物品时都能获得正效应，同时每个人都必须为公共物品纳税，同时会产生税收的负效应。那么对于个人来讲，公共物品的最优供给会在公共物品消费的边际效应等于税收的边际负效应这个点实现。

[2] 瑞典经济学家林达尔从理论上论证公共物品的市场均衡，即每个社会成员都按照其获得公共物品的边际效益的大小来捐献资金费用，那么公共物品的供给量可以达到最优水平。

[3] 美国经济学家萨缪尔森对纯公共物品供给的最优一般均衡模型需在五个前提假设下，得出所有个体消费公共物品和私人物品的边际替代率之和等于生产公共物品和私人物品的边际转换率。

[4] 美国经济学家马斯格雷夫提出最优的公共物品的供给量是由消费者依据其收入所做的评价来决定的，假定消费者的偏好为已知的，并假定为特定消费者制定了税收价格，那么公共物品就是按照征税价格予以定价。也即一种产品的所有数量对每一消费者都能按照同一价格出售，而私人物品和公共物品的单位价格比就等于消费者在这两种物品间的边际消费替代率。

要在公共选择理论中的"一致通过规则""投票悖论""中间投票人定理""阿罗不可能性定理"体现,即由政府作为公共物品的生产者和提供者。

3.1.3 公共物品理论与草原生态修复

根据公共物品理论的内涵界定草原生态修复公共物品属性,从非排他特征来看,只要是区域内牧民都可享受草原生态修复带来的良好生态环境,不会将其他人通过任何技术手段排除在外;从非竞争角度来看,草原生态修复是需要技术投入的工程项目,由于草地资源的有限性,随着消费者人数不断上升,对草地资源使用避免不了出现"公地悲剧",导致草原生态修复成本上升,草原生态修复具有不完全的非竞争性,具有准公共物品特征。草地资源生态系统具有整体性、区域性等特征,但个人为追求经济效益最大化利益,会不顾整体社会利益,只有政府通过对草原资源利益受损者予以财政补贴进行生态补偿,从公平性角度出发,去维护和实现所有社会成员公共利益。草原生态修复是区域性地方公共物品,但其生态效益全社会都可受益,为草原生态修复的利益损失者提供必要补偿,调动全社会成员共同加入生态环境治理队伍,促进经济和环境可持续协调发展。

从草原资源这种公共物品的供给角度来看,由于生态修复工程的耗资大、修复周期较长、需要一定专业技术和人员的支撑,所以这种公共物品的供给者必须以政府为主体,对必要的草原生态修复的主体和对象给予一定的补偿。从草原生态修复的主体来看,由于不是个人,而是自然资源,从自然资源使用和受益的角度看,牧民是受偿主体,应该为其从保护草地资源的损失中给予补贴,对破坏群体应该给予税费惩罚;从提供草原生态修复的技术角度来分析,有些专门从事生态修复的企业,政府应该给予税收优惠安排,调动企业积极投身生态修复,形成草原生态修复多元化投资主体。

3.2 外部性理论

3.2.1 外部性理论概述

关于外部性的定义当前经济学家主要从两个方面给予定义,一类是由马歇尔（Marshall）于1890年在其《经济学原理》中率先提出，后来经过马歇尔的学生、福利经济学派的代表人物庇古（Pigou）做了进一步分析，后经萨缪尔森和诺德豪斯予以完善，从造成外部性发生的主体来界定，对其定义为"一个主体在进行生产或消费活动过程中，对其他活动主体带来的额外收益或损失，这种损失不能通过价格机制予以反映"，庇古还创新性地提出了"私人净边际物品"和"社会净边际物品"，当私人净边际物品小于社会净边际物品时，即存在经济正外部性时，给予补贴。对于一些极端外部性问题，如公共物品的公共提供上，首次提出了应该由政府提供所需的全部资金，这就是公共物品必须由政府提供的最初论断。庇古对于外部性问题的研究，探讨了政府管制的方法，为财政政策的研究奠定了基础。第二类是根据兰德尔的定义得出，"当一个行动的某些效益或成本并没有被决策者所考虑，这时会导致此行为产生低效率现象"，接受主体发生了变化。当前经济学界运用第一种分类来界定外部性，即在经济社会活动过程中，某个经济主体在生产和消费过程中对其他经济主体所造成的正向或负向影响。

从草原生态修复的属性来看，当草原被认定为纯自然生态资源时，其生态价值提供者不存在外部性问题，但是当其作为生产资料参与生产活动中时，就会产生外部性问题。由于草地资源的开发利用，造成生态环境的损害，会形成外部成本，带来负外部性；由于部分群体，如国家或牧民重视草原生态保护，则会带来额外收益，即产生正的外部性。由于这类成本和收益并没有在生产或经营活动中明确规定应该是谁的责任，导致一些破坏生态环境而为自身创造收益的群体并没有受到任何惩罚，即这种外部性问题的产生是由于消费者"免费搭车"心理的存在而造成资源过度使用。

再从庇古关于外部性定义的第二个层次分析这种外部性为什么必须应该由政府提供。私人净边际效益主要体现在由于放牧而使自身畜牧业收入增加程度，私人的边际收益远远大于边际成本，因此，牧民最大限度地增加对草地资源的使用，进而造成"公地悲剧"。而社会净边际效益则体现在草原不仅具有这种畜牧业生产的商品功能，还具有净化空气、涵养水源、保持水土、娱乐休闲等社会功能，社会边际收益要远远小于其承担的成本，市场不愿意提供草原生态修复治理，出现公共物品供给不足，不能满足社会整体的公共需要。从草地资源使用过程中无须承担任何费用就可以免费享受草地资源所创造的畜牧业收入，造成社会福利净损失。因此，还需要政府的宏观调控手段,通过各种有效的财政政策工具实现制度优化,为生态环境保护者提供必要的生态补偿,激励保护者对草地资源保护,最终实现经济社会的可持续良性发展,达到社会福利的最大化。

19世纪后期,随着资本主义进入垄断阶段,市场机制的缺陷逐渐暴露,为了更加公平的实现资源配置的最优,提高整体社会福利水平,以庇古为代表的经济学家开始将经济学的研究方法应用于环境治理领域,从社会福利角度分析外部性问题。以边沁的边际效用理论为基础,利用帕累托最优原则和马歇尔的消费者剩余理论,在环境治理领域,展开了外部性问题的研究。为了弥补外部性造成的供给不足,政府一般采取财政手段予以干预,将环境治理的外部性成本或收益内在化,以达到提高资源配置效率,提高财政政策有效性的目的。从造成草原资源过度使用的角度来看,企业和牧民作为追求自身利益最大化的理性人,往往过度开发利用草地资源,这并不计入私人成本中,即消费者认为使用草地资源是免费的或者成本非常低的。而草地资源一旦破坏,需要修复时,其社会成本必然上升,且大于私人成本。具体外部性的解释通过图3-1予以分析。

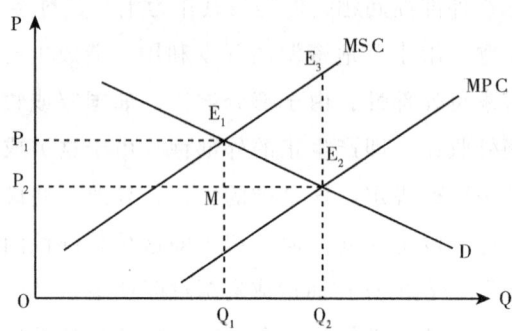

图3-1 外部性与草原生态修复

具体地,图3-1中OP线表示草原生态修复这一公共物品的价格,OQ线表示草原生态修复的公共物品提供的数量。MPC代表边际私人成本曲线,MSC代表边际社会成本曲线,D代表需求曲线。当MSC=D时,市场供求达到均衡,最佳供给数量和价格分别为Q_1和P_1。但由于牧民和企业为追求自身利益最大化,而不承担草原破坏修复的成本,因此,草原生态修复需要政府给予政策支持,其修复治理后,最佳供给数量和价格变为Q_2和P_2,修复后草原供给量增加。在E_1均衡点上,社会总收益是$OP_1E_1Q_1$,当政府干预后,个

人总收益变为 $OP_2E_2Q_2$，个人收益虽然增加了 $E_1Q_1Q_2E_2$，但是给社会成本造成了 $E_1Q_1Q_2E_3$，社会造成了额外的 $E_1E_2E_3$ 的福利损失。

3.2.2 外部性理论与草原生态修复

从外部性定义中可以看出，草原作为一种自然资源，自身所具备的生态功能会导致生态服务系统功能发生变化，牧民在使用草地资源的过程中，会引起生态服务系统功能发生正向和负向两个方面的变化。草原生态修复治理是促进草原生态系统改善、实现生态环境保护重要途径，其所提供出来的生态系统服务价值具备公共物品属性，政府通过草原生态修复治理的财政资金投入使外部性问题内在化。从社会整体效益角度来看，具有较强正外部性，如果由于"搭便车"现象造成资源过度使用，需要通过必要的生态补偿机制来协调相关利益者的利益损失，政府制定必要的生态补偿机制弥补正外部性损失成本；从牧民角度出发，由于世代生活在草原，认为草原就是自己的衣食父母，过度放牧导致草场破坏而产生负外部性行为，牧民为保护草原生态环境，积极配合禁牧轮牧和草畜平衡政策，对自身生产生活造成了损失，同样产生负外部性，需要通过政府提供公共物品，消除负外部性，给予牧民一定生态补偿。

从外部性产生领域来分析，草原生态资源的消费者是世代在草原居住的牧民，在其消费活动中，如果能够科学合理地利用草原，会为生态环境带来正效应，由于公共资源过度使用，草原的荒漠化会为其他消费主体带来损害。草原生态保护和修复不仅能够满足当代人对资源的使用，而且对后代人能够享受草地资源的价值也起到重要作用。草原生态修复的生态环境效应不仅表现为单向的外部性，如果所有草地资源丰富的地区都对生态环境过度开发和使用，草原荒漠化严重还会造成风沙加大，对周围区域环境都造成影响，这就存在交互外部性的影响。因此，关于草原生态保护与修复外部性影响，在中国的实践应用上早期就开展过退耕还林还草、京津风沙源治理、生态补奖政策等。从草地资源的利用和保护角度出发，中国对于草场确权就是科斯定理的应用。总之，内蒙古草原生态修复作为生态保护的重要手段，能够有效地将草原生态系统负外部性内在化，进而优化资源配置结构，促进草原生态资本增值，为草原生态文明建设提供必要的制度保障，实现内蒙古自治区区域内经济、社会、生态效益统一。

3.3 生态经济效益理论

1965年美国经济学家鲍尔丁在生态学理论中引入经济学,首次提出生态经济学的概念,在《一门科学:生态经济学》中从市场机制的角度出发,研究人口、经济和资源的合理开发和利用,对环境污染问题做了深刻的讨论[①]。20世纪70年代,英国舒马赫从重视市场开始转向重视人与自然关系的经济理论;美国戴利稳态经济学认为牺牲短期经济增长率以维持长期生存与稳定;美国诺德豪斯(Nordhaus)和托宾(Towbin)提出的福利经济指标体系应该替代国民生产总值理论;法国科尔姆(Colm)和安列卡(Ann)认为应该对污染和有效治理环境予以征税等。

3.3.1 生态经济效益理论概述

生态经济效益理论是生态经济学最基本的理论之一。这一理论的核心认为发展经济最终目的是要实现生态经济效益,认为生态经济系统、生态经济平衡和生态经济效益之间是存在着相互联系和相互制约的关系:第一,生态经济系统是经济活动的载体,其决定了后期生态经济平衡如何建立,而生态经济系统平衡是生态经济系统能够正常运行的动力,最终为实现生态经济效益创造正向作用。第二,人们在追求生态经济效益的过程中,会影响生态经济系统平衡,也会影响生态经济活动。

经济效益是指人们在从事经济活动过程中获得的成效与所投入的耗费之间的比较。人们在一项经济活动中投入一定的劳动和物化劳动的耗费,获得的经济成效越高,其经济效益也就越好。生态效益是指人们从事经济活动,投入一定的耗费后,在产生一定的经济效益的同时,也会产生对人类有用的各种自然效应。在实际生产活动中,人们对生态系统投入一定的耗费所获得的这种效益越高,其生态效益就越好。但是如果人类活动对生态系统的自然

---

① 李海涛,严茂超,沈文清. 可持续发展与生态经济学刍议[J]. 江西农业大学学报,2001(03):410-415.

运行规律犯规造作，其生态效益就会形成负值。因此，生态经济效益可以被界定为经济效益和生态效益的结合：人们投入一定的劳动耗费后，会获得一定的有形产品，同时也包括各种对人有用的无形效应。当人们从生态系统中投入后，所获得的有形产品和无形产品的效应越多，则其生态经济效益也就越高。

在现实经济发展中存在着各种生态经济效益问题，需要用生态经济效益理论来指导生态经济的管理。国外对生态经济系统的评价大都从整体上进行效益评价，但是实质应从经济增长与生态环境协调发展的良性循环的角度出发。第一，从高效率、低能耗、持续稳定的发展角度评价。从高效率的角度是指整个系统要保持较高的生态生产力和社会生产力，低能耗是指在高生产力的条件下，可以达到物质—能量消耗低，减少劳动消耗的投入，减轻对生态环境的压力。第二，要处理好自然、社会结构合理、关系协调三者的关系。其中自然主要是包括自然生态环境，也包括自然资源的开发利用，社会是指有利于协调系统发展的各种矛盾关系，关系是指要处理好人与人、部门与部门、局部与整体、眼前与长远、生产与生活、资源利用与环境保护等共生关系，目的在于维持社会的稳定协调发展。第三，要保护提高生态环境质量，使风险最小化。这是衡量生态经济综合效益好坏的标志，一定的生态环境质量既是生态经济系统的发展条件，也是人类赖以生存的保障。系统风险最小反映的是经济增长与生态环境协调发展的可靠程度，也是生态经济系统良性循环发展的必要条件。生态经济效益的评价原则可以包括经济效益、社会效益和生态效益的统一，要将各种效益结合在一起，形成生态经济系统的综合效益最大化。

3.3.2 生态经济效益与草原生态修复

草原生态修复是生态保护与经济协调发展的一个必然趋势，草原作为自然生态经济系统的重要组成部分，是经济系统赖以生存和发展的物质源泉；如果经济系统的调节机制破坏了生态系统的生物资源和环境结构，经济系统本身就会陷入恶性循环中。因此，现代经济的发展要受到生态环境系统的制约，人类草地生态资源环境的发展，促进生态与经济协调发展就成为一种客观的必然趋势。草原生态系统可以为周围的牧民提供必要的畜牧生产资料，同时也会为周围区域带来清新的空气和良好的生态环境,进而形成生态系统的服务价值。但如果草地资源遭到严重破坏,出现大范围的荒漠化,不仅会对牧民的畜牧业收入产生影响,也会对整个区域内的环境问题带来危害。因此,要实现草地资源得到永续利用,要对资源环境进行有偿的使用,在使用草地资源时要加大对草地资源的生态建设的投入,进而恢复、弥补或增进资源环境的创造价值的能力。

3.4 激励相容理论

传统经济分析理论在严格假定下,认为市场是完美的,但受现实情况冲击,市场机制并不能达到资源配置最优,存在市场失灵,如何设计市场机制达到资源配置最优,实现效率最大化,进而实现社会公平的目标,这就离不开政策的设计与干预。激励相容理论作为经济学研究的一个重要分支,20世纪70年代,美国经济学者哈维茨(Hurwiez,1997)在其提出的机制设计理论中,认为公共政策的制定在如何避免市场机制中所有的理性人在参与机体决策时,克服只追求自身利益最大化,应通过一种激励相容的制度设计,实现集体利益的最大化,进而实现个人目标函数和集体目标函数的一致①。在明确所有参与主体后,政府相关部门如何调动参与者积极参与政策是其中的关键点,如何融合参与主体和政策制定者之间的激励相容制度设计,得到令所有人满意的目标函数最大化的机制。在委托代理理论框架下,政策制定者在信息不对称和多重不确定因素的影响下,由于缺乏对代理人的监管,委托人的目标可能不会实现,进而出现"代理人问题",委托人和代理人之间的利益如何实现共赢成为一个重要的研究领域。20世纪80年代,博弈理论中经济主体行为在不完全信息条件下,通过机理合作可以实现代理人效用目标的最大化,进而实现委托人利益最大化,这就被界定为激励相容机制的运作过程。

---

① Leonid Hurwiez. On informationally decentralized systems in decision and orgonizatin [M]. RRADNER. CBMC GUIRE Amsterdam, North – Holland, 1972.

3.4.1 激励相容理论概述

激励相容理论在理论机制上与公共选择理论、委托代理理论、博弈理论模型息息相关，在"理性人"假设基础上，围绕个人利益和集体利益、委托人利益和代理人利益、参与博弈的主体予以分析，该理论认为个人利益和集体利益发生冲突时，理性人在追求个人利益最大化时，会忽视集体利益；同时代理人为实现自身利益最大化也会采取不正当操作，损害委托人利益；在参与博弈过程中，不同博弈主体也会追求自身利益时损害其他参与主体利益，进而使整体社会福利受损，因此，必要的激励机制设计是协调和解决矛盾主体利益的重要手段，委托人和代理人之间由于信息不对称等因素造成的利益偏差，过渡到个人利益的行为选择和集体利益最大化的目标相一致，同时实现从零和博弈向非零和博弈的过渡。

公共选择理论视角下，草原生态修复的财政支出政策的有效性，必须确保各项政策的可持续性，政策制定不能仅考虑短期利益，要与长期利益相一致，保证集体利益与参与主体的个人利益和需求相符合。"公共选择"的理论本质在于运用经济学研究方法研究政治问题，当前国家重视生态文明建设，将其作为国家重要发展战略之一，生态治理已然成为现代化建设必不可少的重要内容，通过对草原生态修复治理的参与主体——政府、企业和牧民三者的利益关系的分析，增强公众参与政府决策的积极性，体现以人为本，让人民真正感受到自身的主人翁地位，促进社会集体利益最大化目标的实现。

在委托代理行为框架下，利用博弈理论的作用机制，分析参与草原生态修复的主要参与主体的行为，主要包括中央政府、地方政府、企业和牧民等相关利益主体，由于不同利益主体的诉求不同，在理性人假设前提下，各参与主体都会追求自身利益最大化而作出损害其他主体的行为，草原生态修复治理的多元参与主体，其各自的行为目标在政策激励下呈现多元化，如何协调和处理个人利益和集体利益的一致性需要地方政府合理设定激励相容机制，达到个人利益的行为目标与集体的利益目标相一致。

3.4.2 激励相容理论与草原生态修复

政府作为草原生态修复财政支出政策的制定者，要处理好所有参与主体间的利益关系，通过激励相容的制度设计，调动企业积极绿色转型，减少草原植被破坏，调动牧民生产积极性，转变生产生活方式，增加收入，实现草原植被保护和恢复，实现政策的生态效益、经济效益和社会效益目标。进入21世纪后，草原生态修复的财政支出政策持续发力，这离不开公共政策激励制度设计，为实现草原生态修复效用最大化，需要分析不同参与主体行为选择，确保集体决策的目标效用函数的解是最优的。

在草原生态修复治理过程中，中央政府和地方政府通过委托代理行为，中央政府的政策目标是实现草原生态修复的财政支出政策的效益最大化，在生态文明建设的发展进程中遵循"两山"理论，实现中国特色社会主义的"五位一体"总体布局，将"美丽中国"建设作为实现生态文明建设的目标。而地方政府在具体实施过程中，一方面要考量遵守中央政府制定的生态效益、经济效益和社会效益最大化的目标如何实现，另一方面还要考量如何更好地处理当地经济发展与生态修复之间的矛盾。地方政府在积极参与草原生态修复的过程中，企业为了追求利润最大化，会在草原区域进行大规模的开发和利用，但同时也为当地政府带来经济增长，而牧民作为直接受益者，会通过配合或不予配合方式参与草原生态修复治理。牧民在配合政府进行草原生态修复过程中，追求自身利益最大化，实现自身收入不减，如何提高收入水平是其关注的重点。如何设计和制定合理的激励相容机制是草原生态修复财政支出政策实现个人利益和公共利益的融合，最终实现集体利益、企业利益和个人利益的效益最大化，实现合作互利共赢的关键。

中国的草原生态修复的财政支出政策是以"政府主导，市场为辅"的公益模式。中央政府通过三轮草原生态补奖政策，补奖资金不断调整优化，资金总额呈现上升态势，设立保护草原生态的同时增加牧民收入的目标，这是草原生态修复可持续发展的重要内容之一，如何发挥财政支出政策的杠杆作用，调动相关参与主体积极参与草原生态修复治理，实现生态效益、经济效益和社会效益最大化的目标是关键。在委托代理理论框架下，中央政府应制定激励机制，调动地方政府积极参与生态修复，同时地方政府应在激励框架下，贯彻执行中央政府政策，调动牧民积极参与草原生态修复治理，实现公共部门和私人的相容机制。激励相容理论在草原生态修复治理的财政支出政策的效益实现上，协调了相关利益主体，明确博弈参与主体的真实需求，力争央地政府目标趋同。

在委托代理框架下，中央政府委托地方政府代为执行草原生态修复治理，中央政府通过财政支出的激励配套政策，激励地方政府积极参与生态修复治理，同时也将生态修复治理纳入政治任务中，地方政府在实际治理过程中，要处理好多方参与主体的利益，制定相容机制，引导和规范企业和牧民的行为，实现所有参与主体的利益最大化。在草原生态修复治理的财政资金投入中，中央政府根据地方政府的实际治理，给予配套激励资金奖励，生态修复较为突出地区给予额外资金奖励，形成了良好的正向激励，但同时也存在地方政府在实际治理环节，由于缺乏必要的制度监管，甚至为了追求当地经济发展，与企业合谋，获得的利益甚至大于遵循中央政府制度规定所带来的激励资金额度，这就形成了负向激励。在政府和牧民博弈环节，自上而下的草原生态补偿政策实施，大都忽略了牧民实际生态补偿意愿诉求，牧民在参与草原生态修复治理环节，由于政府通过财政资金给予牧民一定的生态补偿，但与牧民实际补偿标准存在差距，这是牧民是否积极参与草原生态修复的关键因素，也是导致政策出现激励不相容的实质[①]。因此，如何设计一套央地政府激励相容的利益调和制度，实现帕累托最优，带来社会福利最大化是草原生态修复治理财政支出政策的终极目标。

3.5　本章小结

本章主要阐释草原生态修复的财政支出政策效益的基础理论，通过对相关基础理论的整理，基于公共物品理论和外部性理论诠释了为什么需要政府采取财政支出政策干预草原生态修复治理，政府干预的必要性如何；基于生态经济效益理论诠释了财政支出政策的有效性离不开对效益的评析，政府干预的重要性如何；通过激励相容理论诠释了财政体制是影响生态修复治理效益提升的一个关键因素。这为后文分析验证财政支出政策的有效性奠定基础理论。

---

① 潘佳. 草原生态补偿关系的主体及其权利义务内涵——基于甘肃省天祝县草原补奖政策的分析［J］. 哈尔滨工业大学学报（社会科学版），2015，17（04）：37-44.

第4章

草原生态修复的财政支出政策效益现状与问题分析

本章通过对全国及内蒙古典型案例区域草原生态修复的财政支出政策效益现状予以分析，以 21 世纪以来实施的草原生态修复工程及 2011 年以来实施三轮补奖政策为重点，从财政投资和财政补贴两个方面阐释财政支出政策影响生态效益、经济效益和社会效益的作用路径，进而验证财政支出政策的有效性。

4.1 我国草原生态修复的财政支出政策效益现状

我国草原面积覆盖大约 40% 国土面积，是欧亚大陆草原区的重要组成，作为"地球皮肤"，在应对全球气候变化和构建人类命运共同体中发挥着重要的生态调节功能。自 21 世纪以来，我国草原生态修复治理的财政支持力度不断加强，大力实施退牧还草（2003 年至今）、京津风沙源治理一期工程（2002—2012 年）和二期工程（2013—2022 年）、三轮草原生态补奖政策（2011—2015 年；2016—2020 年；2021—2025 年）等草原生态建设工程，各级财政投入资金累计超过 3200 亿元。

4.1.1 我国草原生态修复财政支出政策内容

4.1.1.1 政府投资的政策内容

1. 退牧还草工程

2002 年，国务院发布《关于加强草原保护与建设的若干意见》，提出建立基本草地保护制度，实行草畜平衡制度和划区休牧、轮牧和禁牧制度。2003 年国务院西部开发办、国家计委、农业部、财政部、国家粮食局下发《关于下达 2003 年退牧还草任务的通知》，要求在蒙甘宁西部荒漠草原地区利用 5 年时间集中治理 10 亿亩退化草原和严重退化草原；建立起与畜牧业可持续发展相得益彰的草原生态系统，草原得到基本恢复，天然草原达到草畜平衡，为草原资源永续利用奠定基础。退牧还草工程简介如表 4 - 1 所示。

退牧还草政策自 2003 年起，在内蒙古、新疆、青海、甘肃、西藏、宁夏、四川、云南和新疆生产建设兵团实施，工程主要内容包括围栏、退化草原

表 4-1　　　　　　　　　退牧还草工程

项目	草原家庭承包责任制	以草定畜	投入机制
退牧还草工程	对草原分区域进行确权，草场划分到户，核发草原使用权证，明确农牧民的权利与义务。	严格控制载畜量，定期核定建设户草原载畜量，控制休牧和轮牧草原内的放养量。	国家、地方政府和农牧户共同参与，国家给予草原围栏建设资金补助和饲料粮补助。其中轮牧的草原不能享受饲料粮补助政策。

资料来源：根据财政部网站退牧还草工程整理得出。

改良、人工种草、黑土滩治理、毒害草的治理等。2011年，国家发改委、财政部、农业部联合印发《关于完善退牧还草政策的意见》，要求合理布局草原围栏，围栏建设中央投资补助80%，地方配套20%，配套建设舍饲棚圈和人工饲草地等。截至2020年，退牧还草的围栏总面积2500万亩，退化草原改良2000万亩，人工饲草地400万亩，毒害草治理300万亩等①。自2008年开始，财政投入资金301.56亿元，具体退牧还草工程资金安排如图4-1所示。

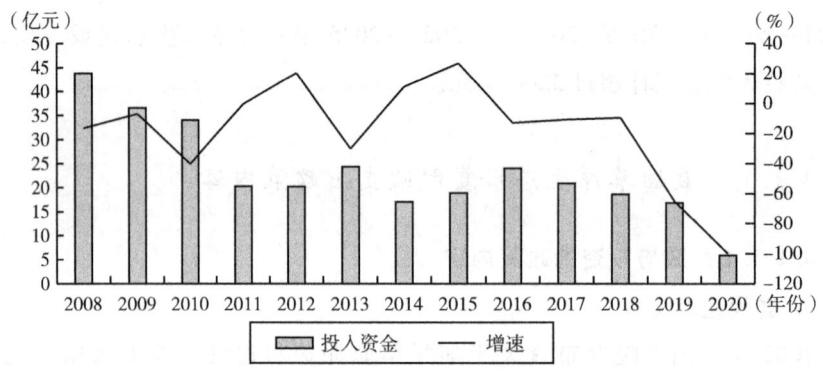

图 4-1　全国一般公共预算支出中安排的退牧还草工程资金②

2. 京津风沙源治理工程

2002年，为保护京津地区生态安全，减少沙尘天气发生的频率，以建设祖国北方绿色屏障为目标，实施了京津风沙源治理工程。工程涉及北京、天津、河北、山西及内蒙古五省（区、市）的75个县（旗），主要任务为退耕还林3944万亩，人工种草2224万亩，飞播牧草428万亩，围栏封育4190万

---

① 数据来自内蒙古自治区林业和草原局2020年工作总结。
② 根据2009—2021年《中国统计年鉴》整理得出。

亩，基本草场建设515万亩，草种基地59万亩，禁牧8527万亩等，累计投资412亿元，完成了退耕还林和造林9002万亩，草地治理1.3亿亩，小流域综合治理1.18万平方千米，生态移民17万多人，在工程区内森林覆盖率提高到15%①。2013—2022年为二期工程施工期，主要投资877.92亿元用于加强林草植被保护和建设，以提高现有植被生态质量和覆盖率②。自2010年开始，安排京津风沙源治理项目的一般公共预算资金情况如图4-2所示。

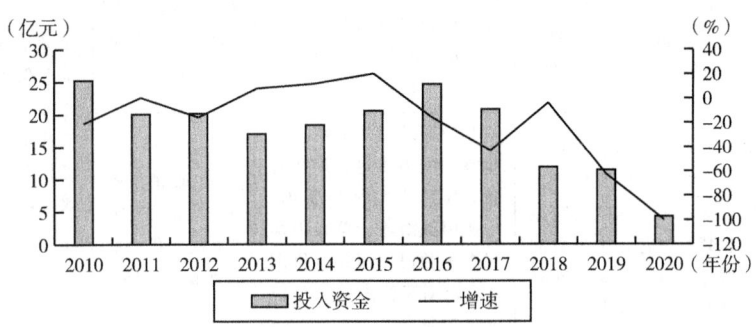

图4-2 全国一般公共预算支出中安排京津风沙源治理项目资金③

4.1.1.2 财政补贴的政策内容

1. 草原生态保护补助奖励政策

2009年和2010年，全国草原生态保护补助奖励机制在西藏开始试点。从2011年开始在全国8个④主要草原牧区省区和新疆生产建设兵团，构建以"保护草原生态、保障牛羊肉等特色畜产品供给、促进牧民增收"的草原生态补奖机制。此项政策是与退牧还草政策相适应的草原生态保护项目。

2011年国务院发布《关于促进牧区又好又快发展的若干意见》中明确了中国牧区要实行"生态有机结合、生态优先"的方针政策。2011年开始，在以上8个省区对37.5亿亩草原实施全面的草原生态保护补助奖励政策，中央共计安排136亿元资金，到2012年，资金投入增加至150亿，2013年资金投入近160亿元，2014年达到了157.69亿元，2015年投入资金166.49亿

---

①② 京津风沙源治理二期工程总投资将达877.92亿元[EB/OL]. 中央政府门户网，2012-10-07. http://www.gov.cn/jrzg/2012-10/07/content_2238556.htm.

③ 根据2011—2021年《中国统计年鉴》整理得出。

④ 8个省区主要包含内蒙古、新疆、西藏、青海、四川、甘肃、宁夏和云南。

元,实现了 5 年连续增长态势①。2016 年新一轮草原生态补奖政策将范围扩展到 13 个②省区。具体政策内容如表 4-2 所示。

表 4-2　　　　　　草原生态补奖政策内容

年份	禁牧补助	草畜平衡奖励	牧民生产性补贴	绩效考核奖励
2011	对生存环境非常恶劣、草场严重退化、不宜放牧草原实行禁牧封育,中央财政按照每亩每年 6 元测算标准对牧民给予禁牧补助。	对禁牧区域以外的可利用草原,在核定合理载畜量的基础上,中央财政对未超载的牧民按照每亩每年 1.5 元的测算标准给予草畜平衡奖励。	畜牧良种补贴、牧草良种补贴和每户牧民 500 元生产资料综合补贴。	按照各地草原生态保护效果、地方财政投入、工作进展情况等因素进行绩效考评。
2016	对生存环境恶劣、退化严重、不宜放牧以及位于大江大河水源涵养区的草原实行禁牧封育,中央财政按照每年每亩 7.5 元测算标准给予禁牧补助。	对禁牧区域以外的草原根据承载能力核定合理载畜量,实施草畜平衡管理,中央财政对履行草畜平衡义务的牧民按照每年每亩 2.5 元测算标准给予草畜平衡奖励。	予以取消,资金全部归为"禁牧"和"草畜平衡"补助。	
2021	优化调整草原禁牧和草畜平衡区,标准同第二轮。			

资料来源:根据国家三轮草原生态补奖政策整理得出。

第一轮草原生态补奖政策实施效果较为明显,据统计,2014 年内蒙古自治区草原植被覆盖度达到 43.6%,比实施前增加了 6.52%。第二轮中央投入草原生态补奖资金 187.6 亿元,生态补奖政策效果也有所提高,其中,2017 年,西藏天然草地植被综合覆盖度达到 45.2%,天然草原鲜草产量比 2010 年增长了 23.99%③。

草原生态补奖政策主要实行的是禁牧封育政策,重点在划区轮牧和季节性休牧围栏建设,并与当地的草畜平衡挂钩。鼓励牧户配套建设舍饲棚圈,在具备打水井的区域配套实施人工饲草地建设,避免退牧后饲养牲畜缺少饲料等问题。经过与退牧还草政策进行对比可以发现,各项补助资金都有所提升,例如,围栏建设中央投资比例就提高了 10%,相应地方配套由 30% 调整为 20%,各个区域内的补助标准也有所提高,围栏建设资金在青藏高原地区

---

① 根据财政部网站整理得出。
② 除前述 8 个省区,又增加了山西、河北、辽宁、黑龙江和吉林 5 个省份。
③ 西藏全面实施草原补奖政策保护草场就是保护饭碗 [EB/OL]. 经济日报,2018-10-08. https://www.sohu.com/a/258226689_115239.

由17.5元提高到20元；补播草种由10元提高到20元。2011年以后，彻底取消饲料粮补助，具体草原生态补奖资金投入情况如图4-3所示。

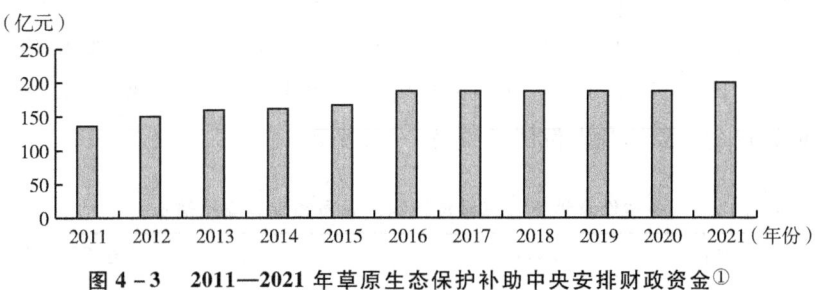

图4-3 2011—2021年草原生态保护补助中央安排财政资金①

2. 林业草原生态保护恢复资金

2019年，为进一步推动林业草原高质量发展，规范林业生态保护恢复资金和林业改革发展资金使用，促进林业草原生态修复治理，财政部和林草局对《林业生态保护恢复资金管理办法》作出补充，草原生态修复的主要政策集中在新一轮退耕还林还草、草原生态修复治理上，明确在林业保护恢复资金中增加草原生态修复治理补助一项，用于草原管护、退化草原人工种草、有害生物防治、防火隔离带建设等补助。按照因素分配法，分别对各地草原生态补奖政策绩效评价结果（30%）、各地草原面积（20%）、实施县数量（20%）、牛羊肉产量（15%）、干草产量（15%）予以测算。2021年，林业生态保护恢复资金为329.22亿元，其中草原生态修复治理补助资金为287.4亿元。

4.1.1.3 中国草原生态修复人力资本投入情况

2015年中央1号文件提出要"加快发展草牧业"，2020年提出要"发展草食畜牧业"，"推动种养结合、农牧循环发展"，草原畜牧业的发展离不开良好的草原生态系统环境，当前在草原生态修复领域的科技研发投入力度需要进一步加强。由于草原生态修复领域核心技术缺乏，草原生态修复领域的技术支持和装备等对外依存度高，例如，割草机、搂草机保有量仅为美国的1%，打捆机的保有量仅为美国的0.1%，而草原生态修复的关键领域技术人才缺失是影响科技创新的瓶颈，应建设好一支高素质的草原科技人才队伍，为此，国家林草局科学技术司开展了三批草原科技创新人才推荐选拔工作，

---

① 根据2012—2022年《中国统计年鉴》整理得出。

组织推荐系统内高校和科研机构中的人才和团队,加大产学研项目合作力度。据统计,2019 年,林草系统从业人员人数较 2018 年下降 9.46%,共计 1123188 人;林草科技机构 4062 个,其中科研机构仅有 535 个,占比仅为 13.28%;科技人员总计 78644 人,其中科研人员 20922 人,占比为 26.6%;资金投入共计 352716 万元,其中中央资金 223947 万元,占比为 63.5%,其余为地方资金。具体各省份情况如表 4-3 所示。

表 4-3　各省份及地区林草科技机构、人员和资金安排情况

省份及地区	机构数（个）	科技人员（人）	资金投入（万元）
全国合计	4062	78644	352716
北京	28	2054	100862
天津	25	309	948
河北	126	1245	1870
山西	111	864	3347
内蒙古	136	2020	7775
辽宁	89	1345	3008
吉林	72	13530	9096
黑龙江	56	1023	5374
上海	12	353	278
江苏	112	2185	12920
浙江	84	1229	16146
安徽	150	1622	16247
福建	85	688	7181
江西	142	1283	13139
山东	99	1447	3855
河南	166	4686	8669
湖北	113	1760	9708
湖南	289	4155	6048
广东	89	1224	22265
广西	107	1878	15432
海南	3	184	280
重庆	42	4806	1850
四川	186	3196	14436
贵州	111	1356	4052

续表

省份及地区	机构数（个）	科技人员（人）	资金投入（万元）
云南	129	1871	17370
西藏	1	24	1500
陕西	900	6869	4664
甘肃	148	9851	2571
青海	59	851	9221
宁夏	56	678	1580
新疆	331	5185	28261
新疆兵团	164	673	17216
大兴安岭	2	175	2764

资料来源：根据2019年中国林业和草原统计年鉴整理得出。

2021年8月，为了进一步加强生态文明建设的力量，国家林草局制定乡村护林（草）员管理办法，由于草原主要分布在农牧区，加强基层护草员队伍建设，建立健全乡村护草网络，有利于规范对人员的管理。在保障乡村护草员合法权益的基础上，对护草员进行严格管理让其在保护草原生态系统方面发挥重要作用，护草员队伍建设逐渐标准化、规范化，县级林草主管部门在县级人民政府领导下加强对乡村护草员队伍建设及日常管理工作，加大对护草员的业务培训技能投入，提升其管护能力和责任意识。据统计，2019年末，全国生态护林员总计2093434人，其中护草员的人数为227561人。

4.1.2 中国草原生态保护补助奖励政策内容

通过上述分析可以看出，近年来，退牧还草工程和京津风沙源治理项目已经成效显著，当前财政投入规模最大的草原生态修复治理主要集中在草原生态补奖项目上。在草原生态修复补偿机制的建构中，中央政府是最主要的政策主体，地方政府也是必要的政策承载主体。由于草原所创造出来的生态效益，其受益范围不仅局限于本区域，甚至对全国生态文明都有影响，因此，补偿主体还可以从国家其他组织或相关的利益集团出发，吸纳更多补偿资金，补偿对象主要是农牧民，同时增加部分绩效考评指标。草原生态保护补助奖励列入预算科目农林水支出中，近10年来安排的资金情况如图4-4所示。

从财政资金结构予以分析，草原（林业）资金投入要远低于农业资金投

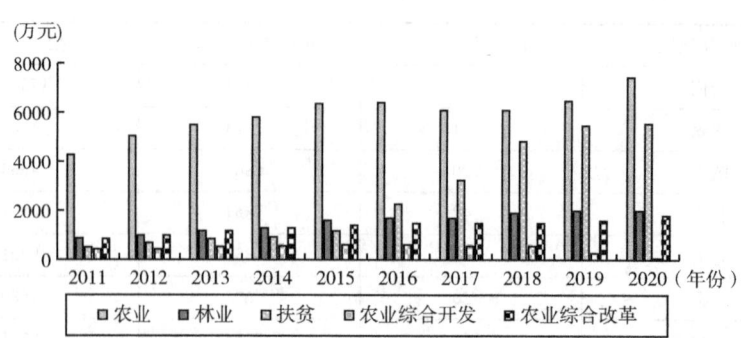

图 4-4 2011—2020 年农林水支出结构分布情况

入,草原生态补奖资金列入农业综合开发项级科目予以安排资金,资金规模仍呈现出不可持续性。由于草原生态效益具有外溢性,补助政策的实施直接对农牧民收入产生影响,农牧民是草原生态补偿政策的直接补偿对象,通过政府给予的补偿资金,可以维持以往的正常生活水准不变。草原生态保护补奖资金发放是由财政部门负责安排,农牧部门负责制定资金分配方案。财政部门主要负责对资金拨付和发放,并监督检查资金的具体使用管理,并积极组织开展绩效考评。农牧部门要会同财政部门编制具体实施方案,协调草原承包、划定草场属性、核定补助奖励面积及受益群体、落实主体责任、开展生态监测和监督管理工作,在实施过程中提出必要的绩效考核指导意见①。

2012 年,财政部、农业部联合印发《中央财政草原生态保护补助奖励资金管理暂行办法》,明确了草原生态补奖资金目的是实现草原保护、发展畜牧业转型、增加牧民收入、维系国家生态安全,并且中央财政设立的一项专项资金,由财政部门负责安排资金预算,并对资金开展绩效考评。同时,为确保资金专款专用,地方各级财政部门设立补助奖励资金专项,资金直接发放到牧民的"一卡通"账户②,如果有未连接网络的地区,仍会采用现金直接发放的方式。2012 年,财政部联合农业部印发《中央财政草原生态保护补助奖励资金绩效评价办法》指出,为切实提高资金使用效益,建立激励约束机制,安排奖励资金给工作成效显著的省份。2014 年,财政部、农业部通过

---

① 胡振通,柳获,靳乐山. 草原生态补偿:生态绩效、收入影响和政策满意度 [J]. 中国人口·资源与环境,2016,26 (01): 165-176.

② 一卡通里面主要为农牧民发放涉及农业、牧业、林业、建设、社会保障等 9 个领域 76 类 90 项补贴,其中草原生态保护补助奖励就属于其中的牧业类补贴。

《中央财政农业资源及生态保护补助资金管理办法》，又进一步明确了草原补助资金的使用用途、补偿标准和资金发放时间及绩效考评等，具体如表 4-4 所示。

表 4-4　国务院主管部门关于草原生态保护补奖政策相关法规一览表

相关政策与法规	颁布时间	颁布机构
《关于做好建立草原生态保护补助奖励政策前期工作的通知》	2010 年 12 月 31 日	财政部、农业部
《关于 2011 年草原生态保护补助奖励政策实施的指导意见》	2011 年 6 月 13 日	农业部、财政部
《中央财政草原生态保护补助奖励资金管理暂行办法》	2011 年 12 月 31 日	财政部、农业部
《关于进一步推进草原生态保护补助奖励政策落实工作的通知》	2012 年 4 月 26 日	农业部、财政部
《关于建立草原生态保护补助奖励政策实施情况定期报送制度的通知》	2012 年 10 月 10 日	农业部
《中央财政草原生态保护补助奖励资金绩效评价办法》	2012 年 11 月 14 日	财政部、农业部
《关于做好 2013 年草原生态保护补助奖励政策实施工作的通知》	2013 年 5 月 22 日	农业部、财政部
《关于深入推进草原生态保护补助奖励政策落实工作的通知》	2014 年 5 月 20 日	农业部、财政部
《中央财政农业资源及生态保护补助资金管理办法》	2014 年 6 月 9 日	财政部、农业部
《财政部启动新一轮草原生态补助奖励政策》	2016 年 4 月 1 日	财政部
《中央财政积极支持实施新一轮草原生态保护补助奖励政策》	2018 年 7 月 6 日	国务院农村综合改革办公室
《关于进一步加强草原禁牧休牧工作的通知》	2020 年 4 月 13 日	国家林业和草原局
《关于印发〈林业草原生态保护恢复资金管理办法〉的通知》	2020 年 5 月 6 日	财政部、自然资源和生态环境司
《中央财政设立林业草原生态保护恢复资金》	2020 年 5 月 12 日	财政部
《关于下达 2020 年林业草原生态保护恢复资金预算的通知》	2020 年 10 月 27 日	财政部、自然资源和生态环境司
《关于印发国家森林草原火灾应急预案的通知》	2020 年 11 月 23 日	国务院办公厅
《关于加强草原保护修复的若干意见》	2021 年 3 月 30 日	国务院办公厅

续表

相关政策与法规	颁布时间	颁布机构
《关于深化生态保护补偿制度改革的意见》	2021年9月30日	中共中央办公厅、国务院办公厅
《关于鼓励和支持社会资本参与草原生态保护修复的意见》	2021年11月30日	国务院办公厅
《关于共同做好森林、草原、实地调查监测工作的意见》	2022年1月16日	自然资源部、国家林业和草原局

资料来源：根据财政部、农业农村部、自然资源和生态环境部整理得出。

4.1.2.1 补偿主体和补偿对象

草原生态补奖机制作为一项 PES 项目，其生态补偿主体主要是中央政府，政府是生态补偿成本最主要的承载主体，在草原生态补奖资金的安排上，除中央政府资金外，地方政府也要给予必要的补充。从公共物品的属性及特征上来看，草原生态补奖政策所创造出来的草原生态效益是典型的公共物品，受益并不仅是区域内，更是关乎全国、全世界，补偿主体还应探讨增加国际社会组织及其他利益集团资金支持。

草原生态补偿政策的补偿对象主要集中在农牧民身上，作为直接补偿对象，也是草原生态补偿政策的重要参与主体。补奖资金全部通过"一卡通"发到农牧民银行卡账户中。同时，根据财政部和农业部定期和不定期的监督检查，按照各地草原生态保护效果，地方财政投入、工作进展等因素结合进行绩效考评给予地方政府一定的奖励。中央财政每年安排奖励资金，并由地方政府统筹资金安排，将资金用于草原生态修复。

4.1.2.2 补偿标准

国外生态补偿标准主要是通过竞标机制和遵循农户自愿原则确定与各地实际自然和经济情况相适应的补偿标准，农户主要是与政府博弈来化解生态补偿中的潜在矛盾，美国和欧盟主要采用"机会成本法"，与发达国家做法不同，中国草原生态补偿的标准主要是考虑农牧民牧业收入的机会成本，并没有将发展机会成本计入生态补偿的标准中，因此，我国草原生态补偿标准一直是学者们研究的重点内容。2011年开始，草原生态补奖政策对不同区域的草原实行禁牧补助，每亩每年6元予以测算，同时实行草畜平衡补助奖励，采用每亩每年1.5元标准给予草畜平衡奖励。2016年，新一轮标准将禁牧补助提高至每亩每年7.5元，草畜平衡奖励提高至每亩每年2.5元。第一轮的草原补奖政策中还给予农牧民畜牧良种补贴和牧草良种补贴及生产资料综合补贴每户 500 元。两轮补奖政策包括针对地方政府的绩效考核奖励机制。

2020 年，林业和草原生态保护恢复资金予以专项资金拨付方式实现，增加草原生态修复资金，按照实行情况首批资金拨付至 2022 年，使用因素分配法①分配至各个省份，2021 年 13 个草地资源省份获得林业草原生态修复资金总额②为 2471088 万元，其中专项草原生态修复治理补助③资金总额为 287400 万元。具体资金分配表如表 4-5 所示。

表 4-5 林业草原生态保护恢复资金分配表

省份	2020 年资金合计（万元）	2021 年资金合计（万元）	2021 年草原生态修复治理补助（万元）
	640000	3292212	287400
河北	29921	65228	15900
山西	13458	125304	2500
内蒙古	17348	449551	54200
辽宁	0	19890	13000
吉林	6431	319000	6000
黑龙江	6771	568314	7200
浙江	0	5400	0
安徽	17702	19902	0
福建	0	27200	0
江西	23784	70195	0
河南	29336	35236	0
湖北	26751	44636	0
湖南	35895	48014	0
广东	0	2400	0

---

① 草原生态修复治理补助按照退化草原修复任务、草原面积、绩效、政策等因素分配，权重分别为 60%、15%、15% 和 10%。

② 包括天然林保护补助、退耕还林还草补助、草原生态修复治理补助、生态护林员补助和国家公园补助。

③ 草原生态修复治理补助用于退化草原生态修复治理、草种繁育、草原边境防火隔离带建设、草原有害生物防治等相关支出。

续表

省份	2020年资金合计（万元）	2021年资金合计（万元）	2021年草原生态修复治理补助（万元）
	640000	3292212	287400
广西	50202	57014	0
海南	4000	12000	0
重庆	12100	85168	0
四川	34075	119221	25500
贵州	72265	317723	0
云南	97596	314358	25600
西藏	13700	89473	28000
陕西	31200	96236	0
甘肃	42829	128197	26700
青海	19004	95154	37200
宁夏	11300	23975	6400
新疆	44332	153423	39200

资料来源：根据财政部政策文件整理得出。

按照财政资金转移方向进行划分，转移支付可以分为纵向转移支付和横向转移支付两种方式。纵向转移支付主要是指中央政府对地方政府的财力转移；横向转移支付主要是地方政府之间财力转移。在生态环境治理领域，越来越多学者提出要尽快构建比较完善的横向转移支付制度，特别是在流域生态补偿领域。本书所研究的草原生态修复领域，一般都是采用纵向转移支付，横向转移支付制度可以在草原生态保护区域及周围省份开展和实施，特别是京津风沙源治理工程，具备开展横向转移支付制度在草原生态修复治理领域的试点工作。具体草原生态补奖政策资金分配情况如表4-6所示。

4.1.2.3 政府采购制度

中国已经在草原生态资源丰富的多个省份实现了草原生态修复项目的招投标工作，面向国内采取公开招标方式，实现完整的政府采购流程。以2020年为例，部分省份通过政府采购方式支持草原生态修复项目如表4-7所示。

表 4-6　　草原生态补奖政策资金来源基本情况

区域	第一轮补奖政策（2011—2015 年）		第二轮补奖政策（2016—2020 年）		第三轮
	资金	成效（×亩/年）	资金	成效	资金
内蒙古	250 亿元	禁牧 4.7 亿元，草畜平衡 5.5 亿亩	301.7 亿元	禁牧补贴 4.049 亿亩，草畜平衡奖励 6.15 亿亩	共计 168 亿元
新疆	95.35 亿元	禁牧 820 万亩，草畜平衡 4093 万亩	123.86 亿元	禁牧 1.5 亿亩，草畜平衡 5.41 亿亩	
西藏	100 亿元	禁牧面积 12938 万亩，实施草畜平衡面积 76462 万亩	144 亿元		
青海	97.35 亿元	禁牧 2.45 亿亩，草畜平衡 2.29 亿亩	120.65 亿元	禁牧 2.45 亿亩，草畜平衡 2.29 亿亩	
四川	48 亿元	禁牧补助 7000 万亩、草畜平衡奖励 14200 万亩	44 亿元	草原禁牧补助 7000 万亩；草畜平衡奖励 14200 万亩	
甘肃	11.4 亿元	禁牧草原面积 1 亿亩，草畜平衡面积 1.41 亿亩	11.025 亿元	禁牧草原面积 1 亿亩，草畜平衡面积 1.4 亿亩	
宁夏	17.5 亿元	禁牧面积 3556 万亩	19.4 亿元	禁牧面积 2599 万亩	
云南	23.96 亿元	禁牧面积 2731 万亩，草畜平衡面积 15069 万亩	29.06 亿元	禁牧面积 2731 万亩，禁牧面积 15069 万亩	
河北	2012 年至今，每年投入 15 亿元				
山西①	拥有天然草原面积 6828 万亩				
黑龙江	2012—2020 年，禁牧草原总面积为 2021.08 万亩				
吉林	草原面积 2069.9 万亩				
辽宁	2012—2020 年，每年禁牧草原 33 万公顷				

资料来源：根据各省区政府网站整理得出。

表 4-7　　2020 年草原生态修复项目列举②

区域	项目名称	项目内容	金额
青海省	2020 年第二批中央林业草原生态保护恢复资金湟源县草原生态修复治理项目	中度退化草原补播 1 万亩；有害生物高原鼠兔防控 20 万亩	330.8 万元
四川省	美姑县 2020 年草原生态修复治理项目	人工种草生态修复治理 0.3 万亩，天然草原改良 1.2 万亩	240 万元

---

① 作者通过黑龙江省林草局部门联系人沟通后获取相关信息，黑龙江、辽宁、吉林、山西、河北的草原生态补奖政策与其他省区不一样，大都纳入"一揽子财政计划中"综合使用财政补奖资金，并没有将资金按照牧民拥有草原面积的多少而单独将资金发放到牧民手中。据统计，黑龙江每年有 9425 万元草原生态补奖资金纳入支持农牧民发展的"一揽子财政计划"。

② 每个省份仅列举一个项目用来说明政府采购在草原生态修复领域的普及程度。

续表

区域	项目名称	项目内容	金额
云南省	禄劝县2020年第二批草原生态修复项目	退化草地生态修复9500亩（重度退化草地6000亩、中度退化草地3500亩）	727.73万元
宁夏回族自治区	同心县自然资源局2020年草原生态修复治理补助项目围栏建设项目	围栏建设	156.93万元
甘肃省	甘州区2020年中央财政草原生态修复治理项目	林业有害生物防治服务	0.24万元
西藏自治区	措美县2020年草原生态修复治理项目	草原生态修复治理4万亩（轻度退化草原治理区28807亩、中度退化治理区5214亩、重度退化草原治理区5979亩）及附属设施	1097.02万元
新疆维吾尔自治区	和田市2020年退化草原生态修复治理项目	吐孜鲁克村克其乌提草场封育面积1.87万亩；科克喀依拉村封育面积0.19万亩；吐孜鲁克村提孜塔格库勒热克艾格勒草场封育面积2.34万亩	100.6万元
内蒙古自治区	兴安盟科尔沁右翼前旗2020年草原生态修复治理项目（二次）	沙化草地治理	561.41万元
河北省	承德市—滦平县2020年度退化草原生态修复治理项目	围栏封育2万亩，建高标准围栏40306延长米，建设宣传标志碑3块，基本草原划定46.1万亩	498万元
山西省	2020年退化草原生态修复项目	退化草原生态修复面积2000亩	55.7万元
辽宁省	彰武县2020年草原生态保护恢复项目草原生物灾害防治施工	生物灾害防治	42.88万元
吉林省	扶余市2020年草原生态保护修复项目（第二批）	退化草原生态修复	274.07万元
黑龙江省	齐齐哈尔市2020年退化草原生态修复及草原虫害防治监理服务项目	草原生态修复项目施工和草原虫害防治服务的全部监理工作	1.99万元

资料来源：根据各地政府采购网网整理得出。

综上所述，财政政策主要通过政府投资、转移支付和政府采购方式，实现草原生态修复的两大主要目标，具体财政支出政策对草原生态修复作用流程如图4-5所示。

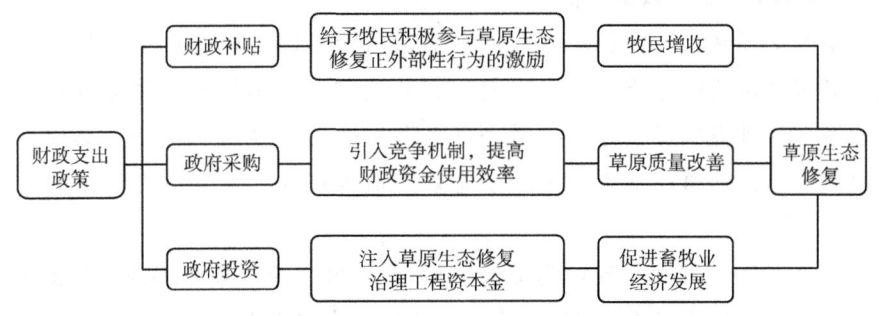

图 4-5　财政支出政策对草原生态修复的作用机理①

4.1.3　我国草原生态修复财政支出政策效益

近年来支持草原生态修复的财政支出政策力度不断加强，草原生态环境也得到好转，我国草原生态局面呈现出局部有所改善、整体仍然还存在继续恶化风险的局面。据统计，草原生态补奖政策实施 10 年来，投入资金超过 1700 亿元，覆盖 13 个省级行政区，657 个旗县，1200 多万农牧户受益，全国草原近 12.1 亿亩通过禁牧得到休养生息，又有 26.1 亿亩草原通过季节性轮牧休牧及减畜，实现了草畜平衡，生态环境进一步恢复②。据林草局统计，2000 年启动的"京津风沙源治理工程"，对草原建设投入资金 23.18 亿元，在一期工程中虽然取得了一定成效，但是在工程区内仍然存在局部地区生态恶化现象③。从牧民的视角来看草原生态补奖政策，以内蒙古的某一个调研区域为例，牧民的心理生态补奖标准为禁牧区 18 元/亩，草畜平衡区 9 元/亩，而实际补助标准为禁牧区 6.36 元/亩，草畜平衡区 1.71 元/亩④。对牧民补偿标准低、补偿区域划分不具有动态性、忽略草原生态承载力是当前生态补奖存在的通病。

---

①　根据相关内容整理得出。
②　国家林草局与农业农村部办公厅联合印发《落实第三轮草原生态补助奖励政策，切实做好草原禁牧和草畜平衡工作》。
③　郭宇超. 内蒙古草原生态补偿现状分析与对策研究 [J]. 内蒙古统计，2019（04）：58-59.
④　祁晓慧，高博，王海春，周杰，乔光华. 牧民视角下的草原生态保护补助奖励政策草畜平衡及禁牧补奖标准研究——以锡林郭勒盟为例 [J]. 干旱区资源与环境，2016，30（05）：30-35.

4.1.3.1 生态效益方面

草原生态修复的生态效益分析主要从两个方面予以评估：一是从草原面积和植被覆盖度分析"生态修复"是否实现，二是从天然草原鲜草产量和冷季理论牲畜载畜量分析"减畜任务"是否充分实现。其中，草原生态修复状况是评估财政支出政策的生态效益最为重要，也是最为直接的评估指标。

根据 2020 年全国草原监测报告①显示，2020 年全国草原综合植被覆盖度 56.1%，较 2011 年提高 5.1%，天然草原鲜草产量 111289.03 万吨，较 2011 年增加 11040.77 万吨；平均牲畜超载率 10.09%，较 2011 年降低 17.9%。近 10 年相关指标变化如图 4-6 所示。

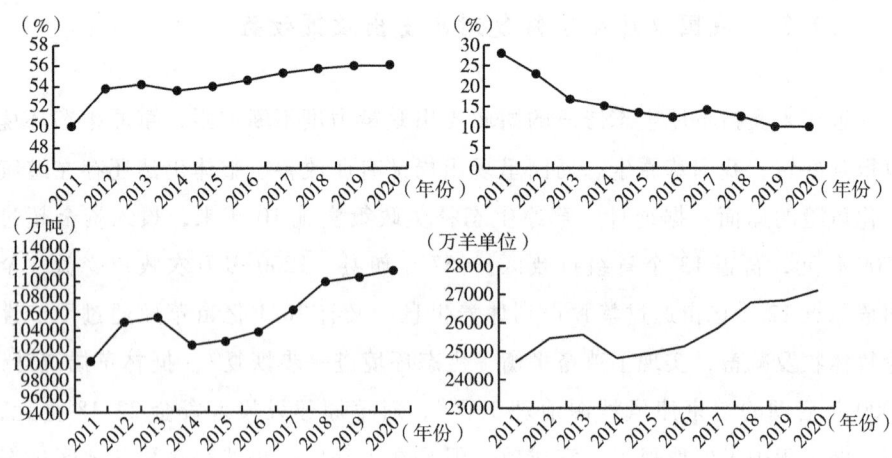

图 4-6　全国草原植被覆盖度、牲畜超载率、鲜草总产量、天然草原载畜能力情况②

得益于草原生态环境保护政策的连续实施，我国草原生态环境总体向好，通过图 4-6 可以看出，草原植被覆盖率逐年上升，超载率逐年下降；全国天然草原鲜草产量和理论载畜能力都呈现上升态势。截至 2020 年，全国共计 12.1 亿亩草原通过禁牧政策得到休养，26.05 亿亩草原通过草畜平衡政策得以科学利用，随着国家财政支出资金的不断增加，将资金投入和生态效益实现有必要纳入统一框架进行实证检验，验证财政支出政策到底发挥了多大的作用。

---

① 数据根据依申请公开获取。
② 根据国家林业和草原管理局依申请公开获取数据。

4.1.3.2 经济效益方面

国家关于草原生态修复的财政支出政策出台时，明确提出两大目标，即生态目标和经济目标，经济目标即通过财政补贴政策，在维持牧民原有收入的基础上，实现增收，调动牧民生产生活积极性。关于经济效益的评估大都以具体实施区域为典型案例分析，通过问卷调查、实地访谈的方式获取相关数据。具体政策评估还要以政策实施时间和实施区域为具体分析标准，本书通过近一年半的时间，采用实地调研的方式，走访内蒙古3个典型盟市的10个旗县，并利用问卷发放的形式，获取其他旗县嘎查的数据，以此增加调研问卷的真实性和可信性。

根据国家统计局发布的数据显示，截至2020年底，中央政府累计投入1701.64亿元用于草原生态保护补奖资金发放，共计1200多万户牧民从中受益，实施的第三轮草原补奖政策资金将增加至每年168亿元①。2011—2020年，全国农村居民人均可支配收入从7598元增加至17131元，农村居民人均消费支出从6039元增加至13713元；居民人均可支配收入基尼系数从0.0474将至0.468，农村居民恩格尔系数从37.1%将至32.7%；肉类产量从8022.98万吨降至7748.38万吨，其中牛肉产量从610.71万吨增加至672.45万吨，羊肉产量从397.96万吨增加至492.31万吨。

4.1.3.3 社会效益方面

财政支出政策的社会效益是衡量财政政策是否有效的一个重要指标，三大效益只有相互协调、相互配合，才能更大程度的确保支出政策效益最大化，财政支出政策的社会效益主要包含两大方面：一是主观评价，通过对实施政策区域的受偿主体，牧民的真实感受，即通过政策的满意度调查，获取主观评价依据；二是通过对政策区域农牧民的减贫效应予以分析，从多维减贫视角出发，分析农牧民相对贫困指数变化。本书通过社会公共服务指标，如通过农牧区居民家庭恩格尔系数（见图4-7）、农村居民最低生活保障人数、农村社会救济情况（见图4-8）、农村特困人员救助机构年末收养人数（见图4-9）等阐释财政支出的社会效益。

通过图4-7可以看出，在13个主要草原集中分布的区域，2011年、2016年和2020年的农村居民家庭恩格尔系数呈现下降的态势，这意味着在

---

① 中国草原补奖政策惠及1200万户农牧民 [EB/OL]. 新华社, 2021-09-14. https://m.gmw.cn/baijia/2021-09/14/1302578931.html.

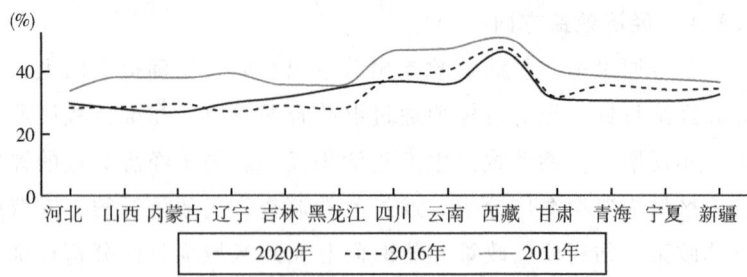

图 4-7　13 个典型草原省区农村居民家庭恩格尔系数

草原区域较为集中的农村区域，人们的生活水平确有改善，特别是在当前经济高质量发展的大环境下，农村地区的消费结构也逐步发生了改善。

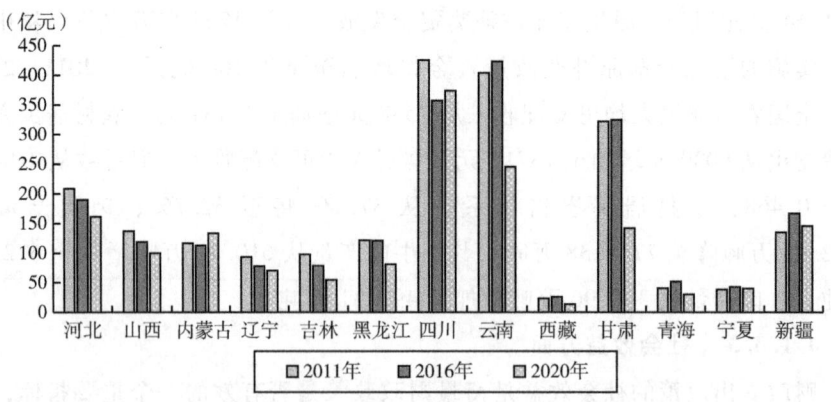

图 4-8　13 个典型草原省区农村社会救济情况

通过图 4-8 可以看出，在全国 13 个主要的草原集中省份，绝大多数省份农村社会救济人口呈现下降趋势，这意味着这些区域在农村社会救济方面

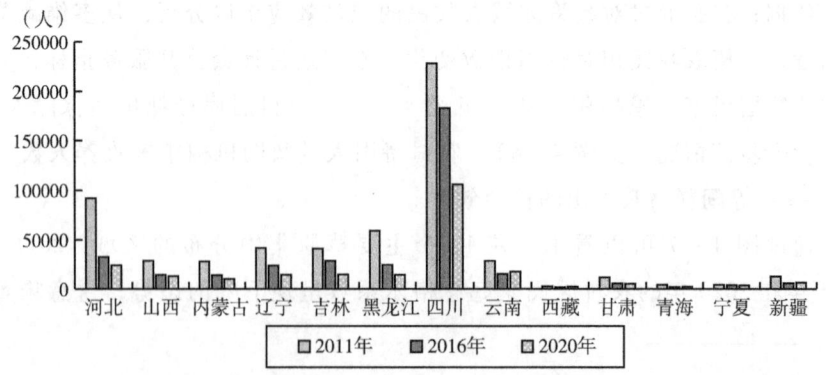

图 4-9　13 个典型草原省区农村特困人员救助机构年末收养人数

有着较好的社会效益,但是,其中内蒙古、四川、宁夏和新疆的农村社会救济人口呈现非线性的关系,本书以内蒙古这一典型区域作为案例分析对象,论述内蒙古草原生态修复的财政支出政策对社会效益的影响。

通过图4-9可以看出,在全国13个主要的草原集中省份,绝大多数省份农村特困人员救助机构年末收养人数呈现下降趋势,这意味着这些区域在农村特困人员救助领域有着较好的社会效益。

4.2 内蒙古草原生态修复的财政支出政策效益现状

内蒙古草原生态修复工作认真总结贯彻落实《内蒙古自治区构筑中国北方重要生态安全屏障规划(2021—2035年)》《内蒙古自治区"十四五"林业和草原保护发展规划》《国务院办公厅关于加强草原保护修复的若干意见》和《内蒙古自治区人民政府办公厅关于加强草原保护修复的实施意见》等文件精神,主要围绕退牧还草工程、京津风沙源治理、草原生态补奖政策、林业草原生态恢复资金支持新一轮退耕还林还草和草原生态修复治理项目陆续展开,奋力推进草原生态保护修复管理。

4.2.1 内蒙古草原生态修复财政支出政策内容

4.2.1.1 退牧还草工程

2002年,国务院西部开发办、国家计委、农业部、财政部、国家粮食局联合发布《关于下达2003年退牧还草任务的通知》,明确内蒙古自治区需要承担0.67亿亩的退牧还草任务[①],主要涉及7个盟市36个旗县(区)。内蒙古积极推动地方展开退牧还草工程,第一期工程时间为2003—2010年,其中,2002—2004年,安排中央资金8.27亿元,地方配套资金2.75亿元;2005—2006年,中央安排10.67亿元,地方配套3.24亿元,共计完成1449.3万公顷的退牧还草工程,草地补播333.33万公顷;第二期工程时间从2011—2015年,完成退牧还草工程围栏建设任务358.67万公顷,补播

---

① 叶晗,朱立志.内蒙古牧区草地生态补偿实践评析[J].草业科学,2014(08):1587-1596.

110.93万公顷，人工饲草地20.7万公顷，棚圈建设近60000户。对于因退牧还草而实行全年休牧的草原给予每年每公顷165斤饲料粮的实物补贴，季节性休牧的草原给予41.25斤的饲料粮的补贴。由于禁牧而导致饲舍圈养的牲畜给予247.5元每年每公顷的围栏建设费用补贴。

近年来，中央预算内年度投资规模约为20亿元，工程主要包括围栏、退化草原改良、人工种草、黑土滩治理、毒害草治理等。2017年，呼伦湖综合治理一期工程投资9.77亿元，完成122万亩的退牧还草任务。2019年，巴彦淖尔市统筹推进乌梁素海流域山水林田湖草沙综合治理，全力实施总投资56.78亿元的国家试点项目，完成种草任务270万亩以上。截至2020年，四子王旗累计争取国家11100万元资金，退牧还草480万亩，天然草原退牧还草围栏面积2500万亩，退化草原改良2000万亩，人工饲草地400万亩，毒害草治理300万亩①。2016—2020年，退牧还草区域实行计划易地扶贫搬迁16.8万贫困人口。2020年，阿拉善盟争取中央资金7222万元用于退牧还草工程。

4.2.1.2 京津风沙源治理

为了减少京津沙尘天气，治理京津周边地区土地沙化，我国2002年启动京津风沙源治理工程，内蒙古赤峰市、乌兰察布市、包头市（达茂旗）、锡林郭勒盟4个盟市31个旗县（市区）参与一期工程建设，总面积36.9万平方千米；2013年京津风沙源二期开始实施，二期工程为期10年，扩展了呼和浩特市、鄂尔多斯市、乌海市、巴彦淖尔市4个盟市39个旗县（市区），总面积54.2万平方公里。截至2018年底，内蒙古自治区共完成治理任务6000多万亩，经过京津风沙源治理，北京周边沙尘天气明显减少，遏制沙化土地的扩展趋势，取得了不错的成效②。京津风沙源治理工程区森林覆盖率增加了1.56个百分点，工程区内沙化程度总体上较上期有明显减轻趋势，工程区林地面积年均增加15.88万公顷。

其中，内蒙古自治区二连浩特市2017年京津风沙源治理二期工程总投资1152万元；二连浩特市2018年京津风沙源治理二期工程总投资991万元，中央预算内资金765万元；赤峰市2018年完成京津风沙源治理35.3万亩，松山区2019年京津风沙源治理草原生态保护棚圈建设4万平方米；2019年，

---

① 《内蒙古自治区草原保护建设规划（2016—2020）》。
② 京津风沙源增绿6000余万亩[EB/OL]. 国家林业和草原局政府网，2019-10-12. http://www.forestry.gov.cn/.

锡林郭勒盟积极落实京津风沙源治理二期工程水利投资7505万元；包头市达茂旗获得总投资3.04亿元；鄂尔多斯市准格尔旗规划治理14平方公里，总投资1385万元；鄂尔多斯市争取2020年二期工程中央预算内投资14744.7万元；巴彦淖尔市临河区争取二期工程总投资992万元。

4.2.1.3 草原生态补奖政策

2010年10月，草原生态补奖政策开始进入讨论阶段，自2011年开始正式实施补奖政策。内蒙古自治区位列草原生态补奖的实施范围中，纳入补奖范围的草原面积共计10.2亿亩，根据2010年内蒙古草原普查数据，凡是具备草原承包经营权证，从事草原畜牧业生产的农牧民均在补奖范围内。草原生态保护补助奖励政策的主要内容可以概括为两部分：一是设立"禁牧区"和"草畜平衡区"，二是不同区域根据测算后的标准亩系数①实施奖补政策。

"禁牧区"针对的是草原发生中度或重度退化、沙化、盐渍化的草地，实施的是1年以上的全面禁牧。而"草畜平衡区"针对的是轻度以下退化、沙化、盐渍化的草地，实施休牧、划区轮牧等合理利用制度，即周期性的禁牧。"禁牧区"在草原生态恢复到一定条件后可转为"草畜平衡区"。具体12盟市牧区半牧区分布如表4-8所示。

表4-8　　　　　　内蒙古自治区牧业和半农半牧旗县划分

类别	盟市	旗县数量	旗县名称
牧业旗县（33个）	呼伦贝尔市	4	新巴尔虎右旗、新巴尔虎左旗、鄂温克旗、陈巴尔虎旗
	兴安盟	1	科右中旗
	通辽市	3	科左中旗、科左后旗、扎鲁特旗
	赤峰市	5	阿鲁科尔沁旗、巴林右旗、翁牛特旗、巴林左旗、克什克腾旗
	锡林郭勒盟	9	锡林浩特市、阿巴嘎旗、苏尼特左旗、苏尼特右旗、正镶白旗、镶黄旗、正蓝旗、东乌珠穆沁旗、西乌珠穆沁旗
	乌兰察布市	1	四子王旗
	包头市	1	达尔罕茂明安联合旗
	鄂尔多斯市	4	鄂托克前旗、鄂托克旗、杭锦旗、乌审旗
	巴彦淖尔市	2	乌拉特中旗、乌拉特后旗
	阿拉善盟	3	阿拉善左旗、阿拉善右旗、额济纳旗

---

① 不同区域测算出的标准亩系数是不同，因此补贴标准与国家的补贴标准有所出入。

续表

类别	盟市	旗县数量	旗县名称
半农半牧旗县（21个）	呼伦贝尔市	3	扎兰屯市、阿荣旗、莫力达瓦旗
	兴安盟	3	科右前旗、扎赉特旗、突泉县
	通辽市	4	科尔沁区、开鲁县、库伦旗、奈曼旗
	赤峰市	2	林西县、敖汉旗
	锡林郭勒盟	1	太仆寺旗
	乌兰察布市	2	察右中旗、察右后旗
	鄂尔多斯市	4	东胜区、达拉特旗、准格尔旗、伊金霍洛旗
	巴彦淖尔市	2	乌拉特前旗、磴口县

资料来源：根据呼伦贝尔市农牧局整理得出。

4.2.1.4 草原生态修复治理项目

2019年，国家将林业生态保护恢复资金中单独设列草原生态修复治理补助，专门用于草原生态修复治理补助建设项目。据统计，2019年，内蒙古呼伦贝尔市争取到国家、自治区草原生态保护修复治理资金1.08亿元；2020年，内蒙古财政厅下达林业草原生态保护恢复资金54629万元，其中，阿拉善盟草原生态修复治理补助资金达到2987万元；2021年下达阿拉善盟林业草原生态保护恢复资金958万元，草原生态保护修复治理补助资金为765万元，用于严重退化山花草原生态修复治理项目以及开展监测评价工作。

4.2.2 内蒙古草原生态保护补助奖励政策内容

内蒙古草原生态补奖标准在国家规定的标准上，作出了相应的调整，禁牧补助和草畜平衡补助奖励资金不是按照实际亩数发放，而是根据40亩/羊的标准亩系数重新测算得出，即如果某个区域的载畜能力大于全区天然草原平均的载畜量，那么该区域的标准亩系数就会大于1。内蒙古共计12个盟市享受草原补奖政策，2011年的禁牧面积为5.48亿亩，草畜平衡面积4.65亿亩，共计146万牧民家庭，534万农牧民从中受益[1]。各盟市禁牧区和草畜平衡区分布及补贴标准如表4-9所示。

---

[1] 刘宇晨, 张心灵. 草原生态保护补奖政策对牧户收入影响的实证分析 [J]. 干旱区资源与环境, 2019, 33 (02): 60-67.

表 4-9　　　　　　内蒙古禁牧和草畜平衡分布及补贴标准

盟市	标准亩折算系数		禁牧面积（万亩）		禁牧补贴标准（元/亩）		标准亩折算系数		草畜平衡面积（万亩）		草畜平衡补贴标准（元/亩）	
	2011年	2016年	2011年	2016年	2011年	2016年	2011年	2016年	2011年	2016年	2011年	2016年
呼伦贝尔市	1.59	1.83	2850.5	1687	9.54	13.75	1.59	1.83	7508.26	8671	2.39	4.58
兴安盟	1.54	1.59	1660.75	1660.75	9.24	11.925	1.54	1.65	1219.22	1310.2	2.31	4.12
赤峰市	1.26	1.32	3682.64	3780	7.56	9.9	1.26	1.32	2989.86	3997.5	1.89	3.3
通辽市	1	1.288	3405.67	3325.7	6	9.66	1.54	1.29	1088.38	1080.5	2.31	3.23
锡林郭勒盟	1.06	1.2	6168.93	5083.9	6.36	9	1.14	1.2	20969.7	22093.1	1.71	3
呼和浩特市	1	1	60	60	6	7.5						
包头市	0.88	0.86	2415.29	2630.9	5.28	6.45						
乌海市	0.596	0.525	49.29	40.57	3.576	3.94						
乌兰察布市	0.85	0.96	2352.65	2352.6	5.1	7.2	0.85	0.96	1231.51	1117	1.28	2.4
鄂尔多斯市	0.83	0.849	5465.39	5352.2	4.98	6.37	0.83	0.85	4603.32	4429.2	1.25	2.12
巴彦淖尔市	0.79	0.8	4683.64	4233	4.74	6	0.79	0.8	2575.13	3531	1.19	2

资料来源：根据内蒙古各盟市草原生态保护补助奖励政策实施方案及各盟市人民政府网站整理得出。

草原破坏程度可以通过具体区域的"禁牧区"和"草畜平衡区"设定间接反映出来，如果该地的"禁牧区"面积较大，则该地的草原破坏程度较高。通过表 4-9 的标准亩系数可以看出，2011 年的草原生态补奖政策中，呼伦贝尔的标准亩系数最高，则其草原载畜能力最好，获得的补贴标准也就越高。最少的是阿拉善盟，由于阿拉善盟地势复杂，草原分布在一个盟市就呈现出来不同特征，从西到东分别是荒漠、荒漠草原、典型草原，因此载畜能力也不尽相同，为 30—150 亩，差距较大，因此阿拉善盟的草原补贴标准不再以草原的载畜能力为单位，而是以户为单位进行发放。呼和浩特市、包头市、乌海市并没有草畜平衡补贴，全部为禁牧补贴，全部草场实行禁牧。由于内蒙古 12 个盟市经济发展水平不同，为了防止补助呈现"马太效应"，故实行补奖标准封顶保底的方式，各个盟市根据牧民的实际生活水平分别制定不同标准。加强对牧民放牧监管制度，设立牧民管护员，每人每年给予 4000 元工资。

2016 年，新一轮补奖政策正式实施，补奖内容也发生了变化，政策补奖内容由原来的 6 项减少了 3 项，禁牧补贴提高到 7.5 元/亩，草畜平衡补贴提高到 2.5 元/亩，取消牧草良种补贴、生产资料补贴和牲畜良种补贴。中央每年安排187.6亿元资金用于此轮补奖政策。新一轮补奖政策的任务中，内蒙古禁牧草原为4.049亿亩，草畜平衡的草原6.151亿亩，共计10.2亿亩。此轮补偿标准仍按照以往标准亩系数予以折算，参照第一轮补奖政策5年实施过程中的平均产草量作为基数，予以测算。同样草原生态保护效果成效较为显著的盟市，其标准亩系数就越高。可以看出，新一轮补奖政策中，除呼和浩特市禁牧标准没有改变，其他8个盟市的禁牧标准亩系数都有所提高，就意味着经过第一轮的草原生态补奖政策的实施，禁牧效果良好，大多数地区草场平均覆盖度呈现上升趋势。草畜平衡补贴中只有一个盟市的标准亩系数没有提升，其余盟市的草畜平衡标准亩系数都有所增加，因此，草畜平衡政策也落实较为到位。

4.2.3 内蒙古草原生态修复财政支出政策效益

内蒙古草原生态补奖政策实施10年以来，全区6.15亿亩草原通过草畜平衡得到合理利用，4.04亿亩草原通过禁牧得到了休养生息。自政策实施以来，全区76个旗县市区积极参与，各级财政累计投入资金455亿元。通过严格落实禁牧和草畜平衡制度，草原生态环境得到显著改善，草原退化趋势得到整体遏制，草原自我更新修复能力得到显著提升，生物多样性日益丰富，基础设施建设水平显著提高，每年冬季的畜均暖棚达到了1平方米，草原牧区的生产、生活及生态效益逐步向好[①]。

4.2.3.1 生态效益方面

2003年的退牧还草工程，促进了内蒙古草原生态恢复，有利于草原畜牧业生产方式转变，2011年开始，第二期工程中的饲料粮补助停发，计入下一个阶段的草原生态补奖政策中。后期大范围草原生态修复的草原生态补奖政策实施后，退牧还草工程集中安排用于治理退化草原及建设人工饲草地、饲舍棚圈等基础配套设施中，重点推动传统畜牧业向现代化农牧业方向转变。但是由于评估工作较为复杂，除了公开统计资料获取的资料外，本书还利用遥感数据获取内蒙古103个旗县，近10年的草原植被覆盖度指标，以期为本书的进一步分析提供更加真实可靠的综合评析。具体相关指标如图4-10所示。

---

① 草原补奖政策实施10年 内蒙古490万农牧民受益［EB/OL］. 中国绿色时报，2022-03-02. https://news.sina.com.cn/o/2022-03-02/doc-imcwiwss3694031.shtml.

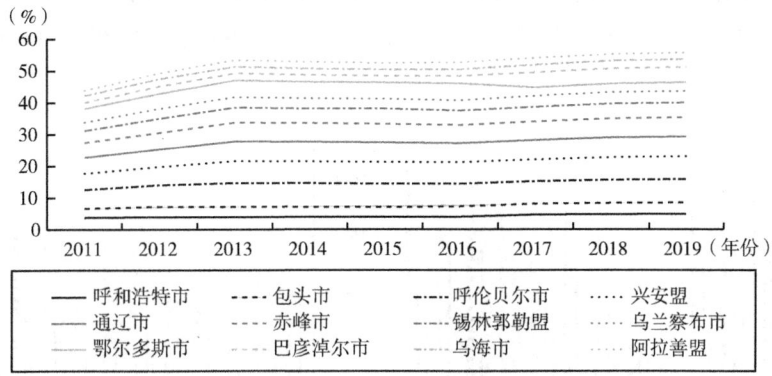

图 4-10　内蒙古 12 盟市草原植被覆盖度情况

2011 年开始的第一轮草原生态补奖政策，从草原植被生长情况来看，经过两轮补奖政策实施，2020 年，内蒙古草原植被平均盖度 45%，比 2010 年提高 8%，达到新世纪以来的最好水平，草原生产力增加 14 公斤/亩，内蒙古牛羊肉产量约为 179.3 万吨，均位居全国首位①。内蒙古牧业和半牧业旗县的草原植被覆盖度近 10 年呈现初步恢复的态势，草原生态恢复不仅受外在因素，如自然、气候、降水等的影响，还受到当地经济发展、牧民生产生活方式、企业参与程度等共同因素的影响，因此，本书将专门针对生态效益予以详尽检验，分析财政政策的有效性。

4.2.3.2　经济效益方面

草原生态补奖政策的目标之一就是全面推行草原禁牧休牧和草畜平衡制度，通过为牧民发放补贴，鼓励农牧民减少牲畜放牧数量，让草原生态系统达到恢复，同时牧民收入还能至少维持原来的生活水平。据统计，第二轮草原补奖政策带给牧民收入人均达 934 元/年，占到转移支付资金的近 1/3，同时还惠及建档立卡贫困户 14.8 万户，共计 40.2 万人左右。据测算，实施补奖政策 10 年来，每年有 140 多万户，近 490 万农牧民从中受益。在生态环境改善的同时，草原牧区农牧民生产生活方式也发生重要变化，生态保护意识提升为"我要保护"的主动参与性，生产经营观念逐步过渡到"精养"，内蒙古农牧民人均纯收入由 2011 年的 8126.33 元提高至 2020 年的 17994.25

---

① 内蒙古 10.2 亿亩草原"带薪休假"［EB/OL］. 人民资讯，2021-09-19. https://baijiahao.baidu.com/s?id=1711336510105079133&wfr=spider&for=pc.

元,年增幅达到9.8%;农牧民人均消费性支出由2011年的6717.65元提高至2020年的13916元,年增幅达到7.74%。相关指标情况如图4-11所示。

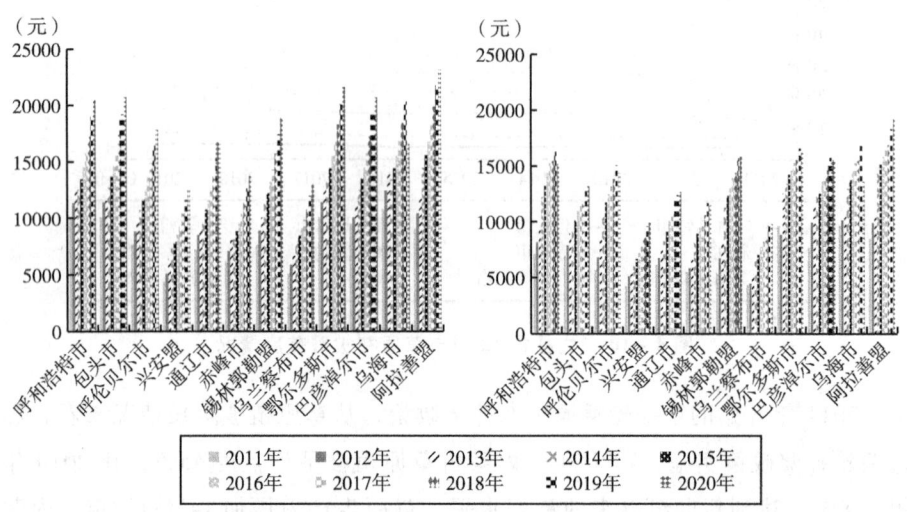

图4-11　内蒙古12盟市农牧民人均纯收入、人均消费性支出情况①

在草原生态修复的经济效益领域,在本书的文献中也予以详尽分析,不同学者对于经济效益是否充分实现,存在较大的争议,因此,这也是本书要详细分析的一个重点问题,财政支出的政策经济效益还有待进一步详细分析和验证。

4.2.3.3　社会效益方面

草原生态修复的财政支出政策的社会效益主要是指通过安排财政资金,促使草原生态修复,满足牧民及全社会人们社会需求,以此提高整个社会福利水平,其最终目标是满足人的物质文化生活水平的需要,进而促进人的生活质量的提高。因此,在评估财政支出政策效益时不能忽略社会效益的评价。本书参考国内外的做法,对社会效益指标的衡量从社会公共服务水平和牧民生活质量提升两个方面开展,主要通过农牧民家庭恩格尔系数、农村社会公共服务(教育、医疗和养老)等指标予以衡量,具体如图4-12所示。

同时,生态修复领域的科技创新是当前草原生态修复领域的重要突破瓶颈,为了实现现代草原畜牧业高质量发展,提升人才的质量是关键,人力资本是技术创新的核心。从人才队伍建设分析,全区共有12个盟市市林草局,

---

① 根据2012—2021年《内蒙古统计年鉴》整理得出。

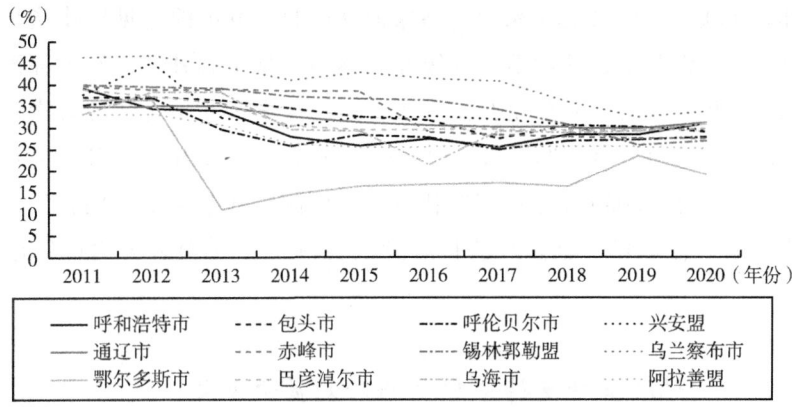

图 4-12　内蒙古 12 盟市农村居民家庭恩格尔系数①

103 个旗县林草局，省辖林草直属单位有 11 个。据统计，2019 年，内蒙古林草机构数为 130 个，其中科研机构仅为 15 个，占比不到 11.6%；科技人员总计 2020 人，其中科研人员为 664 人，占比 32.9%；中央和地方资金投入共计 7775 万元，其中中央资金占比 82%②。

本书将在社会效益是否实现的章节，将以多维贫困视角出发，分析牧区的相对贫困及减贫政策实施情况，由于牧区自然环境恶劣，生态贫困较为突出，同时牧民增收渠道单一，基础教育薄弱，人口整体素质不高，基础设施建设不足，民生福祉与城镇差距较大，因此，系统衡量草原生态修复的财政支出政策对牧民相对贫困的影响，在当前建立防范化解返贫风险长效机制，实现乡村振兴和美丽中国建设的长远可持续发展目标的当下，是具有重要的理论和现实意义的。

4.3　草原生态修复财政支出政策效益提升存在的问题分析

中国作为生态文明建设的引领者，近年来多次在外媒报道中获得高度评价，为改善全球生态环境作出巨大贡献。2021 年 9 月，中共中央办公厅、国

---

① 根据 2012—2021 年《内蒙古统计年鉴》整理得出。
② 根据 2020 年《林业和草原统计年鉴》整理得出。

务院办公厅联合印发《关于深化生态保护补偿制度改革的意见》中指出，建立健全分类补偿制度，针对不同区域开展不同类型生态补偿，健全补偿标准的动态调整机制，实施差异化补偿方式；积极探索多元生态环境要素统筹保护；财政转移支付制度不断完善，争取顺利实现"2025年建立基本完备的生态保护补偿制度、2035年适应新时代生态补偿制度基本定型"的目标。但是在加快草原生态修复，建立绿色长效发展机制仍存在很多突出的问题亟待解决。

4.3.1 财政资金支持草原生态修复资金不足

4.3.1.1 草原生态修复治理资金投入不足

财政政策是在财政体制的不断变化中予以调整的，完善财政体制改革是保证财政政策有效发挥作用的关键。草原生态修复具有基础性、公益性、长期性等特点，属于公共物品，应由政府提供满足社会公共需要，中央政府每年通过转移支付的方式给予内蒙古草原生态保护专项资金，由于内蒙古自治区幅员辽阔，草原基础设施欠缺，草原生态修复工程量大，是一项需要长期坚持的重要工程，同时参与部门过多，需要专门的测算机构动态监管生态治理情况，草原鼠害发生频率高，要求更多的配套资金，单纯依靠中央政府的资金投入是不够的。2020年，在内蒙古自治区全区经济工作会议上，内蒙古已将50.46%国土面积划入生态保护红线范围，在草原重要生态功能区，不允许上新开矿和风力发电、光伏项目，停止自然保护区内矿山开采勘探活动，由于生态责任的划分和认定，未来需要更多的中央财政资金予以支持。

4.3.1.2 财政资金投入基础设施建设滞后

相较于东部沿海地区以及内蒙古其他城镇区域，草原牧区的基础设施建设水平不高，这主要体现在交通、水电、信息通信、数字网络基础设施修建明显不足。由于草原牧区气候常年干燥，年降水量集中在7月和8月，江河湖等地表水有限，地下水开采较为困难，不利于草原生态修复工程的顺利实施[①]；由于内蒙古自治区地广人稀，受到地理条件和气候条件的制约，在边

---

① 杨旭东，杨春，孟志兴. 中国草原生态保护现状、存在问题及建议［J］. 草业科学，2016，33（09）：1901-1909.

远牧区的网络基础设施较为落后，缺少必要的信息网络传递信号。据统计，截至2020年6月，内蒙古762个乡镇苏木农牧场、6785个行政村嘎查完成了农牧区通信网络基础设施建设工作，虽然已经赶超全国的平均水平，但是受益群众仍没有实现全覆盖①，特别是在一些偏远牧区。据资料显示，2020年，锡林郭勒盟正蓝旗赛音呼都嘎苏木的蒙古勒金嘎查偏远牧区有70多户牧民们还未实现家中通电，交通基础设施非常落后，还没有乡村油路②。

草原牲畜生产基础设施投入严重不足，以克什克腾旗为例，如牲畜棚圈、贮草棚、青贮窖等不足，缺乏后续配套产业，畜牧业转型升级困难重重③。由于地理位置偏僻，人员居住较为分散，道路交通设施较差，农牧民与外界联系的成本较高，由于语言因素限制，很多边远牧区人员不能用流利的汉语与外界沟通，导致其从事畜牧业生产向非畜牧业转型遇到障碍。由于道路交通运输不便，很多牧民的生产经营性设备较为陈旧，设备更新换代频率较低，不能掌握现代化的生产设备的使用方法，这严重阻碍了农牧民生产技术水平的提高④。同时，森林草原防灭火基础设施建设不足，对于防火的瞭望塔、专业扑火队营房、防火隔离带、消防水池等基础设施建设项目的资金投入不足，专业技术人员匮乏；在草原牧区，数字基础设施建设项目更是少之又少，应用互联网平台打通与外界的联系仍是牧区当前亟须突破的瓶颈。

4.3.2 中央和地方政府间事权和支出责任划分不清

为有效贯彻落实财政政策，财政体制改革必不可少。良好的财政体制既可以体现权责结合，还可以兼顾到中央与地方的主体利益，从而保证财政政策认真执行，因此，分析总结财政体制对贯彻落实财政政策支持草原生态修复，具有必要的指导意义。

---

① 打通网络"最后一公里"，助力牧民生活奔小康[EB/OL]. 内蒙古新闻网, 2020-08-17. http://inews.nmgnews.com.cn/system/2020/08/17/012962846.shtml.
② 牧区何时能通电[EB/OL]. 人民网, 2020-05-28. http://liuyan.people.com.cn/threads/content?tid=7570681.
③ 杨晓刚. 克什克腾旗草原生态保护与修复对策[J]. 内蒙古林业, 2021(09): 10-11.
④ 张文娟, 刘红梅. 内蒙古草原牧区贫困特殊性及其治理研究[J]. 内蒙古财经大学学报, 2019, 17(04): 1-4.

4.3.2.1 事权和支出责任不匹配

中国草原生态修复治理模式属于"项目治国"模式[①]。即表现在财政支出的模式为"事权下移、财权上收",中央政府通过草原生态修复达到治理生态环境的目标,具体项目的执行方为地方政府,但是地方政府没有匹配相应的财权,地方政府财权不足,其在治理草原生态环境修复中只能被动依靠中央政府的决策。例如,中国退牧还草工程和草原生态补奖政策都存在地方政府财权和事权不匹配的问题,地方政府在对中央政府发布的各项政策进行有效调整概率下降。以草原生态补奖的标准来讲,当前我国大多数学者认为应该动态调整补贴标准,但是实际中,由于地方政府职权有限,补贴标准调整灵活性不足,如内蒙古自治区采用标准亩的方式予以调整补贴范围,但是地方政府关于测算标准由于缺乏必要的技术指导,标准测算针对的是全区域,并没有分区进行测算,也没根据每年草原修复状况调整补贴标准,且标准制定后参考周期为5年。因此,地方政府在草原生态修复治理中能动性受到职权约束而缺乏优化政策积极性。

4.3.2.2 部门间职权界定不清晰

关于草原生态修复的相关部门分散在各个职能部门中,职权分散,缺乏统一协调的系统性规范文件,基层政府职权范围更小,仅仅是负责执行上级政府的决策。没有设立专门的草原生态修复管理机构,管理职能分散在多个部门,政出多门影响管理效率。具体参与草原生态补偿的相关部门职责划分如表4-10所示。

表4-10　　内蒙古自治区草原生态保护相关部门职责划分

部门	职能
内蒙古自治区人民政府	负责草原生态补奖政策的综合决策 贯彻落实中央草原生态补奖政策
内蒙古自治区发展改革委	负责审核审批草原生态补奖政策
内蒙古自治区农牧业厅(草原处)	对草原技术推广总站和草原监督管理局进行业务指导
内蒙古自治区林业和草原局	负责草原及其生态保护建设修复的监督管理;组织开展草原生态保护建设修复和种草绿化工作;负责草原资源的监督管理

---

① 严海,刘晓莉. 地方政府草原生态治理能动性的限制因素分析——以草原生态补偿实施现状的考察为视角 [J]. 辽宁大学学报(哲学社会科学版),2020,48(03):123-127.

部门	职能
内蒙古自治区农牧业厅草原工作站	负责编制全区草原保护与建设、技术推广规划与计划
内蒙古自治区农牧业厅（草原监督管理局）	负责草原法律、法规实施情况的监督检查，对违反草原法律、法规的行为进行查处
内蒙古自治区财政厅	负责草原生态补奖资金按照计划予以拨付
内蒙古自治区国土资源厅	负责对草原类型划分，确权，解决纠纷的调解工作
内蒙古自治区审计厅	负责草原生态奖补资金的审计
内蒙古自治区监察厅	负责检查草原生态补奖工作人员是否履职

资料来源：根据内蒙古自治区政府网站整理得出。

4.3.2.3 政府存在"缺位"和"越位"

在实践中，作为宏观政策的制定者与调控者，应合理界定自身的职权范围，不能"越位"和"缺位"，例如，在维持市场秩序领域，应明确产权的初始界定；作为社会利益的再分配者，应结合公平与效率指标，确保补偿可以实现区域均衡发展。具体来看，草原生态保护治理工作主要由自治区林业和草原局负责，主要负责草原生态系统的保护和修复工作，加强草原监督管理的统筹协调，维护生态安全[①]。但是有多个部门共同参与草原生态修复治理的工作，多头管理容易造成效率低下。

4.3.3 财政支出结构有待优化

随着国家对生态文明建设的重视，国家相继出台了关于草原生态保护与修复的退牧还草、京津风沙源工程、草原生态补奖政策，由于农牧区基础设施建设不足，相关政策需要配套建设各项基础设施，例如草原水利开发、围栏和棚圈建设、牲畜改良、人工草地、生态移民安置、产业化集约化投资需求等，仅仅依靠中央政府的财政资金投入明显不足，合理规划财政支出结构是确保政策有效性的重要途径。

4.3.3.1 农牧区民生公共服务短板仍存在

据统计，2020年，内蒙古城镇常住居民人均可支配收入41353元，农牧

---

① 潘佳. 草原生态补偿关系的主体及其权利义务内涵——基于甘肃省天祝县草原补奖政策的分析[J]. 哈尔滨工业大学学报（社会科学版），2015，17（04）：37-44.

区常住居民人均可支配收入 16567 元,其中农村牧区的收入结构发生变化,工资性收入 3353 元,经营净收入 8828 元,财产净收入 498 元,转移性净收入 3888 元;从收入构成看,转移收入占比达到了 23.5%,畜牧业收入占比 53.3%;从支出方面看,农村牧区常住居民人均生活消费支出 13594 元。从社会保障方面看,年末参加基本医疗保险人数构成中,参加城乡居民医疗保险人数 1630.9 万人,为决战脱贫,实现了农牧区贫困人口期限范围内"一站式服务、一窗口办理、一单制结算",大病保险起付线降低 50%,支付比例提高至 5%。2020 年内蒙古完成全面脱贫任务,为建立现代化农牧业发展奠定了基础。但是,从农村牧区民生问题仍然是短板,在基层政府甚至是边远的牧区,仍然有很大一部分群体游离在养老保险和医疗保险之外,仍然存在"因病致贫"的风险,由于社会保险政策宣传不到位,加上农牧民固有知识的限制,并不认可社会保险;同时财政在教育方面的支出还应该继续加大,让有条件接受高等教育的农牧民子女无偿获取教育补助资金,提高整体的受教育水平,防止返贫问题发生。

4.3.3.2 激励人才队伍建设的财政政策缺失

当前在草原生态修复治理领域国家虽然出台了生态护林员的基本管理规定,但是针对人才队伍建设的规模和结构的财政支持力度仍不足,以内蒙古为例,草原生态修复的专门研究机构比例过低,管理机构比例过高,而资金支持方面,大都依靠中央财政资金的支持,地方财政资金支持比例低,而人员配备上,针对科研研究人员的比例也较低。草原生态修复治理工作的专门监督管理机构不健全,管理人员管理职责较大,但是奖惩机制不健全,缺乏对发达地区专业人员的引进力度,对于本地区人才的引进质量有待提高,人员年龄、学历、性别等梯队建设有待提高,工资福利待遇中的绩效奖励机制缺乏。

4.3.3.3 财政融资方式有待完善

当前,内蒙古大草原生态修复治理项目仍以政府融资为主,采用 PPP 模式融资的模式受限。内蒙古采取 PPP 模式修复生态治理的企业主要集中在蒙草一家上市企业,2016 年,通过与巴彦淖尔市临河区签订城市生态修复先河,后期参与多个 PPP 治理项目,但是截至目前,参与的项目都是城市生态改造项目,集中在公园、河道景观设计、湿地公园等领域,而真正参与天然草原生态修复的项目几乎没有。社会资本进入草原生态修复领域进程较缓,特别是在一些基层政府,没有专门的 PPP 运作机制,由于需要规范化的操作流程,在实施 PPP 生态修复的项目中,基层政府在 PPP 模式交易流程上,规范化程度不高。在扩大中小企业加入 PPP 模式治理草原生态修复的过程中,配套的管理监督措施有待加强,部分投资主体利用假资质和不正当手段参与到生态修复建设项目中,对于信用基础较差的企业应严格禁止参与 PPP 项目中。因此,内蒙古草原生态修复治理 PPP 项目的推进在扩大投融资主体的同时加强对其进行规范的管理,真正发挥出社会资本在草原生态修复治理中的重大作用。

4.3.4 财政支出配套实施机制不足

4.3.4.1 宣传方式方法不足

相关部门缺乏对草原生态修复相关政策的宣传,同时宣传手法较为单一,宣传内容不够详尽[1],很多农牧民对政策仅仅停留在了解阶段,并没有真正明白政策设施的长久性,牧民缺乏对草原生态保护与修复的动态发展变化情况的了解,宣传内容缺乏灵活性,并没有从实际出发为牧民带来最新的政策研判信息;有部分牧民仍然会为了眼前利益而忽略对草原生态环境的保护[2],很多区域内仍存在夜间偷牧现象,由于缺乏监管的信息技术手段,被发现偷牧行为仅仅是通过一些经济处罚的方式予以解决,牧民的偷牧成本随之降低,偷牧禁牧成效不显著,特别是在冬季牧草休养期,如果对牧草根茎造成破坏,下一个年度的春季草地植被恢复速度极慢,对牧草正常生长产生恶劣影响[3];随着牧区人口增加,人均草地面积逐年减少,在"草畜双承包责任制"和"以草定畜"制度下,牧民赖以维持的生计草场不能满足需求[4];牧民的整体文化水平不高,对于草原生态保护和草原生态修复的重要意义理解不充分。例如,第七次人口普查中显示,全区常住人口共计 2404.92 万人,其中具有

---

[1] 张佳宁. 祁连山北坡高寒草地退化现状及应对策略 [J]. 草业科学, 2014, 31 (04): 776 - 781.

[2] 周桔, 杨萍, 庄绪亮. 中国草原生态保护与恢复 [J]. 科学对社会的影响, 2010 (03): 22 - 27.

[3] 许志信, 梁树有. 冬季牧草利用程度对第二年生长的影响 [J]. 内蒙古草业, 1989 (04): 27 - 33.

[4] 乌音嘎, 呼格吉勒图, 海山. 锡林郭勒盟牧区牧业人口承载量研究 [J]. 地理科学研究, 2017, 6 (02): 72 - 78.

大学（大专及以上）文化程度的人口仅为449.43万人，15岁及以上人口的平均受教育年限提高至10.08年，文盲率为3.3%。从民族分布看，蒙古族人口为424.78万人，占到总人口的比重为17.66%，绝大部分少数民族人口分布在牧区，因此，由于语言和接受教育环境的差别，这些地区的人口普遍受教育程度不高，据访谈得出，一个嘎查平均一年只有一两个学生考上大学，接受高等教育，而文化程度的高低又是影响牧民是否可以接受新思想、新技术的有效保障，农牧民文化程度不高，在很多牧区的上了年纪的牧民，仍有绝大部分群体不会使用智能手机，不识汉字，导致其对政策理解不到位，为政策宣传工作增大难度。对于如何利用高科技有效科学合理地利用草场缺乏必备的基础知识，嘎查书记主要负责嘎查内牧民的相关草原生态保护工作的政策宣传讲解工作，部分地区仍采用将牧民集中起来宣传政策的方式方法，牧民受传统思想限制，对政策把握不到位，获取信息方式有限，在政策理解上，虽然有政策宣传小册子，可是后期关于进一步政策的解读缺失，只能凭借自身理解或咨询其他牧民获取信息，容易出现政策把握不到位的现象。

4.3.4.2 预算绩效管理水平有待加强

草原生态修复治理资金较为分散，不利监管。林业草原生态保护恢复资金通过中央专项转移支付予以拨付，京津风沙源治理资金、退牧还草资金支出都列入一般公共预算支出中的节能环保类支出予以管理，而草原生态补奖资金和草原植被恢复费支出列入一般公共预算支出中的农林水事务支出，预算资金分散在不同款级科目中，存在多部门多头管理，不利于后期资金监管；草原生态修复资金有限，科学合理地安排预算绩效评价是确保资金有效使用的关键。当前存在项目资料不完整，基层部门的生态绩效目标及指标体系不健全，预算绩效管理学习不透彻，相关专业知识缺乏等问题，绩效评价结果应用及公开情况有待进一步规范，"以评促管"的项目管理方式尚未达到预期目标，自评结果应用于下个年度专项资金分配的参考性不强。

针对草原生态修复的环保支出科目的绩效评价方法尚未完善，中央政府对地方政府专项转移支付绩效评价指标从产出、效益和满意度三个方面筛选二级和三级指标，在生态效益指标上，三级指标筛选的是同类型草地的恢复情况对比，由于各个区域经济发展情况不同、政府财力不同、经济社会文化不同、社会认同感不同，三级指标选择还有待进一步完善。

4.3.4.3 政府采购方式单一

草原生态修复工程需采取政府采购方式完成，但在具体的采购环节，忽视对带有节能产品、环境标志产品的绿色采购。以青海荣轩公招（货物）2021－002号为例，在草原生态修复项目的招标中，关于货物的采购并没有将范围界定在绿色采购范围内。政府购买草原生态修复治理服务的定价机制不完善，由于草原生态修复治理服务领域缺乏市场的充分竞争，成本和服务质量难以有效测量，关乎社会整体公共利益，难以完全通过市场价格机制予以确定。政府购买草原生态修复的评估制度不足，当前的评估主体主要集中在科研院校聘请外部专家，而作为草原生态修复治理成果的真实参与者牧民等社会公众参与度较少，缺少独立的第三方评估机制的运用，评估指标体系不健全。

4.4 本章小结

本章主要分析了草原生态修复的财政支出政策效益的现状、存在的问题和原因分析。遵循整体与局部典型案例的分析思路，找到草原生态修复的财政支出政策效益并未充分实现的原因及存在的主要问题。具体来看，主要包括以下几个方面：

第一，从草原生态修复的制度设计、遵循原则构造草原生态修复财政支出政策的内容架构入手，具体从21世纪初的退牧还草工程、京津风沙源治理工程、草原生态保护补助奖励政策、林业草原生态保护恢复资金出发，分析财政支出政策内容。以草原生态保护补助奖励政策为重点，介绍补奖政策实施内容、补偿主体和补偿对象、补助标准。从财政支出政策手段如财政补贴、政府采购制度、政府投资三种政策手段出发，分析草原生态修复的财政支出政策的生态效益、经济效益和社会效益的实施效果。

第二，以内蒙古自治区这一草原富集区域为例，分析草原生态修复的财政支出政策的具体内容，在中央政府的政策激励下，内蒙古自治区在政策具体实施过程中，因地制宜，采用不同的奖励配套方式支持草原生态修复治理。在草原生态修复的财政支出政策的生态效益领域，通过遥感数据获取的植被覆盖度的数据显示出内蒙古草原生态修复的生态效益有所提升；在经济效益领域，农牧民人均纯收入呈现上升态势；在社会效益领域，农村居民家庭恩格尔系数呈现下降趋势。从整体上来看，三大效益呈现良好态势。但是，在实际评价三大效益时，仅仅依靠单一指标，没有剔除政策异质性影响，未将所有影响效益的自然环境因素、区域异质性考虑进来，因此，本书将从更加宽广的视域出发，采用不同的实证分析方法，予以验证三大效益是否充分实现，这也是本书接下来的研究重点。

第三，得出影响制约财政支出政策效益提升的障碍因素。当前在财政支出政策领域，仍然存在资金投入不足、结构不合理和资金使用效率不高的现象，受财政体制的中央政府和地方政府的财权和事权支出责任不匹配的影响，草原生态修复的财政支出政策的配套机制不足也是影响效益提升的主因。

第 5 章

草原生态修复的财政支出政策效益提升驱动机制分析

本章在财政支出政策目标设定—政策执行—效益提升的框架下，通过分析参与生态修复行为主体间的利益均衡关系，得出影响草原生态修复的财政支出政策的生态效益、经济效益和社会效益的提升驱动机制。在分析中央政府和地方政府的委托代理行为的基础上，从地方政府、企业和牧民三方博弈视角出发，分析其稳定的均衡策略，借助 Matlab 软件对演化博弈结果进行仿真分析，并结合实证分析检验结果，构建草原生态修复财政支出政策效益提升的驱动路径。

具体来看，在委托代理理论框架下，构建动态演化博弈模型，分析三方参与主体的均衡策略，并找到财政支出政策影响的作用路径，挖掘障碍影响因素，为优化政策提供基础理论。本章主要讨论两大主要内容：一是刻画央地政府在草原生态修复治理中的委托代理行为，主要表现为：中央政府通过转移支付、奖惩、晋升激励等措施，促进地方政府参与草原生态修复治理；地方政府在执行中央政府治理任务时，要考虑本地区实际经济发展情况，还要顾及中央政府的治理目标，同时还要考虑诸多不确定干扰因素影响。二是分析地方政府、企业和牧民的动态博弈路径，由于草原生态破坏不仅受到牧民生产生活方式的影响，还受到企业乱采滥挖等因素影响，为了更加客观的描述问题，将影响草原生态修复的三方主体纳入同一分析框架，但是本书主要探讨政府和牧民之间的财政支出政策效益提升机制，因此后期分析会以政府财政支出对牧民效益提升作为主线，不会具体展开企业的具体效益影响路径。

5.1 草原生态修复财政支出政策效益提升驱动机制的演化博弈分析

5.1.1 演化博弈模型的理论基础

20 世纪 30 年代，费希尔通过在生物性别选择领域的研究，首次引用演化稳定策略，20 世纪 70 年代后期，Maynard Smith 和 Price 引入演化稳定策略和演化博弈论的相关概念，自此，演化博弈开始了大量的研究和应用。演化博弈理论的核心思想主要是运用复制动态动力学机制，找到复制机制的动态收敛变化和如何达到稳定性的过程，模拟如何推进优势策略比重的提升①。20世纪80年代后期，演化博弈思想开始广泛应用于微观经济学领域，并且在金融、生态环境、福利经济学等学科中起到关键作用。动态演化博弈理论克服了传统博弈理论弊端，不再拘泥于非理性行为的弊端，而是以纳什均衡为理论出发点，通过动态描述具有有限理性行为主体的策略过程，使分析结果更加可信。

通过上文分析可知，内蒙古草原生态修复是一个系统性、长期性、复杂性的工程，受到内在和外在诸多因素影响，需要进一步验证财政支出政策效益是否具有提升空间。基于演化博弈理论，本章客观真实的构建草原生态修复财政支出政策效益提升路径，客观描述不同参与主体在制度变化和自身行为选择发生变化过程中的博弈关系选择，证明三方参与主体的行为决策是相互博弈的结果。政府采取财政补贴的激励方式，对牧民积极参与和企业积极进行绿色转型是有促进作用的，但补贴额度大小和结构是影响生态修复治理效益提升的关键因素，本章进行稳定策略的均衡路径分析，为进一步提升财政支出政策效益提供精准的政策建议。

5.1.2 研究机理分析

在研究视角上，关于生态文明参与主体界定上，高广阔等（2014）②、李礼等（2016）③、赵黎明等（2018）④、刘敏等（2021）⑤、Li等（2021）⑥认为，中国生态文明建设最为重要的三大主体为政府、企业和社会公众。从草

---

① 谢识予．经济博弈论（第四版）[M]．上海：复旦大学出版社，2017．
② 高广阔，马源春，张旭．生态文明制度建设中的博弈模型及政策研究[J]．科技管理研究，2014（05）：15-19．
③ 李礼，孙翊锋．生态环境协同治理的应然逻辑、政治博弈与实现机制[J]．湘潭大学学报（哲学社会科学版），2016，40（03）：24-29．
④ 赵黎明，陈妍庆．环境规制、公众参与和企业环境行为——基于演化博弈和省级面板数据的实证分析[J]．系统工程，2018，36（07）：55-65．
⑤ 刘敏，包智明．西部民族地区的环境治理与绿色发展——基于生态现代化的理论视角[J]．中南民族大学学报（人文社会科学版），2021，41（04）：73-81．
⑥ Li, J., Yang, S. Analysis of a multiparticipant game under a subsidy and punishment mechanism: An evolutionary theory perspective [J]. Mathematical Problems in Engineering, 2021.

原生态修复治理主体来分析，丁海等（2020）①、Lu等（2021）②认为中央政府要比地方政府具有更强的博弈力量，地方政府的博弈意向与地区经济发展水平和当地财政自主度有关。从草原生态修复治理的参与主体来分析，徐乐等（2022）③、Bu等（2021）④从政府、公众和企业三方的博弈策略选择，认为在新的环境治理政策下，协调三方参与主体的路径优化应激发公众参与积极性，在确保企业利润基础上，政府应以引导为主。从草原生态修复的财政支出政策有效性出发，魏建洲等（2015）⑤认为中央政府、地方政府和牧民是主要参与主体，政府要根据区域异质性，合理安排投入和支出结构，调动牧民生产和生活积极性，进而实现良好的生态效益、经济效益和社会效益。在研究方法选择上，关于生态补偿机制的相关研究，主要基于贝叶斯建模的理论框架分析，Xu等（2020）⑥、Bruen等（2022）⑦通过对参与主体的不同策略的数值模型，找到障碍因素并提出政策建议。

政府作为宏观经济政策制定者，通过合理的惩罚机制设计和适当的激励措施，影响草原生态修复治理生态效益、经济效益和社会效益提升。牧民作为政策推行的主要参与者和直接受益者，通过对政府补贴力度的响应，以积极或消极方式进行策略选择，对草原生态修复治理效果影响是不同的。由于草原植被破坏的动因不仅在于牧民的超载放牧，还在于煤炭企业、风电行业对草原的乱采乱挖，本书将企业纳入博弈框架中，虽然本书的重点研究主题在于政府和牧民的关系，但为了确保政策路径分析的全面性，将企业纳入草

---

① 丁海，石大千，张卫东. 环境治理谁主沉浮：中央还是地方？——基于央地博弈对比的测算分析 [J]. 南方经济，2020（03）：86-104.

② Lu, X., Zhang, Y., Zou, Y. Evolutionary game and numerical simulation of cultivated land protection policies implementation in china [J]. Discrete Dynamics in Nature and Society, 2021.

③ 徐乐，马永刚，王小飞. 基于演化博弈的绿色技术创新环境政策选择研究：政府行为 VS. 公众参与 [J]. 中国管理科学，2022，30（03）：30-42.

④ Bu, Y., Wang, E., Yang, Y. Analysis on asymptotic stabilization of eco-compensation program for forest ecotourism stakeholders [J]. Environmental Science and Pollution Research International, 2021, 28 (23): 29304-29320.

⑤ 魏建洲，刘彦平. 退牧还草博弈分析 [J]. 中国草地学报，2015，37（01）：1-6.

⑥ Xu, L., Zhou, Z., Du, J. An evolutionary game model for the multi-agent co-governance of agricultural non-point source pollution control under intensive management pattern in china [J]. International Journal of Environmental Research and Public Health, 2020, 17 (7).

⑦ Bruen, M., Thibault, H., Christie, M., Ronan, M., Ewa, S., Kelly, F., Kelly-Quinn, M. A bayesian modelling framework for integration of ecosystem services into freshwater resources management [J]. Environmental Management, 2022, 69 (4): 781-800.

原生态修复的影响主体,在明晰参与主体后,对草原生态修复的参与主体政府的财政支出政策路径的解析,合理安排财政补贴提升草原生态效益和社会效益均有显著影响。

为回应本书研究核心问题,即草原生态修复治理的财政支出政策的生态效益、经济效益和社会效益是否充分实现。如未实现,不同参与主体的路径策略选择是如何影响生态修复的生态效益、经济效益和社会效益提升的,其障碍度因素主要体现在哪里。本章将政府部门、企业和牧民作为主要参与主体,分析其不同策略选择及自身演化规律,构建提升草原生态修复治理的财政支出政策的效益路径。

5.2 演化博弈模型构建

5.2.1 委托代理模型构建

首先考虑中央政府的效用函数,设定为 $U(E, C)$,其中 E 为草原生态修复的绝对水平,C 为单次治理花费的总成本。若初始生态发展水平为 $\overline{E}$,则 $E = \overline{E} + \Delta E$,其中 ΔE 为支付成本 C 下的生态修复增量(如草原面积、植被覆盖度等)。具体的 $U_E(E,C) > 0, U_C(E,C) < 0, U_{EE}(E,C) > 0$,这表明草原生态修复治理对社会总福利具有规模效应,且 $E \in (0, 1)$。进一步地,考虑到中央政府的财政收入有限,且治理技术不可能实现草原生态的完全修复,所以有 $\lim_{C \to \infty} E = 1$。由于地方政府在实际执行治理任务的过程中会受到各种不确定因素的影响,所以实际治理效果在一定程度下具有随机性,那么:

$$\Delta E = h(C_1, \theta) \tag{5-1}$$

式(5-1)中 $h(C_1, \theta)$ 为有效投入 C_1 时产生的实际修复效果;θ 为随机因素,且 $\theta \sim iidN(0, \delta^2)$,$\delta^2$ 为随机扰动方差。进一步地,有效修复函数满足 $h(0, \theta) = 0, h(C_1, \theta) \in (0, 1), \frac{\partial h(C_1, \theta)}{\partial C_1} > 0, \frac{\partial^2 h(C_1, \theta)}{\partial C_1^2} < 0$。因此,在不进行生态修复治理投入时,治理效果一定为0,而有效投入 C_1 越多,治理的效果也就越好,治理效果存在边际成本递减的特征。进一步地,式(5-1)

可以写为：

$$E_\theta(\Delta E) = \int h(C_1,\theta)f(\theta) \cdot d\theta \qquad (5-2)$$

其中，式（5-2）中的 $E_\theta(\Delta E)$ 为治理效果的期望，$f(\theta)$ 为随机过程的密度函数。将 $E = \overline{E} + \Delta E$ 代入中央政府效用函数，则有：$U(\overline{E} + \Delta E, C)$，进一步得出：

$$E[U(\overline{E} + \Delta E,C)] = \int U[\overline{E} + h(C_1,\theta),C]f(\theta) \cdot d\theta \qquad (5-3)$$

考虑地方政府的收益与激励，本模型假定地方政府具有风险规避系数，那么：

$$\rho = -\left[\frac{V''(\pi)}{V'(\pi)}\right]^{-1} \qquad (5-4)$$

其中，ρ 为地方政府风险规避系数，$V(\pi)$ 为地方政府效用函数，π 为地方政府收益。为简化分析，对式（5-4）进行积分取地方政府效用函数为：

$$V(\pi) = -e^{-\rho x} \qquad (5-5)$$

地方政府的收益 π 可由中央政府的治理支付 C 和地方政府的自身成本 B 组成。而中央政府的治理总体支付成本 C 包含两个方面：一是有效治理费用，二是激励费用。本书采用一般的绩效激励假设，即：

$$C = C_1 + \beta \cdot \Delta E \qquad (5-6)$$

式（5-6）中的 β 为激励系数，所以地方政府的收益可写为：

$$\pi = C - B - C_1 = \beta \cdot \Delta E - B \qquad (5-7)$$

所以，中央政府的效用函数即可写为：

$$E[U(\overline{E} + \Delta E, C_1 + \beta \cdot \Delta E)] = \int U[\overline{E} + h(C_1,\theta), C_1 + \beta \cdot h(C_1,\theta)]f(\theta) \cdot d\theta \qquad (5-8)$$

地方政府的收益可以写为：

$$E(\pi) = \beta \cdot \int h(C_1,\theta)f(\theta) \cdot d\theta - B \qquad (5-9)$$

在不确定的收益下，地方政府的等价性收益 $\overline{\pi}$ 为[①]：

---

① 具体证明过程见附录。

$$\overline{\pi} = -\frac{1}{\rho}\ln\left\{\int e^{-\rho[\beta h(C_1,\theta)-B]}\cdot f(\theta)\cdot d\theta\right\} \tag{5-10}$$

若地方政府不进行草原生态修复治理时的保留收益为 G，G 可能是地方政府的原有经济发展带来的收益，则地方政府的参与约束为：

$$-\frac{1}{\rho}\ln\left\{\int e^{-\rho[\beta h(C_1,\theta)-B]}\cdot f(\theta)\cdot d\theta\right\} \geqslant G \tag{5-11}$$

进一步地，若中央政府想要达到的修复水平为 ΔE，表明在没有修复水平下的地方政府的等价性收入是最大的，即：

$$\Delta E = \arg\max_{\Delta E} -\frac{1}{\rho}\ln\left\{\int e^{-\rho[\beta h(C_1,\theta)-B]}\cdot f(\theta)\cdot d\theta\right\} \tag{5-12}$$

5.2.2 委托代理模型的求解

在式（5-11）和式（5-12）的约束下，中央政府的最大化效用问题可以写为：

$$\max_{\beta,\Delta E} E[U(\overline{E}+\Delta E, C_1+\beta\cdot\Delta E)] \tag{5-13}$$

$$\text{s.t}\begin{cases} -\dfrac{1}{\rho}\ln\left\{\int e^{-\rho[\beta h(C_1,\theta)-B]}\cdot f(\theta)\cdot d\theta\right\} \geqslant G & (5-14) \\[2mm] \Delta E = \arg\max\limits_{\Delta E} -\dfrac{1}{\rho}\ln\left\{\int e^{-\rho[\beta h(C_1,\theta)-B]}\cdot f(\theta)\cdot d\theta\right\} & (5-15) \end{cases}$$

由式（5-15）可知：

$$\frac{\partial -\frac{1}{\rho}\ln\left\{\int e^{-\rho[\beta h(C_1,\theta)-B]}\cdot f(\theta)\cdot d\theta\right\}}{\partial h(C_1,\theta)} = 0 \tag{5-16}$$

因此：

$$dh(C_1,\theta) = h_{C_1}(C_1,\theta)\cdot dC_1 + h_\theta(C_1,\theta)d\theta \tag{5-17}$$

运用 Ito 公式则有[①]：

$$-\frac{1}{\rho}\iint\left[\rho\beta\cdot h_{C_1}(C_1,\theta) - \frac{1}{2}h_\theta^2(C_1,\theta)\cdot(\rho\beta)^2\right]\cdot e^{-\rho[\beta h(C_1,\theta)-B]}\cdot f(\theta)\cdot d\theta = 0 \tag{5-18}$$

将式（5-18）化简后得到：

---

① 具体证明过程见附录。

$$h_{C_1}(C_1,\theta) = -\frac{1}{2}\rho\beta h_\theta^2(C_1,\theta) \qquad (5-19)$$

进一步对于目标函数（5-13）和约束式（5-14）、式（5-15）构造拉格朗日方程，则有：

$$L = \int U[\overline{E} + h(C_1,\theta), C_1] + \beta \cdot h(C_1,\theta)f(\theta) \cdot d\theta$$

$$+ \lambda_1 \left[-\frac{1}{\rho}\ln\left\{\int e^{-\rho[\beta h(C_1,\theta)-B]} \cdot f(\theta) \cdot d\theta - G\right\}\right]$$

$$+ \lambda_2 \left[\frac{\partial - \frac{1}{\rho}\ln\left\{\int e^{-\rho[\beta h(C_1,\theta)-B]} \cdot f(\theta) \cdot d\theta\right\}}{\partial h(C_1,\theta)}\right] \qquad (5-20)$$

将上述拉格朗日方程对 β 和 $h(C_1,\theta)$ 求导后得到：

$$\frac{\partial L}{\partial \beta} = \int U_1[\overline{E} + h(C_1,\theta), C_1] + \beta h(C_1,\theta) \cdot \beta f(\theta) \cdot d\theta$$

$$+ \lambda_1\left\{-\frac{1}{\rho}\frac{\int h(C_1,\theta)\int e^{-\rho[\beta h(C_1,\theta)-B]} \cdot f(\theta) \cdot d\theta}{\int e^{-\rho[\beta h(C_1,\theta)-B]} \cdot f(\theta) \cdot d\theta}\right\} \qquad (5-21)$$

$$\frac{\partial L}{\partial h(C_1,\theta)} = \frac{\partial \int U[\overline{E} + h(C_1,\theta),C_1] + \beta \cdot h(C_1,\theta)f(\theta) \cdot d\theta}{\partial h(C_1,\theta)} \qquad (5-22)$$

式（5-21）进一步化简为①：

$$\beta E(U_1)E[V(\pi)] = -\lambda_1 \frac{1}{\rho}\int h(C_1,\theta)e^{-\rho[\beta h(C_1,\theta)-B]}f(\theta) \cdot d\theta \qquad (5-23)$$

进一步的可以化简为：

$$\beta E(U_1)E[V(\pi)] = -\lambda_1 \frac{1}{\rho}E[\Delta E \cdot V(\pi)] \qquad (5-24)$$

由式（5-22）可知，为简化表达 U_1 为 $U(\cdot,\cdot)$ 对第一分量求偏导，U_2 对第二个分量求偏导。U_{11}、U_{22} 分别为 $U(\cdot,\cdot)$ 对第一个分量和第二个分量的二阶偏导。所以有：

$$U_1[\overline{E} + h(C_1,\theta),C_1 + \beta h(C_1,\theta)] = -\beta U_2[E + h(C_1,\theta),C_1 + \beta h(C_2,\theta)]$$
$$(5-25)$$

---

① 具体证明过程见附录。

或 $h_\theta^2(C_1,\theta) = -2h_{C_1}(C_1,\theta)$ (5-26)

结合式（5-26）、式（5-25）和式（5-24）可知，若 ΔE 为常数，则有：

$$\beta = \frac{-U_1[\overline{E}+h(C_1,\theta),\beta h(C_1,\theta)+C_1]}{U_2[\overline{E}+h(C_1,\theta),\beta h(C_1,\theta)+C_1]} \quad (5-27)$$

$$\Delta E = \frac{\rho}{-\lambda_1} \cdot E(U_1) \cdot \beta \quad (5-28)$$

对上式（5-26）代入式（5-19）则 $\rho\beta=1$，进一步有：

$$\Delta E = \frac{E(U_1)}{-\lambda_1} \quad (5-29)$$

将上式代入式（5-24）和式（5-14）则有 $E[V(\pi)] = e^{-\rho G}$，则有：

$$-\lambda_1 = \frac{E(U_1)E[V(\pi)]}{E[\Delta E V(\pi)]} \quad (5-30)$$

由式（5-27）可知，最优激励与 U 和 h 的结构有关，而最优的治理目标 ΔE，一方面与政府效用相关，另一方面与治理的相关其他因素有关。综上所述，本部分只考察在委托代理框架下中央与地方政府的最优激励设置，本书进一步考察地方政府在执行生态修复时的不同策略选择，并将牧民行为、企业转型纳入分析框架中，确保影响草原生态修复的所有主体都纳入分析框架，提高分析的可靠性。

5.2.3 模型设定

本部分主要讨论在中央财政转移支付下，从地方政府、企业和牧民连续性与离散型策略的视角予以展开研究，在分析草原生态修复财政支出政策的效益提升路径中，将影响草原生态修复最为重要的三方主体纳入统一框架，明确不同主体行为策略选择。

5.2.3.1 地方政府

地方政府接受中央政府财政转移支付，并将财政资金用于草原生态修复，地方政府会发生一定的治理执行成本 B，而 B 的大小与地方政府参与草原生态修复治理意愿有关。将地方政府积极推进草原生态修复治理记为 G_H，执行治理成本为 $B(G_H)$；同理，将地方政府消极治理草原生态修复记为 G_L，则治

理成本为 $B(G_L)$。自党的十八大以来，中央政府积极推进草原生态修复治理，地方政府也将生态修复相关指标纳入地方政府政绩考核中，因此根据现实情况：$B(G_H) > B(G_L)$。

5.2.3.2 牧民

在草原生态修复背景下，牧民作为政策受益主体，会接受一定的草原生态补助奖励（财政补贴），将其记为 αC_1，其中 α 表示财政补贴是牧民与企业相对比重，牧民有两种选择方式：一是牧民严格遵守政府规定的禁牧和休牧政策，严格控制牲畜载蓄量，则上述行为记为 S_Y；二是牧民享受政策补贴的同时仍然采取过度放牧和昼停夜牧的行为，则上述行为记为 S_N。

5.2.3.3 企业

本部分所指代的企业主要是利用草原资源，以煤炭企业为主的工业企业以及对草原产生高污染、高破坏性质的企业。同理，企业的策略选择也主要有两种：一是在地方政府治理草原生态修复时，积极配合转型为绿色低碳环保的企业，记为 M_Y；二是在地方政府治理草原生态修复过程中，不配合转型的企业，记为 M_N。

5.2.4 收益分析

由式（5-1）可知：$\Delta E = h(C_1, \theta)$，$\theta$ 为各种不确定情况，接下来本书进一步假定 θ 是由地方政府、企业和牧民的策略共同决定的，即：

$$\theta = g(G_i, S_j, M_k) \quad i \in \{H, L\}, j \in \{Y, N\}, k \in \{Y, N\} \quad (5-31)$$

所以，$\Delta E = h[C_1, g(G_i, S_j, M_k)]$。由此可知地方政府的收益为 $B(G_i) + \beta \cdot \Delta E$，进一步地若企业选择转型发展，则有 $(1-\alpha)C_1$ 的财政转移支付资金，用于其转型发展，若企业不转型发展则获取的财政转移支付资金数额为 0。对于牧民如果严格遵守治理约束，则短期内收益冲击为 C_s，但草原生态修复的收益会增长 $\delta_2 \cdot \Delta E$，其中 δ_2 为生态修复用于牧民的增益系数。最后，生态修复也给企业带来一定的增益 $\delta_3 \cdot \Delta E$，其中 δ_3 为企业生态修复的增益系数，具体收益矩阵如表 5-1 所示。

表 5-1　三方博弈支付矩阵

主体			政府	
			G_H	G_L
企业	M_Y	S_Y	$\begin{bmatrix} -B(G_H)+\beta h[C_1,g(G_H,S_Y,M_Y)], \\ \alpha C_1-C_S+\delta_2 h[C_1,g(G_H,S_Y,M_Y)] \\ (1-\alpha)C_1-C_M+\delta_3 h[C_1,g(G_H,S_Y,M_Y)] \end{bmatrix}$	$\begin{bmatrix} -B(G_L)+\beta h[C_1,g(G_L,S_Y,M_Y)], \\ \alpha C_1-C_S+\delta_2 h[C_1,g(G_L,S_Y,M_Y)] \\ (1-\alpha)C_1-C_M+\delta_3 h[C_1,g(G_L,S_Y,M_Y)] \end{bmatrix}$
		S_N	$\begin{bmatrix} -B(G_H)+\beta h[C_1,g(G_H,S_N,M_Y)], \\ \alpha C_1+\delta_2 h[C_1,g(G_H,S_N,M_Y)] \\ (1-\alpha)C_1-C_M+\delta_3 h[C_1,g(G_H,S_N,M_Y)] \end{bmatrix}$	$\begin{bmatrix} -B(G_L)+\beta h[C_1,g(G_L,S_N,M_Y)], \\ \alpha C_1+\delta_2 h[C_1,g(G_L,S_N,M_Y)] \\ (1-\alpha)C_1-C_M+\delta_3 h[C_1,g(G_L,S_N,M_Y)] \end{bmatrix}$
	M_N	S_Y	$\begin{bmatrix} -B(G_H)+\beta h[C_1,g(G_H,S_Y,M_N)], \\ C_1-C_S+\delta_2 h[C_1,g(G_H,S_Y,M_N)] \\ -\delta_3 h[C_1,g(G_H,S_Y,M_N)] \end{bmatrix}$	$\begin{bmatrix} -B(G_L)+\beta h[C_1,g(G_L,S_Y,M_N)], \\ C_1-C_S+\delta_2 h[C_1,g(G_L,S_Y,M_N)] \\ -\delta_3 h[C_1,g(G_L,S_Y,M_N)] \end{bmatrix}$
		S_N	$\begin{bmatrix} -B(G_H)+\beta h[C_1,g(G_H,S_N,M_N)], \\ C_1+\delta_2 h[C_1,g(G_H,S_N,M_N)] \\ -\delta_3 h[C_1,g(G_H,S_N,M_N)] \end{bmatrix}$	$\begin{bmatrix} -B(G_L)+\beta h[C_1,g(G_L,S_N,M_N)], \\ C_1+\delta_2 h[C_1,g(G_L,S_N,M_N)] \\ -\delta_3 h[C_1,g(G_L,S_N,M_N)] \end{bmatrix}$

5.3 博弈模型求解

5.3.1 期望收益方程构建

本书构建政府、企业和牧民的期望收益函数，为简化分析，记 $\Delta E_{ijk} = h[C_1,g(G_i,S_j,M_k)]$。假定 x 为政府部门选择积极推进草原生态修复的概率，$x \in (0,1)$；同理取 y 为牧民配合草原生态修复政策的意愿，$y \in (0,1)$；取 z 为企业选择转型的概率水平，$z \in (0,1)$。用 UG 表示政府的期望总收益，UG_H 为政府选择积极推进草原生态修复策略的期望收益，UG_L 为消极推进时的期望收益。所以有：

$$UG_H = yz \cdot \{-B(G_H)+\beta\Delta E_{HYY}+y(1-z)[-B(G_H)+\beta\Delta E_{HYN}]+z(1-y)[-B(G_H)+\beta\Delta E_{HNY}]+(1-z)(1-y)[-B(G_H)+\beta\Delta E_{HNN}]\}$$

(5-32)

$$UG_L = yz \cdot \{-B(G_L)+\beta\Delta E_{LYY}+y(1-z)[-B(G_L)+\beta\Delta E_{LYN}]+z(1-y)[-B(G_L)+\beta\Delta E_{LNY}]+(1-z)(1-y)[-B(G_H)+\beta\Delta E_{LNN}]\}$$

(5-33)

$$UG = xUG_H + (1-x)UG_L \tag{5-34}$$

设 US 为牧民的期望总收益，US_Y、US_N 分别为牧民选择配合和不配合时的期望收益。

$$US_Y = xz \cdot [\alpha C_1 - C_S + \delta_2 \cdot \Delta E_{HYY} + (1-x)z(\alpha C_1 - C_S + \delta_2 \cdot \Delta E_{LYY}) +$$
$$x(1-z)(C_1 - C_S + \delta_2 \cdot \Delta E_{HYN}) + (1-x)(1-z)(C_1 - C_S + \delta_2 \cdot \Delta E_{LYN})] \tag{5-35}$$

$$US_N = xz \cdot [\alpha C_1 + \delta_2 \cdot \Delta E_{HNY} + (1-x)z(\alpha C_1 + \delta_2 \cdot \Delta E_{LNY}) +$$
$$x(1-z)(C_1 + \delta_2 \cdot \Delta E_{HNN}) + (1-x)(1-z)(C_1 + \delta_2 \cdot \Delta E_{LNN})] \tag{5-36}$$

$$US = yUS_Y + (1-y)US_N \tag{5-37}$$

设 UM 为企业期望总收益，UM_Y、UM_N 分别是企业选择转型和不转型时的期望收益。

$$UM_Y = xy \cdot \{(1-\alpha)C_1 - C_M + \delta_3 \cdot \Delta E_{HYY} + (1-x)y[(1-\alpha)C_1 - C_M +$$
$$\delta_3 \cdot \Delta E_{LYY}] + x(1-y)[(1-\alpha)C_1 - C_M + \delta_3 \cdot \Delta E_{HNY}] +$$
$$(1-x)(1-y)[(1-\alpha)C_1 - C_M + \delta_3 \cdot \Delta E_{LNY}]\} \tag{5-38}$$

$$UM_N = xy \cdot [-\delta_3 \cdot \Delta E_{HNY} + (1-x)y(-\delta_3 \cdot \Delta E_{LYN}) + x(1-y)$$
$$(-\delta_3 \cdot \Delta E_{HNN}) + (1-x)(1-y)(-\delta_3 \cdot \Delta E_{LNN})] \tag{5-39}$$

$$UM = zUM_Y + (1-z)UM_N \tag{5-40}$$

5.3.2 复制动态方程

根据 Friedmom（1978）提出的复制动态法可得复制动态方程：

$$\begin{cases} F(x) = \dfrac{dx}{dt} = x(UG_H - UG) \\ F(y) = \dfrac{dy}{dt} = y(US_Y - US) \\ F(z) = \dfrac{dz}{dt} = z(UM_Y - UM) \end{cases} \tag{5-41}$$

其中，上式中的 $F(x)$、$F(y)$、$F(z)$ 分别为政府、牧民和企业选择积极策略、配合策略和转型策略的变动率，进一步地将式（5-32）—式（5-40）代入方程组中，有：

$$\begin{cases} F(x) = x(1-x) \left[yz \cdot \begin{pmatrix} B(G_L) - B(G_H) + \beta(\Delta E_{HYY} - \Delta E_{LYY}) + \\ y(1-z)[B(G_L) - B(G_H) + \beta(\Delta E_{HYN} - \Delta E_{LYN})] + \\ z(1-y)[B(G_L) - B(G_H) + \beta(\Delta E_{HNY} - \Delta E_{LNY})] + \\ (1-z)(1-y)[B(G_L) - B(G_H) + \beta(\Delta E_{HNN} - \Delta E_{LNN})] \end{pmatrix} \right] \\ F(y) = y(1-y) \left[xz \cdot \begin{pmatrix} -C_S + \delta_2 \cdot (\Delta E_{HYY} - \Delta E_{HNY}) + \\ z(1-x)[-C_S + \delta_2 \cdot (\Delta E_{LYY} - \Delta E_{LNY})] + \\ x(1-z)[-C_S + \delta_2 \cdot (\Delta E_{HYN} - \Delta E_{HNN})] + \\ (1-z)(1-x)[-C_S + \delta_2 \cdot (\Delta E_{LYN} - \Delta E_{LNN})] \end{pmatrix} \right] \\ F(z) = z(1-z) \left[xy \cdot \begin{pmatrix} (1-\alpha)C_1 - C_M + \delta_3 \cdot (\Delta E_{HYY} - \Delta E_{HYN}) + \\ y(1-x)[(1-\alpha)C_1 - C_M + \delta_3 \cdot (\Delta E_{LYY} - \Delta E_{LYN})] + \\ x(1-y)[(1-\alpha)C_1 - C_M + \delta_3 \cdot (\Delta E_{HNY} - \Delta E_{HNN})] + \\ (1-x)(1-y)[(1-\alpha)C_1 - C_M + \delta_3 \cdot (\Delta E_{LNY} - \Delta E_{LNN})] \end{pmatrix} \right] \end{cases} \quad (5-42)$$

为进一步简化表达：记 $\Delta B = B(G_L) - B(G_H)$，显然 $\Delta B > 0$，记 $(1-\alpha)C_1 - C_M = \Delta M$。令 $F = [F(x), F(y), F(z)]^T$，$f = [x, y, z]^T$，所以复制动态方程对应的雅可比矩阵为：

$$J = \frac{\partial F}{\partial f} \quad (5-43)$$

将雅可比矩阵 J 重新，有：

$$J = \begin{bmatrix} \frac{\partial F(x)}{\partial x} & \frac{\partial F(x)}{\partial y} & \frac{\partial F(x)}{\partial z} \\ \frac{\partial F(y)}{\partial x} & \frac{\partial F(y)}{\partial y} & \frac{\partial F(y)}{\partial z} \\ \frac{\partial F(z)}{\partial x} & \frac{\partial F(z)}{\partial y} & \frac{\partial F(z)}{\partial z} \end{bmatrix} \quad (5-44)$$

当演化博弈达到稳态时有：$ESS_1(0,0,0)$，$ESS_2(0,0,1)$，$ESS_3(0,1,0)$，$ESS_4(1,0,0)$，$ESS_5(1,1,0)$，$ESS_6(1,0,1)$，$ESS_7(0,1,1)$，$ESS_8(1,1,1)$。（具体证明过程见附录1）

5.3.3 演化博弈均衡稳定性分析

根据矩阵（5-42）可以得到对应的雅可比矩阵的特征值分布，根据

Frideoan（1978）提出的演化稳定性定理可知，当 ESS 稳定时有 Tr(J) < 0，|J| < 0，进一步地由（5-44）可得表 5-2 特征根矩阵。

表 5-2   特征根矩阵

稳态情景	特征根 λ_1	特征根 λ_2	特征根 λ_3
$ESS_1(0,0,0)$	$\Delta B + \beta(\Delta E_{HNN} - \Delta E_{LNN})$	$-C_S + \delta_2 \cdot (\Delta E_{LYN} - \Delta E_{LNN})$	$(-\alpha)C_1 - C_M + \delta_3 \cdot (\Delta E_{LNY} - \Delta E_{LNN})$
$ESS_2(0,0,1)$	$\Delta B + \beta(\Delta E_{HNY} - \Delta E_{LNY})$	$-C_S + \delta_2 \cdot (\Delta E_{LYY} - \Delta E_{LNY})$	$-(1-\alpha)C_1 - C_M + \delta_3 \cdot (\Delta E_{LNY} - \Delta E_{LNN})$
$ESS_3(0,1,0)$	$\Delta B + \beta(\Delta E_{HYN} - \Delta E_{LYN})$	$C_S - \delta_2 \cdot (\Delta E_{LYN} - \Delta E_{LNN})$	$\Delta M + \delta_3 \cdot (\Delta E_{LYY} - \Delta E_{LYN})$
$ESS_4(1,0,0)$	$-[\Delta B + \beta(\Delta E_{HNN} - \Delta E_{LNN})]$	$-C_S + \delta_2 \cdot (\Delta E_{HYN} - \Delta E_{HNN})$	$\Delta M + \delta_3 \cdot (\Delta E_{HNY} - \Delta E_{HNN})$
$ESS_5(1,1,0)$	$-\Delta B + \beta(\Delta E_{HYN} - \Delta E_{LYN})$	$C_S - \delta_2 \cdot (\Delta E_{HYN} - \Delta E_{HNN})$	$\Delta M + \delta_3 \cdot (\Delta E_{HYY} - \Delta E_{LNN})$
$ESS_6(1,0,1)$	$-\Delta B + \beta(\Delta E_{HNY} - \Delta E_{LNY})$	$C_S - \delta_2 \cdot (\Delta E_{LYY} - \Delta E_{LNY})$	$-[\Delta M + \delta_3 \cdot (\Delta E_{HNY} - \Delta E_{HNN})]$
$ESS_7(0,1,1)$	$\Delta B + \beta(\Delta E_{HYY} - \Delta E_{LYY})$	$C_S - \delta_2 \cdot (\Delta E_{LYY} - \Delta E_{LYN})$	$-[\Delta M + \delta_3 \cdot (\Delta E_{LYY} - \Delta E_{LYN})]$
$ESS_8(1,1,1)$	$-\Delta B + \beta(\Delta E_{HYY} - \Delta E_{LYY})$	$C_S - \delta_2 \cdot (\Delta E_{HYY} - \Delta E_{HNY})$	$-[\Delta M + \delta_3 \cdot (\Delta E_{HYY} - \Delta E_{HYN})]$

由表 5-2 可知政府、企业和牧民三方演化博弈解的稳定性一方面取决于由各个参与主体的自身成本，另一方面取决于生态修复效果函数，由上文分析可知，积极的地方政府、配合的牧民活动与转型企业策略组合产生的治理效果会优于不积极、不配合和不转型的策略，所以有：$\Delta E_{HNN} > \Delta E_{LNN}$，$\Delta E_{LYN} > \Delta E_{LNN}$，$\Delta E_{LNY} > \Delta E_{LNN}$，$\Delta E_{HNY} > \Delta E_{LNY}$，$\Delta E_{LYY} > \Delta E_{LNY}$，$\Delta E_{LNY} > \Delta E_{LNN}$，$\Delta E_{HYN} > \Delta E_{LYN}$，$\Delta E_{LYN} > \Delta E_{LNN}$，$\Delta E_{LYY} > \Delta E_{LYN}$，$\Delta E_{HYY} > \Delta E_{LYY}$，$\Delta E_{LYY} > \Delta E_{LNX}$，$\Delta E_{LYY} > \Delta E_{LYN}$。所以，可以进一步得到以下命题：

命题 1：三方演化博弈的解的稳定性取决于牧民的边际净收益与企业的边际净收益。

该命题表明地方政府不积极推进生态修复于其而言不是最优策略。因为 $\Delta B > 0$，$\beta(\Delta E_{HNN} - \Delta E_{LNN}) > 0$，$\beta(\Delta E_{HNY} - \Delta E_{LNY}) > 0$，$\beta(\Delta E_{HNY} - \Delta E_{LYN}) > 0$，$\beta(\Delta E_{HYY} - \Delta E_{LYY}) > 0$，所以，$ESS_1$、$ESS_2$、$ESS_3$、$ESS_4$ 必定不是稳定解。那地方政府最后的稳定解必然落在 ESS_5—ESS_8 之中，证毕。

命题 2：当边际生态收益高于（低于）牧民不配合的边际收益，且高于（低于）企业边际成本时，演化博弈稳态 $ESS_8(1,1,1)$。那此时 $C_S - \delta_2 \cdot (\Delta E_{HYY} - \Delta E_{HNY}) < 0$，$-[\Delta M + \delta_3 \cdot (\Delta E_{HYY} - \Delta E_{HYN})] < 0$，有 $|J| < 0$，$\text{Tr}(J) < 0$，那么 ESS_8 为稳态。

命题3：若地方政府不积极推进草原生态修复时，此时想要达到演化稳态，当且仅当牧民和企业中的一个总效益大于0时成立。

5.3.4 财政支出政策效益稳定性分析

本节分析在稳态时生态效益、经济效益、社会效益构成的社会福利总效应的变化。

记生态效益为牧民与企业的生态修复增益和为 Ω^1_{ijk}：

$$\Omega^1 = (\delta_2 + \delta_3) \cdot \Delta E(C_1, x, y, z) \tag{5-45}$$

经济效益为企业和牧民的期望收益和为 Ω^2_{ijk}：

$$\Omega^2 = [(1-\alpha)C_1 - C_M \cdot y] + (\alpha C_1 - C_S \cdot x) \tag{5-46}$$

社会效益为草原生态修复的财政支出政策的相对减贫效应，主要通过牧民的贫困水平的变化予以衡量，其中贫困发生率是以低于贫困基准水平人数的占比来表示，考虑到模型构建只能选择代表性牧民群体①来表示，而高于贫困的水平无法直接获取，但是考虑到从总量上将代表性牧民视为贫困水平牧民，可根据均衡收益获得其脱离贫困的概率水平。假定贫困线设定为P，则社会效益的表达式为 Ω^3_{ijk}：

$$\Omega^3 = \left[\frac{C_S \cdot x - \alpha C_1 + \delta_2 \Delta E(C_1, X, Y, Z) - p}{P}\right]^2 \tag{5-47}$$

5.4 演化博弈仿真及策略分析

为了能够更加直观地反映财政支出政策的生态效益、经济效益和社会效益在不同约束条件下三方参与博弈主体的行为影响，本节利用Matlab软件对不同主体的策略行为进行动态演化模型的仿真分析，并对相关参数进行敏感度检验，找到障碍因素，详细解析草原生态修复的财政支出政策的效益驱动过程，并为提升效益进行重新的路径规划，以此更加有针对性地提出政策建议。

---

① 选择低于贫困收入水平的占比。

根据文献分析可知，当前内蒙古牧民补偿标准为：牧民心理补偿标准为禁牧 18 元/亩、草畜平衡 9 元/亩①，国家现行是 7.5 元/亩和 2.5 元/亩。综合起来为心理补偿标准为 14 元左右，但是实际获得 5 元②，差了 9 元，所以 C_s 考虑取值为 0.9。C_1 为中央财政补贴总额，以 2016 年第二轮草原生态补奖政策为例，2016 年发放的给草原生态补奖列入农林水支出中，总额为 7290174 万元，当年给予工业企业绿色转型的专项资金安排为列入节能环保支出，总额为 1593894 万元。因此 C_1 共计为 8884068 万元。则 C_1 取值为 8.9。α 为中央给予牧民的财政补贴系数，参考内蒙古农林水支出占整个总支出的比重，取财政补贴系数为 0.82。C_M 为企业转型成本，2015 年供给侧结构改革、企业去产能，据《内蒙古统计年鉴》统计资料显示"2015 年内蒙古自治区煤炭产量 90957 万吨，2016 年内蒙古自治区的煤炭产量 84559 万吨，减少 6398 万吨，降幅 0.07%"。因此取 C_M 为 0.63。综合以上，本书最终初始参数选取为 $C_1 = 9$、$C_s = 0.9$、$C_M = 0.63$、$α = 0.8$、$BGL = 0.5$、$BGH = 1.5$、$β = 0.8$、$δ_2 = 20$、$δ_3 = 10$。

5.4.1 三方主体初始意愿的差异对行为策略选择的影响

由式（5-34）—式（5-40）可以得出博弈纳什均衡受不同参与主体初始意愿的影响，而不同参与主体初始意愿是外生的，并且会被赋不同的可能值。运用 Matlab 软件对三方主体在不同初始意愿下的策略演化进行模拟：第一种参数取值为 $x = y = z = 0.5$；第二种参数取值在第一种参数取值基础上减少 20%，为 $x = y = z = 0.4$；第三种则在第一种参数取值基础上增加 20%，为 $x = y = z = 0.6$。具体模拟结果如图 5-1 所示。

如图 5-1 所示，地方政府和企业在 0.4、0.5、0.6 这三种不同初始意愿下，最终会收敛到积极治理和转型的策略，而牧民在三种初始意愿下，其策略选择具有较大不确定性。具体来看：第一，相同初始意愿下，从三者收敛速度来看，企业收敛速度是最快的，这说明企业进行策略执行和策略转型的能力较强。第二，当企业和地方政府初始意愿为 0.6 时，其收敛到转型和积

---

① 祁晓慧，高博，王海春，周杰，乔光华. 牧民视角下的草原生态保护补助奖励政策草畜平衡及禁牧补奖标准研究——以锡林郭勒盟为例 [J]. 干旱区资源与环境，2016，30（05）：30-35。
② 禁牧和草畜平衡心理补偿标准为（18+9）/2 = 13.5，实际获取补偿为（7.5+2.5)/2 = 5。

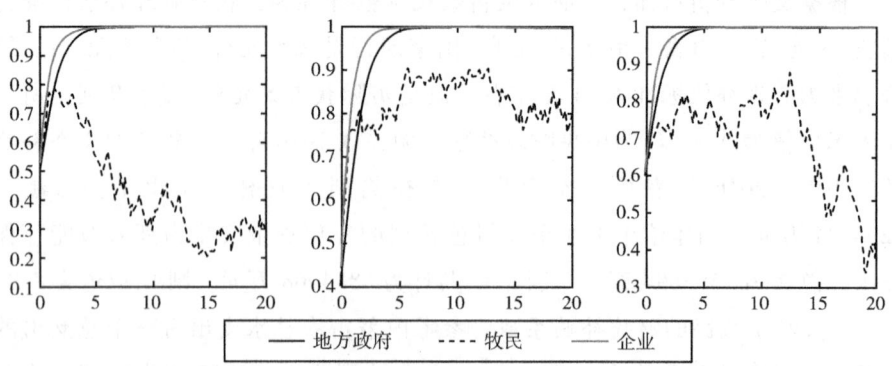

图 5-1　不同初始意愿下均衡策略模拟

注：左图为初始意愿 0.5，中图初始意愿为 0.4，右图初始意愿为 0.6。

极参与草原治理的策略速度最快。这可能由于两者在决策过程中的理性程度要高于牧民，同时，随着初始意愿的增强其收敛速度也就越快，这也说明其执行能力较强。第三，从牧民的策略选择结果来看，随着牧民选择配合的初始意愿不断上升，其最终配合策略意愿占比下降。当牧民的初始配合意愿为 0.4、0.5、0.6 时，最终配合意愿区间为 0.7—0.8、0.2—0.3 和 0.35—0.45。因此，牧民实际接受补奖资金和心理预期获得的补奖资金的差额会影响牧民的配合意愿，当预期补奖资金水平较高，而实际补奖资金水平较低时，牧民的配合意愿就会下降。

通过图 5-1 结果可知在不同初始意愿下企业、地方政府和牧民的策略选择不同。为了确保结果的可靠性，接下来对三方博弈主体的初始意愿进行了更高精度模拟，分别对 x、y、z 在 0—1 取值跨度为 0.01 时进行 500 次迭代。具体模拟结果如图 5-2 所示。

通过图 5-2 可以看出，第一，企业在初始意愿大于 0.1 后，会快速收敛到转型策略，且企业最终转型意愿均大于 0.98；地方政府在初始意愿大于 0.5 时，会完全收敛为积极治理策略，随着地方政府初始积极治理意愿的不断上升，其最终选择积极治理策略的偏好选择的边际效果下降，在均衡状态时，积极治理偏好会随着初始治理意愿变化呈现先快速上升后趋于基本稳定。第二，均衡状态时牧民选择配合的策略会随着其初始配合意愿呈现"U"形变化特征，同时还呈现出中间波动大、两头波动小的特征。这主要是因为当牧民初始配合意愿较低时，一定的补奖资金就会超过牧民的心理预期成本，

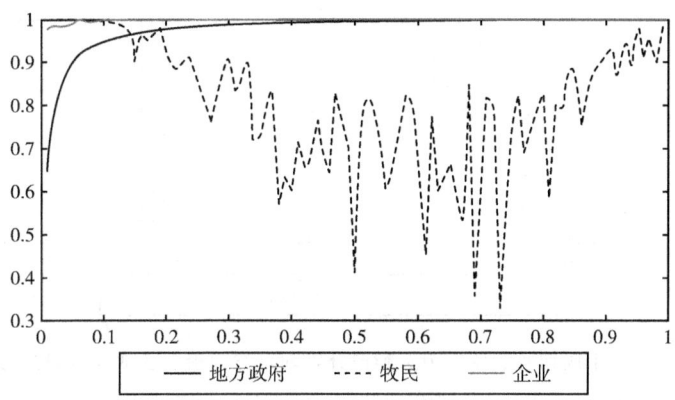

图 5-2　不同初始意愿纳什均衡分析

因此呈现低初始意愿和高配合的模拟结果。但是，当牧民的初始配合意愿较高时，补奖资金会强化该配合意愿。当牧民的初始配意愿处于中间水平时，正向强化作用和反向心理落差效果会同时存在，因此处于中间初始意愿水平的牧民最终均衡配合策略的波动较大。

5.4.2　敏感性分析

企业、地方政府和牧民之间的博弈不仅受到其初始意愿的影响，还受到诸多参数变动的影响。如，越高的中央财政补贴，牧民和企业选择配合和转型的概率就越大，此外 β 值越高表明中央政府对地方政府的激励机制作用也就越大，地方政府将会选择积极的草原生态治理。为了进一步探究不同参数条件下企业、地方政府和牧民的策略选择，本书将继续模拟多个参数结构下博弈主体的互动演化特征。

5.4.2.1　中央政府补贴对均衡策略的影响

中央政府补贴是草原生态修复过程中政策制定的一个重要环节和主要驱动模式，补贴力度和补贴额度大小将会直接影响企业、地方政府和牧民的行为选择。基于此，在基准模拟的基础上考察 C_1 在 0—10 范围内三方参与主体的行为策略。结合上文牧民初始意愿呈现中间波动大两边波动小的特征，在选择三者初始策略意愿时确定为 0.2、0.5 和 0.7 三种情形，同时 C_1 的模拟间隔迭代 500 次。结果如图 5-3 所示。

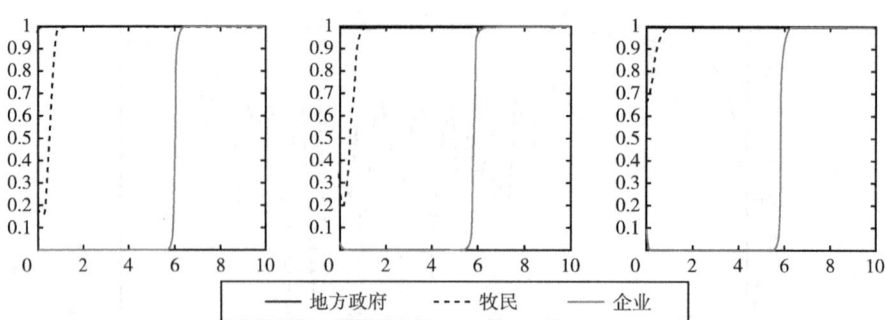

图 5-3 不同初始意愿下中央财政补贴对地方政府、企业和牧民的影响

注：左图为初始意愿0.2、中图初始意愿为0.5、右图初始意愿时0.7。

由图5-3可发现：首先，地方政府对中央政府的补贴力度不敏感，地方政府均衡策略选择不受其初始意愿的影响。其次，企业均衡策略的选择受中央政府补贴行为的影响，并且其临界值大约为5.8，主要是由于在中央财政补贴固定分配比例下，企业是否转型受到转型成本的约束，当补贴额度可以覆盖转型成本时，企业会选择积极转型的行为策略，反之则不进行转型。最后，牧民的策略行为选择表现为：当中央财政补贴超过临界值1.23时，经过500次迭代后，牧民会选择积极配合的行为策略；当中央财政补贴没有达到1.23时，牧民选择配合的概率会随着自身初始意愿升高而增加。

5.4.2.2 地方政府激励系数对均衡的影响

从治理模式来看，中央政府制定草原生态修复财政支出政策要由地方政府负责执行，而地方政府实际执行效果很大程度会受到中央政府政策激励系数的影响，为进一步探究不同激励系数水平对地方政府均衡策略选择的影响，接下来考察了激励系数在0—1初始策略意愿时选择为0.2、0.5和0.7时企业、地方政府和牧民的均衡策略选择。同时激励系数的步长为0.01，单次博弈模拟次数为500次。具体结果如图5-4所示。

通过图5-4可以看出：首先，地方政府激励系数不受地方政府初始意愿影响。无论地方政府初始意愿分布特征如何，当激励系数超过0.08后，地方政府就会选择积极治理的行为策略；当激励系数小于0.08时，地方政府行为选择策略会受其初始意愿影响，相同激励系数条件下，随着地方政府初始意愿的不断增高，地方政府积极治理的意愿也呈现上升趋势。其次，地方政府激励系数的变化不会影响企业的行为策略选择。这也和上文分析结果一致，

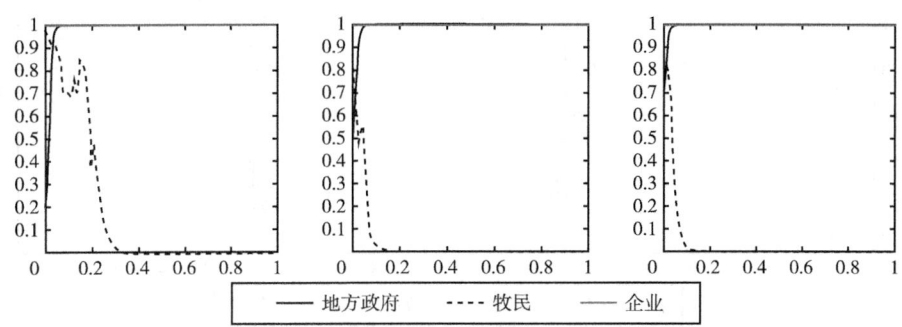

图 5-4　不同初始意愿下地方政府激励系数对企业、地方政府和牧民的影响

注：左图为初始意愿 0.2、中图初始意愿为 0.5、右图初始意愿时 0.7。

即企业的均衡策略行为只受其转型成本和中央财政补贴额度的影响。最后，地方政府的激励系数变化对牧民行为策略选择影响较小。在激励系数较小时，地方政府积极治理意愿的增加对牧民选择配合策略具有正向影响，随着激励系数不断增加，牧民选择积极配合的行为策略反而下降。这主要是因为在中央财政补贴固定的情况下，激励系数的提升意味着地方政府工作意愿的不断提升，但是预期的财政补贴资金受限，导致牧民配合的积极性也就逐步降低。

5.4.2.3　牧民预期成本对均衡的影响

草原生态修复除了需要中央政府有效的财政补贴和地方政府的积极治理外，还需要其他参与主体的积极配合。其中牧民群体是草原生态修复中的重要参与者，而影响牧民均衡策略选择的因素除了上述的初始意愿、中央财政和地方激励外，还有牧民选择配合与否的策略成本。为探究牧民策略成本 C_s 对牧民均衡策略选择的影响，本书分析了企业、牧民和地方政府初始意愿在 0.2、0.5 和 0.7 时，牧民策略成本 C_s 从 0—10 的区间范围内，模拟迭代 500 次后的策略选择。具体模拟结果如图 5-5 所示。

由图 5-5 的结果可知：牧民策略成本的变动仅对牧民群体产生影响。具体表现为在基准参数框架下，企业和地方政府最终策略一直选择的是转型和积极治理。从牧民均衡策略选择来看，随着策略成本 C_s 的不断增加，牧民选择积极配合的意愿是下降的。且不同初始意愿下，牧民选择完全不配合的临界策略成本分别为 2.01、1.67 和 2.21，这也印证了牧民行为选择的"U"形特征，即牧民策略成本与心理预期成本密切相关。

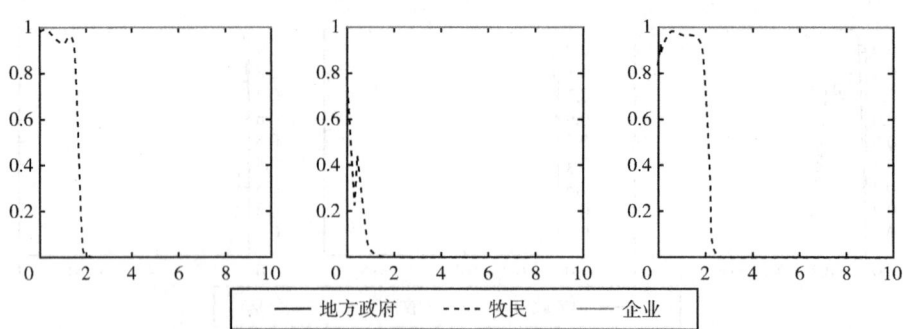

图 5-5　牧民预期成本对企业、地方政府和牧民的影响

注：左图为初始意愿 0.2、中图初始意愿为 0.5、右图初始意愿为 0.7。

5.4.3　财政支出政策效益的社会福利分析

考虑到地方政府、企业和牧民之间的博弈过程是一个动态演化过程，地方政府在中央政府委托下，采取积极响应中央政府的生态修复治理和消极参与中央政府的生态修复治理两种策略，企业在地方政府的主导下，是否采取绿色经济转型，减少乱采乱挖，破坏草原植被等行为，牧民则可以选择是否积极参与生态修复治理，从草原生态修复的财政支出政策的效益角度出发，是可以实现提升生态效益、经济效益和社会效益的社会总体福利水平提升的。草原生态修复是由中央政府财政资金驱动和地方政府执行治理共同驱动，但在现实中，中央政府专项资金是草原生态修复治理的基本动力①，本节重点分析中央政府专项资金 $C_1 \in (0, 10)$ 时对生态效益、经济效益和社会效益的变动影响。具体结果如图 5-6 所示②。

图 5-6 展示了在不同的中央财政补贴政策下生态效益、经济效益和社会效益的变化态势。首先，经济效益随着财政补贴的增加均匀增加，这主要是由于模型中刻画的牧民、企业和地方政府的经济收入主要来源于中央政府的补贴和激励，随着中央政府补贴资金的增加其经济效益总和也呈现上升态势。其次，中央财政补贴政策的生态效益具有极值点，且极值点大概范围处于

---

① 根据实际深度访谈调研结果显示，草原生态修复的补奖资金几乎全部来自于中央财政补贴，地方政府没有配套资金支持。

② 图中描述的是 500 次迭代后的相应指标。

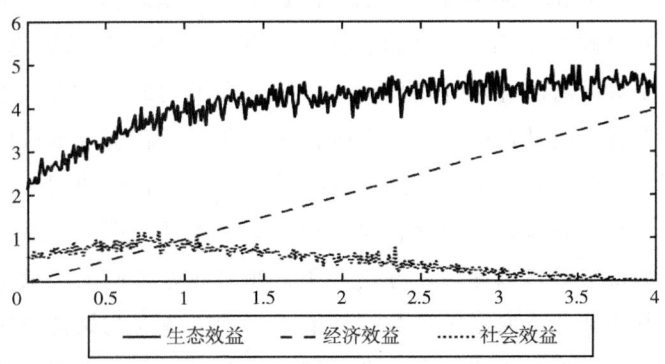

图 5-6 中央财政补贴对生态效益、经济效益和社会效益的影响

4.0—5.2，这是由于草原生态修复随着补贴额度的增加呈现上升态势，但是会达到一个峰值，当财政投入范围在 3 左右时，草原生复水平达到最大值，之后随着补贴的增加，生态修复并不会继续好转。最后，中央财政补贴政策的社会效益具有非线性波动态势，随着中央财政补贴额度的不断增加，相对贫困问题并没有彻底解决，在财政投入范围在 1 左右时，相对贫困问题解决达到了最大值，这主要是因为相对贫困问题是一个长久的持久战，为了防止返贫，往往需要构建长效的返贫机制。

5.5 本章小结

本章以三方演化博弈的有限理性为出发点，运用动态演化博弈理论分析草原生态修复治理过程中地方政府、企业和牧民的策略行为选择，从客观的角度将影响草原生态修复的所有主体纳入统一框架下，但是由于本书研究的主旨在于财政支出政策的效益是否具有提升空间，因此，本章重点考察了央地政府的草原生态修复治理的政策目标和实际执行效果，并且在中央政府的政策激励下，重点分析牧民的行为选择对效益提升的影响，关于企业的分析将作为研究展望，未来予以分析。

具体的研究结论如下：第一，三方参与主体的初始意愿会影响均衡策略选择。通过对三方参与主体的初始意愿在 0.4、0.5 和 0.6 的三种情况的分析，得出地方政府和企业的收敛速度要快于牧民，原因在于牧民的初始意愿受到实际奖补水平和预期奖补水平的差距影响,且呈现出"U"形关系。第二,中央政府财政补贴额度和力度的大小会影响三方均衡策略选择。其中,地方政府对中央政府的补贴变化反应不敏感,在不同的补贴方式下,地方政府均衡策略选择不受其初始意愿的影响;而企业在其转型成本可以被草原生态修复治理补贴覆盖时,会积极配合选择转型策略;牧民的配合意愿主要受到补贴额度大小的影响较为显著,且呈现非线性关系。第三,地方政府的激励机制会影响最终策略选择。地方政府和企业对地方政府的激励系数变化反应不敏感,其中地方政府激励系数临界值不受地方政府初始意愿影响,只有达到临界值后才会选择积极配合生态治理;企业的行为几乎不受地方政府激励系数变动的影响;牧民对地方政府激励系数的变化较为敏感,在激励系数较小时,地方政府积极治理意愿的提升对牧民选择配合策略是有促进效果的,当激励系数越大反而对牧民选择配合策略由反作用。第四,牧民预期成本会影响策略选择。但结果显示只有牧民自身会受到这种预期成本的影响,呈现"U"形关系。第五,中央政府政策激励机制会对效益提升起到显著影响。经济效益会随着补贴增加而呈现正向变化;生态效益会随着补贴增加逐步上升后会达到一个极值;社会效益会随着补贴增加而呈现先上升后下降态势。

基于以上的动态演化博弈理论分析及仿真结果,本书接下来将从财政支出政策的生态效益、经济效益和社会效益是否实现予以实证检验,在博弈理论分析框架下,运用不同的实证分析方法予以检验,如未实现,找到障碍点,并重构提升路径,力争做到理论和实证检验的统一。

第6章

草原生态修复的财政支出政策生态效益实证分析

关于草原生态修复的财政支出政策效益研究，本书主要遵循生态效益、经济效益和社会效益是否充分实现，以此验证财政支出政策的有效性。本章将分析草原生态修复治理的财政支出政策的生态效益是否充分实现，分析财政资金投入是否影响草原植被覆盖率的变化，并以此作为草原生态修复财政支出政策生态效益是否实现的重要衡量指标，如未充分实现，其作用机制如何，影响政策有效性的主要障碍点体现在哪里。影响草原生态修复的生态效益的因素主要包括自然因素和人为因素，将自然因素如气温和降水等纳入影响草原生态修复的生态效益中予以考量，将会丰富现有的单纯分析人为因素影响所带来的结果的偏差，同时将财政分权程度和政府绩效考核作为调节变量，分析财政支出政策对草原生态修复的生态效益影响，在增强经济学解释意义的基础上增加文章的可信度，因此，本章重点考察草原生态修复的财政支出政策的生态效益是否充分实现。

6.1 机理分析和研究假设

20世纪50年代，美国经济学家西蒙·库兹尼茨首次提出经济增长和收入差距间的倒"U"形关系，后来该理论逐步被引入环境经济领域，发现环境质量与经济增长也存在着这种非线性关系。20世纪80年代，环境经济学家同样发现经济发展和环境恶化也存在非线性关系。1996年Arrow和Costanza在分析西方发达国家在工业化进程中得出，人口和经济增长对环境有显著影响，首次提出环境库兹尼茨曲线。该曲线被进一步描述为：在工业化进程的初始阶段，人均GDP水平较低环境质量较好；随着人口的不断增长、消费水平的不断提高而导致产业技术升级，但这个阶段主要是粗放型的发展经济，环境质量逐步恶化。在工业化进程的起飞阶段，由于人口增长、消费的不断增加，对自然资源的使用严重破坏了环境承载能力，导致环境压力巨大，环境质量恶化加重。在经济高速发展阶段，随着人们对环境保护欲望的不断增强，生态环境质量将会有所改善（孙英杰，2018；Gan，2021）。

通过图6-1可以看出，环境库兹尼茨曲线的斜率会因经济发展阶段和发展方式的不同呈现出不同的变化趋势。而财政支出作为经济调控的一种重要手段，与经济发展水平是同向变化的，而草原生态修复也是针对破坏和退化

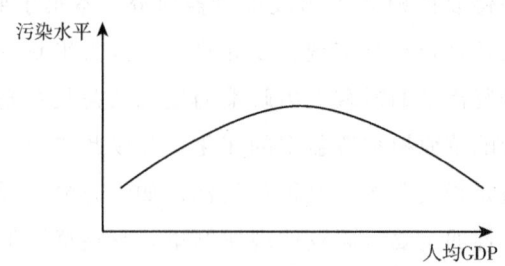

图 6-1　环境库兹尼茨曲线

的草原予以保护，使其恢复最初状态，接下来从草原生态修复的财政支出政策视角，运用环境库兹尼茨曲线分析两者的关系，进而阐释本章的理论机理，并提出研究假设。

在草原生态修复治理的财政支出政策的生态效益领域，结合上述理论分析，具体表现为：首先，在草原生态修复治理的初期阶段，随着人口的不断增加，牲畜消费品也不断增加，但大都采取粗放型的放牧方式，财政投入要不断增加才能抑制草原生态环境的不断恶化，这也印证了 Miao（2015）[1] 提出的通过控制人类活动，增加草原植被种植，防范草原退化。其次，在草原生态修复治理的起飞阶段，由于不断增加的人口以及人们生活水平的提高，草原环境承载力遭到严重破坏，草原自我修复能力逐步被破坏，草原生态环境恶化，财政投入资金也达到峰值。最后，在草原生态修复治理的高速发展阶段，人们对生活质量和生活水平的追求不断提高，生态保护意识不断提升，生态环境逐步改善，财政资金投入过多反而对草原生态环境质量的影响作用逐步下降。而在本书的第四章，在中国草原生态环境破坏的发展历程的分析中也验证了环境库兹尼茨曲线的存在。具体如图 6-2 所示。

通过图 6-2 可以看出，财政支出与草原生态修复虽然符合环境库茨涅茨曲线，但是在不同的财政干预情况下，草原生态环境恢复的情况不尽相同，相对比，图中 EKC2 的曲线弯曲程度最小，也就意味着到达拐点的时间是最快的而财政投入也是最少的，也是最为理想的情况，而 EKC 的曲线弯曲程度最大，意味着财政投入较多，且草原生态恢复的情况也是最慢的，因此，虽

---

[1] Miao R, Jiang D, Musa A, et al. Effectiveness of shrub planting and grazing exclusion on degraded sandy grassland restoration in Horqin sandy land in Inner Mongolia [J]. Ecological Engineering, 2015, 74: 164–173.

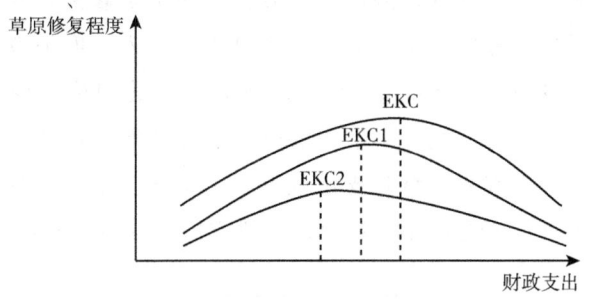

图 6-2　财政支出与草原生态修复关系

然两者的倒"U"形关系存在，但是可以通过改变拐点的位置而促使两者呈现更加稳定的状态。

在理论上，随着草原生态修复财政支出的不断增加，草原生态环境改善情况应该明显增强，特别是 2011 年以来，实施的覆盖范围最广、补贴力度最大的草原生态补奖政策，大多数学者认为其在草原生态修复财政支出政策的生态效益方面效果较为显著，有效改善了草原退化情况，草原植被覆盖度有所提升（靳乐山，2018；张倩，2020）。但是，在生态经济学和地理学领域，影响草原生态修复的因素不仅包含人为因素，还包括各种自然因素的影响，特别是降水和气候变化被认为是影响草原生态修复的关键因素之一（彭飞，2017；张惜伟等，2018；王举凤，2020；屈莹波等，2021），因此，草原生态修复财政支出政策的生态效益是否会被自然因素所抵消将是本章所要分析的重点问题。

在中国财政分权体制影响下，草原生态修复的治理大都由中央政府委托给地方政府代为执行，这也和区域经济发展水平及地方政府的执政能力密切相关（李涛等，2018；杨志安，2021；余锦亮，2022），中央政府根据地方政府的相对绩效考核指标[①]对地方政府官员予以考核（周黎安，2005），这就使地方政府在发展经济和保护生态方面需要进行博弈和权衡，例如，地方政府为了追求经济高速发展，而忽视对草原生态环境的保护，这将增大草原退化进程，如果未将生态环境考核指标纳入官员政绩考核标准中，会导致地方政府无视生态环境，忽视对经济发展质量的追求。党的十八届三中全会明确提出要将经济发展的高速度转变为高质量发展，不再以单纯追求经济作为政

---

① 通过对比前任官员政绩以及周边省份官员的政绩表现。

府官员政绩的唯一定量标准，因此，在分析草原生态修复财政支出政策是否实现了生态效益的过程中，将生态绩效考核指标纳入政府绩效考核中，这对引导地方政府良性竞争（Zhang，2021）具有重大的理论和现实意义。综合以上理论机制和已有的研究，本节将财政分权和政府相对绩效考核作为调节变量，检验草原生态修复的财政支出政策的生态效益是否充分实现，并给出影响生态效益实现的概念模型，提出以下研究假设（见图6-3）。

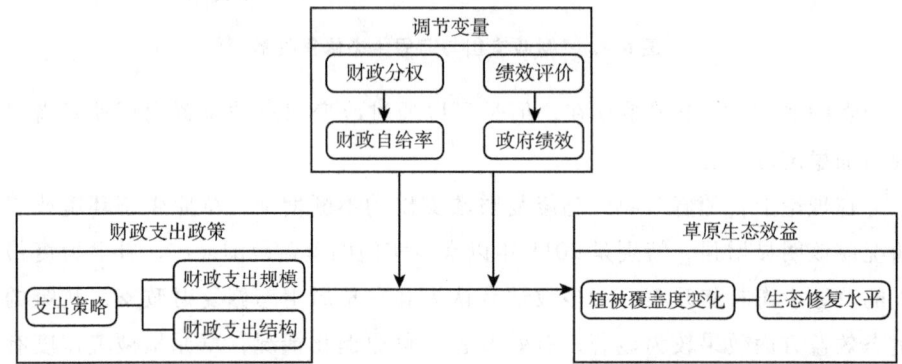

图6-3 财政支出政策影响草原生态效益的概念

研究假设1：草原生态修复财政支出政策影响生态效益在加入自然环境因素后，呈现倒"U"形关系，草原生态修复的生态效益会随着财政支出的资金投入增加先升后降。

研究假设2：草原生态修复财政支出政策影响生态效益具有不同类型草原区域和财政支出结构的异质性响应的特征。

研究假设3：财政分权程度和政府相对绩效对草原生态修复的财政支出的生态效益的影响具有调节作用。

6.2 研究设计

如前文所介绍，内蒙古自治区拥有全国最大的草原资源分布，且涵盖多种类型的草原，有33个纯牧区和21个半农半牧区，不同区域的草原植被状况不尽相同，以此，研究内蒙古这一草原典型区域的所有旗县的植被覆盖情况具有重要意义，为中国草原生态经济的可持续发展指明方向。本章主要利用2010—2020年的面板数据，选择内蒙古103个旗县的草原生态修复植被恢复情况作为重要被解释变量和衡量指标，同时为了估计结果更加准确，本书将草原生态修复的财政支出政策、节能环保支出和农林水支出都予以考量，并作为重要的解释变量，评析财政支出政策的有效性及区分不同支出政策的异质性。如果草原生态修复财政支出的生态效益未能充分实现，其作用机制如何，影响财政支出政策有效性的障碍点体现在哪里，是本节研究设计的出发点。

由于受限于研究区域的广阔性及数据的难获取性，草原生态修复的财政支出政策的研究大都采用问卷调研或结构访谈、田野实验的做法，基于整体区域的研究和较长时间尺度的样本选择的研究尚未出现，本章主要利用内蒙古全部旗县数据为基础，通过问卷调研、与内蒙古财政厅相关工作人员进行深度访谈、依申请公开、宏观数据整理等多种方式和途径，获取一手资料和数据，丰富和完善之前学者研究的数据运用，并借鉴Hou等（2021）的思路和做法，采用固定效应模型（Two–Way Fixed Effects Model）进行参数估计，控制其他可能影响因素，并从两个方面分析调节效应的作用，以期为今后的政策调整和制定提供更可靠的参考价值。

6.2.1 模型设定

6.2.1.1 基准回归模型

本书采取在经济研究中广泛应用的固定效应模型，将时间效应和个体效应都予以考虑，该模型是解决内生性问题的一种有效方法[①]。此模型可以将观测到的解释变量以及不可观测到的变量都予以考虑，由于内蒙古自治区103个旗县的经济社会发展情况都不尽相同，本部分所研究的样本不是随机获取的，而是包含了所有旗县作为样本，可能会存在不随时间而变的个体效应的遗漏变量，也可能存在不随个体异质性变化的时间效应，使用固定效应模型（Fixed Effects Model, FEM）可以提高估计的可能性，同时，借鉴Liu等（2018）和Hou等（2021）的思路，采取双向固定效应模型予以分析，草原生态修复的财政支出政策和其他潜在因素对草原生态效益的影响公式表

---

① 孙红雨，王长耀，牛铮，等. 中国地表植被覆盖变化及其与气候因子关系——基于NDVI时间序列数据分析［J］. 遥感学报，1998（03）：204–210.

示为：

$$Y_{ijt} = \alpha_{ij} + \beta Fiscal_{ijt} + \gamma Controls_{ijt} + \vartheta Weather_{ijt} + \mu_j + \theta_t + \varepsilon_{ijt} \quad (6-1)$$

根据现有研究可以发现，在草原生态效益领域，大都使用遥感数据获取宏观指标 NDVI 值反映植被地上生物量，即草原植被覆盖度（Min L，2016；马海丽，2021）。该指标主要获取当年最大的 NDVI 值，通过此值可以消除与太阳角、仪器定标、大气条件等相关变化①，在当前地理经济学研究也是应用最广的植被指数之一。本书被解释变量也采用此指标代表草地植被覆盖状况，Y_{ijt} 表示 i 地市级的 j 旗县在第 t 年的生态效益，本书通过 NDVI 取对数后予以表示。

本书的解释变量主要选择了草原生态修复的财政支出数，通过两个主要的预算科目予以反映，该指标能够明确反映用于草原退化的资金投入，对草原生态修复起到了重要的促进作用，其中自 2011 年开始的草原补奖政策资金都列入农林水支出予以管理，大部分工程治理项目资金列入节能环保支出中予以管理，因此，Fiscal 表示地区财政支出情况，本书通过采取农林水支出（xpafwe）、节能环保支出（xpenvir）以及两者之和（xpafen）予以表示②。

Controls 表示地区经济社会发展运行情况指标，主要采用控制人均生产总值（rgdp）、草原面积（areagre）、高中在校学生数（nuhighstu）、年末牲畜存栏数（nulivestock）、牛羊肉产量（outpbm）、乡村劳动力（labor）、第二产业增加值（industri）予以表示，其中年末牲畜存栏数和牛羊肉产量反映对草原植被状况的反向影响关系，由于草原牧民大都以畜牧业为主，在追求自身经济效益时，会增加牲畜生产规模，而对草地承载力造成严重超载影响，影响草原植被的人为因素不仅包含牧民活动的影响，还有企业的乱采乱挖，本书加入第二产业增加值这一指标；Weather 主要为地区气候因素，主要包含气温（temp）和降水（precip），这两项指标与 NDVI 有着明显的相关关系，气温升高可以促进植被生长，但是水分蒸发过快会导致植被干旱，气温的关系并没有与降水的关系呈现出如此清晰的相关性。

---

① 张云霞，李晓兵，陈云浩. 草地植被盖度的多尺度遥感与实地测量方法综述 [J]. 地球科学进展，2003（1）：85－93.

② 该书稿撰写时，因为政府数据不公开，笔者联系了诸多旗县的相关部门，其并未完整详细地就该数据进行统计，财政部是 2016 年才让公开，所以绝大部分都是调研获取的数据。为此可能导致的估计偏误，我们在稳健性分析中采用了 Hou 等（2021）提供的相关数据进行了验证。

μ_j 和 θ_t 分别表示地区固定效应和年份固定效应，ε_{ijt} 表示随机扰动项。其中 β 是重点估计参数，主要是草原生态修复财政支出政策对生态效益的影响系数，为了缓解异方差的干扰，对变量进行了对数化处理，同时为了增强面板数据的组间可比性和跨期可比性，在保证数据无损失的前提下，对变量进行了标准化处理，此外，为了便于观察环境库兹涅茨效应，本章也控制了人均 GDP 的二次项。

为了验证草原生态修复财政支出政策与生态效益之间的非线性关系，本章又进一步在式（6-1）的基础上加入了财政支出的二次项进行检验，构建如下估计方程：

$$Y_{ijt} = \alpha_{ij} + \beta_1 Fiscal_{ijt} + \beta_2 Fiscal_{ijt}^2 + \gamma Controls_{ijt} + \vartheta Weather_{ijt} + \mu_j + \theta_t + \varepsilon_{ijt} \tag{6-2}$$

进一步地，考虑到草原生态修复财政支出政策效应的综合多维性功能，由于其对不同的地级市（苏木）及其旗县（嘎查）的冲击可能是不同的，本节进一步控制了随时间和横截面共同变化的可能存在的不可观测因子。借鉴 Bai（2009）[1]、Moon 和 Weidner（2015）[2] 的建模思路，构建如下面板数据交互固定效应模型（Panel Data Interactive Fixed Effects Model）：

$$Y_{ijt} = \alpha_{ij} + \beta Fiscal_{ijt} + \gamma Controls_{ijt} + \vartheta Weather_{ijt} + \mu_j + \theta_t + \lambda_{ij} \times F_t + \varepsilon_{ijt} \tag{6-3}$$

式（6-3）中的变量界定与式（6-1）一样。其中，F_t 表示共同因子或冲击，λ_{ij} 用来捕捉享受不同财政支出政策的旗县对于共同冲击的异质性反应，即因子载荷。其中共同因子采用 Bai 和 Wang（2016）[3] 的潜在因子模型（Latent Factors Model），即将共同因子或冲击 F_t 视为不可观测值，此时应用 Bai（2009）的方法进行共同因子数量的设定[4]。同样的，在式（6-3）的基础上也加入了财政支出的二次项，已验证因变量和预测变量之间的非线性关系，

---

[1] Bai J. Panel data models with interactive fixed effects [J]. Econometrica, 2009, 77 (4): 1229-1279.

[2] Moon H R, Weidner M. Dynamic linear panel regression models with interactive fixed effects [J]. Econometric Theory, 2015, 33 (1): 158-195.

[3] Bai J., Wang P. Econometric Analysis of Large Factor Models [J]. Annual Review of Economics, 2016, 8 (1): 53-80.

[4] 本书也采用的 Hagedorn 等（2015）的做法，进一步利用自然因子模型（Natural Factors Model）进行估计，即将共同因子或冲击视为可观测值，我们选取了地区国内生产总值、消费品零售总额等宏观经济运行向量，该方法虽然损害了模型的灵活性但增加了经济学意义上的可解释性。

构建的估计方程如式（6-4）所示：

$$Y_{ijt} = \alpha_{ij} + \beta_1 \text{Fiscal}_{ijt} + \beta_2 \text{Fiscal}_{ijt}^2 + \gamma \text{Controls}_{ijt} + \vartheta \text{Weather}_{ijt} + \mu_j + \theta_t +$$
$$\lambda_{ij} \times F_t + \varepsilon_{ijt} \qquad (6-4)$$

6.2.1.2 调节效应模型

本章重点考察了政府绩效诉求（政府相对绩效）和财政自主诉求（财政自给率）的调节效应，在基准模型式（6-1）的基础上加入了调节变量（M_{ijt}）及其与预测变量的交互项（$M_{ijt} \times \text{Fiscal}_{ijt}$），构建如下调节效应的检验模型（6-5）：

$$Y_{ijt} = \phi + \tau M_{ijt} + \zeta \text{Fiscal}_{ijt} + \xi M_{ijt} \times \text{Fiscal}_{ijt} + \gamma \text{Controls}_{ijt} + \vartheta \text{Weather}_{ijt}$$
$$+ \mu_j + \theta_t + \varepsilon_{ijt} \qquad (6-5)$$

式（6-5）中主要变量与式（6-1）含义相同。τ 表示调节效用大小，此时草原生态修复财政支出对生态效益的线性边际影响为（$\zeta + \xi M$）。该调节效应我们采用 Hainmueller 于 2019 年提出的可乘交互效应模型（Multiplicative Interaction Models）进行考察。该方法能有效地检验可能存在的非线性关系，自提出到现实的应用环节，已经在财税领域被采取这种方法予以分析（殷金朋等，2021①；宋文娟，2022②）。

其中，政府绩效诉求采用政府相对绩效（Mlight）来衡量，主要借鉴李臻和耿曙（2019）以及刘焕等（2016）的思路，利用经济增长的横向和纵向的比较来体现。与之不同的是，本书借鉴盛晓菲（2022）的研究方法，选用夜间灯光的基础数据，其能够更为客观地体现地区的经济社会发展情况，该数据由 DMSP 数据和 VIIRS 数据链接而成的连续时间的面板结构（Chen 等，2021）③。具体而言，本书首先根据灯光数据的均值④计算经济增长率；其次，

---

① 殷金朋, 钟彬斌, 陈永立. 地方政府的环境行为与居民幸福感 [J]. 产业经济评论（山东大学），2021, 20 (04)：88-118.

② 宋文娟. 买方市场还是卖方市场：政府效能、国家汲取能力和 PPP 引资 [J]. 公共管理与政策评论，2022, 11 (03)：141-154.

③ 需要说明的是，Harvard Dataverse 并未提供乌海市乌达区、海南区、海勃湾区，鄂尔多斯市康巴什区，巴彦淖尔市临河区，乌兰察布市集宁区，赤峰市元宝山区、红山区、松山区，包头市白云矿区、青山区、昆都仑区、石拐区、东河区、九原区，呼和浩特市回民区、赛罕区、新城区、玉泉区，呼伦贝尔市海拉尔区，满洲里扎赉诺尔区，鄂尔多斯市东胜区和通辽市科尔沁区等区县级数据。有些区县也包含了一定数量的草原，享受着财政支出的政策倾向，本书对以上区域使用了 GDP 来计算，为保证量级的可比较性，采用 GDP 除以 100000 进行缩放。为保证结果可靠性，本书进一步把以上区县级样本予以剔除，做稳健性检验。为保持数据平稳性，对 2013 年极端值进行了均值化处理。

④ 未使用总和值的原因主要是为了规避政策冲击或突发事件干扰。

扣减本地级市其他旗县增长率均值。同时，财政自主程度（Mfisauto）采用旗县本级财政的一般预算收入与一般预算支出之比来衡量。

6.2.2 变量说明与数据来源

本章选取内蒙古103个旗县2010—2020年的面板数据，其中包含了33个纯牧业旗县和21个半牧业旗县，分析草原生态修复财政支出政策的生态效益。关于草原生态效益的衡量指标，大多数学者利用鲜草产量（张新华，2017）、草原面积的变化（潘建伟，2020）、草原载畜量（丁凌，2021；刘燕丹，2021）等指标予以衡量，但是由于草原面积等相关指标的统计并没有时间序列的数据，近年来，将地理卫星信息系统通过遥感数据获取的NDVI指标纳入政策分析中已经被经济学界广泛运用，本书借鉴黄麟（2020）、周升强（2021）、Hou（2021）的做法，被解释变量反映草原长势情况，作为生态效益的指标选取，通过遥感技术获取的归一化植被指数（Normalized Difference Vegetation Index，NDVI）量化草原植被综合覆盖状况。此项指标主要是利用MOD13AI产品（https：//e4ftl01.cr.usgs.gov/MOLT/MOD13AI.006），利用最大值合成法计算得出，主要分辨率为16d、空间分辨率为500m，可以通过遥感卫星数据获取连续的时间序列数据，进而增强本书解释的可靠性。

解释变量主要反映草原生态修复的财政支出政策投入情况，鉴于数据的可获取性以及深度访谈的建议[①]，当前草原生态修复的财政支出主要集中于两个预算科目：一个是节能环保支出，主要反映退耕还林还草、京津风沙源治理工程类的项目性支出；另一个是农林水支出，当前覆盖范围最广的草原生态保护补助奖励资金是列入该经常性支出中。本章主要采用这两项支出之和作为解释变量，同时在异质性检验时，分析不同财政支出政策的作用影响力，该数据来源于12盟市的财政年鉴、12盟市的统计年鉴以及相关旗县的统计年鉴、国民经济发展公报，但是由于本书需要获取的是103个旗县11年间的面板数据，所以部分数据还通过政府部门网站依申请公开方式获取，同

---

① 本书并没有借鉴Hou的做法，采用DID的方式予以研究的原因在于数据获取的环节，补奖政策是5年一衡量，政策的生态效果的相关数据指标变化不明显，在时间序列的分析上是数据是不充足的；同时本书使用节能环保支出和农林水支出作为衡量指标的原因在与具体草原生态修复的相关项级科目不公开，综上所述，本书采用了农林水支出和节能环保支出之和作为本书的被解释变量予以分析。

时还与内蒙古自治区财政厅、民政厅、林草局、农牧业厅等相关部门工作人员深度访谈获取一手资料和数据整理得出,预期可以为本书的研究提供更加可信的数据支撑。

控制变量表示地区经济社会运行情况,除此还将气温和降水作为重要的自然资源变量纳入控制变量,选择牲畜存栏量、肉类产量等指标作为控制变量,予以衡量草原质量。其中数据主要来源于12盟市的统计年鉴以及相关旗县的统计年鉴、国民经济发展公报,部分数据通过农牧业厅等相关部门工作人员深度访谈获取一手资料和数据整理得出,气温和降水数据通过中国气象数据网,利用stata软件处理后得出。

6.2.3 描述性统计

本部分对主要变量进行描述性统计特征及相关系数分析,具体如表6-1和表6-2所示。

表6-1 主要变量的描述性统计特征

变量	牧业旗县			半农半牧旗县			其他地区			全样本		
	Obs	Mean	SD	Obs	Mean	SD	Obs	Mean	SD	Obs	Mean	SD
lnndvi	363	3.571	0.254	231	3.753	0.135	538	3.711	0.165	1132	3.675	0.207
rxpafwe	363	0.272	0.132	231	0.215	0.138	538	0.216	0.294	1132	0.234	0.226
rxpenvir	363	0.0558	0.0413	231	0.0421	0.0305	538	0.0563	0.0676	1132	0.0532	0.0542
rxpafee	363	0.327	0.16	231	0.269	0.195	538	0.272	0.352	1132	0.289	0.275
lnnulivestock	363	1.908	0.314	231	1.923	0.334	538	1.192	0.628	1132	1.57	0.61
lnoutpbm	363	4.298	0.371	231	4.431	0.386	538	3.892	0.603	1132	4.132	0.549
lnareagre	363	10.05	0.361	231	9.557	0.333	538	8.941	0.51	1132	9.422	0.654
rlabor	363	0.714	0.732	231	0.617	0.198	538	1.07	1.934	1132	0.863	1.412
lngdp	363	5.922	0.31	231	6.132	0.419	538	6.111	0.385	1132	6.055	0.381
rindustri	363	0.373	0.341	231	0.253	0.293	538	0.159	0.237	1132	0.247	0.3
nuhighstu	363	3.054	0.609	231	3.547	0.52	538	3.553	0.44	1132	3.392	0.565
temp	362	5.502	2.811	231	6.454	1.964	538	5.97	3.211	1132	5.921	2.885
precip	363	5.063	0.694	231	5.378	0.744	538	4.898	1.19	1132	5.049	0.986

注:该表报告的是变量未经标准化的统计性特征,标准化的统计特征见附录2。

通过表6-1可以看出，纯牧业旗县主要样本包含363个，半农半牧业旗县的样本为231个，其他区域①样本为538个，为了验证不同区域的草原生态修复财政支出政策的生态效益效果，本书在后期也安排了区域的异质性检验；在半农半牧业旗县的草原植被覆盖度（NDVI）的样本平均值要好于其他区域和纯牧业旗县，而纯牧区旗县集中了绝大部分的草原分布，但是其生态效益反而是最差的，为防止"公地悲剧"发生，通过研究草原生态修复财政支出政策对生态效益的影响是十分紧迫的；同样财政支出在其他区域的资金投入要高于纯牧业区域，接下来需要通过进一步实证检验验证本章的主旨，即草原生态修复财政支出政策对生态效益影响机制如何发挥作用。

表6-2 主要变量相关系数

变量	lnndvi1	rxpafwe1	rxpafwe12	rxpenvir1	rxpenvir12	rxpafee1	rxpafee12
lnndvi1	1						
rxpafwe1	-0.122***	1					
rxpafwe12	-0.077***	0.833***	1				
rxpenvir1	-0.122***	0.831***	0.790***	1			
rxpenvir12	-0.069**	0.809***	0.979***	0.808***	1		
rxpafee1	-0.128***	0.974***	0.827***	0.866***	0.811***	1	
rxpafee12	-0.077***	0.818***	0.984***	0.774***	0.967***	0.848***	1

注：*** $p<0.01$，** $p<0.05$，* $p<0.1$；rxpafwe1、rxpenvir1、rxpafee1 分别表示农林、节能及其之和占财政支出的比重，rxpafwe12 表示平方项。

通过表6-2可以看出，草原生态修复的财政支出政策与生态效益呈现负相关（$r=-0.128$，$p<0.01$），从财政支出的分项来看，节能环保支出与农林水支出与生态效益也呈现负相关（-0.122，$p<0.01$；-0.122，$p<0.01$），并且三者的二次项也呈现出来稳定的负相关关系（-0.077，$p<0.01$；-0.069，$p<0.05$；-0.077，$p<0.01$），这就说明总支出、农林水支出和节能环保支出与生态效益存在非线性关系，这也与研究假设1基本一致。

通过方差膨胀因子检验发现，财政总支出一次项和二次项、节能环保支出一次项和二次项、农林水支出一次项和二次项的方差膨胀因子分别为

---

① 主要指城镇化水平较高的市区县，草原面积较少的区域。

4.76、5.61、3.22、3.98、5.10 和 5.94，均小于经验值 10，说明以上变量间不存在多重共线性。

为了更加直观的刻画草原生态修复的财政投入与生态效益的关系，图 6-4、图 6-5 绘制出了拟合趋势线。从图 6-4、图 6-5 中可以看出，生态效益与草原生态修复的财政投入（农林水支出、节能环保支出和两个支出的总和）都呈现出了明显的相关关系，特别是在牧业旗县和半农半牧业旗县的这种相关关系呈现出非线性关系，这也为本书的研究假设 1 和假设 2 提供了较好的经验支持，但是还需要进一步的严谨的实证予以检验。

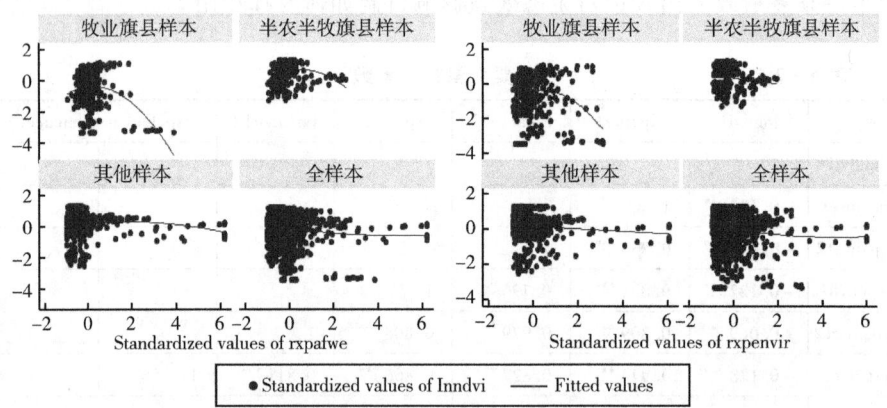

图 6-4　生态效益与农林水支出和节能环保支出的拟合趋势图

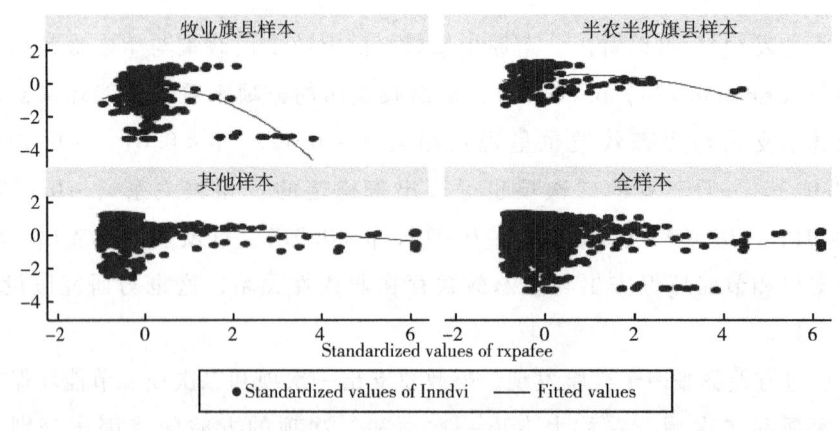

图 6-5　生态效益与总支出的拟合趋势图

6.3 实证结果分析

6.3.1 基本结果分析

本书采用不同估计方法予以结果的估计,具体结果如表6-3所示,其中,基于模型(4)给出了基本回归结果,其中,第(1)—(4)列报告了固定效应模型的模拟结果,第(5)—(8)列报告了面板交互效应模型基本回归结果,第(9)—(12)列报告了最小二乘虚拟变量的基本回归结果。

通过表6-3可以看出,大部分的回归结果显示,至少在5%的统计水平上,草原生态修复的财政支出对生态效益的影响是显著的,同时一次项系数为正且二次项系数为负,这也说明了两者之间呈现的倒"U"形关系;在控制住年份后,LSDV和固定效应模型的实证方法不显著,可能存在Bai所提出的考虑共同因子或冲击F_t视为不可观测值,最终采取交叉模型作为最终报告结果并予以分析,可以看出结果较为稳健。通过倒"U"形关系可以看出财政投入与生态修复的效益之间存在着这样一种关系,即随着财政投入的增加,生态效益也随之变好,但是增加到极值点后,财政投入的增加并不会促使生态效益显著提高,反而还会下降,这也进一步印证了环境库兹涅兹曲线的存在,验证了研究假设1。

具体来看,采用LSDV回归结果见第(9)—(12)列,一次项和二次项的估计结果在控制住年份后都不显著,但是加入二次项后,倒"U"形关系存在。按照Hoechle(2007)的建议,在存在序列相关和异方差的情况下,选用固定效应或随机效应的总体平均线性模型。进一步地,通过传统Hausman检验和修正传统Hausman检验发现,财政支出的水平值和二次项的P统计值都在5%的统计水平上显著,拒绝原假设,采用固定效应模型予以分析,具体固定和随机效应模型的选择方法如表6-4所示。

通过表6-4估计结果第(1)—(4)列显示固定效应模型的分析结果,财政支出的一次项和二次项在控制住年份效应后,系数不显著,但存在倒"U"形关系,这就可能受到共同因子的影响,所以本书将再采取Bai(2009)提出的面板交互固定效应模型方法予以分析,具体分析结果如表6-3的第(5)—(8)

表6-3 财政支出政策对生态效益的影响估计结果

变量	固定效应				交互效应				LSDV			
	一次项		二次项		一次项		二次项		一次项		二次项	
	(1) 控制地区	(2) 控制地区+年份	(3) 控制地区	(4) 控制地区+年份	(5) 控制地区	(6) 控制地区+年份	(7) 控制地区	(8) 控制地区+年份	(9) 控制地区	(10) 控制地区+年份	(11) 控制地区	(12) 控制地区+年份
rxpafee1	0.038* (1.79)	0.014 (0.98)	0.077*** (3.08)	0.018 (0.83)	0.003 (0.17)	0.001 (0.05)	0.058*** (2.61)	0.048** (2.08)	0.038** (2.00)	0.014 (0.83)	0.077*** (3.02)	0.018 (0.75)
rxpafee12			-0.013*** (-2.97)	-0.001 (-0.26)			-0.023*** (-4.56)	-0.016*** (-3.10)			-0.013** (-2.29)	-0.001 (-0.24)
lnnulivestck1	-0.075* (-1.68)	-0.045 (-1.52)	-0.086* (-1.93)	-0.046 (-1.52)	-0.045 (-1.04)	-0.044 (-1.14)	-0.065* (-1.65)	-0.059 (-1.51)	-0.075 (-1.64)	-0.045 (-1.11)	-0.086* (-1.87)	-0.046 (-1.13)
lnoutpbm1	0.047 (0.99)	-0.014 (-0.38)	0.047 (0.99)	-0.014 (-0.37)	0.026 (0.78)	0.027 (0.85)	0.057* (1.84)	0.032 (1.00)	0.047 (1.31)	-0.014 (-0.43)	0.047 (1.30)	-0.014 (-0.42)
lnareagre1	0.013 (0.17)	-0.010 (-0.16)	0.022 (0.29)	-0.010 (-0.15)	0.044 (0.64)	0.019 (0.31)	0.039 (0.66)	0.034 (0.56)	0.013 (0.17)	-0.010 (-0.16)	0.022 (0.30)	-0.010 (-0.14)
rlabor1	0.010 (0.89)	-0.014 (-1.08)	0.009 (0.91)	-0.014 (-1.08)	-0.010 (-0.83)	-0.022* (-1.95)	-0.011 (-1.02)	-0.020* (-1.72)	0.010 (0.76)	-0.014 (-1.20)	0.009 (0.73)	-0.014 (-1.19)
lnrgdp1	0.144*** (3.14)	0.071 (1.51)	0.134*** (3.04)	0.071 (1.51)	0.041 (0.63)	0.051 (0.84)	0.091 (1.60)	0.049 (0.81)	0.144** (1.99)	0.071 (1.07)	0.134* (1.86)	0.071 (1.06)
lnrgdp21	-0.120*** (-4.14)	-0.100*** (-5.04)	-0.111*** (-4.19)	-0.100*** (-5.14)	-0.028 (-0.48)	-0.048 (-0.88)	-0.071 (-1.37)	-0.043 (-0.80)	-0.120* (-1.78)	-0.100* (-1.66)	-0.111 (-1.65)	-0.100* (-1.65)

续表

变量	固定效应				交互效应				LSDV			
	一次项 (1) 控制地区	二次项 (2) 控制地区+年份	一次项 (3) 控制地区	二次项 (4) 控制地区+年份	一次项 (5) 控制地区	二次项 (6) 控制地区+年份	一次项 (7) 控制地区	二次项 (8) 控制地区+年份	一次项 (9) 控制地区	二次项 (10) 控制地区+年份	一次项 (11) 控制地区	二次项 (12) 控制地区+年份
temp1	−0.105*** (−3.08)	−0.207*** (−4.09)	−0.083** (−2.46)	−0.203*** (−3.39)	−0.035 (−1.20)	−0.097** (−2.54)	0.131*** (3.86)	−0.033 (−0.77)	−0.105*** (−3.60)	−0.207*** (−5.38)	−0.083*** (−2.69)	−0.203*** (−4.81)
precip1	0.150*** (10.53)	0.117*** (5.57)	0.157*** (11.10)	0.118*** (5.70)	0.082*** (7.27)	0.121*** (10.36)	0.119*** (10.60)	0.135*** (10.78)	0.150*** (13.69)	0.117*** (8.95)	0.157*** (13.82)	0.118*** (8.64)
rindustri1	−0.020 (−1.60)	0.011 (0.87)	−0.017 (−1.27)	0.012 (0.87)	−0.006 (−0.49)	0.011 (0.95)	0.005 (0.44)	0.013 (1.11)	−0.020 (−1.46)	0.011 (0.92)	−0.017 (−1.22)	0.012 (0.93)
nuhighstu1	−0.036 (−1.11)	−0.031 (−1.08)	−0.034 (−1.04)	−0.031 (−1.07)	−0.052 (−1.56)	−0.047 (−1.56)	−0.049 (−1.65)	−0.048 (−1.62)	−0.036 (−0.97)	−0.031 (−0.93)	−0.034 (−0.90)	−0.031 (−0.93)
Constant	0.001*** (6.34)	53.011 (0.53)	0.014*** (3.10)	52.685 (0.52)	0.001 (0.17)	0.001 (0.18)	0.024*** (3.53)	0.017** (2.40)	0.368*** (5.08)	−60.340*** (−9.09)	0.384*** (5.28)	−60.031*** (−8.87)
Observations	1132	1132	1132	1132	1132	1132	1132	1132	1132	1132	1132	1132
旗县固定效应	YES	YES	YES	YES	YES	YES	YES	YES	YES	YES	YES	YES
年份固定效应	NO	YES	NO	YES	NO	YES	NO	YES	NO	YES	NO	YES
R-squared	—	—	—	—	0.196	0.373	0.200	0.373	0.956	0.966	0.957	0.966
极值点	—	—	2.8923**	6.911084	—	—	1.2647***	1.46424***	—	—	2.894985*	6.911084
P>|t|	—	—	0.0183	0.125423	—	—	0.0095421	0.008451	—	—	0.0652	0.12068

注：表中括号内为 t 值，*、**、*** 分别表示在 10%、5% 和 1% 的显著性水平上显著，以下结果如无特殊说明，均同该表。

表 6-4　　　　　　　　固定效应和随机效应模型选择检验

估计模型	统计量	传统 Hausman 检验	修正 Hausman 检验方法	序列相关检验	异方差检验	方法选择
rxpafee1	chi2(11)/F(1, 102)	263.57	154.42	10.404	11663.45	固定效应
	Prob > chi2/F	0.0000	0.0000	0.0017	0.0000	
rxpafee12	chi2(12)/F(1, 102)	217.17	160.61	10.810	9964.13	固定效应
	Prob > chi2/F	0.0000	0.0000	0.0014	0.0000	
rxpafwe1	chi2(11)/F(1, 102)	236.74	153.23	10.862	10551.11	固定效应
	Prob > chi2/F	0.0000	0.0000	0.0014	0.0000	
rxpafwe12	chi2(12)/F(1, 102)	244.08	158.68	10.904	10176.57	固定效应
	Prob > chi2/F	0.0000	0.0000	0.0013	0.0000	
rxpenvir1	chi2(11)/F(1, 102)	354.68	151.25	10.254	12060.62	固定效应
	Prob > chi2/F	0.000	0.0000	0.0018	0.0000	
rxpenvir12	chi2(12)/F(1, 102)	287.29	151.20	10.301	10616.40	固定效应
	Prob > chi2/F	0.0000	0.0000	0.0018	0.0000	

列所示。同时本书还采取自然因子分析方法予以分析，由于估计结果不显著，但仍存在倒"U"形，具体分析结果见附录 3 和附录 4。

进一步地采用交互效应模型分析的结果显示，在控制住其他变量的情况下，特别是控制住自然（气温和降水）影响因素后，在 5% 的统计水平上，加入二次项后，控制住地区和时间两者的作用关系仍然是稳健且显著，且呈现倒"U"形，最终将以第（8）列作为结果的汇报标准。结合前面的环境库兹涅茨曲线理论分析也可以看出，财政支出政策的作用并不是线性关系，同时，政策作用存在异质性，通过程序 utest 计算出此曲线的极值点为 1.46，意味着此点的左半部分随着财政支出的增加，生态效益越好，一旦超过此拐点，随着财政支出的增加，生态效益反而不会得到改善。

具体来看，共有 92 个旗县位于拐点左侧，其中位于纯牧业旗县有 32 个，占比 34.8%，位于半农半牧业旗县有 10 个，占比 11%，位于其他区域有 21 个，占比 22.8%；同时 11 个旗县位于拐点右侧：乌兰察布市察哈尔右翼中旗、包头市土默特右旗、包头市昆都仑区、包头市白云矿区、包头市达尔罕茂明安联合旗、呼伦贝尔市满洲里扎赉诺尔区、呼伦贝尔市鄂温克族自治旗、呼和浩特市和林格尔县、呼和浩特市托克托县、鄂尔多斯市达拉特旗、阿拉善盟阿拉善右旗，其中63.6%的旗县分布在其他区域，27.3%分布在半农半牧区域，10%分布在纯牧业区域。可以看出财政支出在这些区域已超过拐点值，意味着增加财政投入并不会起到草原生态修复财政支出的正向调节生态效益的效果，未来财政投入还应重点集中在纯牧区和半农半牧区，这也体现出财政支出动态调整非常有必要。

6.3.2 异质性分析

通过前文的理论机制分析可知，不同区域的草原生态修复治理的财政投入是不同的，内蒙古主要草原类型根据退化程度的不同，分为"禁牧区"和"草畜平衡区"，在33个纯牧业旗县中，几乎所有草原都享受财政支出政策影响，在半农半牧旗县，部分草原享受财政支出政策影响，而在其他地区，享受政策影响的作用水平较低。同时，不同财政支出项目资金安排情况不同，王宝顺（2011）、王雍君（2020）曾指出要合理配置财政支出结构，经常性支出与资本性支出的配置比例适当，而本书所研究的节能环保支出中关于草原生态修复的资金安排大都集中于资本性支出（项目建设），而农林水支出中关于草原生态修复的资金安排大都集中于经常性支出，不同类型的草原在不同政策倾向下效果是不同的。因此，本章分不同草原区域以及财政支出差异等方面进行异质性检验。

6.3.2.1 按财政支出项目分类的异质性分析

本书采取将财政支出类型分别予以检验的方式进行异质性检验，在影响草原生态修复的财政支出政策中，主要财政资金的安排都集中在农林水支出和节能环保支出中，因此，分别将两者作为解释变量予以检验。同时本书采取了不同的回归方法，具体见附录5至附录7，虽然回归结果不显著，但是仍然存在倒"U"形关系，本部分仅报告交叉模型的结果，结果如表6-5所示。

通过表6-5可以看出，在控制地区和时间后，草原生态修复的农林水支出和节能环保支出对生态效益的影响都呈现出倒"U"形相关关系，其他分析方法结果见附录8至附录10，虽然其他区域分析结果不显著，但是仍然存在倒"U"形的相关关系，本部分重点汇报采用交叉模型方法回归的结果。

表 6-5　　农林水支出和节能支出对生态效益影响检验估计

变量	农林水支出 一次项		农林水支出 二次项		节能环保支出 一次项		节能环保支出 二次项	
	(1) 控制地区	(2) 控制地区+年份	(3) 控制地区	(4) 控制地区+年份	(5) 控制地区	(6) 控制地区+年份	(7) 控制地区	(8) 控制地区+年份
rxpafwe1	0.018 (0.82)	0.015 (0.79)	0.059** (2.57)	0.050** (2.17)	0.014 (1.04)	0.002 (0.14)	0.026* (1.76)	0.018 (1.27)
rxpafwe12			-0.021*** (-4.23)	-0.014*** (-2.76)			-0.017*** (-3.59)	-0.010** (-2.04)
lnnulivestock1	-0.045 (-1.05)	-0.046 (-1.18)	-0.064 (-1.63)	-0.058 (-1.49)	-0.042 (-0.98)	-0.044 (-1.14)	-0.062 (-1.57)	-0.053 (-1.37)
lnoutpbm1	0.027 (0.80)	0.028 (0.88)	0.058* (1.87)	0.033 (1.05)	0.025 (0.74)	0.026 (0.84)	0.051 (1.63)	0.027 (0.85)
lnareagre1	0.047 (0.68)	0.022 (0.36)	0.042 (0.71)	0.036 (0.60)	0.044 (0.64)	0.018 (0.31)	0.031 (0.53)	0.022 (0.37)
rlabor1	-0.012 (-0.94)	-0.024** (-2.08)	-0.012 (-1.05)	-0.021* (-1.79)	-0.011 (-0.89)	-0.022** (-1.97)	-0.011 (-1.02)	-0.020* (-1.79)
lnrgdp1	0.040 (0.62)	0.050 (0.83)	0.088 (1.55)	0.048 (0.79)	0.043 (0.66)	0.051 (0.84)	0.089 (1.58)	0.052 (0.86)
lnrgdp21	-0.027 (-0.45)	-0.047 (-0.86)	-0.070 (-1.35)	-0.043 (-0.80)	-0.029 (-0.48)	-0.048 (-0.88)	-0.070 (-1.36)	-0.046 (-0.84)
temp1	-0.043 (-1.44)	-0.105** (-2.72)	0.118*** (3.40)	-0.047 (-1.06)	-0.037 (-1.33)	-0.097** (-2.59)	0.124*** (3.55)	-0.049 (-1.10)
precip1	0.080*** (7.08)	0.119*** (10.18)	0.117*** (10.24)	0.133*** (10.48)	0.080*** (7.15)	0.121*** (10.37)	0.115*** (10.15)	0.131*** (10.37)
rindustri1	-0.007 (-0.54)	0.010 (0.88)	0.005 (0.42)	0.012 (1.06)	-0.007 (-0.54)	0.011 (0.94)	0.004 (0.34)	0.012 (1.07)
nuhighstu1	-0.049 (-1.46)	-0.044 (-1.45)	-0.047 (-1.59)	-0.046 (-1.53)	-0.050 (-1.52)	-0.047 (-1.57)	-0.056* (-1.89)	-0.050* (-1.68)
Constant	0.001 (0.17)	0.001 (0.17)	0.021*** (3.23)	0.015** (2.12)	0.001 (0.17)	0.001 (0.18)	0.018*** (2.70)	0.011 (1.57)

续表

变量	农林水支出				节能环保支出			
	一次项		二次项		一次项		二次项	
	（1）控制地区	（2）控制地区+年份	（3）控制地区	（4）控制地区+年份	（5）控制地区	（6）控制地区+年份	（7）控制地区	（8）控制地区+年份
Observations	1132	1132	1132	1132	1132	1132	1132	1132
Country FE	YES	YES	YES	YES	YES	YES	YES	YES
Year FE	NO	YES	NO	YES	NO	YES	NO	YES
F	5.586	10.96	10.85	10.70	10.23	10.88	10.28	10.31
极值点	—	—	1.424134***	1.803624***	—	—	0.77125***	0.9349791**
$P>\|t\|$	—	—	0.000334	0.011	—	—	0.00318	0.0403

具体来看，在控制住地区和年份后，农林水支出的生态效益具有显著的正向关系，而节能环保支出的关系不显著，但是也呈现出正向影响。结合前面的理论分析，可能的原因在于近年来国家政策支持草原生态修复的财政资金大都集中于农林水支出科目中，属于经常性支出科目；而节能环保支出的资金拨付主要集中于工程类项目的治理中，资金拨付额度较少，属于项目性支出科目，这也印证了在财政支出结构调整过程中，近年来中国对于草原生态修复的项目性支出呈现压缩态势，而逐步过渡转移到经常性支出中，因此，项目性支出的政策作用不明显。

接下来分析不同财政支出政策异质性，通过程序 utest 计算出农林水支出和节能环保支出的极值点为 1.8036 和 0.9349，即随着两项支出的增加，一旦超过拐点后，财政支出与生态效益呈现负相关。具体来看，农林水支出的样本区域大都与总支出的区域保持一致。从节能环保支出的结果来看，由于节能环保支出的结果不显著，但是从现实角度看，该结果较为符合预期。通过节能环保支出拐点值右侧的样本可以发现：乌兰察布市凉城县、化德县、四子王旗、察哈尔右翼中旗、察哈尔右翼前旗、察哈尔右翼后旗；乌海市乌达区、海南区；包头市固阳县、土默特右旗、昆都仑区、白云矿区、达尔罕茂明安联合旗；呼伦贝尔市满洲里扎赉诺尔区、鄂温克族自治旗；呼和浩特市和林格尔县、土默特左旗；锡林郭勒盟正镶白旗、正蓝旗、太仆寺旗、多伦县、西乌珠穆沁旗；鄂尔多斯市鄂托克旗；通辽市科尔沁左翼后旗、扎鲁特旗；阿拉善盟阿拉善右旗等 33 个旗县超过该拐点，有 13 个旗县位于纯牧区，占比 39.4%；有 4 个旗县位于半农半牧区，占比12.1%；有16旗县位于其他区域，占比48.5%。

通过结果可以发现，一是节能环保支出的政策作用力度要小于农林水支出，结合原始数据并通过现实情况来看，节能环保支出政策安排资金11年共计1205亿元，要小于农林水支出安排资金共计5416亿元，这也较为符合理论机制的假设，将项目性支出向资本性支出的过渡，导致安排的节能环保支出总额降低，通过具体区域分布的分析也可以看出，未来财政投入还应重点集中在纯牧区和半农半牧区，动态调整财政支出非常有必要。二是通过对2010—2020年的数据分析发现，节能环保支出的年平均增长率为75.26%，要大于农林水支出的12.15%的增长率，但是这33个旗县的实证分析后的数据显示，全部样本节能环保支出的增长率为25.34%，33个旗县的平均年增长率为7.21%，其下降的幅度并不成比例，这也是为什么节能环保支出政策不显著的一个原因。三是从政策作用效果来看，在纯牧业旗县和其他区域的有近88%的样本位于拐点右侧，这也说明了节能环保支出的投向安排不合理，应将资金更多的投向拐点左侧的半农半牧业旗县集中的区域。通过以上分析可以看出，不同财政支出政策具有异质性响应，进而验证研究假设2。

6.3.2.2　草原类型的异质性

草原区域的差异主要按照纯牧业、半农半牧业及其他旗县划分的标准[①]，表6-6汇报了草原类型的异质性回归结果。

通过表6-6可以看出，采用了交叉固定效应模型估计后，第（1）—（3）列报告纯牧业旗县的估计结果，第（4）—（7）列报告半农半牧业旗县的估计结果，第（8）—（11）列报告其他区域的估计结果。具体来看，在不同草原区域的异质性考察中，在纯牧业旗县，草原生态修复财政总支出和农林水支出的生态效益影响呈现显著的倒"U"形关系，节能环保支出虽然不显著，但是也呈现倒"U"形关系；其次是半农半牧业旗县，第（4）列显示，未加入二次项，两者关系呈现显著的负向关系，加入二次项后，两者的关系呈现倒"U"形关系，农林水支出呈现正向关系，同时显示出正"U"形关系，节能环保支出呈现倒"U"形关系；最后是其他区域，第（8）列和第（9）列显示财政总支出和农林水支出对生态效益的影响呈现倒"U"形关系，节能环保支出一次项具有显著正向影响，加入二次项后则呈现正"U"形关系。

---

① 具体划分标准见本书的第四章内蒙古旗县划分。

表 6-6 不同草原类型的异质性估计结果

	纯牧业旗县			半农半牧业旗县				其他区域			
	(1)	(2)	(3)	(4)	(5)	(6)	(7)	(8)	(9)	(10)	(11)
变量	PDIFE										
rxpafee1	0.106** (2.39)			-0.035*** (-2.68)	-0.006 (-0.14)			0.042 (1.53)			
rxpafee12	-0.040** (-2.39)				-0.008 (-0.67)			-0.003 (-0.54)			
rxpafwe1		0.094** (2.31)				0.018 (0.45)			0.036 (1.22)		
rxpafwe12		-0.036** (-2.22)				0.021 (1.31)			-0.007 (-1.08)		
rxpenvir1			0.032 (1.07)				-0.011 (-0.45)			0.028* (1.84)	0.025 (1.41)
rxpenvir12			-0.018 (-1.26)				-0.027 (-1.06)				0.002 (0.30)
lnnulivestock1	0.006 (0.10)	0.005 (0.07)	-0.010 (-0.16)	-0.230*** (-3.99)	-0.238*** (-4.02)	-0.258*** (-4.34)	-0.239*** (-3.73)	-0.049 (-0.98)	-0.033 (-0.60)	-0.034 (-0.69)	-0.032 (-0.65)
lnoutpbm1	0.090 (1.39)	0.096 (1.50)	0.089 (1.35)	0.086** (2.55)	0.085** (2.51)	0.084** (2.45)	0.074** (2.14)	0.025 (0.69)	0.041 (1.05)	0.015 (0.42)	0.014 (0.41)
lnareagre1	0.036 (0.30)	0.026 (0.22)	0.035 (0.28)	-0.236 (-1.33)	-0.231 (-1.29)	-0.286 (-1.59)	-0.185 (-0.98)	0.034 (0.56)	0.045 (0.66)	0.025 (0.41)	0.026 (0.42)
rlabor1	-0.017 (-0.72)	-0.020 (-0.86)	-0.022 (-0.95)	0.176 (1.65)	0.177 (1.64)	0.059 (0.52)	0.248* (1.95)	-0.023* (-1.89)	-0.016 (-1.20)	-0.022* (-1.83)	-0.022* (-1.85)

续表

变量	纯牧业旗县				半农半牧业旗县 PDIFE				其他区域		
	(1)	(2)	(3)	(4)	(5)	(6)	(7)	(8)	(9)	(10)	(11)
lnrgdp1	0.083 (1.19)	0.073 (1.04)	0.073 (1.04)	0.071 (0.27)	0.058 (0.21)	0.226 (0.85)	0.051 (0.18)	-0.073 (-0.38)	-0.074 (-0.37)	-0.052 (-0.27)	-0.043 (-0.22)
lnrgdp21	-0.052 (-0.97)	-0.049 (-0.90)	-0.053 (-0.99)	-0.017 (-0.07)	-0.002 (-0.01)	-0.176 (-0.67)	0.007 (0.03)	0.046 (0.24)	0.064 (0.32)	0.027 (0.14)	0.018 (0.09)
temp1	0.118 (1.40)	0.119 (1.40)	0.142* (1.68)	-0.181*** (-3.72)	-0.182*** (-3.72)	-0.174*** (-3.66)	-0.168*** (-3.31)	-0.192*** (-3.07)	-0.131** (-2.07)	-0.211*** (-4.60)	-0.224*** (-3.55)
precip1	0.103*** (3.52)	0.105*** (3.58)	0.103*** (3.45)	0.115*** (6.87)	0.116*** (6.88)	0.112*** (6.47)	0.108*** (6.32)	0.114*** (6.62)	0.123*** (7.61)	0.111*** (7.00)	0.109*** (6.39)
rindustri1	0.013 (0.80)	0.012 (0.73)	0.007 (0.43)	0.004 (0.29)	0.005 (0.36)	0.019 (1.38)	0.005 (0.32)	0.010 (0.58)	0.009 (0.50)	0.009 (0.53)	0.008 (0.49)
nuhighstu1	-0.010 (-0.24)	-0.010 (-0.26)	-0.019 (-0.46)	0.004 (0.10)	0.007 (0.16)	0.013 (0.29)	-0.004 (-0.10)	-0.037 (-0.90)	-0.035 (-0.78)	-0.036 (-0.89)	-0.036 (-0.87)
Constant	-0.575*** (-4.48)	-0.566*** (-4.42)	-0.551*** (-4.27)	0.556*** (9.84)	0.566*** (9.70)	0.556*** (9.60)	0.583*** (9.12)	0.225*** (4.13)	0.255*** (4.27)	0.213*** (3.98)	0.212*** (3.91)
Observations	362	362	362	231	231	231	231	538	538	538	538
Country FE	YES	YES	YES	NO	YES	YES	YES	YES	YES	NO	YES
Year FE	YES	YES	YES	YES	YES	YES	YES	YES	YES	YES	YES
F	2.177	2.136	1.650	7.067	6.485	5.827	5.787	5.496	5.778	6.110	5.579
极值点	1.30859**	1.31857**									
P > |t|	0.0322	0.0469									

进一步地通过异质性分析发现，通过程序 utest 计算出在纯牧业旗县，财政总支出和农林水支出的极值点为 1.3085 和 1.3185，即随着两项支出的增加，一旦超过拐点后，草原生态修复财政支出与生态效益呈现负相关。具体来看，财政总支出超过拐点值的区域主要有：呼伦贝尔市鄂温克族自治旗和阿拉善盟阿拉善右旗，农林水支出超过拐点值的区域集中在包头市达尔罕茂明安联合旗、伦贝尔市鄂温克族自治旗和阿拉善盟阿拉善右旗。这也说明在以上旗县安排的财政支出结构可以适当予以调整。后期还将纯牧业和半农半牧业旗县合并样本后予以考量，同时也可以看出两者呈现倒"U"形关系，具体回归结果见附录 11。

6.3.2.3　财政支出均值分组的异质性

财政支出按照高中低三个等级划分后予以进一步验证，具体回归结果如表 6-7 所示。

通过表 6-7 可以看出，财政支出按照均值分为小于均值组和高于均值组两组，分别观察财政支出政策存在异质性，具体来看，在财政总支出的结果上，小于均值组的结果呈现显著的倒"U"形关系，即生态效益对草原生态修复财政支出非常敏感，投入资金后就有显著性关系，在高于均值组的样本分析中，由于其不显著，不存在正"U"形关系；在分项支出方面，从农林水支出的结果分析看，小于均值组的结果仍然和总支出的结果是一致的，生态效益对农林水支出变化非常敏感；从节能环保支出的结果看，结果不显著，即生态效益对节能环保支出的资金投入变化不敏感。

6.3.2.4　收入三分位数异质性

收入水平主要按照整理出的农牧区人均可支配收入分为高中低三个等级，具体回归结果如表 6-8 所示。

通过表 6-8 可以看出，不同收入群体存在政策异质性影响，具体来看，从财政总支出与生态效益的影响看，低收入群体在 5% 的显著水平上呈现正向影响，呈现倒"U"形关系，即总支出变动 1 个标准差，生态效益就会提升 0.157 个标准差，同时，财政总支出和生态效益的线性关系中，coef = 0.157，T = 2.46，具体回归结果见附录 12；在中、高收入组，虽然不显著，但是仍然有倒"U"形关系存在，因此，草原生态修复财政总支出的资金投入对生态效益的影响具有异质性。

表 6-7 财政支出分组的异质性估计结果

变量	小于均值组 (1)	小于均值组 (2)	大于均值组 (3)	大于均值组 (4)	小于均值组 (5)	小于均值组 (6)	大于均值组 (7)	大于均值组 (8)	小于均值组 (9)	小于均值组 (10)	大于均值组 (11)	大于均值组 (12)
rxpafee1	0.000 (0.01)	0.087** (2.09)	0.049 (1.10)	0.050 (0.43)								
rxpafee12		-0.022*** (-2.63)		0.002 (0.01)								
rxpafwe1					0.005 (0.21)	0.094** (2.37)	0.075* (1.67)	0.141 (1.16)				
rxpafwe12						-0.022*** (-2.80)		0.074 (0.58)				
rxpenvir1									0.004 (0.22)	-0.007 (-0.25)	-0.023 (-0.70)	-0.120 (-0.97)
rxpenvir12										0.004 (0.55)		-0.105 (-0.81)
lnmulivestock1	-0.042 (-0.71)	-0.052 (-0.89)	-0.011 (-0.24)	-0.011 (-0.23)	0.005 (0.09)	0.002 (0.04)	-0.036 (-0.74)	-0.035 (-0.71)	-0.114 (-1.55)	-0.106 (-1.43)	-0.051 (-0.96)	-0.051 (-0.96)
lnoutpbm1	-0.057 (-0.68)	-0.077 (-0.94)	0.045 (1.45)	0.045 (1.45)	-0.120 (-1.60)	-0.132* (-1.79)	0.046 (1.41)	0.045 (1.37)	-0.047 (-0.59)	-0.049 (-0.61)	-0.002 (-0.05)	0.002 (0.04)
lnareagre1	-0.840 (-1.65)	-0.780 (-1.57)	0.020 (0.36)	0.020 (0.36)	-0.731 (-1.63)	-0.742* (-1.68)	0.047 (0.79)	0.050 (0.84)	0.863** (2.32)	0.861** (2.32)	-0.111 (-1.20)	-0.108 (-1.16)
rlabor1	-0.029 (-1.54)	-0.023 (-1.27)	-0.013 (-0.92)	-0.013 (-0.92)	-0.023 (-1.35)	-0.017 (-1.03)	-0.015 (-1.06)	-0.015 (-1.04)	-0.057*** (-3.43)	-0.058*** (-3.46)	0.001 (0.07)	0.001 (0.03)

续表

变量	小于均值组 (1)	小于均值组 (2)	大于均值组 (3)	大于均值组 (4)	小于均值组 (5)	小于均值组 (6)	大于均值组 (7)	大于均值组 (8)	小于均值组 (9)	小于均值组 (10)	大于均值组 (11)	大于均值组 (12)
lnrgdp1	0.946** (2.17)	0.893** (2.08)	-0.146** (-1.99)	-0.146** (-1.99)	1.162*** (2.93)	1.081*** (2.75)	-0.149** (-2.07)	-0.150** (-2.08)	0.949*** (2.86)	0.958*** (2.88)	-0.102 (-1.22)	-0.103 (-1.24)
lnrgdp21	-0.949** (-2.20)	-0.902** (-2.12)	0.141** (2.12)	0.141** (2.11)	-1.158*** (-2.95)	-1.084*** (-2.78)	0.123* (1.91)	0.123* (1.91)	-0.980*** (-2.98)	-0.987*** (-2.99)	0.085 (1.13)	0.084 (1.12)
temp1	-0.076 (-1.27)	0.034 (0.46)	-0.197*** (-3.53)	-0.197*** (-3.53)	-0.032 (-0.60)	0.097 (1.42)	-0.201*** (-3.50)	-0.199*** (-3.46)	-0.158*** (-2.68)	-0.181*** (-2.61)	-0.201*** (-3.73)	-0.200*** (-3.73)
precip1	0.081*** (3.44)	0.121*** (4.32)	0.112*** (7.36)	0.112*** (7.33)	0.069*** (3.33)	0.104*** (4.21)	0.109*** (6.97)	0.109*** (6.97)	0.093*** (3.70)	0.086*** (2.99)	0.117*** (7.74)	0.118*** (7.75)
rindustri1	0.026 (1.40)	0.024 (1.29)	0.021 (1.44)	0.021 (1.44)	0.031* (1.93)	0.030* (1.88)	0.004 (0.27)	0.005 (0.31)	0.070*** (2.98)	0.068*** (2.89)	0.020 (1.30)	0.019 (1.23)
nuhighstu1	-0.079 (-1.65)	-0.073 (-1.59)	-0.050 (-1.43)	-0.050 (-1.43)	-0.055 (-1.33)	-0.045 (-1.09)	-0.039 (-1.06)	-0.038 (-1.02)	-0.027 (-0.54)	-0.027 (-0.53)	-0.018 (-0.50)	-0.019 (-0.55)
Constant	0.090 (0.44)	0.048 (0.24)	0.154*** (6.39)	0.154*** (5.28)	0.080 (0.42)	0.066 (0.36)	0.168*** (6.20)	0.178*** (5.61)	-0.206*** (-5.40)	-0.201*** (-5.02)	0.044** (2.47)	0.029 (1.10)
Observations	382	382	737	737	407	407	711	711	369	369	745	745
Country FE	YES	YES	YES	YES	YES	YES	YES	YES	YES	YES	YES	YES
Year FE	YES	YES	YES	YES	YES	YES	YES	YES	YES	YES	YES	YES
F	2.816	3.328	7.719	7.059	3.271	3.704	6.737	6.161	4.972	4.590	8.036	7.393

表6-8 收入水平三分位数分组的异质性估计结果

变量	低 (1)	中 (2)	高 (3)	低 (4)	中 (5)	高 (6)	低 (7)	中 (8)	高 (9)
rxpafee1	0.157** (2.15)	0.004 (0.10)	0.052 (0.45)						
rxpafee12	-0.000 (-0.02)	-0.008 (-0.53)	-0.022 (-0.68)						
rxpafwe1				0.200*** (2.91)	0.024 (0.59)	0.046 (0.39)			
rxpafwe12				-0.006 (-0.34)	-0.011 (-0.76)	0.035 (0.61)			
rxpenvir1							-0.030 (-0.74)	-0.068* (-1.85)	0.026 (0.38)
rxpenvir1							0.009 (0.63)	-0.003 (-0.23)	0.005 (0.14)
lnnulivestock1	0.101 (1.29)	0.073 (0.95)	-0.594 (-1.49)	0.101 (1.31)	0.070 (0.91)	-0.613 (-1.57)	0.063 (0.78)	-0.185 (-0.85)	-0.600 (-1.51)
lnoutpbm1	-0.035 (-0.36)	0.037 (0.80)	-0.062 (-0.44)	-0.019 (-0.20)	0.036 (0.78)	-0.067 (-0.48)	-0.031 (-0.32)	0.174 (1.62)	-0.068 (-0.47)
lnareagre1	0.066 (0.71)	0.298 (1.36)	0.272 (0.38)	0.073 (0.80)	0.302 (1.38)	0.411 (0.58)	0.051 (0.55)	0.569 (1.44)	0.315 (0.44)
rlabor1	-0.014 (-0.11)	0.077* (1.89)	-0.015 (-0.52)	-0.022 (-0.17)	0.076* (1.86)	-0.010 (-0.37)	0.025 (0.19)	0.082* (1.99)	-0.013 (-0.46)

续表

变量	低 (1)	中 (2)	高 (3)	低 (4)	中 (5)	高 (6)	低 (7)	中 (8)	高 (9)
lnrgdp1	-0.274 (-1.12)	-0.185 (-0.66)	0.099 (0.19)	-0.307 (-1.27)	-0.197 (-0.70)	0.085 (0.17)	-0.239 (-1.11)	1.151 (1.20)	0.114 (0.22)
lnrgdp21	0.359 (1.49)	0.161 (0.60)	-0.132 (-0.32)	0.384 (1.60)	0.174 (0.64)	-0.136 (-0.33)	0.314 (1.49)	-1.073 (-1.16)	-0.142 (-0.34)
temp1	-0.492*** (-3.85)	-0.105 (-1.03)	-0.219 (-0.82)	-0.487*** (-3.79)	-0.103 (-1.04)	-0.105 (-0.39)	-0.394*** (-3.37)	0.085 (0.57)	-0.171 (-0.65)
precip1	0.016 (0.57)	0.234*** (9.79)	0.176** (2.46)	0.022 (0.81)	0.235*** (9.93)	0.165** (2.33)	0.032 (1.18)	0.348*** (8.88)	0.172** (2.48)
rindustri1	0.025 (0.89)	-0.021 (-0.74)	-0.065 (-0.50)	0.028 (0.98)	-0.022 (-0.76)	-0.057 (-0.44)	0.017 (0.62)	0.026 (0.29)	-0.065 (-0.50)
nuhighstu1	0.003 (0.06)	0.128 (1.23)	-0.197 (-0.31)	0.005 (0.11)	0.129 (1.24)	-0.133 (-0.21)	-0.014 (-0.27)	0.167 (1.31)	-0.188 (-0.29)
Constant	-0.113*** (-2.75)	-0.021 (-1.15)	0.119** (2.29)	-0.100** (-2.38)	-0.019 (-1.00)	0.026 (0.29)	-0.115*** (-3.13)	-0.055** (-2.47)	0.081 (1.30)
Observations	408	410	302	408	410	302	408	410	302
Country FE	YES	YES	YES	YES	YES	YES	YES	YES	YES
Year FE	YES	YES	YES	YES	YES	YES	YES	YES	YES
F	2.349	9.642	0.915	2.668	9.715	0.928	1.760	12.47	0.886

进一步看农林水支出对生态效益的影响结果，在低收入组仍然呈现显著的倒"U"形关系，但是在中收入组呈现不显著的倒"U"形关系，在高收入组，反而具有不显著的非线性影响，因此，农林水支出的财政政策异质性较为明显，未来应该减少对高收入群体的支出总额，调整支出结构。

最后来分析节能环保支出对生态效益的影响，在中收入组呈现出显著的倒"U"形关系，在低收入和高收入组不显著。因此，这也为本书在机制分析中提供了较为可靠的经验验证，未来在草原生态补奖资金的安排结构上，不能再以单纯的现金奖励方式予以补贴，同时根据各个群体的实际参与草原生态治理的情况，动态调整补奖资金的发放。具体两者的线性关系见附录12统计结果。

6.3.2.5　草原面积均值的异质性

本节以通过遥感数据获取的各旗县的草原面积进行异质性检验，具体检验结果如表6-9所示。

通过表6-9可以看出，草原生态修复财政总支出对生态效益的影响在低于均值面积的区域呈现显著的倒"U"形关系，即随着草原生态修复财政支出的生态效益对于低于均值面积的区域较为敏感。农林水支出的生态效益在低均值组呈现显著的正向关系，其敏感程度要高于高均值组。在节能环保支出的生态效益上，高均值组的敏感程度要高于低均值。因此，在不同草原面积的拥有区域，其草原生态修复财政支出政策的生态效益的影响具有异质性，在面积较为集中的区域，其政策的敏感性在不同财政支出政策的作用下呈现出不同的效果。具体作用效果的大小，本书将在接下来的调节效应中进一步予以验证。

6.3.3　调节效应分析

从宏观上来分析，草原生态修复财政支出的生态效益还受到地方政府财力情况的影响，本章通过引入政府绩效诉求和财政自主诉求的调节效应，具体来看，选择财政自给率和政府相对绩效水平作为调节变量。依据上文中设定的调节效应模型（5），借鉴Hainmueller等（2019）提出的可乘交互效应模型（Multiplicative Interaction Models）予以分析，通过估计结果如图6-6所示。

表 6-9　草原面积均值的异质性估计结果

变量	低于均值			高于均值			低于均值			高于均值		
	(1)	(2)	(3)	(4)	(5)	(6)	(7)	(8)	(9)	(10)	(11)	(12)
rxpafee1	0.012 (0.74)	0.074** (2.19)	0.027 (1.12)	0.036 (1.24)								
rxpafee12		-0.023** (-2.12)		-0.003 (-0.59)								
rxpafwe1					0.060** (2.55)	0.074** (2.29)	0.011 (0.48)	0.012 (0.42)				
rxpafwe12						-0.009 (-0.61)		-0.000 (-0.05)				
rxpenvir1									0.006 (0.41)	0.016 (0.82)	0.045*** (2.74)	0.054*** (2.77)
rxpenvir12										-0.008 (-0.73)		-0.004 (-0.88)
lnmulivestock1	-0.080* (-1.68)	-0.071 (-1.48)	-0.022 (-0.45)	-0.027 (-0.55)	-0.075 (-1.58)	-0.072 (-1.51)	-0.018 (-0.37)	-0.018 (-0.37)	-0.081* (-1.71)	-0.084* (-1.76)	-0.019 (-0.40)	-0.025 (-0.52)
lnoutpbm1	0.039 (0.91)	0.040 (0.92)	0.071** (2.00)	0.072** (2.02)	0.031 (0.73)	0.033 (0.77)	0.069* (1.92)	0.069* (1.91)	0.043 (1.00)	0.040 (0.92)	0.069** (1.98)	0.069** (2.00)
lnareagre1	-0.014 (-0.12)	-0.001 (-0.01)	0.024 (0.28)	0.024 (0.29)	-0.003 (-0.02)	-0.001 (-0.01)	0.023 (0.27)	0.023 (0.27)	-0.017 (-0.15)	-0.012 (-0.11)	0.012 (0.14)	0.010 (0.12)
rlabor1	0.108 (1.23)	0.091 (1.02)	-0.026** (-2.49)	-0.026** (-2.44)	0.082 (0.93)	0.082 (0.92)	-0.024** (-2.30)	-0.024** (-2.29)	0.108 (1.23)	0.112 (1.27)	-0.028*** (-2.77)	-0.028*** (-2.72)

续表

变量	低于均值		高于均值		低于均值		高于均值		低于均值		高于均值	
	(1)	(2)	(3)	(4)	(5)	(6)	(7)	(8)	(9)	(10)	(11)	(12)
lnrgdp1	-0.010 (-0.15)	-0.001 (-0.01)	-0.021 (-0.10)	-0.036 (-0.18)	-0.015 (-0.23)	-0.014 (-0.21)	-0.024 (-0.12)	-0.025 (-0.13)	-0.009 (-0.13)	-0.007 (-0.10)	0.001 (0.00)	-0.013 (-0.06)
lnrgdp21	-0.014 (-0.24)	-0.017 (-0.29)	-0.004 (-0.02)	0.012 (0.06)	-0.006 (-0.11)	-0.006 (-0.10)	-0.002 (-0.01)	-0.001 (-0.01)	-0.016 (-0.28)	-0.017 (-0.30)	-0.023 (-0.12)	-0.006 (-0.03)
temp1	-0.053 (-0.63)	-0.022 (-0.26)	-0.119*** (-2.79)	-0.104** (-2.08)	-0.015 (-0.18)	-0.012 (-0.14)	-0.108** (-2.54)	-0.107** (-2.14)	-0.051 (-0.61)	-0.059 (-0.70)	-0.135*** (-3.27)	-0.111** (-2.24)
precip1	0.116*** (5.61)	0.117*** (5.70)	0.091*** (6.41)	0.095*** (6.17)	0.121*** (5.88)	0.122*** (5.92)	0.093*** (6.60)	0.094*** (6.12)	0.115*** (5.55)	0.113*** (5.40)	0.087*** (6.32)	0.093*** (6.12)
rindustri1	0.008 (0.60)	0.009 (0.67)	-0.005 (-0.30)	-0.004 (-0.23)	0.008 (0.64)	0.009 (0.70)	-0.004 (-0.22)	-0.004 (-0.21)	0.007 (0.53)	0.007 (0.53)	-0.005 (-0.32)	-0.003 (-0.18)
nuhighstu1	0.005 (0.14)	0.018 (0.50)	-0.033 (-0.68)	-0.034 (-0.72)	0.017 (0.48)	0.019 (0.52)	-0.033 (-0.69)	-0.033 (-0.70)	0.006 (0.17)	0.005 (0.15)	-0.037 (-0.70)	-0.039 (-0.74)
Constant	0.069 (0.81)	0.063 (0.73)	0.049 (0.59)	0.052 (0.62)	0.062 (0.72)	0.061 (0.71)	0.048 (0.58)	0.048 (0.58)	0.072 (0.84)	0.075 (0.87)	0.039 (0.48)	0.039 (0.48)
Observations	626	626	505	505	626	626	505	505	626	626	505	505
Country FE	YES	YES	YES	YES	YES	YES	YES	YES	YES	YES	YES	YES
Year FE	YES	YES	YES	YES	YES	YES	YES	YES	YES	YES	YES	YES

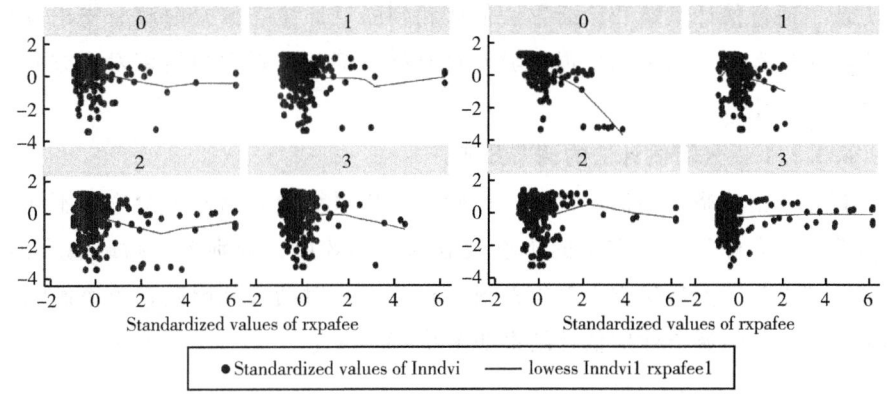

图 6-6　财政相对绩效、财政自给率对生态效益的调节作用

通过图 6-6 可以看出，随着相对绩效的不断增加，总支出对生态效益的影响呈现出非线性影响（左侧图），而随着自给率的不断增加，总支出对生态效益的作用呈现上升趋势，从直观上来分析，两者间可能存在显著的一个交叉效应，接下来根据核估计给出调节效应不同取值下财政总支出对生态效益的线性边际效应，具体结果如图 6-7 所示。

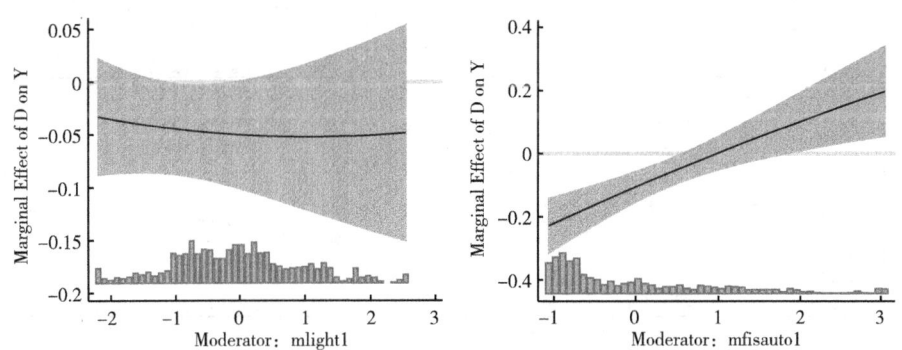

图 6-7　财政总支出对生态效益的调节效应

通过图 6-7 可以看出，政府相对绩效对草原生态修复财政总支出的生态效益影响呈现非线性关系，而财政自给率对草原生态修复财政总支出的生态效益影响呈现不完全的线性关系，本书进一步检验调节效应对财政总支出及各分项支出的影响。接下来继续对交互作用进行处理，主要借鉴 Hainmueller（2019）[①]

---

① 具体的检验程序请参见 http://yiqingxu.org/software.html。

的方法,通过估计策略和诊断方法估计和判断草原生态修复财政总支出及分项支出对生态效益的影响是否会随着政府相对绩效和财政自给率发生方向性及强度的变化。

6.3.3.1 分箱估计法的调节效应

首先根据粗略分箱估计方法,检验政府相对绩效和财政自给率的不同取值对草原生态修复财政支出的生态效益的边际效应,分别考察财政总支出、农林水支出和节能环保支出对生态效益在政府相对绩效和财政自给率影响下调节效应。具体调节效应估计结果如图6-8所示。

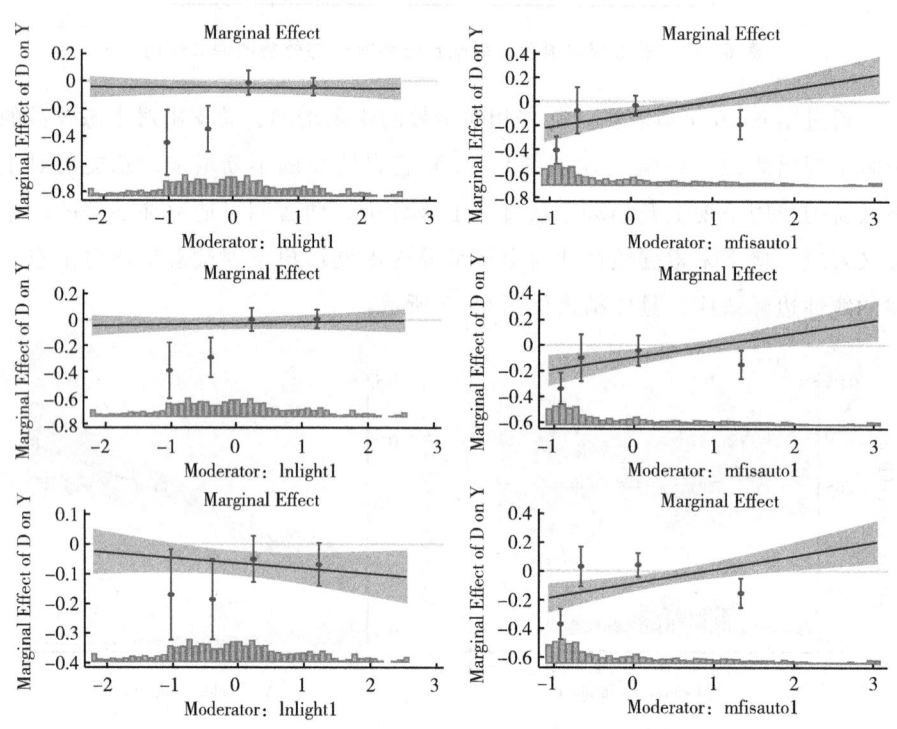

图6-8 财政支出及分项支出的分箱方法调节效应

注:上图为财政总支出、中图为农林水支出、下图为节能环保支出。

图6-8分别汇报了财政总支出、农林水支出和节能环保支出的Wald检验的P值均为0.0000,拒绝原假设,存在非线性影响。因此,财政自给率和政府相对绩效的分箱估计与线性交互模型的估计差异较大,存在异质性。

具体来看,政府相对绩效(图6-8左侧部分)在财政总支出和农林水支出中呈现一种随着调节效应的不断增强,呈现出正向作用,而节能环保支出则呈现出负向作用；而财政自给率的影响呈现出正向边际作用不断增强的效果。但是整体有很多位于置信区间外的结果，证明估计结果不是非常稳健，可能由模型设定偏误或存在固定效应引发。因此，我们需要进一步采取固定效应方法，控制住不同区域，以识别更多的分箱估计信息，保证以上结论的稳健性。

6.3.3.2 固定效应法的调节效应

图 6-9 绘制了固定效应的拟合图，通过固定效应拟合出的结果显示，Wald 检验的 P 值分别为 0.0000、0.0043、0.0047、0.0498、0.212 和 0.0579，拒绝原假设，变量间确实存在非线性关系。

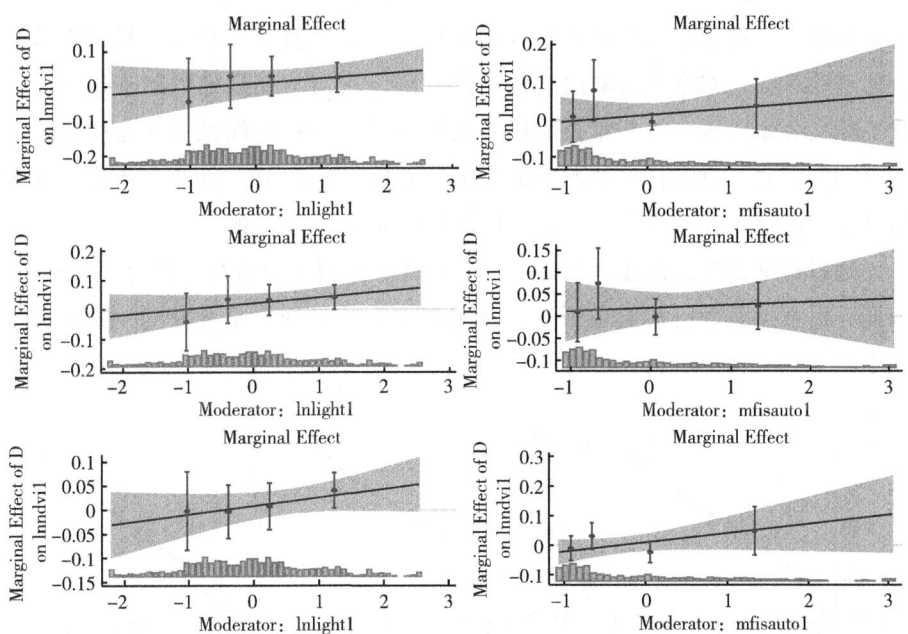

图 6-9　基于固定效应方法的调节效应估计

通过图 6-9 可以看出，财政自给率和政府相对绩效拟合后，分箱估计量大都处于模型拟合区域内，从政府相对绩效拟合结果可以看出草原生态修复财政总支出的生态效益影响从负向作用开始转向正向作用，主要原因是当前不再以 GDP 作为衡量经济发展的唯一指标，当前经济发展的考量也增强了生态效益指标，因此正向调节效应也更加突出，而财政自给率的调节效应有正有负，但整体都是处于正向调节，这极有可能是受到 2016 年内蒙古自治区财政收入大幅度缩减的影响①，因此，本书的两个调节效应与假设3高度吻合。

6.3.4 稳健性检验

在本章的异质性检验分析的基础上，接下来主要从内生性检验、更换被解释变量以及更换计量方法的方式予以稳健性分析，进而确保结论的可靠性。

6.3.4.1 内生性检验：滞后项的 GMM

内生性问题主要是由于反向因果关系及遗漏变量等问题的存在导致的，造成结果的有偏估计。因此，本章借鉴马忠新（2018）② 的做法，选择财政支出的历史数据或滞后项作为自身的工具变量，在运用 Bellemare 等（2017）③ 的方法基础上，选取之后两期的财政支出作为工具变量予以估计。根据财政运行的经验可知，本章所选取的之后两期的财政支出与前期的财政支出具有很强的相关关系，进一步在第一阶段系数符号基本给定且缩减式误差的正态分布已知的同时，有限样本情况下的弱工具变量（Weak IV）也能得到渐进无偏估计量。因此，在理论上，选取之后两期作为工具变量是可行的。

通过标准化残差的正态概率图，三者残差近似一条直线，符合正态分布。因此，由数据驱动的检验也可知，选用其作为工具变量是合理的，具体正态概率图如6-10所示。

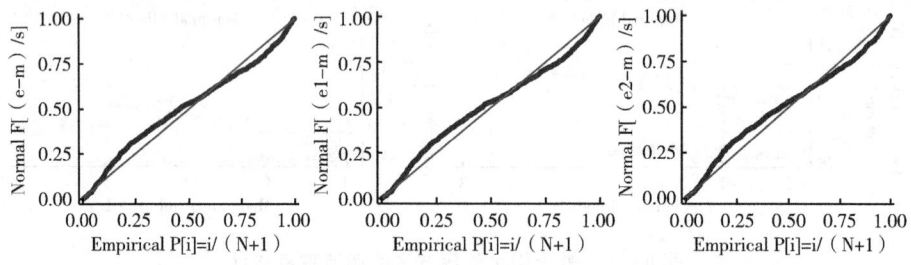

图6-10　财政总支出、农林水支出、节能环保支出标准化残差的正态概率

---

① 内蒙古财政亮家底：2016年一般公共预算虚增约500亿元［EB/OL］. 第一财经，2018-01-15. https://baijiahao.baidu.com/s?id=1589639712404437495&wfr=spider&for=pc.

② 马忠新，陶一桃. 制度供给、制度质量与城市发展不平衡——基于改革开放后288个城市发展差异的实证研究［J］. 财政研究，2018（06）：70-83.

③ Bellemare M. F., Masaki T., Pepinsky T. B.. Lagged Explanatory Variables and the Estimation of Causal Effect［J］. The Journal of Politics, 2017, 79（3）：949-963.

进一步采取 Andrews 等（2017）提供的 Unbiased IV regression 程序进行估计，估计结果如表 6-10 所示。

表 6-10　　　　　　财政支出滞后项的 GMM 估计结果

变量	被解释变量＝财政支出		
rxpafee12	0.6917096		
	21.19		
rxpafwe12		0.9932557	
		31.64	
rxpenvir12			0.9180542
			26.86
变量	被解释变量＝NDVI		
rxpafee12	-0.15949381		
	-15.68		
rxpafwe12		-0.53705142	
		-54.25	
rxpenvir12			-1.2701355
			-144.18

通过表 6-10 上半部分可以看出，变量呈现显著的正向，在理论上满足强相关性，下半部分为财政总支出、农林水支出和节能环保支出的生态效益，仍然呈现显著的倒"U"形关系，因此，证明之前的结果是较为可信的。

6.3.4.2　更换变量的方法

本书的被解释变量通过遥感数据获取的连续型 NDVI 值，现在变化此值为有序型，按照分位数进行划分，以四分位数为基准，分别赋值为 1—4，变成有序型数据，主要采取多维混合效应有序回归（Multilevel Mixed-effects Ordered Logistic Regression）、基本有序回归（Ordered Logistic Regression）和面板随机效应有序回归（Random-effects Ordered Logistic Models）三种方法予以估计，具体结果如表 6-11 所示。

通过表 6-11 可以看出，第（1）—（3）列为多维混合效应有序回归结果，第（4）—（6）列为基本有序回归，第（7）—（9）列为面板随机效应有序回归，根据所报告的结果可以看出，至少在 5% 的统计水平上，草原生态修复财政总支出、农林水支出和节能环保支出对生态效益的影响大部分是存在显著

表6-11 更换变量的回归结果

变量	Meologit			Ologit			Xtologit		
	(1)	(2)	(3)	(4)	(5)	(6)	(7)	(8)	(9)
rxpafee1	0.241 (1.30)			0.602*** (2.75)			0.602*** (2.75)		
rxpafee12	-0.127*** (-2.90)			-0.094* (-1.73)			-0.094* (-1.73)		
rxpafwe1		0.221 (0.52)			0.848*** (3.82)			0.848*** (3.82)	
rxpafwe12		-0.114 (-0.54)			-0.095* (-1.76)			-0.095* (-1.76)	
rxpenvir1			-0.033 (-0.20)			-0.121 (-0.82)			-0.121 (-0.82)
rxpenvir12			-0.088** (-2.04)			0.039 (0.71)			0.039 (0.71)
lnmulivestock1	-0.380* (-1.70)	-0.346 (-0.54)	-0.386 (-1.57)	-1.349*** (-3.41)	-1.415*** (-3.51)	-1.259*** (-3.25)	-1.349*** (-3.41)	-1.415*** (-3.51)	-1.259*** (-3.25)
lnoutpbm1	0.438** (2.28)	0.378 (0.56)	0.473** (2.23)	1.042*** (3.38)	1.078*** (3.50)	1.069*** (3.48)	1.041*** (3.38)	1.078*** (3.5)	1.069*** (3.48)
lnareagre1	-0.174 (-1.20)	-0.149 (-0.46)	-0.136 (-0.86)	-0.847 (-1.14)	-0.693 (-0.93)	-0.956 (-1.30)	-0.847 (-1.14)	-0.693 (-0.93)	-0.956 (-1.30)

续表

变量	Meologit				Ologit			Xtologit		
	(1)	(2)	(3)	(4)	(5)	(6)	(7)	(8)	(9)
rlabor1	0.146	0.129	0.177*	0.042	0.012	0.085	0.042	0.012	0.085
	(1.63)	(0.59)	(1.79)	(0.39)	(0.11)	(0.80)	(-0.39)	(-0.11)	(0.80)
lnrgdp1	3.380*	2.935	4.087**	2.414	2.055	2.791	2.412	2.054	2.788
	(1.88)	(0.46)	(2.07)	(1.36)	(1.19)	(1.56)	(-1.36)	(-1.19)	(1.56)
lnrgdp21	-3.088*	-2.688	-3.808*	-2.236	-1.879	-2.668	-2.234	-1.878	-2.666
	(-1.69)	(-0.45)	(-1.90)	(-1.27)	(-1.09)	(-1.50)	(-1.27)	(-1.09)	(-1.50)
temp1	-0.014	-0.009	0.008	-0.359	-0.494*	-0.408	-0.359	-0.494*	-0.408
	(-0.14)	(-0.10)	(0.08)	(-1.34)	(-1.80)	(-1.47)	(-1.34)	(-1.80)	(-1.47)
precip1	1.049***	0.914	1.153***	1.498***	1.474***	1.480***	1.498***	1.474***	1.480***
	(9.95)	(0.55)	(9.87)	(13.84)	(13.49)	(13.63)	(13.84)	(13.49)	(13.63)
rindustri1	-0.048	-0.043	-0.070	-0.181	-0.188	-0.205*	-0.181	-0.188	-0.205*
	(-0.54)	(-0.40)	(-0.71)	(-1.48)	(-1.52)	(-1.69)	(-1.48)	(-1.52)	(-1.69)
nuhighstu1	0.023	0.018	-0.014	-0.532*	-0.483	-0.625**	-0.533*	-0.483	-0.625**
	(0.22)	(0.18)	(-0.13)	(-1.70)	(-1.54)	(-2.01)	(-1.70)	(-1.54)	(-2.01)
Observations	1132	1132	1132	1132	1132	1132	1132	1132	1132
city FE	YES	YES	YES	YES	YES	YES	YES	YES	YES
Year FE	YES	YES	YES	NO	NO	NO	NO	NO	NO
极值点	0.9505262**	0.45662	0.188162	3.204731	4.4817	1.571427	3.20476	4.481733	3.93821
P>|t|	0.0314	0.0256	0.2923	0.1521	0.2831	0.2812	0.1523	0.2832	0.1987

的倒"U"形关系,这也印证了前文的结论是可靠和稳健的。同时,本书按照三类方法将年份固定后进行回归结果见附录 13。

6.3.4.3 更换样本的方法

上文已经按遥感数据获取的草原面积予以分析,但是当前由于中央资金安排主要是根据面积拨付资金,因此,本章接下来根据深度访谈获取的禁牧面积和草畜平衡面积更替样本进行稳健性检验,虽然用中央安排给各旗县的禁牧和草畜平衡资金予以进一步分析更加精准,但是资金分配是按照 5 年一轮,资金变动幅度不大,数据构成的重复性导致无法进行更好的计量分析,因此,退而求其次,选择面积予以检验。具体按照三分数方式进行样本划分,结果如表 6-12 所示。

表 6-12　样本变化后的回归结果

变量	禁牧面积			草畜平衡面积		
	(1)	(2)	(3)	(4)	(5)	(6)
rxpafee1	0.071** (2.42)			0.055 (1.51)		
rxpafee12	-0.024*** (-2.60)			-0.036** (-2.54)		
rxpafwe1		0.076*** (2.79)			0.059* (1.81)	
rxpafwe12		-0.019* (-1.69)			-0.035*** (-2.60)	
rxpenvir1			0.004 (0.20)			0.001 (0.05)
rxpenvir12			-0.009 (-0.90)			-0.015 (-1.43)
lnnulivestock1	-0.030 (-0.65)	-0.026 (-0.57)	-0.032 (-0.68)	-0.020 (-0.37)	-0.019 (-0.35)	-0.028 (-0.52)
lnoutpbm1	0.039 (1.09)	0.035 (0.99)	0.032 (0.91)	0.065 (1.35)	0.066 (1.37)	0.064 (1.33)

续表

变量	禁牧面积			草畜平衡面积		
	(1)	(2)	(3)	(4)	(5)	(6)
lnareagre1	-0.021 (-1.61)	-0.025* (-1.74)	-0.016 (-1.24)	-0.012 (-0.60)	-0.015 (-0.76)	-0.018 (-0.93)
rlabor1	-0.009 (-0.13)	-0.016 (-0.24)	-0.018 (-0.27)	0.078 (1.33)	0.070 (1.21)	0.067 (1.14)
lnrgdp1	0.021 (0.34)	0.028 (0.47)	0.026 (0.42)	-0.033 (-0.69)	-0.030 (-0.64)	-0.029 (-0.60)
lnrgdp21	-0.034 (-0.72)	-0.029 (-0.61)	-0.026 (-0.54)	-0.013 (-0.24)	-0.012 (-0.23)	0.001 (0.01)
temp1	0.088*** (5.83)	0.090*** (5.95)	0.088*** (5.77)	0.073*** (4.04)	0.075*** (4.13)	0.072*** (3.93)
precip1	0.009 (0.76)	0.010 (0.81)	0.007 (0.55)	0.012 (1.05)	0.012 (1.00)	0.008 (0.71)
rindustri1	-0.019 (-0.67)	-0.017 (-0.61)	-0.029 (-1.03)	-0.031 (-1.14)	-0.028 (-1.03)	-0.037 (-1.38)
nuhighstu1	-0.174*** (-11.46)	-0.177*** (-11.77)	-0.180*** (-11.02)	-0.219*** (-7.07)	-0.220*** (-7.10)	-0.215*** (-6.64)
Observations	746	746	746	505	505	505
city FE	YES	YES	YES	YES	YES	YES
Year FE	YES	YES	YES	YES	YES	YES
极值点	1.493624***	1.972435	1.98394	0.7715076**	0.8405645**	0.90283
$P>|t|$	0.0093	0.1662	0.1781	0.0126	0.0131	0.02192

通过表6-12可以看出，第（1）—（3）列为禁牧面积样本替换后的回归结果，财政总支出和农林水支出仍然呈现显著的倒"U"形关系，节能环保支出虽然不显著，但是倒"U"形关系仍然存在；其次第（4）—（6）列为草畜平衡面积样本替换后的回归结果，和禁牧面积一样，财政总支出和农林水支出的倒"U"形关系较为显著，节能环保支出存在倒"U"形关系。因此，可以证明前文的分析结果是较为稳健的。

6.4　本章小结

本书利用内蒙古 2011—2020 年 103 个旗县的面板数据，考察草原生态修复财政支出政策的生态效益是否实现，进而验证政策的有效性。在动态演化博弈理论分析中，草原生态修复的财政支出的生态效益有不断好转上升的趋势，但是本书在实证检验环节，加入了自然影响因素，如气温和降水的影响后，草原生态修复的财政支出政策的生态效益呈现倒"U"形，得出的结果更加贴近现实，具有一定的解释意义。同时，在不同财政支出分项、不同草原区域、不同收入分组等方面，草原生态修复财政支出政策的生态效益具有异质性响应，通过分析财政自主程度和政府绩效诉求的调节效应，发现两者都会对草原生态修复财政支出政策影响生态效益具有调节效应。

具体得出如下结论：草原生态修复的财政支出政策与生态效益呈现倒"U"形关系；通过异质性分析可以发现，首先，节能环保支出和农林水支出虽然都具有显著倒"U"形关系，农林水支出的政策作用具有显著正向影响，节能环保支出的正向影响不显著；其次，在不同草原类型区域，政策具有异质性，在纯牧区，财政总支出和农林水支出呈现显著的倒"U"形，在半农半牧业和其他区域的旗县，虽然具有倒"U"形关系，但是不显著；再次，按财政支出均值分组后，在财政总支出的小于均值组的政策效果具有显著的倒"U"形关系，该组对政策敏感度最强；接下来，按收入三分数分组后发现，不同收入群体存在政策异质性影响，财政总支出与生态效益的影响上来看，低收入群体呈现正向影响，在中、高收入组，虽然不显著，但仍然有倒"U"形关系的存在；最后，按遥感数据获取的草原面积均值进行异质性检验发现，财政总支出影响在低于均值面积的区域呈现显著的倒"U"形关系，在高于均值组仅有倒"U"形关系；在调节效应机制分析中，通过财政自给率和政府相对绩效拟合后，分箱估计量大都处于模型拟合区域内，政府相对绩效拟合结果可以看出草原生态修复财政总支出的生态效益影响从负向作用开始转向正向作用；财政自给率的调节效应有正有负，但整体都是位于 0 以上，政府相对绩效和财政自给率能够起到一个调节作用。

总之，研究表明草原生态修复的财政支出政策的生态效益实现上仍然有提升空间，特别是在不同区域如何优化财政支出结构显得尤为重要，将自然因素和人为因素纳入统一框架下分析生态效益，对政策评价更有可信度，在未来政策安排上，要结合不同区域的草原植被覆盖度，分区域分阶段对草原生态修复的财政支出政策予以优化，动态调整不同区域的财政支出结构，加强对牧区等典型区域的财政投入，同时还要加强对地方政府的草原生态绩效考核指标纳入整体财政支出拨付的一个重要指标，密切配合其他政策，不能一味增加财政投入，而应合理规划财政投入的结构，变输血型为造血型。

第7章

草原生态修复的财政支出政策经济效益实证分析

本章将继续分析草原生态修复财政支出政策的经济效益是否充分实现，如未充分实现，其作用机制如何，影响政策有效性的主要障碍点体现在哪里？在"以人为本"和绿色可持续发展理念的指引下，将牧民增收作为政策实施的经济效益目标。由于草原生态修复治理的财政支出政策的首要目标是草原生态保护，而在政策制定过程中，同样不能忽略对牧民这一主体的影响，特别是在维护广大农牧民的合法权益的基础上，将促进牧民增收作为第二大重要目标。这在国家 2011 年的财政部、农业农村部和国家林草局联合印发的《草原生态保护补助奖励政策实施指导意见》中予以充分的反应。

7.1 机理分析和研究假设

草原生态补奖政策对牧民收入的影响分为直接和间接两个方面。第一，直接影响主要表现在牧民按照政府规定的禁牧和草畜平衡政策，参与政策实施，国家直接给予的机会成本补贴，直接导致牧民的转移性收入增加；但是不能忽略的一个重要问题是，由于政策导致牧民不能自然放牧，而减少的畜牧业生产收益减少程度和转移性收入是否可以相互弥补，这是影响政策有效性的重要一环。因此，必须将以上两个方面都纳入影响牧民增收的直接效应，进而增加政策评估的真实性和可靠性。第二，间接影响主要表现在由于政策实施引致牧民的生产结构发生变化，如生态移民，会导致牧民从畜牧业生产向非畜牧业生产转移，影响牧民的非畜牧业收入发生变化（Liu 和 Yao，2018）。同时，为了配合牧民转向非畜牧业收入，政府还要额外配套对牧民的劳动技术和就业培训等，为优化生产要素创造新的条件（Yang 和 Xu，2014）。

7.1.1 机理分析框架

在草原生态修复过程中，中央政府通过转移支付资金安排，运用财政补贴的方式，避免部分消费者过度使用资源，而导致其他部分消费者承担社会福利损失，由国家出台草原生态补助奖励政策是必要的。草原生态补奖政策（财政补贴）作用机理为：为了在草原区域实现禁牧和草畜平衡，弥补牧民部分收益损失，通过补贴的方式，一方面，让牧民减少对草原的过度使用，为了维持牧民的原有收入水平,给予一定补贴,不会因为政策出台而使牧民的收益减少;另一方面,弥补牧民生产经营方式改变而造成的损失,促进牧民生产经营方式转变,牲畜由放牧改为圈养后,从"多养"向"精养"转变,在维持原有收入结构的基础上,实现牧民增收。通过牧民增收,从而促使牧民参与草原生态修复积极性的增加,进而实现保护草原生态环境的目标。以草原生态补奖政策中给予牧民的饲草料补贴为例,分析对牧民予以财政补贴的直接作用机理,具体如图7-1所示。

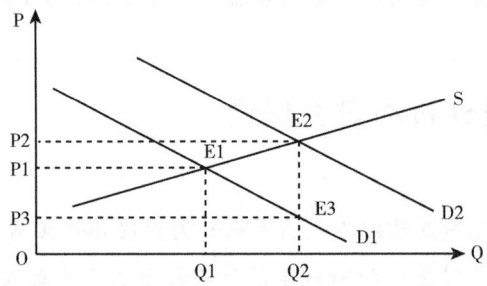

图7-1 财政补贴对牧民收入的直接影响

通过图7-1可以看出,其中D1表示消费者(牧民)最初对饲草料的需求曲线,假定:$Q_{D1} = a - bP$,S表示厂商供给曲线,假定:$Q_S = -m + nP$,E1为产品供求均衡点,即$Q_{D1} = Q_S$:

$$P_1 = \frac{a+m}{b+n}$$

$$Q_1 = \frac{an-mb}{b+n}$$

由于草原生态修复治理的需要,采取禁牧和草畜平衡政策,减少牧民使用草原资源,假定政府给予饲草料补贴,且补贴金额为s,获取补贴后,牧民需求曲线由D_1向右平移至D_2,供给曲线S形成新的交点E_2,此时$Q_{D2} = a - b(P - s)$,新的价格和产量为:

$$P_2 = \frac{a+m+bs}{b+n}$$

$$Q_2 = \frac{an-mb+bns}{b+n}$$

因此,政府给予牧民财政补贴,改变饲草料市场供求平衡,价格由P_1上升到P_2水平,产品的供求平衡产量由Q_1增加至Q_2,消费者在获得购买饲草料补贴后，实际消费价格为 P_3（$P_3 = P_2 - s$），补贴规模为 $(P_2 - P_3)Q_2$，其中消费者获取效用 $(P_1 - P_3)Q_2$，生产者间接获取效用 $(P_2 - P_1)Q_2$，因此，政府对牧民给予财政补贴能够减少使用草原资源的消费成本，提高饲草料产品竞争力，进一步增加牧民保护草原的积极性，形成良性循环。

同时，草原生态修复的财政补贴政策还具有间接效应，补贴后生产经营和生活方式发生改变，其间接的作用机理如图 7-2 所示。

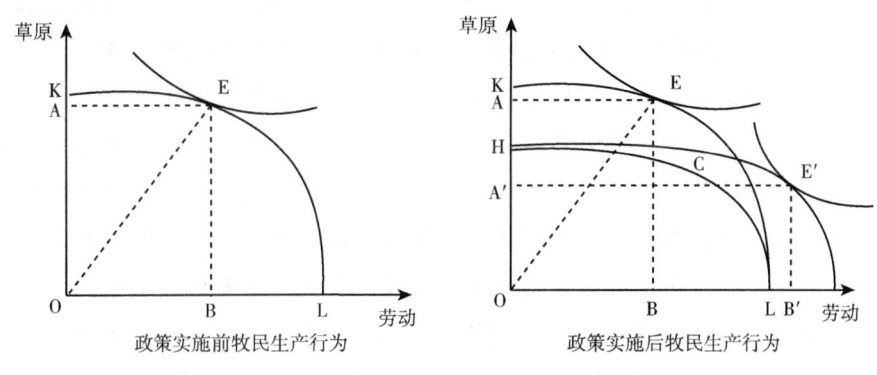

图 7-2 财政补贴对牧民收入间接影响

政府干预牧户行为选择，现以生产可能性曲线为例，分析牧民生产投入（资本和劳动力）对政策响应。草原生态补奖政策影响牧民收入现借助生产可能性边界来予以进一步分析，假定曲线 KL 表示牧民的生产可能性边界，牧民利用草原和自身的劳动力投入从事畜牧业生产活动，并可以获取一定的收入，因此 KL 曲线也表示牧民的生产技术函数。图 7-2 左图描述了政策实施前牧民通过草原，投入劳动力获取的收入，假定牧民草原利用的最大能力为 K，劳动力投入禀赋为 L，根据效用最大化原理，牧民的最优决策点为 E，因此，劳动力投入为 OB，资本投入为 OA，因此有 KA 草原未被利用，BL 为剩余劳动力。E 点代表牧民通过最大生产能力可获得相应收入的生产要素组合，作为理性的牧民通过权衡要素投入而获取最优的收入水平。

政策实施后，牧民的福利水平变化情况如图 7-2 右图所示，由于政策实施，减少了牧民可以用的草原数量，牧民的生产行为受到限制，由政府给予必要的补贴后，是否能够弥补放弃生产的成本，这是导致牧民福利损失的一个重要影响路径。假定政府规定牧民禁牧和草畜平衡面积为 HK，那么牧民的可行性生产能力从 OKEL 变为 OHCL，如果牧民劳动力投入未发生变化，则牧民的家庭福利必定受到了损失，在草原利用面积减少的情况下，理性的牧民只能通过增加劳动力供给方式，弥补收入的降低和福利的损失。这部分劳动力一是转移到非畜牧业生产，二是通过生产方式的改变，转为圈养方式。因此，需要劳动力的人力资本能力有所提升，通过参加政府举办的劳动力就业培训或自身通过技能培训，提高收入水平，使生产可能性边界从 OHCL 提升至 OHE′B′，最优选择也即变为 E′，政策的激励措施，使牧民转移更多的劳动力去从事非畜牧业生产。但是，牧民的家庭福利改变情况是否会增加主要取决于非畜牧业收入增加的幅度。

通过图 7-2 还可以关注到，牧民到底有多大意愿转到非畜牧业生产，还受到诸多外在因素影响，例如城镇劳动力市场的需求程度和生活成本对经济波动的影响，政府所提供公共物品和服务充足时，草原富集地区主要在边疆少数民族地区，牧民语言、受教育程度等都是影响牧民是否愿意转移到非畜牧业生产的关键，如果牧民不愿转移到非畜牧业生产，则牧民的福利定会受到损失。因此，政策实施是否会真正增加牧民收入，主要取决于牧民生产经营方式转变后的收入水平，只有当牧民的劳动供给超过 OL 时，牧民的收入能力和福利水平才会有所提高，否则当牧民的劳动力供给处于 BL 之间时，牧民的收入水平实际并没有提高，福利水平也并未真正提升。

以草原补奖政策为例，其中不能忽略的一个目标就是实现牧民增收，但是牧民收入的提高不仅是获得的财政补贴额度，还与后期牧民劳动力供给能力息息相关。从图 7-2 可以看出，在可以利用的草原面积减少的情况下，如果提高牧民的收入水平，则只能依靠牧民生产方式的转型，一是通过圈养方式，增加畜牧业收入，二是通过向非畜牧业领域转移，增加非畜牧业收入，同时只有转型后获得的收入加上补贴收入大于牧民原来采取自由放牧获得收入时，即图中的 LB′ > HK 时，政策才真正有效。

7.1.2 研究假设

通过以上的理论分析，提出以下研究假设：

研究假设 1：财政支出政策影响牧民的转移性收入增加，但将畜牧业收入和非畜牧业收入纳入后，牧民的实际收入（经济效益）并未呈现上升态势。

研究假设 2：在"禁牧区"和"草畜平衡区"不同类型的草原区域，财政支出政策对于牧民增收具有异质性。

研究假设3：财政支出政策影响牧民增收的作用机制取决于牧民劳动力供给能力（就业、教育水平）的提升程度。

7.2 研究设计

7.2.1 模型设定

由于内蒙古旗县宏观数据中关于财政支出政策影响牧民收支的微观数据缺失，且当前关于经济效益研究的文章多数是基于微观调查问卷获取的数据。因此，本书利用2016年第二轮草原生态补奖政策中财政补贴标准提高作为一项准自然实验，采取问卷调查法和实地访谈法相结合的方式，进一步探究草原生态补奖政策对牧民收入的影响及其作用机制，从财政支出政策的经济效益视角出发，评析内蒙古草原生态修复财政支出政策支持的实际效果。草原生态补奖政策有两个基本思路，一是通过限制超载放牧行为，实现牲畜的"多养"到"精养"，保护草原生态环境。二是通过生态补奖激励牧民向非畜牧业顺利转型，形成畜牧业和非畜牧业相结合的收入结构，弥补被挤出的畜牧行为。通过促进牧民畜牧业收入的提高，进而实现保护草原的目的。

相较于已有研究，大部分采用政策前后数据简单比较或者采取固定效应模型，本书基于2016年补贴标准提高的准自然实验，采用双重差分法对草原生态补奖政策进行研究能够极大地减少估计误差。具体而言，双重差分法类似自然科学中的对照实验，控制组和实验组的变化趋势尽可能相同，唯一区别在于是否受政策影响。控制组能够模拟出如果没有政策干扰情况下实验组变化趋势，即反事实估计，通过比较实验组和控制组，就可以得到草原生态补奖政策的净效应。探究政策对牧民收入的影响时，牧民收入本身就存在一些随时间变化的趋势和偶然变化因素，单纯比较政策前后收入就会将这些非政策因素产生收入变化包含在内，从而导致政策效果的估计结果有偏，甚至与真实政策效果完全相反[①]。双重差分法能够极大程度上缓解上述估计偏差，

---

① 以时间趋势为例，当牧民收入的时间趋势为正时，会导致政策的增收效应被低估，相反，时间趋势为负时，则会导致政策的增收效果被高估。当这种趋势与政策效果相反并且大于政策效果时，则会导致估计结果与政策的真实效果完全相反。

为政策效果评估提供更为可信证据①。

而本书由于调研数据获取的优势性，可以获得每个家庭位于禁牧区、草畜平衡区的草原面积，通过随机获取数据将同为内蒙古的家庭分为实验组和对照组，当该家庭位于"禁牧区"或"草畜平衡区"时，就会受到政策影响，并将其视为实验组，而当该家庭在"禁牧区"或"草畜平衡区"拥有的草原面积为 0 时，将不会受到该政策影响，并将其视为对照组。

与本书采用类似估计方法的是 Hou 等（2021）的分析，采用该政策实施省份的周边省份样本作为控制组，例如山西、河北、辽宁、吉林、黑龙江等地。但是这些省份居民的收入结构、支出结构、生活习惯等会导致样本分析具有较大差异。本书略有不同，在控制组的选择上，直接选取了内蒙古其他未受政策影响的居民样本，这进一步缓解上述差异导致估计偏差，提供更为准确的结果。

具体而言，采用的基本模型如下：

$$Y_{it} = \alpha + \beta Treat \times Post_{it} + \gamma X_{it} + \eta_t + \delta_i + \varepsilon_{it} \tag{7-1}$$

其中，i 表示家庭，t 表示年份（t = 2013，2016，2019），Y 为被解释变量，X 表示微观层面的控制变量，η_t 和 δ_i 分别表示时间和家庭固定效应②。

首先是交互项 Treat × Post。其中 Treat 表示实验组虚拟变量，当该家庭草场面积不为 0 时，Treat = 1，当该家庭没有草场时，Treat = 0。Post 表示补贴标准提高前后的虚拟变量，当年份小于 2016 年时，Post = 0，当年份大于等于 2016 年时，Post = 1。系数 β 就是本书需要重点考察的系数，这表示草原生态补奖政策的净效应。

其次是被解释变量 Y，本书在基准回归中主要探究和牧民家庭收入相关的变量，包括牧民家庭总收入以及分项收入，分项收入主要包括政府补贴收入、畜牧收入和非畜牧收入。在机制分析中，也探究政策对牛羊数量、牛羊收入的影响，因此被解释变量也包括牛羊数量和牛羊收入。

---

① 已有文献中，仅有 Hou 等（2021）采用了双重差分法缓解估计偏差。本书与 Hou 等（2021）的一个重要不同点在于双重差分法控制组的选取，Hou 等（2021）采用了实行草原生态保护补助奖励政策省份周边其他省份作为控制组，然而周边省份的家庭与内蒙古牧区家庭的收入结构有较大差异，这种差异也会被捕捉到双重差分的估计结果中，从而导致估计的偏误。本书则直接选取内蒙古当地的家庭作为控制组，能够较大程度缓解收入结构差异导致的估计偏差。

② 家庭固定效应控制了子女数、劳动力等家庭层面短期内不变的家庭微观因素，也控制了地区层面不随时间变化的一系列因素。

最后是控制变量 X，相较于已有文献，本书由于获取数据的优势，加入了三方面的微观控制变量。一是家庭的支出情况，包括：基础消费支出；超载放牧支出；其他支出。二是借款情况，包括三个控制变量，即金融机构贷款情况，当家庭中存在金融机构贷款时赋值为 1，否则赋值为 0；私人机构借款情况，当家庭中存在私人机构借款时赋值为 1，否则赋值为 0；朋友借款情况，当家庭中存在朋友借款时赋值为 1，否则赋值为 0。三是家庭的饲养放牧花费，包括四个控制变量，即羊饲料花费；养羊其他花费；牛饲料花费；养牛其他花费。

7.2.2 变量说明与数据来源

草原生态补奖政策的微观数据十分匮乏，因此本书使用的数据与 Hou 等（2021）类似，来自实地调研的微观数据。获取数据的主要方式包括问卷调查、实地访谈、电话访谈等方式，被调查对象是相对随机的。最后共获取了 1925 个家庭的平衡面板数据，年份主要以 2016 年第二轮草原补奖政策变化作为准自然实验，并考虑政策的时滞性，将前后的时间选择为 2013 年和 2019 年。同时问卷发放涉及内蒙古 103 个旗县，即包含了 33 个纯牧业旗县、21 个半农半牧业旗县和其他区域，该样本在研究草原补奖政策时具有较强代表性。包含了每个家庭中属于"禁牧区"和"草畜平衡区"面积，同时还包含了每个家庭的收入、支出、贷款、畜牧数量等状况，这些都为本书分析草原补奖政策的牧民"增收"目标提供了数据支撑。

7.2.3 描述性统计

通过对问卷调查结果的统计，表 7-1 汇报了主要变量的描述性统计，其中收入、支出、牛羊数量等数据是分级离散变量。具体来看，以家庭总收入为例，0 表示没有收入，1 表示收入为 0 元到 2000 元（不包括 0 元），2 表示 2000 元到 5000 元，以此类推，12 表示 20 万元及以上，具体问卷中的分级标准见附录 14。其中，家庭总收入的均值结果为 6.79，这意味着家庭的平均收入为 3 万元到 6 万元，这也与官方公布的统计年鉴上的收入数据类似，这也在一定程度上作证了调查样本的可靠性。同时畜牧业收入、非畜牧业收入、政府补贴收入均值分别为 5.06、3.04、2.34；养羊、养牛的数量和收入均值分别为 1.89、1.41、2.16、2.13；控制变量中基础消费支出、超载放牧支出和其他支出均值分别为 1.81、1.29、1.62，金融机构贷款情况、朋友借款情况、私人机构借款情况均值分别为 0.61、0.37、0.19，养羊饲料花费、养羊其他花费、养牛饲料花费和养牛其他花费的均值分别为 2.12、1.57、1.88、1.49。

表 7-1　　　　　　　　　主要变量描述性统计

	变量名称	算术平均数	标准差	最小值	最大值
被解释变量	总收入	6.79	2.88	1	12
	畜牧收入	5.06	3.13	0	12
	非畜牧收入	3.04	2.24	0	12
	政府补贴收入	2.34	1.51	0	12
	羊数	1.89	1.53	0	9
	牛数	1.41	0.87	0	9
	羊收入	2.16	1.86	0	10
	牛收入	2.13	1.89	0	10
控制变量	基础消费支出	1.81	1.24	0	11
	超载放牧支出	1.29	0.89	0	11
	其他支出	1.62	1.07	0	11
	金融机构贷款情况	0.61	0.49	0	1
	朋友借款情况	0.37	0.48	0	1
	私人机构借款情况	0.19	0.39	0	1
	羊饲料花费	2.12	1.74	0	11
	羊其他花费	1.57	1.07	0	11
	牛饲料花费	1.88	1.61	0	11
	牛其他花费	1.49	1.05	0	11

注：(1) 数据涉及 1925 个家庭，观测值共 5775 个。(2) 收入或者支出变量中，0 表示该家庭没有这项支出或收入。具体见附录 14 中的调查问卷设计。

7.3　实证结果分析

7.3.1　基本结果分析

本章首先讨论草原生态补奖政策对家庭总收入及其分项收入的影响，主要回答研究假设 1 提出问题,具体结果如表 7-2 所示。其中第(1)列为家庭总收入,结果与政策预期和已有部分文献的结论有所不同,即草原生态补奖政策并未显著增加家庭总收入。进一步地,从分项收入来看,首先,政府补贴收入显著增加 [见表 7-2 第(2)列],与政策本身相符,2016 年开始草原补奖政策进一步增加政府补贴额度,每个家庭可获得的政府补贴收入显著增加。其次,畜牧收入显著下降 [见表 7-2 第(3)列],这一效果来自草原生态补奖政策中"禁牧区"和"草畜平衡区"对畜牧业的限制。最后,非畜牧收入显著增加 [见表 7-2 第(4)列],但是增加的幅度低于畜牧收入下降的幅度。

草原生态补奖政策的促进牧民增收目标的基本逻辑是通过政府补贴实现两个方面转变,一是实现牲畜从"多养"转向"精养",促进畜牧业转型升级。二是促使以往超载放牧的牧民转向非畜牧业生产。通过表 7-2 结果可以看出,畜牧业升级转型尚未实现,畜牧收入仍然处于大幅下降态势,同时非畜牧收入虽然有增长,说明有部分牧民转向了非畜牧业生产,但是转型后收入的增加幅度并不能弥补畜牧收入下降的幅度。因此,要实现草原生态补奖政策的促进牧民增收目标仍未充分实现,后文在机制分析中会探究牧民增收目标暂未实现的内在原因。

表 7-2　　　　　草原生态补奖政策对家庭收入的影响

变量	(1) 总收入	(2) 政府补贴收入	(3) 畜牧收入	(4) 非畜牧收入
D	-0.0347 (0.0563)	0.3223 *** (0.0376)	-0.8445 *** (0.0609)	0.3157 *** (0.0585)
基础消费支出	0.1063 ** (0.0493)	0.0225 (0.0282)	0.0722 (0.0601)	0.0536 (0.0429)
超载放牧支出	0.1479 ** (0.0650)	0.0532 * (0.0301)	0.0785 (0.0553)	0.0184 (0.0524)
其他支出	0.0865 (0.0549)	-0.0191 (0.0308)	0.0351 (0.0655)	0.0651 (0.0409)
金融机构贷款	0.0195 (0.0557)	-0.0099 (0.0428)	-0.0592 (0.0673)	-0.0110 (0.0648)

续表

变量	(1) 总收入	(2) 政府补贴收入	(3) 畜牧收入	(4) 非畜牧收入
朋友借款	0.0099 (0.0723)	-0.0713 (0.0581)	0.0207 (0.0831)	-0.0992 (0.0838)
私人机构借款	0.0099 (0.0723)	0.1261** (0.0575)	0.0866 (0.0843)	0.0351 (0.0858)
羊饲料花费	0.1334** (0.0591)	0.0095 (0.0298)	0.1458* (0.0761)	-0.0265 (0.0507)
羊其他花费	0.1449** (0.0604)	0.0518 (0.0480)	0.2034*** (0.0601)	0.0985 (0.0615)
牛饲料花费	0.1787*** (0.0551)	0.0604 (0.0370)	0.1429** (0.0672)	-0.0157 (0.0491)
牛其他花费	0.0127 (0.0658)	0.0870 (0.0658)	0.0870 (0.0685)	0.0289 (0.0824)
常数项	5.3966*** (0.2403)	1.8415*** (0.2370)	3.9838*** (0.2289)	2.6476*** (0.2720)
家庭固定效应	YES	YES	YES	YES
时间固定效应	YES	YES	YES	YES
聚类	家庭	家庭	家庭	家庭
观测值	5775	5775	5775	5775
R^2	0.9305	0.8888	0.9298	0.8826

注：(1) 表中括号内为标准误，*、**、*** 分别表示在10%、5%和1%的显著性水平上显著，以下结果如无特殊说明，均同该表。(2) 表中未报告不包含控制变量结果，其结果见附录15。

7.3.2 异质性分析

草原生态补奖政策主要通过设立"禁牧区"和"草畜平衡区"，在不同区域给予不同的财政补贴数额，从促进草原生态修复的角度看，"禁牧区"在实施期间内全面禁牧，主要针对的是一些重度退化或者需要重点保护的区域，而"草畜平衡区"实施的是季节性休牧和轮牧。但是如果从政策促进牧民增收的角度来看，"禁牧区"可能对牧民畜牧收入影响更大，短期内牧民增收会受到较大影响。因此本章将具体探究"禁牧区"和"草畜平衡区"的政策效果差异。具体结果如表7-3所示。

表7-3 "禁牧区"和"草畜平衡区"对收入的影响差异

变量	(1) 总收入	(2) 政府补贴收入	(3) 畜牧收入	(4) 非畜牧收入
Panel A. 禁牧区				
D	-0.5775***	0.4177***	-1.1387***	0.3070
	(0.1715)	(0.1456)	(0.2190)	(0.1963)
常数项	5.7661***	1.8284***	4.1167***	3.2601***
	(0.2660)	(0.1378)	(0.2250)	(0.1528)
观测值	3495	3495	3495	3495
R^2	0.9154	0.8846	0.9096	0.8930
Panel B. 草畜平衡区				
D	0.2510***	0.3128***	-0.7831***	0.3625***
	(0.0648)	(0.0407)	(0.0643)	(0.0678)
常数项	5.6248***	1.8454***	4.0123***	2.7557***
	(0.3034)	(0.2142)	(0.2765)	(0.3520)
观测值	4947	4947	4947	4947
R^2	0.9269	0.8921	0.9314	0.8876
Panel C. 禁牧区+草畜平衡区				
D	-0.5278**	0.3544***	-0.9414***	0.2441***
	(0.0724)	(0.0691)	(0.0988)	(0.0882)
常数项	5.2029***	1.6442***	3.6104***	2.8646***
	(0.3008)	(0.3675)	(0.2907)	(0.3411)
观测值	4137	4137	4137	4137
R^2	0.9240	0.8914	0.9114	0.8857
家庭固定效应	YES	YES	YES	YES
时间固定效应	YES	YES	YES	YES
控制变量	YES	YES	YES	YES
聚类	家庭	家庭	家庭	家庭

本部分将实验组分成三部分，分别与控制组进行双重差分。Panel A 的实验组为仅有"禁牧区"草原的家庭，Panel B 的实验组为"草畜平衡区"草

原的家庭，Panel C 的实验组是同时拥有"禁牧区"和"草畜平衡区"草原的家庭，三组的控制组均为草原面积为 0 的家庭。

具体来看，第（1）列为总收入的结果，可以看出"草畜平衡区"家庭的总收入有所增加，但涉及"禁牧区"的 A 和 C 两组的家庭总收入均不同程度下降，而仅包含"禁牧区"的 A 组的家庭总收入下降幅度最大。具体到分项收入，结果见第 2 列，"禁牧区"的家庭获得的政府补贴收入最多，这也与政策中对"禁牧区"有更多财政补贴的事实较为吻合。同时"禁牧区"家庭的畜牧业收入下降的幅度也是最大的，具体见第（3）列结果，这主要是因为"禁牧区"对牲畜放牧的限制更加严格，而"草畜平衡区"允许季节性放牧，畜牧业收入下降的幅度不如"禁牧区"下降的幅度大。第（4）列结果表明三组的非畜牧业收入有所增加，但不足以弥补畜牧业收入下降幅度，这也回答了研究假设 3 所提出的问题，不同区域的草原生态补奖政策具有异质性响应。

综上所述，在仅有"草畜平衡区"的 B 组家庭在政策实施期内，依靠政府财政补贴增加和向非畜牧业收入的平滑过渡，实现了总收入的增加。而涉及"禁牧区"的 A 组和 C 组家庭的总收入均呈现下降态势。

7.3.3　中介机制分析

经过上文分析可以发现政策具有异质性，但是到底影响牧民增收这一目标尚未实现的原因在哪里？接下来将依据政策设定初衷寻求政策作用机制及障碍因素，以期为优化政策提供更可靠的政策建议。

7.3.3.1　对畜牧行为的影响

接下来分析政策中设定"禁牧区"和"草畜平衡区"对牧民畜牧业行为的影响。在草原畜牧业生产中牛和羊是最为重要的两类牲畜种类，通过对牛羊数量以及牛羊收入的变化来探究政策对牧民畜牧业行为的影响，具体结果如表 7-4 所示。

具体来看，第（1）列和第（3）列结果表明牛和羊的牲畜存栏数量，可以发现牧民饲养的牛和羊数量都显著降低，其中羊的数量下降幅度较大。第（2）列和第（4）列表明牛羊交易后的收入情况，结果表明牧民获得的牛和羊收入也显著降低。综上所述可以看出，牧民养牛和样的数量和收入都有所下降,这也就说明了政策对畜牧业行为有较大程度的抑制作用,这对实现草原生态保护确实起到了一定的作用。

表 7-4　　　草原生态补奖政策对牧民畜牧行为的影响

变量	(1) 羊数	(2) 羊收入	(3) 牛数	(4) 牛收入
D	-0.3141*** (0.0339)	-0.2262*** (0.0320)	-0.1968*** (0.0221)	-0.1164*** (0.0398)
基础消费支出	0.0502* (0.0298)	0.0769* (0.0398)	0.0539* (0.0288)	0.0622 (0.0595)
超载放牧支出	0.0809* (0.0452)	0.0196 (0.0399)	-0.0071 (0.0240)	-0.0845** (0.0421)
其他支出	-0.0650* (0.0362)	0.0178 (0.0413)	0.0112 (0.0207)	0.0822 (0.0500)
金融机构贷款	-0.0029 (0.0369)	0.0462 (0.0345)	0.0097 (0.0317)	0.0423 (0.0433)
朋友借款	0.0630 (0.0418)	0.0267 (0.0440)	0.0674** (0.0329)	0.0347 (0.0590)
私人机构借款	-0.0350 (0.0416)	-0.0708* (0.0422)	-0.0526 (0.0334)	-0.0583 (0.0584)
羊饲料花费	0.1328** (0.0563)	0.2141*** (0.0428)	-0.0068 (0.0300)	0.0040 (0.0461)
羊其他花费	-0.0461 (0.0658)	0.1061** (0.0424)	0.0087 (0.0458)	0.0903* (0.0521)
牛饲料花费	-0.0182 (0.0459)	0.0994*** (0.0383)	-0.0356 (0.0319)	0.1914*** (0.0517)
牛其他花费	0.0049 (0.0468)	0.0056 (0.0403)	0.0486 (0.0326)	0.1167* (0.0615)
常数项	1.6859*** (0.1771)	1.1926*** (0.1435)	1.3331*** (0.1031)	1.3142*** (0.2019)
家庭固定效应	YES	YES	YES	YES
时间固定效应	YES	YES	YES	YES
聚类	家庭	家庭	家庭	家庭
观测值	5775	5775	5775	5775
R^2	0.9275	0.9527	0.8973	0.9368

进一步地，分析"禁牧区"和"草畜平衡区"对畜牧业行为的异质性响应。具体结果如表7-5所示，可以看出，"禁牧区"的家庭对畜牧业行为的影响最大，其次是"禁牧区"和"草畜平衡区"均涉及的家庭，最后是"草畜平衡区"家庭。该结果与前文分析结果一致，其中"草畜平衡区"家庭的畜牧业行为受到的冲击最小，但从草原生态修复的角度看，如何实现向非畜牧的过渡和转移才是应对畜牧业收入下降的根源。因此本书将重点分析牧民在转向非畜牧业生产中面临的难点和挑战。

表7-5 "禁牧区"和"草畜平衡区"对畜牧行为的影响差异

变量	(1) 羊数	(2) 羊收入	(3) 牛数	(4) 牛收入
Panel A. 禁牧区				
D	-0.4342***	-0.4957***	-0.7161***	-0.6421***
	(0.1558)	(0.1086)	(0.2432)	(0.1481)
常数项	0.9703***	0.9991***	1.0538***	1.0560***
	(0.2316)	(0.1613)	(0.1047)	(0.1712)
观测值	3495	3495	3495	3495
R^2	0.9437	0.9811	0.9537	0.9812
Panel B. 草畜平衡区				
D	-0.2601***	-0.1449***	-0.1476***	-0.0141
	(0.0383)	(0.0375)	(0.0197)	(0.0406)
常数项	1.3245***	1.0405***	1.3431***	1.4676***
	(0.1854)	(0.1752)	(0.1105)	(0.2474)
观测值	4947	4947	4947	4947
R^2	0.9297	0.9578	0.9201	0.9523
Panel C. 禁牧区和草畜平衡区均有				
D	-0.4437***	-0.3954***	-0.2755***	-0.3247***
	(0.0664)	(0.0579)	(0.0441)	(0.0794)
常数项	1.3513***	0.8167***	1.0040***	0.5247**
	(0.2505)	(0.1547)	(0.1286)	(0.2139)

续表

变量	(1) 羊数	(2) 羊收入	(3) 牛数	(4) 牛收入
观测值	4137	4137	4137	4137
R^2	0.9432	0.9666	0.9308	0.9436
家庭固定效应	YES	YES	YES	YES
时间固定效应	YES	YES	YES	YES
控制变量	YES	YES	YES	YES
聚类	家庭	家庭	家庭	家庭

7.3.3.2 向非畜牧业的转移

政策促进牧民增收的机制作用还要实现牧民向非畜牧业的顺利转移。通过上文分析可知，牧民非畜牧业收入的增加幅度要低于畜牧业收入降低的幅度，这也是导致总收入不增加的重要原因，这也侧面印证了牧民在向非畜牧业转移的过程中还存在诸多困难和挑战。本书在发放问卷的同时，还通过实地调研和走访的方式，了解到牧民在转向非畜牧业的生产过程中遇到的最大问题在于家庭劳动力的平均受教育水平普遍不高，导致在劳动力市场上竞争力不足，影响了非畜牧业收入的增加。

接下来将通过边际效应分析这个重要问题。具体而言，采用式（7-2）进行边际效应分析，式（7-2）中 edu 为家庭的教育支出水平①，主要表示家庭中年轻劳动力的平均受教育水平。边际效应可以表示为 $\beta_1 + \beta_2 edu$，代表了不同受教育水平下，草原生态补奖政策对收入的影响程度，也就是该部分要关注的内容。

$$Y_{it} = \alpha + \beta_1 Treat \times Post_{it} + \beta_2 edu \times Treat \times Post_{it} + \beta_3 edu + \gamma X_{it} + \eta_t + \delta_i + \varepsilon_{it} \tag{7-2}$$

图 7-3 为根据式（7-2）得到的结果，图中实线为 $\beta_1 + \beta_2 edu$ 的大小，虚线为 95% 的置信区间。具体来看，图 7-3 中左上部分的结果，从图中向

---

① 需要承认的是，采用该指标的一个不足在于教育支出是一个家庭中作用于年轻劳动力的支出，仅能衡量家庭中年轻劳动力的平均受教育水平，而无法捕捉家庭中父母辈劳动力的受教育水平。但一方面，年轻劳动力是主力，另一方面，父母受教育水平和年轻劳动力之间有一定的正相关性，因此总体而言该不足之处对结果影响较小。

上倾斜的曲线以及正向显著的 β_2 系数可以得到一个直观的结论，即随着家庭的教育支出的提高，草原生态补奖政策对总收入的效果逐渐由负转正。但是值得注意的是只有当家庭的教育支出大于第 7 个档位时（图中竖直虚线），草原生态补奖政策才能够在 95% 的显著水平上提高家庭总收入。而按照样本中教育支出的分布，该竖直虚线位于教育支出 99% 的分位数，这也就意味着样本中 99% 的家庭低于该教育支出。上述结论表明当前牧民家庭年轻劳动力平均受教育水平的不足是导致草原生态补奖政策"增收"效果未能达到的重要原因之一。

进一步地，通过图 7-3 右上部分也可得到类似结果，随着家庭教育支出的提高，草原生态补奖政策对非畜牧收入的正向影响逐渐增强。但从图中竖直虚线可以看出，只有当教育支出大于第 3 个档位时，草原生态补奖政策才能够在 95% 的显著水平上提高家庭非畜牧收入。而第 3 个档位所处的家庭教育支出分位数为 80%，这也就意味着 80% 的家庭在该政策实施之后仍然无法有效地转向非畜牧业，进而提高家庭非畜牧业收入来弥补畜牧收入的减少。

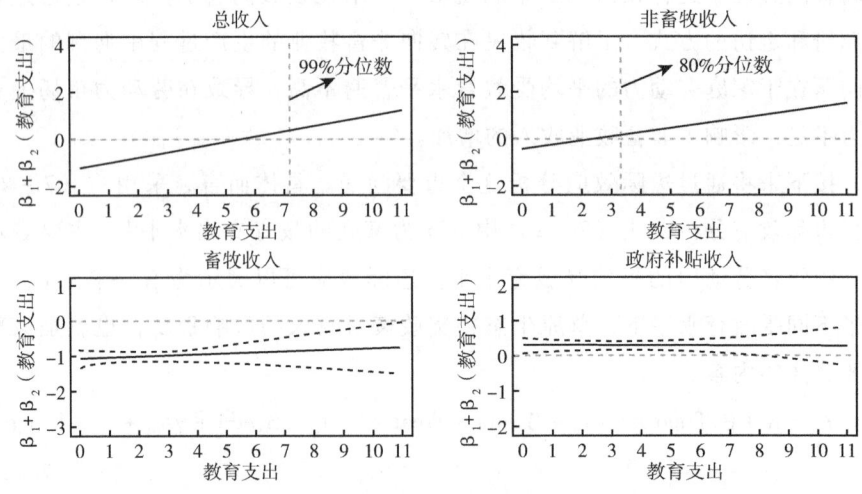

图 7-3　教育支出对草原生态补奖政策效果的边际效应分析①

最后是图 7-3 左下部分和右下部分，由于草原生态补奖政策对畜牧业收入的冲击在于"禁牧"的效果，禁牧的面积与政府补贴密切相关，畜牧业收

---

① 根据实证结果整理得出。

入和政府补贴收入主要是基于客观的家庭拥有的"禁牧区"和"草畜平衡区"面积，而非教育支出①，因此，图7-3左下和右下部分可以作为上述分析结果的安慰剂检验。

总之，通过上文边际效应的分析可以得到得出答案，为什么草原生态补奖政策没有很好地实现牧民增收目标。主要是取决于牧民家庭中年轻劳动力的受教育水平过低这一重要因素。草原生态补奖政策虽然试图引导牧民从畜牧业转向非畜牧业，但是却忽略了教育水平的提升，其中平均受教育水平过低导致了牧民在劳动力市场上没有足够的竞争力，从而难以找到合适的非畜牧业工作，就不能顺利实现从畜牧业向非畜牧业的过渡。

为了真正实现草原生态修复和牧民增收的双重目标，就要长期坚定不移地推进"禁牧区"和"草畜平衡区"的设定，同时部分牧民在转向非畜牧业时，单纯依靠政府的财政补贴是不可长久的，需要调整财政支出结果，增加对牧民的教育和就业及劳动力培训的支出，帮助牧民顺利过渡到非畜牧业生产。

7.3.4　稳健性检验

7.3.4.1　控制组的敏感性检验

由于草原生态补奖政策对牧民增收的宏观数据缺失，而微观调研数据获取受于时间限制，获取具有很大的难度。而检验DID平行趋势的最为有效的方法是事件研究法，而本书调研数据仅获取了2013年、2016年和2019年的数据，这就意味检验DID的平行趋势受到障碍。但是换一种角度看，检验平行趋势的本质在于控制组能够尽可能模拟实验组未受到政策影响的情形，形成一个合适的反事实。本书3年时点数据虽然不能直接进行平行趋势检验，但是仍然可以进行多个与控制组相关的敏感性检验，尽可能保证控制组成为一个合理的反事实，保障DID估计的有效性和可信性。

1. 采用与实验组更为相近的样本作为控制组

DID要求实验组和控制组的趋势是相同，并不要求两组的样本完全相同，

---

① 从理论上看，受教育程度也有可能在一定程度上影响畜牧收入和政府补贴收入，例如任何政策都存在最后一公里的落地问题，即满足条件的个体没有享受政策。而更高的受教育程度可能更加了解政策，从而有更大的概率享受到政府补贴。但从图7-3左下部分和右下部分中的实际情况中并没有发现这样的关系。

从更为普遍的意义上看，越相近的样本具有相同趋势的概率越高，因此已有的 DID 方法的相关文献在选择控制组时尽可能选取与实验组更为接近的样本，其中 PSM – DID 也是类似的思路，选择匹配变量较为相似的样本作为控制组，一定程度上弥补原来控制组趋势不同的难题。

本书为了检验当前 DID 估计的有效性，从反方向角度出发，采用与实验组更为相近的样本作为控制组，如果估计结果没有发生显著变化，则能够在一定程度上代表原有的控制组是一个较为合格的反事实。

表 7 – 6 分别采用两种方式寻找更为相近的控制组，其中 Panel A 采用与实验组同一区域的样本作为控制组，草原生态补奖政策与地区因素直接相关，同一区域意味着面临的宏观因素相对一致，能够一定程度上缩小实验组和控制组由于宏观因素差异导致的趋势不同。Panel B 则将控制变量作为匹配变量，采用 PSM – DID 进行回归①，能够减少由于控制变量相关因素的差异导致的趋势不同。通过 Panel A 和 Panel B 的结果可以看出，采用与实验组更为相近的样本作为控制组的结果与基准结果没有显著差异，按照上文的思路，该结果能够在一定程度上说明 DID 结果的可信度和有效性。

表 7 – 6 更换样本的估计结果

变量	(1) 总收入	(2) 政府补贴收入	(3) 畜牧收入	(4) 非畜牧收入
Panel A. 采用与实验组同一区域的样本作为控制组				
D	0.0051 (0.0563)	0.3334*** (0.0361)	-0.8256*** (0.0617)	0.3012*** (0.0592)
常数项	5.4527*** (0.2566)	1.9007*** (0.2533)	4.1106*** (0.2469)	2.6309*** (0.2891)
观测值	4944	4944	4944	4944
R^2	0.9407	0.9049	0.9416	0.8884
Panel B. PSM – DID				
D	-0.0499 (0.0564)	0.3283*** (0.0384)	-0.8691*** (0.0593)	0.3109*** (0.0589)

---

① 文中采用的是一对一近邻匹配方式，采用其他匹配方式得到的结果是类似的。

续表

变量	(1) 总收入	(2) 政府补贴收入	(3) 畜牧收入	(4) 非畜牧收入
常数项	5.3123*** (0.2387)	1.8855*** (0.2485)	3.9041*** (0.2288)	2.5687*** (0.2778)
观测值	5738	5738	5738	5738
R^2	0.9300	0.8871	0.9298	0.8826
家庭固定效应	YES	YES	YES	YES
时间固定效应	YES	YES	YES	YES
控制变量	YES	YES	YES	YES
聚类	家庭	家庭	家庭	家庭

2. 采用受影响面积进行估计

基准回归采用的 DID 将实验组变量 Treat 赋值为 1，其隐含的一个假设是实验组受到的政策影响相同。该处采用另一种 DID 的方式进行估计，即采用政策受影响程度代替 Treat 变量。这一估计方式不仅放宽了该假设，而且除了原有的控制组，该估计方式本质上也将受影响较小的样本作为受影响较大样本的趋势比较对象，因此受影响较小的样本也可以看作广义上的"控制组"，从而为 DID 估计结果的有效性提供支撑。

草原生态补奖政策的受影响程度可以十分直观地进行衡量，即一个家庭涉及的"禁牧区"和"草畜平衡区"的面积，因此本书采用影响面积加 1 取对数进行衡量，即 ln 影响面积 = ln（"禁牧区"面积 + "草畜平衡区"面积 + 1）。当影响面积等于 0 时，即原本的控制组，ln 影响面积等于 0。表 7-7 为采用这种估计方式进行回归的结果，需要关注的系数为交互项 ln 影响面积 × Post 的系数。与基准结果类似，草原生态补奖政策对总收入没有显著影响，显著降低了畜牧收入，虽然非畜牧收入有所增加，但幅度远小于畜牧收入下降的幅度。综上所述，采用另一种估计方式可以得到与基准 DID 类似的结果，同样能够佐证 DID 结果的可信度。

7.3.4.2 安慰剂检验

为了进一步提高 DID 结果的可信度，防止本书的结果是由于一些未观测到的偶然因素导致的，并非政策本身的效果，该部分参照 Liu 和 Mao（2019）、李

表 7-7 采用受影响面积进行估计的结果

变量	(1) 总收入	(2) 政府补贴收入	(3) 畜牧收入	(4) 非畜牧收入
ln 影响面积 × Post	-0.0025 (0.0082)	0.0422*** (0.0057)	-0.1093*** (0.0089)	0.0449*** (0.0083)
基础消费支出	0.1049** (0.0491)	0.0258 (0.0281)	0.0629 (0.0605)	0.0550 (0.0429)
超载放牧支出	0.1481** (0.0650)	0.0544* (0.0301)	0.0756 (0.0555)	0.0203 (0.0526)
其他支出	0.0861 (0.0549)	-0.0177 (0.0306)	0.0314 (0.0664)	0.0659 (0.0410)
金融机构贷款	0.0202 (0.0558)	-0.0070 (0.0430)	-0.0662 (0.0676)	-0.0063 (0.0649)
朋友借款	0.0114 (0.0723)	-0.0831 (0.0580)	0.0516 (0.0832)	-0.1102 (0.0837)
私人机构借款	0.0060 (0.0738)	0.1313** (0.0575)	0.0724 (0.0845)	0.0390 (0.0859)
羊饲料花费	0.1328** (0.0592)	0.0085 (0.0298)	0.1482* (0.0772)	-0.0288 (0.0510)
羊其他花费	0.1443** (0.0606)	0.0495 (0.0482)	0.2089*** (0.0607)	0.0946 (0.0615)
牛饲料花费	0.1782*** (0.0550)	0.0571 (0.0368)	0.1513** (0.0672)	-0.0205 (0.0494)
牛其他花费	0.0130 (0.0657)	0.0862 (0.0658)	0.0893 (0.0689)	0.0285 (0.0824)
常数项	5.3966*** (0.2405)	1.8576*** (0.2373)	3.9427*** (0.2293)	2.6663*** (0.2730)
家庭固定效应	YES	YES	YES	YES
时间固定效应	YES	YES	YES	YES
聚类	家庭	家庭	家庭	家庭
观测值	5775	5775	5775	5775
R^2	0.9303	0.8884	0.9292	0.8826

昊楠和郭彦男（2021）等文章的方法，通过随机构造虚拟实验组的方式进行安慰剂检验。具体而言，将样本以随机抽样的方式抽取真实实验组数量相同的虚拟实验组，然后进行回归。由于实验组是随机抽取的，如果结果不是由于一些偶然因素导致的，那么模拟得到的系数应当是远离真实系数的。

该部分将上述模拟过程重复 500 次，用于增强结果的可信度，结果如图 7 - 4 所示。其中黑色分布为 500 次模拟系数的分布情况，虚线表示基准结果中的系数。可以看出，除了本身就不显著的总收入，其他三个系数均远离模拟系数的分布区间，这表明本书的结果不是由于一些偶然的未观测因素导致的，佐证了 DID 结果的可信度。

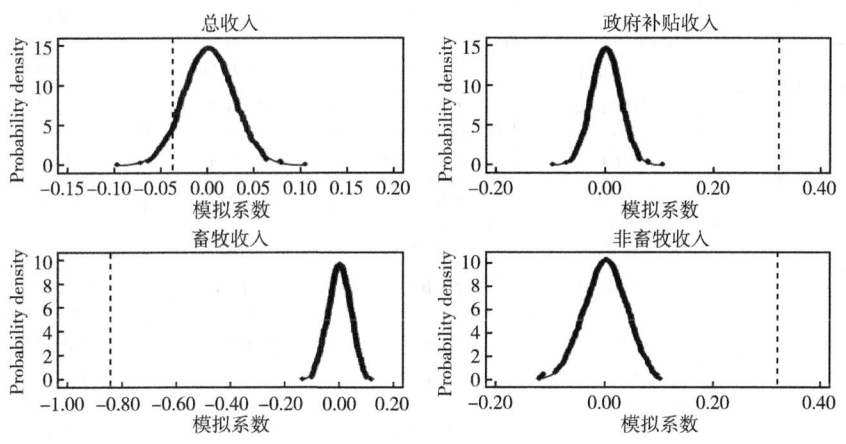

图 7 - 4　安慰剂检验结果①

7.3.4.3　固定效应选择检验

在上述检验的基础上，本书增加了地区×时间的固定效应，控制一些宏观地区层面随时间变化的因素。进一步增强 DID 结果的可信度。表 7 - 8 为控制地区×时间固定效应的结果，与基准结果相比，没有显著变化，结果较为稳健。

7.3.4.4　聚类选择检验

正如上文所述，草原生态补奖政策事实上与地区因素相关，因此聚类的不同可能会影响 DID 的显著性②，对此，该部分也将标准误聚类到地区层面，结

---

① 根据实证分析结果整理得出。
② Bertrand, M., Duflo, E., & Mullainathan, S., How Much Should we Trust Differences - in - Differences Estimates?. The Quarterly Journal of Economics, 2004, 119 (1): 249 - 275.

表 7-8 固定效应的敏感性检验

变量	(1) 总收入	(2) 政府补贴收入	(3) 畜牧收入	(4) 非畜牧收入
Treat × Post	-0.0208 (0.0675)	0.3814*** (0.0453)	-0.7718*** (0.0723)	0.2416*** (0.0739)
基础消费支出	0.1165** (0.0540)	0.0362 (0.0309)	0.0789 (0.0640)	0.0768* (0.0430)
超载放牧支出	0.1345** (0.0663)	0.0551* (0.0333)	0.0720 (0.0536)	-0.0486 (0.0516)
其他支出	0.1144* (0.0588)	-0.0210 (0.0331)	0.0502 (0.0669)	0.0871** (0.0419)
金融机构贷款	-0.0010 (0.0588)	-0.0110 (0.0407)	-0.0694 (0.0685)	0.0433 (0.0648)
朋友借款	-0.0770 (0.0783)	-0.0765 (0.0589)	-0.0316 (0.0892)	-0.0768 (0.0883)
私人机构借款	0.0769 (0.0786)	0.1398** (0.0579)	0.1475 (0.0902)	-0.0216 (0.0904)
羊饲料花费	0.1317** (0.0645)	0.0209 (0.0308)	0.1474* (0.0832)	0.0484 (0.0466)
羊其他花费	0.1299** (0.0649)	0.0466 (0.0455)	0.1969*** (0.0658)	0.0438 (0.0600)
牛饲料花费	0.2056*** (0.0609)	0.0407 (0.0390)	0.1676*** (0.0621)	0.0162 (0.0475)
牛其他花费	0.0249 (0.0698)	0.1150* (0.0663)	0.0704 (0.0724)	0.0426 (0.0841)
常数项	5.3364*** (0.2471)	1.7810*** (0.2378)	3.9350*** (0.2369)	2.4935*** (0.2686)
家庭固定效应	YES	YES	YES	YES
时间固定效应	YES	YES	YES	YES
时间×地区	YES	YES	YES	YES
聚类	家庭	家庭	家庭	家庭
观测值	5775	5775	5775	5775
R^2	0.9427	0.9072	0.9387	0.8957

果如表 7-9 所示。从表 7-9 可以看出，与基准结果相比，显著性没有发生明显变化，结论是稳健的。

表 7-9 聚类的敏感性检验

变量	（1）总收入	（2）政府补贴收入	（3）畜牧收入	（4）非畜牧收入
Treat × Post	-0.0347 (0.1619)	0.3223*** (0.0574)	-0.8445*** (0.1127)	0.3157*** (0.0921)
基础消费支出	0.1063*** (0.0376)	0.0225 (0.0363)	0.0722 (0.0529)	0.0536 (0.0499)
超载放牧支出	0.1479** (0.0726)	0.0532 (0.0333)	0.0785 (0.0567)	0.0184 (0.0480)
其他支出	0.0865 (0.0590)	-0.0191 (0.0367)	0.0351 (0.0781)	0.0651 (0.0544)
金融机构贷款	0.0195 (0.0733)	-0.0099 (0.0416)	-0.0592 (0.0649)	-0.0110 (0.0699)
朋友借款	0.0099 (0.0619)	-0.0713 (0.0554)	0.0207 (0.0840)	-0.0992 (0.0969)
私人机构借款	0.0073 (0.0656)	0.1261** (0.0584)	0.0866 (0.0792)	0.0351 (0.0865)
羊饲料花费	0.1334** (0.0637)	0.0095 (0.0272)	0.1458** (0.0672)	-0.0265 (0.0560)
羊其他花费	0.1449** (0.0690)	0.0518 (0.0489)	0.2034** (0.0818)	0.0985 (0.0689)
牛饲料花费	0.1787** (0.0831)	0.0604 (0.0456)	0.1429 (0.0864)	-0.0157 (0.0466)
牛其他花费	0.0127 (0.0711)	0.0870 (0.0796)	0.0870 (0.0780)	0.0289 (0.0920)
常数项	5.3966*** (0.2473)	1.8415*** (0.3156)	3.9838*** (0.2817)	2.6476*** (0.3635)
家庭固定效应	YES	YES	YES	YES
时间固定效应	YES	YES	YES	YES
聚类	地区	地区	地区	地区
观测值	5775	5775	5775	5775
R^2	0.9305	0.8888	0.9298	0.8826

7.4　本章小结

作为"以人为本"政策导向，草原生态补奖政策在实现促进牧民增收目标的过程中，需要遵循畜牧业转型和向非畜牧业平稳过渡的作用机制，进而巩固草原生态修复在提高草原生态效益方面的效果。本章主要基于内蒙古家庭微观调查数据①，采用双重差分法探究草原生态补奖政策对牧民收入影响及其作用机制。在第5章的动态演化博弈理论分析中，理论上来看，随着财政补贴的增加，牧民的经济效益呈现上升态势，但是本书在具体的实证检验环节，不仅考察牧民的转移性收入增加的影响，重点还考察牧民的实际收入水平的变化，通过对草原补奖政策是否具有促进牧民增收效应的研究，得到的主要结论如下：草原生态补奖政策并未显著增加牧民家庭总收入。

首先，从分项收入来看，草原生态补奖政策显著增加政府补贴收入和非畜牧收入，但是畜牧收入下降幅度较大。由于非畜牧收入的增加并不能弥补畜牧收入下降，在现有补贴标准下，政府补贴收入仅能维持牧民总收入平均保持不变，并不能使牧民增收。其次，"禁牧区"和"草畜平衡区"家庭总收入呈现不一致态势。最后，"草畜平衡区"的牧民家庭总收入显著增加，实现了增收目标，而"禁牧区"牧民家庭总收入显著下降。由于"草畜平衡区"对畜牧行为限制更小，对牧民畜牧收入冲击更小，因此能够使牧民更平滑的过渡和转型。从中介机制影响层面分析，家庭教育支出与总收入有显著关系。原因在于牧民家庭总收入增收程度与家庭教育支出密切相关，家庭教育支出越高，牧民家庭总收入增加幅度越大。但牧民家庭教育支出总体较低，导致90%以上家庭教育支出低于能够让总收入显著增加的界限。由于家庭教育支出决定了年轻劳动力受教育水平，较低受教育水平难以在劳动力市场上获得足够竞争力，导致其无法顺利转向非畜牧业。

---

① 内蒙古自治区拥有天然草原面积近10.2亿亩，约占全国草原总面积的1/4，但自20世纪80年代起，天然草原都出现了不同程度的退化，例如2003年，内蒙古自治区74%的天然草原出生了不同程度的退化，因此内蒙古是草原生态保护补助奖励政策的主要实施地之一，具有较强的代表性。

因此，通过本章的研究，可以初步得到的政策启示表现为：为了防止超载放牧，限制放牧"草畜平衡区"将会是一个长期的保护草原生态的政策，对草原实行分区分类精准管理，各项草原生态修复的具体措施，细化和落实到嘎查和牧户，在实现牧民增收的基础上，提高财政政策支持草原生态修复治理的有效性。

第8章

草原生态修复的财政支出政策社会效益实证分析

本书接下来从公平视角分析草原生态修复的财政支出政策的社会效益是否实现，国家制定草原生态修复的财政支出政策的一个目标是为了实现牧民增收。在以人为本的理念下，不仅要关注人—草—畜的环境经济协调发展，增加农牧民的绝对收入（实现经济效益），还应关注农牧民生产生活方式转变后对其自身物质和精神财富的外部正向影响（周升强，2019），实现农牧民物质生活水平高质量发展和精神文化生活（王海明，2008）的极大提高，进而提升社会总福利。本书主要结合福利经济理论和草原地区的实际发展情况，选择相对贫困指标衡量草原地区的生态修复财政支出政策的社会效益，特别是在当前脱贫攻坚已经取得全面胜利的新阶段，如何承上启下、继往开来的巩固和拓展脱贫成果，以实现共同富裕为契机，以实施乡村振兴战略为总抓手，推动草原富集区域实现经济社会的高质量发展。

8.1 机理分析与研究假设

1953 年，贫困恶性循环理论由 Nurkse 提出，在其《不发达国家的资本形成问题》中指出，许多发展中国家的贫困落后的主要原因大都是由于其资源匮乏、土地贫瘠等因素造成的。后期该理论通过不断发展，在生态环境领域也应用该理论分析环境和贫困间的恶性循环问题。在经济学领域，由于假设条件不够充分，该理论尚未形成统一定论，但是在环境、制度、政策等因素共同冲击的发展中国家，更加适用于该理论。从理论上来分析，草原生态修复的财政支出政策的目标设定，一是实现生态环境改善，二是实现牧民增收。其中，草原退化会加剧牧民贫困风险发生的概率，同时，草原退化使牧民的生态承载力下降，对农牧业的生产产生不良影响。因此，草原生态环境对贫困的影响是非常显著的。两者存在着螺旋上升循环的关系和影响，贫困会加剧草原环境退化，而草原的退化又会进一步导致贫困状况的加剧，在短期来看，草原资源的过度使用会带来减贫的效果，但是从可持续发展的视角分析，长期的过度利用草原，草原资源退化会带来严重的环境问题，进而会导致贫困发生的概率。

在财政支持草原生态修复的政策制定方面，减贫措施就已经内置于政策中,如对禁牧区和草畜平衡区的农牧民给予必要的现金补助及生产资料补助等,并在具体实施过程中,通过牧民收入的不断提升,从绝对减贫向多维的相对减贫过渡,从多维视角实现生态减贫的目标。

第一,在草原生态修复治理的财政支出政策安排上。主要由政策初期设定的促进牧民增收,逐步过渡到多维生态扶贫激励机制,如对农牧民给予的生产资料补助、饲草料补助、生态移民等配套工程的实施,在2015年的中共中央国务院《关于打赢脱贫攻坚战的决定》中进一步明确了草原生态修复的系统性工程给予财政资金的支持是助力脱贫的一项重要手段。

第二,草原生态修复的财政支出政策针对贫困人口的脱贫精准度逐步提高。草原生态修复的财政支出政策的最初目标设定的出发点是为了保护草原生态,这从2011年第一轮草原生态补奖政策的覆盖区域也可以看出,主要集中在8个草地资源丰富的省区,通过对重点区域草原结合自身情况划定补助区域,再根据区域内农牧民草原多少分配资金。通过拨付资金补助的方式覆盖农牧区绝大区域的贫困人口,但是随着政策的不断深入,在2016年新一轮草原生态补奖政策中,明确提出坚持草原补奖与精准扶贫相结合的原则,由于草原严重退化的区域大都集中在精准扶贫的重点区域,因此,让更多贫困人口享受到政策红利,是从收入减贫向多维减贫的一个过渡。

第三,草原确权工作稳步推进,确保所有农牧民都能合理享受政策的资金补助,维护和保障贫困群体的利益。草原确权是农牧民领取生态补助的重要标准,虽然中国草地资源属于集体所有,但是通过对草原承包的确权,根据权属证书并结合当地实际情况,采取封顶领取补助资金的措施,确保低收入群体不会陷入贫困的恶性循环。

在草原生态修复的财政支出政策的减贫效应领域,从多维贫困指标出发,分析财政支出政策的作用路径,进而验证社会效益是否充分实现。在这个领域的研究上,部分学者认为,草原生态修复财政支出政策在短期内可以带来农牧民收入的增加,实现收入减贫(郭晓明,2005;谢晨等,2021),从长期作用范围来看,对中低收入的农牧民的提升作用明显(李桦,2013),特别是对重度贫困农户的增收作用更为明显(潘丹,2020),还有部分学者认为草原生态修复的财政支出政策在解决牧民生计方面的影响甚微(谢旭轩,2011),如果将政策补贴排除在外,农牧民的畜牧业收入和非畜牧业收入增收效果不明显(王庶等,2017)。

在生态领域的财政支出政策的调节效应研究中,主要有两种观点:一是有关学者研究发现,生态补偿的实际效果与现金补偿的资金多少关系不大,而主要受到第三产业发展水平的影响(李镜,2008),草原生态修复的财政支出政策对牧户非农就业具有促进作用(王丹等,2018),生态补偿主要通过增加就业或转向其他领域就业,进而缓解当地的贫困(Turpie,2008;李金香,2013)。二是认为在生态领域安排的财政支出政策并没有促进农业劳动力顺利转型和就业(李树茁,2010;杜洪燕,2017)。

草原生态修复的财政资金支持主要在不同程度退化的区域予以实施,其减贫原理更应体现在多维减贫路径上。首先,通过财政生态补奖资金的安排,对不能放牧的区域及草畜平衡的区域给予农牧民必要的补助,确保牧民不会因为政策实施而直接切断收入来源,将补奖资金作为政策性转移支付资金的来源,丰富牧民的收入形式,将畜牧业收入的减少以期通过政府转移性资金的补助弥补,但是这部分政策性补贴收入与畜牧业收入的差额是牧民是否真正增收的关键,同时还应关注是否可以顺利平稳的转向非畜牧业生产,获取非畜牧业收入和财政转移性收入是否可以抵补畜牧业收入的减少,这也在上一章予以充分验证。其次,草原生态修复的财政支出政策覆盖绝大多数贫困人口,在未实现全部脱贫前,草原生态修复的财政补助政策覆盖了大多数的贫困区域(苏春红,2015;李实,2016),这也充分实现了社会公平的目标。最后,草原生态修复的财政支出政策在实现相对减贫的前提下,以有效改善生态环境为目标,避免生态环境恶化与贫困反复循环出现。

通过对上述草原生态修复的财政支出政策的减贫作用路径的分析,政府在安排草原生态补奖资金时,为了实现社会公平,提高牧民可持续生计水平,将影响草原生态修复减贫效应的区域、家庭等特征都纳入统一的分析框架,从草原利用情况是否实现多维减贫的目标出发,分析社会效益是否充分实现,并找到障碍因素。

根据上述理论和已有研究,本书在分析草原生态修复财政支出政策的社会效益时,从是否实现减贫目标出发,据此提出以下三个研究假设:

研究假设1:草原生态修复的财政支出政策的相对减贫成效呈现非线性关系。

研究假设2:不同类型的财政支出规模和结构,以及不同区域草原类型的相对减贫成效具有异质性。

研究假设3：草原生态修复的财政支出政策影响相对贫困成效通过经济增长、劳动力就业水平发挥中介效应。

8.2 研究设计

8.2.1 相对贫困指数计算

本章的被解释变量是以多维贫困的FGT指数作为被解释变量，从贫困面、贫困距、贫困深度三个维度进行全面了解内蒙古自治区的贫困状况，此指标最初由福斯特（Foster）、格里尔（Greer）和索别克（Thorbecke）于1984年提出，主要被用作衡量贫困的一组方法，该指标被用作相对贫困衡量的一个重要指标，可以精准衡量贫困的广度和深度[①]，具体计算公式为：

$$FGT = \frac{1}{n}\sum_{i=1}^{q}\left(1 - \frac{y_i}{z}\right)^{\alpha}$$

本书的主要研究对象为农牧民，因此，在指标设定中，n代表农牧业人口数量，q表示农牧民家庭人均收入等于或低于贫困县的人口数量，y表示贫困人口的收入，z表示贫困县；n_i表示第i个县（市区）农业户籍人口数量，q_i表示第i个县（市区）家庭人均收入低于贫困县z的人口数量，y_i表示第i个县（市区）贫困人口的平均收入；i = {1, 2, 3, 4, …}；α表示FGT指数的参数，也被称为社会贫困厌恶系数，α = {0, 1, 2}。

α = 0时，表示贫困发生率，也就是一个区域的贫困人口数占总人口数的比率（H），主要反映贫困程度，数值越大，代表这个区域的贫困线以下的人口越多，贫困的覆盖面越广，贫困发生的程度越高。

当α = 1时，代表一个区域的贫困人口的平均收入相对于贫困线的距离（PG）。主要反映出贫困人口的收入缺口占贫困线的比率。收入缺口用贫困人口的收入与贫困线间的差额表示，此值越小，表示贫困线以下的贫困人口的收入离贫困线越近，贫困程度不严重，反之则贫困程度非常严重。

---

① Foster J, Greer J, Thorbecke E. A class of decomposable poverty measures [J]. Econometrica, 1984, 52 (3).

当 α=2 时，表示平方贫困距的指数（SPG），是贫困面与贫困距的乘积，能够满足转移公理条件，反映贫困人口间收入不平等程度。此值越大，表示贫困程度越深，要想实现减贫工作的难度也就越大，反之则表示减贫工作任务较轻。本章指标测算主要借鉴左停（2019）[①] 计算方法，根据内蒙古自治区民政厅获取的一手数据，通过数据加工整理得出本章研究的相对贫困的三个衡量指标。

8.2.2 模型设定

本书采取固定效应模型（Fixed Effects Model，FEM）分析不同类型财政支出对相对贫困的影响，以贫困发生率、贫困距和贫困距的平方三个指标作为被解释变量，分别从贫困广度、贫困深度和贫困强度予以阐释相对贫困，同时解释变量从两个维度予以考虑，一是与草原生态修复直接相关的农林水支出和节能环保支出，二是通过深度访谈后，将城乡社区支出、交通运输支出、农林水支出和节能环保支出共同作为与草原生态修复密切相关的财政支出，同时将其他影响草原区域减贫效果的经济社会变量作为控制变量，内蒙古自治区各旗县的经济社会发展情况不尽相同，研究样本可能会存在不随时间而变化的个体效应的遗漏变量，也可能存在不随个体异质性变化的时间效应，基于此，构建基本模型如下：

$$Y_{ijt} = \alpha_{ij} + \beta Fiscal_{ijt} + \gamma Controls_{ijt} + \mu_j + \theta_t + \varepsilon_{ijt} \qquad (8-1)$$

因此，Y_{ijt} 表示 i 地市级的 j 旗县在第 t 年的相对贫困指标，通过计算整理出的贫困发生率（H）、贫困距（PG）和贫困距平方（SPG）取对数后予以表示；解释变量主要选择了与草原生态修复直接相关的财政支出，包括节能环保支出（xpenvir）和农林水支出（xpafwe）；与草原生态修复密切相关的财政支出总和（rfisecon），其中除了农林水支出和节能环保支出外，还包括交通运输支出（rfistras）和城乡社区支出（rfisubru）；Controls 表示地区经济社会发展运行情况指标，主要控制人均生产总值（rgdp）、常住居民人均可支配收入（lrdisincome）、社会消费品零售总额（ltoconsu）、卫生机构数（lnuhealthins）、草原面积（areagre）、高中在校学生数（nuhighstu）、年末牲畜存

[①] 左停，贺莉. 基于 FGT 指数的县级贫困程度多维表达与分类扶贫策略研究——以陕西省为例[J]. 经济问题探索，2019（07）：173–180.

栏数（nulivestock）、牛羊肉产量（outpbm）、第二产业增加值（industri）、气温（temp）、降水（precip）、财政自给率（mfisauto）；μ_j 和 θ_t 分别表示地区固定效应和年份固定效应；ε_{ijt} 表示随机扰动项。其中 β 是重点估计参数，主要是财政支出政策对相对贫困的影响系数，为了缓解异方差的干扰，对变量进行了对数化处理，同时为了增强面板数据的组间可比性和跨期可比性，在保证数据无损失的前提下，对变量进行了标准化处理，此外，为了检验其中可能存在的非线性关系，加入了解释变量的平方项。其中，解释变量为相应支出类别占一般公共预算支出的比重，并采用各分项支出类别的年均增长率作为稳健性替代指标。

固定效应模型可以消除一些不随时间变化的不可观测的因素影响，但是仍然会存在一些其他不可观测的因素未被充分考虑，可能会存在一定的内生性问题，进一步地，参考 Hansen（1999）和 Fork 等（2005）方法，引入因变量滞后项，并将其扩展为一个动态面板模型，缓解一定程度的内生性问题，具体的模型设定如下：

$$Y_{ijt} = \alpha_{ij} + \beta_0 Y_{ijt-1} + \beta_1 Fiscal_{ijt} + \gamma Controls_{ijt} + \mu_j + \theta_t + \varepsilon_{ijt} \quad (8-2)$$

根据式（8-2）的动态面板模型设定中将被解释变量的滞后项作为解释变量引入到回归模型中，使模型具有动态解释能力，为了解决内生性问题，运用 Arellano 等（1991）提出的运用工具变量来推导相应矩条件的广义矩（GMM）方法，即所谓的差分 GMM 方法，该方法的思路是先对原方程进行一阶差分，消除模型中的个体异质项，然后用滞后变量作为方程中该变量的工具变量（First-differenced GMM，DIF-GMM）①，这与传统的估计方法相比，GMM 不需要假设随机误差项的准确分布信息，允许随机误差项存在异方差和序列相关，得到的参数估计量更为有效。进一步地，本书对于影响机制分析采用了基于结构方程模型的中介效应方法进行分析；同时本书还考虑到研究草原生态修复的财政支出的社会效益，衡量农牧民的相对贫困指标不仅包含与草原生态修复直接和密切相关的财政支出，还包括在草原生态修复过程中的人力资本投入，因此本章还进一步将影响草原生态修复的民生性支出纳入扩展性分析，增强本章的经济解释力。

---

① Douglas, Holtz-Eakin, Whitney, et al. Estimating vector autoregressions with panel data [J]. Econometrica, 1988, 56 (6): 1371-1395.

8.2.3 变量说明与数据来源

本章选取内蒙古84个旗县[①]2015—2020年的面板数据，其中包含了所有具有低保人口的旗县，分析草原生态修复财政支出政策的相对减贫成效，进而验证社会效益是否充分实现。关于草原社会效益的减贫效应衡量指标，大多数学者除了用收入变化的绝对贫困的衡量指标外，还采取更能衡量相对贫困的FGT指数（林伯强，2003；刘宗飞，2013；张楠，2021）予以衡量，本章充分借鉴左停（2019）的FGT指数计算方法，通过整理得出内蒙古84个旗县相对贫困指标。

其中被解释变量为相对贫困的衡量指标，即贫困发生率（H）、贫困距（PG）、贫困距平方（SPG），其中部分数据通过内蒙古自治区人民政府网站、民政厅和各盟市民政局依申请公开获取各旗县贫困人口、贫困标准及贫困资金支出。根据《内蒙古统计年鉴》《内蒙古财政年鉴》、各盟市统计年鉴、内蒙古国民经济运行发展公报以及财政厅、民政厅等相关部门深度访谈获取的一手数据，获得各旗县农村低保人口、农村总人口、各旗县农村低保标准、财政补助水平，整理得出相对贫困的三个衡量指标（H，PG，SPG）。

解释变量为与草原生态修复直接相关的农林水支出和节能环保支出，同时本书结合实际访谈情况，在进一步的机制分析中，将与草原生态修复密切相关的城乡社区支出和交通运输支出，与节能环保和农林水支出共同作为与草原生态修复密切相关的支出指标，解释变量的指标来源主要通过与内蒙古财政厅的深度访谈获取的各年份决算表整理得出。

控制变量表示地区经济社会运行情况，根据草原经济实际运行情况，选取年末牲畜存栏数、牛羊肉产量、常住居民人均可支配收入、草原面积、社会消费品零售总额、第二产业增加值、卫生机构数、高中在校学生数、气温、降水、财政自给率等。控制变量的数据来自于《内蒙古统计年鉴》《内蒙古财政年鉴》、各盟市统计年鉴，还通过相关部门依申请公开方式获取并进一步整理数据。

[①] 本章的研究主题集中在相对贫困上，在有些旗县并未有相关指标的数据统计，故本章利用现阶段可得数据整理出最终84个样本旗县。其中包括32个纯牧业旗县，占总体纯牧业旗县比重为96.97%；20个半农半牧业旗县，占总体半农半牧业旗县的95.24%；32个其他区域，占总体其他区域的比重为65.31%。

8.2.4 描述性统计

本部分对主要变量进行描述性统计特征及相关系数分析,具体如表 8-1 和表 8-2 所示。

表 8-1　　　　主要变量的描述性统计特征

变量	N	mean	Sd	min	max
H	504	8.511	5.790	0.490	24.69
PG	504	83.11	22.78	9.420	98.96
SPG	504	7.776	5.966	0.0600	24.33
rfisafw	504	0.206	0.0824	0.0230	0.366
rfisenvir	504	0.0334	0.0225	0.00454	0.123
rfiseconw	504	0.365	0.0882	0.160	0.572
rfisubru	504	0.0855	0.0736	0.0125	0.379
rfistras	504	0.0394	0.0284	0.000519	0.149
lnulivestock	504	1.754	0.471	-0.267	2.381
loutpbm	504	4.313	0.421	3.171	5.042
lrdisincome	504	4.179	0.186	3.841	4.734
lareagre	504	9.596	0.568	7.778	10.65
ltoconsu	504	4.880	0.344	4.121	5.599
lindustri	504	5.156	0.599	4.428	6.610
lnuhealthins	504	2.300	0.349	1.230	3.001
lnuhighstu	504	3.429	0.515	1.724	4.424
temp	502	6.198	2.362	-0.324	9.716
precip	502	518.3	69.69	329.4	686.6
mfisauto	504	0.294	0.273	0.0398	1.240

注:本部分报告的是取对数且未标准化的描述性统计特征,标准化的描述性统计特征见附录16。

通过表 8-1 可以看出,本部分样本包含 504 个,其中 H、PG、SPG 的均值分别为 8.511、83.11 和 7.776,节能环保支出和农林水支出的均值分别为 0.0334 和 0.206,与草原生态修复密切相关的支出的均值为 0.365,其中主要有交通运输支出和城乡社区支出的均值分别为 0.0394 和 0.0855。

表8-2　　　　　　　　　　主要变量相关系数表

	H1	PG1	SPG1	rfisafw1	rfisafw12	rfisenvir1	rfisenvir12	rfiseconw1	rfiseconw12
H1	1								
PG1	0.5342*	1							
SPG1	0.9882*	0.6177*	1						
rfisafw1	0.1888*	0.0895	0.1829*	1					
rfisafw12	0.1146	0.0013	0.1036	0.9692*	1				
rfisenvir1	0.1546*	0.0460	0.1461*	0.2131*	0.1771*	1			
rfisenvir12	0.1383*	0.0533	0.1355*	0.1474*	0.1199*	0.9459*	1		
rfiseconw1	-0.1630*	-0.1511*	-0.1728*	0.6175*	0.6295*	0.2741*	0.2507*	1	
rfiseconw12	-0.2014*	-0.1998*	-0.2120*	0.5747*	0.6063*	0.2669*	0.2510*	0.9881*	1

注：*** $p<0.01$，** $p<0.05$，* $p<0.1$；H1、PG1、SPG1、rfisafw、rfisenvir、rfiseconw 分别表示贫困发生率、贫困距、贫困距平方、农林水支出和节能环保支出以及与草原生态修复密切相关支出占财政支出的比重。

通过表8-2可以看出，农林水支出与 H 和 SPG 呈现显著正相关（r = 0.1888，$p<0.1$）、（r = 0.1829，$p<0.1$），与 PG 呈现正相关关系（r = 0.0895）；节能环保支出与 H 和 SPG 呈现显著正相关（r = 0.1546，$p<0.1$）、（r = 1461，$p<0.1$），与 PG 呈现正相关关系（r = 0460）。同时，与草原密切相关的支出与 H、PG 和 SPG 都呈现显著相关关系（r = -0.1630，$p<0.1$）（r = -0.1511，$p<0.1$）（r = -0.1728，$p<0.1$），且二次项呈现显著倒"U"形关系。

通过方差膨胀因子（VIF）检验来消除整体变量和各个变量之间的多重共线性问题，具体结果如表8-3所示，以此判断样本是否具备进一步回归的基本条件，通过检验可以发现，农林水支出、节能环保支出的方差膨胀因子分别为2.41和2.45，均小于经验值5，因此以上变量之间不存在多重共线性，其他主要指标的方差膨胀因子也小于放宽松的经验值10，可以判断变量间是不存在多重共线性的。

表8-3　　　　　　　　　　方差膨胀检验结果

Variable	VIF	1/VIF	Variable	VIF	1/VIF
rfisafw1	2.41	0.4143	rfisenvir1	2.45	0.5856
lnnulivest1	5.13	0.1889	lnnulivest1	5.06	0.1921
lnuhighstu1	4.43	0.2241	lnuhighstu1	4.28	0.2261
loutpbm1	3.76	0.2620	lnuhealthi1	3.77	0.2672
lnuhealthi1	3.58	0.2673	loutpbm1	3.58	0.2756
lareagre1	2.67	0.3449	lareagre1	2.63	0.3652
mfisauto1	1.94	0.4970	ltoconsu1	1.88	0.5289

续表

Variable	VIF	1/VIF	Variable	VIF	1/VIF
ltoconsu1	1.92	0.5127	mfisauto1	1.78	0.5488
temp1	1.60	0.5987	temp1	1.55	0.6385
lrdisincome1	1.47	0.6120	lrdisincome1	1.40	0.6558
lindustri1	1.26	0.8036	lindustri1	1.25	0.8076
precip1	1.19	0.8522	precip1	1.17	0.8499
Mean VIF	2.63	0.4648	Mean VIF	2.45	0.4951

为了更加直观的刻画草原生态修复的直接相关支出与社会效益的关系，图8-1—图8-3绘制出了拟合趋势线。从中可以看出，农林水支出和节能环保支出与相对贫困的社会效益间存在明显的相关关系，这种非线性关系呈现出倒"U"形关系，但是具体两者间的关系还需要进一步的严谨的实证予以检验。并且在不同类型的草原区域也有可能存在异质性，因此，我们在因果检验的检出上进一步考虑了不同异质性效应。

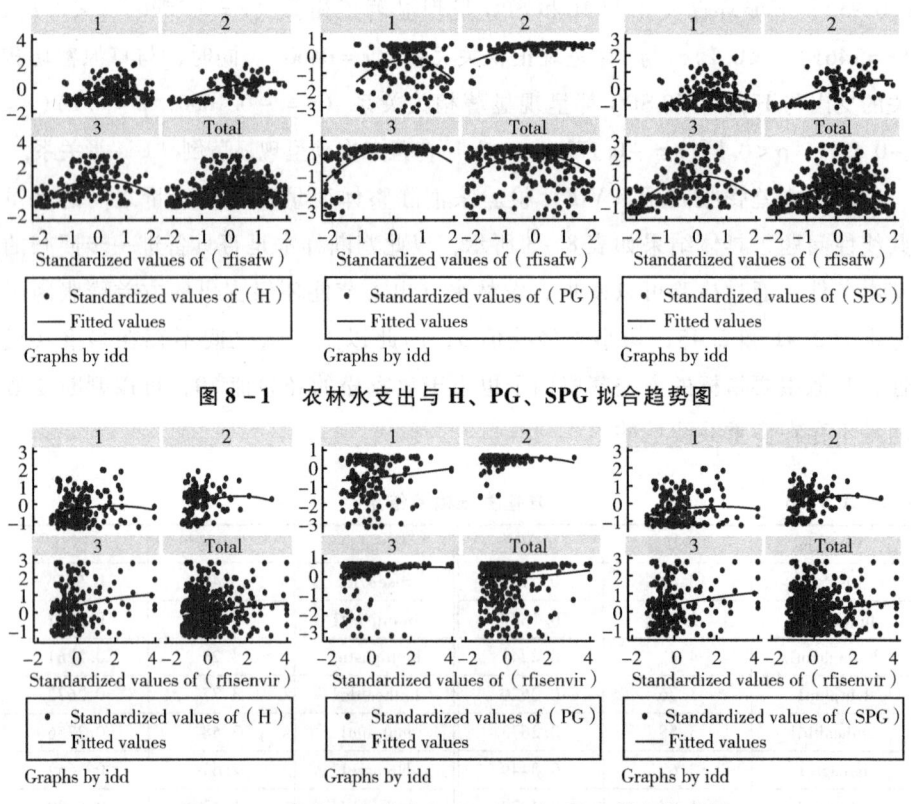

图8-1 农林水支出与H、PG、SPG拟合趋势图

图8-2 节能环保支出与H、PG和SPG拟合趋势图

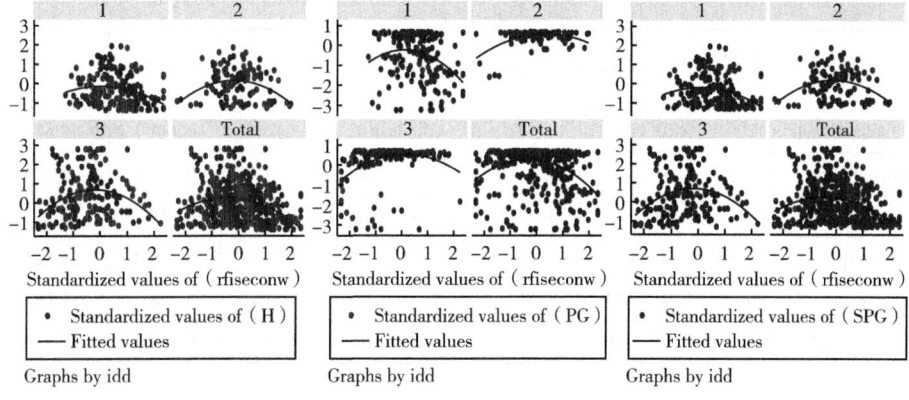

图 8-3 草原生态修复密相关支出与 H、PG 和 SPG 拟合趋势图

8.2.5 单位根检验

面板数据的时间序列中存在"非平稳序列",数列中存在单积成分,可能会因为序列不平稳出现伪回归,为了避免这种情况,实证分析前对变量进行单位根检验(Unit Root Test),以此判断变量间是否存在协整关系,分析数据的平稳性。采取 Harris 和 Tzavalis(1999)提出的单位根检验,其原假设为带有截距项和时间趋势,当 P 值不为 0,则接受原假设,存在单位根,为非平稳序列。表 8-4 为 HT 检验结果。

表 8-4 HT 检验结果

变量	Statistic 统计量	p-value	平稳性	变量	Statistic 统计量	p-value	平稳性
H1	0.9400	0.0166	平稳	D. H1	-0.1467	0.0000	平稳
PG1	0.9366	0.0122	平稳	D. PG1	-0.1889	0.0000	平稳
SPG1	0.9517	0.0433	平稳	D. SPG1	-0.1280	0.0000	平稳
rfisafw1	0.8723	0.0000	平稳	D. rfisafw1	-0.4139	0.0000	平稳
rfisenvir1	0.5632	0.0000	平稳	D. rfisenvir1	-0.3710	0.0000	平稳
rfiseconw1	0.6820	0.0000	平稳	D. rfiseconw1	-0.4266	0.0000	平稳
lnnulivestock	1.0186	0.7450	非平稳	D. lnnulivestock	-0.0799	0.0000	平稳
lrdisincome1	1.0166	0.7220	非平稳	D. lrdisincome1	0.1601	0.0000	平稳
lareagre1	1.0001	0.5015	非平稳	D. lareagre1	0.5720	0.0000	平稳
ltoconsu1	0.9956	0.4380	非平稳	D. ltoconsu1	-0.0307	0.0000	平稳

续表

变量	Statistic 统计量	p-value	平稳性	变量	Statistic 统计量	p-value	平稳性
lindustri1	0.8994	0.0002	平稳	D.lindustri1	-0.2395	0.0000	平稳
lnuhealthins1	0.9850	0.2975	非平稳	D.lnuhealthins1	0.0288	0.0000	平稳
lnuhighstu1	0.9972	0.4607	非平稳	D.lnuhighstu1	0.0345	0.0000	平稳
precip1	0.7336	0.0000	平稳	D.precip1	-0.2612	0.0000	平稳
temp1	0.9899	0.3604	非平稳	D.temp1	-0.2201	0.0000	平稳
mfisauto1	0.9836	0.2808	非平稳	D.mfisauto1	-0.0895	0.0000	平稳

通过表 8-4 的 HT 检验结果可以看出，年末牲畜存栏数、常住居民人均可支配收入、草原面积、社会消费品零售总额、卫生机构数、高中在校生数、气温等变量是非平稳的，有必要进一步对变量求一阶差分后继续判断其平稳性，结果见右侧，通过结果可以看到，所有变量在一阶差分后，P 值均为 0，则拒绝原假设，为平稳序列，通过了单位根检验，接下来进行后续的实证分析。

8.3 实证结果分析

8.3.1 基本结果分析

本书采用不同估计方法予以结果的估计，其中采用固定效应方法的具体回归结果如表 8-5 所示。

通过表 8-5 可以看出，大部分的回归结果显示，至少在 5% 的统计水平上，农林水支出和节能环保支出作为草原生态修复的直接相关支出，在未控制年份时，农林水支出对 H、PG 和 SPG 的影响是显著的，且二次项系数为负，这就证明两者间呈现显著的倒 "U" 形关系。在节能环保支出领域，在 PG 的影响不显著，而对 H 和 SPG 的影响是显著的。同时可以看出与草原生态修复直接相关的财政支出对社会效益的影响存在着这样一种关系，即随着草原生态修复的直接相关支出的增加，社会效益也随之变好，但是增加到极值点后，财政直接支出的增加并不会促使社会效益显著提高，反而还会下降。在草原生态修复密切相关的财政支出领域，与社会效益呈现明显一次项显著，二次项呈现显著的倒 "U" 形关系，这种非线性关系也进一步验证了研究假设 1。

表 8-5 草原生态修复支出对社会效益的影响固定效应模型的结果估计

变量	H: FE				PG: RE			SPG: FE	
	(1)	(2)	(3)	(4)	(5)	(6)	(7)	(8)	(9)
rfisafw1	1.617*** (12.09)			1.115*** (14.53)			1.580*** (8.29)		
rfisafw12	-1.497*** (-20.00)			-1.027*** (-12.21)			-1.475*** (-8.93)		
rfisenvir1		0.303*** (2.73)			0.047 (0.41)			0.254** (2.32)	
rfisenvir12		-0.223** (-2.04)			0.021 (0.21)			-0.172 (-1.60)	
rfiseconw1			1.014** (3.05)			1.158*** (4.70)			0.903** (2.88)
rfiseconw12			-1.138** (-3.578)			-1.146*** (-4.26)			-1.029*** (-3.34)
lnnulivestock1	-0.559*** (-7.58)	-0.492*** (-6.31)	-0.471*** (-6.57)	-0.031 (-0.55)	0.033 (0.44)	-0.015 (-0.20)	-0.493*** (-6.80)	-0.425*** (-5.52)	-0.410*** (-5.37)
loutpbm1	0.082 (1.32)	0.242*** (3.73)	0.175*** (4.43)	0.107* (1.70)	0.209** (3.31)	0.179** (2.88)	0.062 (1.01)	0.216*** (3.39)	0.160** (2.54)
lrdisincome1	-0.405*** (-8.47)	-0.514*** (-10.9)	-0.471*** (-10.90)	-0.228*** (-4.74)	-0.301*** (-6.56)	-0.256*** (-5.56)	-0.414*** (-8.80)	-0.518*** (-11.14)	-0.481*** (-10.33)
lareagre1	0.037* (0.72)	0.059 (1.06)	0.099 (1.44)	-0.206*** (-3.90)	-0.202*** (-3.70)	-0.191*** (-3.52)	0.167 (0.32)	0.033 (0.60)	0.070 (1.28)
ltoconsu1	0.099** (2.22)	0.123** (2.61)	0.093*** (4.29)	0.159*** (3.52)	0.171*** (3.71)	0.155*** (3.43)	0.116* (2.64)	0.141** (3.03)	0.108** (2.36)

续表

变量	H: FE				PG: RE			SPG: FE		
	(1)	(2)	(3)	(4)	(5)	(6)	(7)	(8)	(9)
lindustri1	-0.130***	-0.118**	-0.126***	-0.007	0.002	-0.002	-0.132***	-0.118**	-0.126***
	(-3.65)	(-3.10)	(-6.31)	(-0.20)	(0.05)	(-0.07)	(-3.74)	(-3.15)	(-3.44)
lnuhealthins1	-0.058***	-0.167**	-0.159**	-0.031	-0.107*	-0.080	-0.03	-0.137**	-0.132*
	(-0.92)	(-2.52)	(-3.77)	(-0.49)	(-1.66)	(-1.25)	(-0.50)	(-2.09)	(-1.97)
lnuhighstu1	0.129*	0.124*	0.067	0.265***	0.254***	0.247*	0.146**	0.142**	0.093*
	(1.92)	(1.75)	(1.93)	(3.90)	(3.67)	(3.58)	(2.20)	(2.03)	(1.33)
temp1	-0.186***	-0.132**	-0.186**	0.001	0.039	0.035***	-0.153***	-0.102**	-0.064
	(-4.71)	(-3.26)	(-2.78)	(0.03)	(0.98)	(0.87)	(-3.95)	(-2.55)	(-1.56)
precip1	-0.013	-0.001	0.010	0.136**	0.147***	0.153***	-0.003	0.008	0.018
	(-0.33)	(-0.03)	(0.51)	(3.39)	(3.58)	(3.78)	(-0.08)	(0.20)	(0.99)
mfisauto1	-0.241***	-0.243***	-0.245***	-0.238***	-0.240***	-0.259***	-0.263***	-0.262***	-0.264***
	(-5.28)	(-5.11)	(-6.87)	(-5.16)	(-5.20)	(-5.65)	(-5.85)	(-5.60)	(-8.00)
Constant	-2.17	1.20	0.003***	-3.15	-7.28	-0.031	-4.89***	-1.58	0.003***
	(-0.00)	(0.00)	(1.93)	(-0.00)	(-0.00)	(-0.00)	(1.18)	(-0.00)	(1.28)
Observations	502	502	502	502	502	502	502	502	502
R-squared	0.461	0.51	0.454	0.72	0.39	0.3521	0.476	0.41	0.467
Country FE	YES	YES	YES	YES	YES	YES	YES	YES	YES
Year FE	NO	NO	NO	YES	YES	YES	NO	NO	NO
极值点	0.5402***	0.6791*	0.4425***	0.5430***	0.60214*	0.5030***	0.5357***	0.7387***	0.4372**
P>|t|	0.0000	0.0526	0.00864	0.0000	0.0674	0.00002	0.0000	0.0000	0.0112

本书也采用 OLS 回归方法进行分析，具体结果见附录 16，一次项和二次项的估计结果在控制住年份后都不显著，农林水支出和节能环保支出对 H 和 SPG 的二次项结果不显著，但是存在倒"U"形关系。

采取固定效应模型首先判断年份固定效应是否存在，具体结果如表 8-6 所示。

表 8-6　　年份固定效应判断结果

	F 统计值	Prob > F	是否拒绝原假设	年份固定效应
H：rfisafw1	5.48	0.0001	拒绝	否
H：rfisafw12	5.48	0.0001	拒绝	否
H：rfisenvir1	5.85	0.0000	拒绝	否
H：rfisenvir12	6.35	0.0000	拒绝	否
H：rfiseconw1	6.13	0.0000	拒绝	否
H：rfiseconw12	4.25	0.0009	拒绝	否
PG：rfisafw1	1.30	0.2633	接受	是
PG：rfisafw12	1.27	0.2746	接受	是
PG：rfisenvir1	1.40	0.2245	接受	是
PG：rfisenvir12	1.37	0.2235	接受	是
PG：rfiseconw1	1.26	0.2779	接受	是
PG：rfiseconw12	1.11	0.3521	接受	是
SPG：rfisafw1	5.59	0.0001	拒绝	否
SPG：rfisafw12	5.63	0.0000	拒绝	否
SPG：rfisenvir1	5.87	0.0000	拒绝	否
SPG：rfisenvir12	6.22	0.0000	拒绝	否
SPG：rfiseconw1	6.12	0.0000	拒绝	否
SPG：rfiseconw12	4.36	0.0007	拒绝	否

通过表 8-6 可以看出，固定效应的年份选择上，农林水支出和节能环保支出对 PG 的回归，不需要控制年份固定效应。

进一步地，按照 Hoechle（2007）的建议，存在序列相关和异方差的情况下，选用固定效应或随机效应的总体平均线性模型。通过传统 hausman 检验和修正传统 hausman 检验发现，财政支出的水平值和二次项的 P 统计值在 5% 统计水平上显著，拒绝原假设，采用固定效应模型分析，具体固定和随机效应模型的选择方法如表 8-7 所示。

表8-7 固定效应和随机效应模型选择的检验

估计模型		统计量	传统hausman检验	修正hausman检验方法	方法选择
H	rfisafw1/rfisafw12	chi2(13)/chi2(5)	28.19	27.40	固定效应
		Prob > chi2	0.0085	0.0000	
	rfisenvir1/rfisenvir12	chi2(13)/chi2(5)	34.99	31.73	固定效应
		Prob > chi2	0.0009	0.0000	
	rfiseconw1/rfiseconw12	chi2(13)/chi2(5)	20.55	21.23	固定效应
		Prob > chi2	0.0010	0.0007	
PG	rfisafw1/rfisafw12	chi2(13)/chi2(5)	6.52	6.36	随机效应
		Prob > chi2	0.9250	0.2776	
	rfisenvir1/rfisenvir12	chi2(13)/chi2(5)	6.90	6.86	随机效应
		Prob > chi2	0.9072	0.2314	
	rfiseconw1/rfiseconw12	chi2(13)/chi2(5)	4.77	5.57	随机效应
		Prob > chi2	0.9798	0.3506	
SPG	rfisafw1/rfisafw12	chi2(13)/chi2(5)	35.60	26.36	固定效应
		Prob > chi2	0.0007	0.0001	
	rfisenvir1/rfisenvir12	chi2(13)/chi2(5)	29.85	30.25	固定效应
		Prob > chi2	0.0004	0.002	
	rfiseconw1/rfiseconw12	chi2(13)/chi2(5)	21.04	21.76	固定效应
		Prob > chi2	0.0006	0.0006	

通过表8-7估计结果第（1）—（9）列显示固定效应和随机效应模型的分析结果，可以发现农林水支出和与草原生态修复密切相关支出的一次项和二次项在控制住年份效应后，呈现出显著的倒"U"形关系，即随着财政支出的增加，相对贫困呈现出先上升后下降的趋势，但是两者极值的拐点不同，两者所发挥作用仍然不同。而节能环保支出只对H具有显著的倒"U"形关系，对SPG虽然不显著但是仍然具有倒"U"形的影响。

由于节能环保支出的PG不显著，这极有可能是由于这部分支出占比较小，因此，接下来，本章具体分析不同财政支出类型的结果：

首先，农林水支出对相对贫困的影响结果分析如下：

第一，农林水支出对H的影响中，有45个旗县位于拐点的右侧，包括乌兰察布市兴和县、化德县、卓资县、四子王旗、察哈尔右翼中旗、察哈尔右翼后旗；兴安盟扎赉特旗、科尔沁右翼中旗、科尔沁右翼前旗、突泉县；包头市土默特右旗、达尔罕茂明安联合旗；呼伦贝尔市新巴尔虎左旗、新巴尔虎左旗右旗、阿荣旗、陈巴尔虎旗；呼和浩特市和托克托县、武川县、清水河县；巴彦淖尔市乌拉特前旗、乌拉特后旗、五原县、杭锦后旗、磴口县；赤峰市克什克腾旗、巴林右旗、敖汉旗、林西县、翁牛特旗、阿鲁科尔沁旗；通辽市奈曼旗、库伦旗、开鲁县、扎鲁特旗、科尔沁左翼中旗、科尔沁左翼后旗；鄂尔多斯市乌审旗、杭锦旗；锡林郭勒盟东乌珠穆沁旗、正蓝旗、正镶白旗、苏尼特左旗、西乌珠穆沁旗、镶黄旗、阿巴嘎旗；阿拉善盟阿拉善右旗、阿拉善左旗。其中51.11%区域集中在纯牧业旗县，28.89%集中在半农半牧业旗县，20%集中在其他区域。在农林水支出领域，绝大多数牧业旗县都处于拐点的右侧，反而是半农半牧业旗县和其他区域的农林水支出占比较低，很有可能是农林水支出中有一部分是给予农牧民的政策性补贴收入，而纯牧业旗县的草原面积拥有较多，农牧民获取的补贴额度较多，因此贫困群体获取补贴后减贫效果相对较为显著。

第二，农林水支出对PG的影响中，有52个旗县位于拐点的右侧，包括乌兰察布市兴和县、化德县、卓资县、商都县、四子王旗、察哈尔右翼中旗、察哈尔右翼后旗；兴安盟扎赉特旗、科尔沁右翼中旗、科尔沁右翼前旗、突泉县；包头市土默特右旗、达尔罕茂明安联合旗；呼伦贝尔市新巴尔虎左旗、新巴尔虎左旗右旗、阿荣旗、陈巴尔虎旗；呼和浩特市和托克托县、武川县、清水河县；巴彦淖尔市乌拉特前旗、乌拉特中旗、乌拉特后旗、五原县、杭锦后旗、磴口县；赤峰市克什克腾旗、巴林右旗、巴林左旗、敖汉旗、林西县、翁牛特旗、阿鲁科尔沁旗；通辽市奈曼旗、库伦旗、开鲁县、扎鲁特旗、科尔沁左翼中旗、科尔沁左翼后旗；鄂尔多斯市乌审旗、杭锦旗；锡林郭勒盟东乌珠穆沁旗、太仆寺旗、正蓝旗、正镶白旗、苏尼特左旗、苏尼特右旗、西乌珠穆沁旗、镶黄旗、阿巴嘎旗；阿拉善盟阿拉善右旗、阿拉善左旗。其中51.92%区域集中在纯牧业旗县，25%集中在半农半牧业旗县，23.07%集中在其他区域。在农林水支出领域，绝大多数牧业旗县都处于拐点的右侧，在半农半牧业旗县和其他区域，贫困人口摆脱贫困所需要的资金还需要进一步加大，这两个区域的贫困人口脱贫压力较大。

第三，农林水支出对SPG的影响中，有48个旗县位于拐点的右侧，包括乌兰察布市兴和县、化德县、卓资县、四子王旗、察哈尔右翼中旗、察哈尔右翼后旗；兴安盟扎赉特旗、科尔沁右翼中旗、科尔沁右翼前旗、突泉县；包头市土默特右旗、达尔罕茂明安联合旗；呼伦贝尔市新巴尔虎左旗、新巴尔虎左旗右旗、阿荣旗、陈巴尔虎旗；呼和浩特市托克托县、武川县、清水河县；巴彦淖尔市乌拉特后旗、五原县、杭锦后旗、磴口县；赤峰市克什克腾旗、巴林左旗、巴林右旗、敖汉旗、林西县、翁牛特旗、阿鲁科尔沁旗；通辽市奈曼旗、库伦旗、开鲁县、扎鲁特旗、科尔沁左翼中旗、科尔沁左翼后旗；鄂尔多斯市乌审旗、杭锦旗；锡林郭勒盟东乌珠穆沁旗、正蓝旗、正镶白旗、苏尼特右旗、苏尼特左旗、西乌珠穆沁旗、镶黄旗、阿巴嘎旗；阿拉善盟阿拉善右旗、阿拉善左旗。其中56.25%集中在纯牧业旗县，25%集中在半农半牧业旗县，18.75%集中在其他区域，仍有36个旗县处于拐点左侧，但是可以看出，农林水支出在纯牧业旗县几乎都处于拐点右侧，其他区域集中了大多数拐点左侧的旗县，因此未来政策调整应该予以向其他区域倾斜。

其次，节能环保支出对相对贫困的影响结果分析：

第一，节能环保支出对H的影响中，有38个旗县位于拐点的右侧，包括乌兰察布市凉城县、卓资县、四子王旗、察哈尔右翼中旗、察哈尔右翼后旗；包头市固阳县、达尔罕茂明安联合旗；呼伦贝尔市扎兰屯市、新巴尔虎右旗、新巴尔虎左旗、牙克石市、鄂伦春自治旗、阿荣旗；呼和浩特市武川县、清水河县、玉泉区；巴彦淖尔市临河区、乌拉特前旗、乌拉特中旗、乌拉特后旗、五原县、杭锦后旗、磴口县；赤峰市克什克腾旗、巴林右旗、巴林左旗；通辽市奈曼旗、扎鲁特旗；鄂尔多斯市鄂托克旗；锡林郭勒盟太仆寺旗、多伦县、正蓝旗、正镶白旗、西乌珠穆沁旗、镶黄旗、阿巴嘎旗；阿拉善盟阿阿拉善左旗。其中47.36%区域集中在纯牧业旗县，21.05%集中在半农半牧业旗县，31.57%集中在其他区域。可以看出，绝大多数牧业旗县都处于拐点右侧，对相对贫困问题的减贫效果较为显著。

第二，节能环保支出对SPG的影响中，有38个旗县位于拐点的右侧，包括乌兰察布市凉城县、卓资县、商都县、四子王旗、察哈尔右翼中旗、察哈尔右翼后旗；包头市固阳县、达尔罕茂明安联合旗；呼伦贝尔市扎兰屯市、新巴尔虎右旗、牙克石市、鄂伦春自治旗、阿荣旗；呼和浩特市武川县、清水河县、玉泉区；巴彦淖尔市临河区、乌拉特前旗、乌拉特中旗、乌拉特后旗、五原县、杭锦后旗、磴口县；赤峰市克什克腾旗、巴林右旗、巴林左旗；

通辽市奈曼旗、扎鲁特旗；鄂尔多斯市鄂托克旗；锡林郭勒盟太仆寺旗、多伦县、正蓝旗、正镶白旗、西乌珠穆沁旗、镶黄旗、阿巴嘎旗；阿拉善盟阿拉善左旗。从减贫效果看，与上述分析结论几乎一致，虽然绝对脱贫已经实现，但是仅有38个旗县处于拐点右侧，未来贫困家庭之间的收入分配缩小差距仍然存在难度。

最后，与草原生态修复密切相关支出对相对贫困的影响结果：

第一，与草原生态修复密切相关支出对 H 的影响中，共有46个旗县位于拐点的右侧，包括乌兰察布市四子王旗、察哈尔右翼前旗、集宁区；兴安盟乌兰浩特市；包头市固阳县、土默特右旗；呼伦贝尔市新巴尔虎右旗、海拉尔区；呼和浩特市和林格尔县、回民区、土默特左旗、新城区、玉泉区、赛罕区；巴彦淖尔市临河区、乌拉特中旗、乌拉特后旗、五原县；赤峰市元宝山区、巴林右旗、松山区、红山区、阿鲁科尔沁旗；通辽市扎鲁特旗；科尔沁区、科尔沁左翼后旗；鄂尔多斯市东胜区、乌审旗、伊金霍洛旗、准格尔旗、杭锦旗、达拉特旗、鄂托克前旗、鄂托克旗；锡林郭勒盟东乌珠穆沁旗、多伦县、太仆寺旗、正蓝旗、正镶白旗、苏尼特左旗、西乌珠穆沁旗、锡林浩特市、阿巴嘎旗；阿拉善盟阿拉善左旗、阿拉善右旗，意味着与草原生态修复密切支出对贫困发生率的影响中有45个旗县随着支出的增加，减贫效果较为明显，其中，45.65%的旗县位于纯牧业旗县，13.04%位于半农半牧业旗县，41.30%位于其他区域。但是仍有39个旗县并未超过拐点，未来应该集中于这些区域。

第二，与草原生态修复密切相关支出对 PG 的影响中，有45个旗县位于拐点右侧，包括乌兰察布市察哈尔右翼前旗、集宁区；兴安盟乌兰浩特市；包头市固阳县、土默特右旗；呼伦贝尔市新巴尔虎右旗、新巴尔虎左旗、海拉尔区；呼和浩特市和林格尔县、回民区、土默特左旗、托克托县、新城区、玉泉区、赛罕区；巴彦淖尔市临河区、乌拉特中旗、乌拉特后旗、五原县；赤峰市元宝山区、巴林右旗、松山区；通辽市奈曼旗、扎鲁特旗、科尔沁区、科尔沁左翼后旗；鄂尔多斯市东胜区、乌审旗、伊金霍洛旗、准格尔旗、杭锦旗、达拉特旗、鄂托克前旗、鄂托克旗；锡林郭勒盟东乌珠穆沁旗、多伦县、太仆寺旗、正蓝旗、正镶白旗、苏尼特左旗、西乌珠穆沁旗、锡林浩特市、阿巴嘎旗；阿拉善盟阿拉善左旗、阿拉善右旗，意味着与草原生态修复密切支出对贫困矩的影响中有45个旗县随着支出的增加，这些区域的农村贫困人口收入与贫困县的相对距离呈现缩减趋势，其中这些区域中有60%集中在其他区域，23.67%集中在半农半牧业旗县，16.33%集中在纯牧业旗县，但是仍有39个旗县并未达到拐点，相对减贫并未充分实现。

第三，与草原生态修复密切相关支出对SPG的影响中，可以看出有48个旗县位于拐点右侧，包括乌兰察布市四子王旗、察哈尔右翼前旗、集宁区；兴安盟乌兰浩特市；包头市固阳县、土默特右旗；呼伦贝尔市新巴尔虎右旗、新巴尔虎左旗、海拉尔区、呼和浩特市和林格尔县、回民区、土默特左旗、托克托县、新城区、玉泉区、赛罕区；巴彦淖尔市临河区、乌拉特中旗、乌拉特后旗、五原县；赤峰市元宝山区、巴林右旗、松山区、红山区、阿鲁科尔沁旗；通辽市奈曼旗、扎鲁特旗、科尔沁区、科尔沁左翼后旗；鄂尔多斯市东胜区、乌审旗、伊金霍洛旗、准格尔旗、杭锦旗、达拉特旗、鄂托克前旗、鄂托克旗；锡林郭勒盟东乌珠穆沁旗、多伦县、太仆寺旗、正蓝旗、正镶白旗、苏尼特左旗、西乌珠穆沁旗、锡林浩特市、阿巴嘎旗；阿拉善盟阿拉善左旗、阿拉善右旗，意味着与草原生态修复密切支出对贫困矩平方的影响中有47个旗县随着支出增加，相对减贫效果较为明显，其中45.83%旗县位于纯牧业旗县，14.58%位于半农半牧业旗县，39.58%位于其他旗县。但仍有36个旗县的农村贫困人口在这一时期的减贫效果不明显。

为了在一定程度上克服静态方法可能因忽略内生性问题导致OLS估计方法有偏，且存在非一致的估计量，导致结果可能出现偏误，为了处理这些问题，文章进一步采取动态广义矩估计方法，可以有效克服不可观测变量与解释变量之间的相关问题，或可能存在遗漏变量的问题，为了克服解释变量内生性以及残差的异方差问题，差分后的解释变量与误差项的相关性使OLS估计有偏，通过系统内部的工具变量集，允许解释变量的弱外生性，控制内生性问题，因此，本章接下来采取差分广义矩估计进行回归，并以此作为最终汇报模型，进行详尽的机制分析，借鉴Arellano (1991)在工具变量法基础上引入$t-2$期的因变量滞后项作为因变量一阶差分滞后项的工具变量，采取这种改进的差分广义矩估计方法使估计结果更为有效。

差分广义矩回归模型的前提是一次差分后的扰动项不存在二阶序列相关，因此，先进行二阶序列相关检验，使用David Roodman (2006)提出的xtabond2程序进行估计，结果显示AR (2)的概率分别为1.54、1.49、0.96、0.94、

1.48、1.34①，不为零，因此支持了回归方程残差不存在二阶序列相关的假设，并且 Sargan 值检验过度识别的检验结果也显示，P 值没有拒绝过度识别约束，差分广义矩工具变量整体是有效的。因此，一阶差分 GMM 设定是合理的，使用的工具变量有效解决了解释变量的内生性问题，同时系数联合显著性的 Wald 检验都在 1% 的显著性水平下拒绝解释变量系数为 0 的原假设，因此方程的估计结果是值得信赖的。具体分析结果如表 8-8 所示。

基于模型（2）给出了动态面板一阶差分模型的模拟结果，附录 16 中同样报告了混合面板最小二乘的基本回归结果。

根据表第（1）—（9）列的估计结果可以看出，农林水支出对 H、PG 和 SPG 的影响呈现显著的倒"U"形，且二次项系数为 -0.318、-0.118 和 -0.315，这说明两者存在显著的倒"U"形，即随着农林水支出的增加，财政支出对相对贫困的影响先上升，达到一个阈值后，后呈现下降的态势；节能环保支出对 H、PG 和 SPG 具有显著的倒"U"形，二次项系数分别为 -0.039、-0.065 和 -0.037，两者存在倒"U"形关系；与草原生态修复密切相关的支出总和对 H、PG 和 SPG 的影响具有显著的倒"U"形，二次项系数分别为 -0.426、-0.199 和 -0.454，说明两者仍然具有显著的倒"U"形关系。接下来以草原生态修复密切相关的支出为例，分析其对相对贫困的具体估计结果：

第一，与草原生态修复密切相关支出对 H 影响中，共有个 41 旗县位于拐点的右侧，分别为乌兰察布市集宁区；兴安盟乌兰浩特市；包头市固阳县、土默特右旗；呼伦贝尔市新巴尔虎右旗、海拉尔区；呼和浩特市和林格尔县、回民区、土默特左旗、托克托县、新城区、赛罕区、玉泉区；巴彦淖尔市临河区、乌拉特中旗、乌拉特后旗；赤峰市元宝山区、松山区、红山区；通辽市奈曼旗、扎鲁特旗、科尔沁区、科尔沁左翼中旗、科尔沁左翼后旗；鄂尔多斯市东胜区、乌审旗、伊金霍洛旗、准格尔旗、杭锦旗、达拉特旗、鄂托克前旗、鄂托克旗；锡林郭勒盟东乌珠穆沁旗、太仆寺旗、正蓝旗、正镶白旗、苏尼特左旗、西乌珠穆沁旗、锡林浩特市、阿巴嘎旗；阿拉善盟阿拉善左旗，其中这些区域中有 39.02% 集中在其他区域，17.07% 集中在半农半牧业

---

① 由于样本数量受限，本书只报告了 AR（2）的结果，由于 AR（1）部分结果显著，原因在于样本太少，同时 Wooldridge（2021）以及 Kripfganz（2021）提出：根据年份的大小，AR（1）系数可能接近 -0.5，但标准误差太大，以致于零值不被拒绝。具体可以参考 https：//www.statalist.org/forums/forum/general-stata-discussion/general/1604783-xtabond2-with-p-value-of-ar-1-test-0-1.

表 8-8　草原生态修复类支出对社会效益的影响—一阶差分 GMM 模型的结果估计

变量	H: DIF-GMM			PG: DIF-GMM			SPG: DIF-GMM		
	(1)	(2)	(3)	(4)	(5)	(6)	(7)	(8)	(9)
L.H1	0.186*** (9.01)	0.210*** (9.75)	0.208*** (10.80)						
L2.H1	-0.113*** (-10.42)	-0.080*** (-7.34)	-0.097*** (-7.91)						
L.PG1				0.071*** (11.79)	0.058*** (6.47)	0.073*** (8.52)			
L2.PG1				-0.134*** (-13.19)	-0.154*** (-11.56)	-0.143*** (-12.67)			
L.SPG1							0.238*** (10.59)	0.232*** (13.96)	0.253*** (17.18)
L2.SPG1							-0.126*** (-10.24)	-0.101*** (-8.28)	-0.103*** (-9.55)
rfisafw1	0.502*** (7.34)			0.187*** (7.53)			0.458*** (5.83)		
rfisafw12	-0.318*** (-5.88)			-0.118*** (-5.32)			-0.315*** (-5.15)		
rfisenvir1		0.043** (2.31)			0.120*** (6.74)			0.057*** (4.07)	

续表

变量	H: DIF-GMM			PG: DIF-GMM			SPG: DIF-GMM		
	(1)	(2)	(3)	(4)	(5)	(6)	(7)	(8)	(9)
rfisenvir12		-0.039*** (-3.34)			-0.065*** (-3.80)			-0.037** (-2.32)	
rfiseconw1			0.498*** (6.09)			0.224*** (5.19)			0.510*** (6.43)
rfiseconw12			-0.426*** (-5.69)			-0.199*** (-4.58)			-0.454*** (-6.22)
lnnulivestock1	-0.736*** (-20.61)	-0.726*** (-12.07)	-0.751*** (-18.84)	-0.347*** (-6.45)	-0.232*** (-3.53)	-0.320*** (-5.34)	-0.530*** (-10.05)	-0.537*** (-12.44)	-0.565*** (-11.42)
loutpbm1	0.273*** (12.78)	0.252*** (9.28)	0.284*** (10.01)	0.231*** (13.61)	0.176*** (8.21)	0.227*** (10.03)	0.285*** (9.84)	0.255*** (10.15)	0.282*** (11.85)
lrdisincome1	-0.202** (-2.49)	-0.079 (-0.98)	0.043 (0.52)	0.092* (1.74)	0.007 (0.16)	0.089** (2.51)	-0.146** (-2.09)	0.002 (0.04)	0.036 (0.47)
lareagre1	-0.383* (-1.94)	-0.329* (-1.69)	-0.488*** (-2.66)	-0.155** (-2.23)	-0.284*** (-2.75)	0.001 (0.02)	-0.742*** (-3.78)	-0.706*** (-3.52)	-0.728*** (-3.41)
ltoconsu1	-0.073* (-1.74)	-0.081 (-1.57)	-0.065 (-1.46)	-0.008 (-0.39)	-0.045* (-1.77)	-0.006 (-0.28)	-0.114*** (-2.84)	-0.043 (-0.94)	-0.072 (-1.23)
lindustri1	0.139*** (5.78)	0.097*** (2.95)	0.117*** (4.09)	0.131*** (8.63)	0.128*** (6.74)	0.107*** (8.26)	0.150*** (4.74)	0.119*** (3.33)	0.114*** (4.80)

续表

变量	H: DIF-GMM			PG: DIF-GMM			SPG: DIF-GMM		
	(1)	(2)	(3)	(4)	(5)	(6)	(7)	(8)	(9)
lnuhealthins1	-0.388 (-1.63)	-0.079 (-0.34)	-0.360 (-1.61)	1.110*** (11.07)	1.191*** (7.03)	1.132*** (6.33)	-0.216 (-1.01)	0.039 (0.16)	-0.280 (-1.53)
lnuhighstu1	-0.025 (-0.63)	-0.034 (-1.09)	-0.093*** (-2.69)	0.024 (1.24)	-0.007 (-0.21)	-0.048* (-1.85)	-0.040 (-1.17)	-0.018 (-0.68)	-0.105** (-2.32)
temp1	-0.005 (-0.16)	-0.019 (-0.62)	0.030 (0.75)	0.051*** (2.76)	0.009 (0.27)	0.056*** (2.76)	0.039 (1.09)	0.049 (1.49)	0.070** (2.09)
precip1	-0.002 (-0.22)	-0.005 (-0.58)	-0.006 (-0.95)	-0.009*** (-2.81)	-0.007 (-1.63)	-0.004 (-1.38)	0.006 (0.89)	-0.004 (-0.70)	-0.003 (-0.38)
mfisauto1	0.249*** (6.47)	0.224*** (5.67)	0.372*** (8.20)	0.184*** (8.63)	0.162*** (4.07)	0.213*** (6.69)	0.281*** (7.60)	0.254*** (5.99)	0.377*** (8.11)
Observations	336	336	336	336	336	336	336	336	336
Number of ide	84	84	84	84	84	84	84	84	84
AR (2)	1.4491	1.4293	1.4947	1.2178	1.1860	0.9485	1.4748	1.3175	1.3465
Prob > |z|	0.1473	0.1529	0.1350	0.2035	0.2356	0.3429	0.1403	0.1877	0.1781
Sargan	0.4896	0.5327	0.5354	0.4996	0.6996	0.6896	0.4996	0.5996	0.6516
Wald 检验值	2421.11	2531.98	1351.26	6225.45	336.14	1081.45	2285.58	2552.32	1747.70
Prob > chi2	0.0000	0.0000	0.0000	0.0000	0.0000	0.0000	0.0000	0.0000	0.0000
极值点	0.7835***	0.8112***	0.5854***	0.8274***	1.2737***	0.5632***	0.7367***	1.0197	0.5659***
P > |t|	0.0000	0.0043	0.0000	0.0001	0.0473	0.0006	0.0001	0.124	0.0000

旗县，43.90%集中在纯牧业旗县，可以看出，财政经济建设支出在这些区域超过拐点值，即意味着随着财政支出的增加，这些区域的相对贫困问题有较好的改善，贫困发生率降低，减贫成效显著，仍有43个旗县的贫困发生率位于拐点左侧，随着支出的增加，贫困发生率呈现上升区域，因此，未来财政支出政策应该予以结构调整，具体还需参考分项支出的结果。

第二，与草原生态修复密切相关支出对PG影响中，共有40个旗县位于拐点的右侧，除去H影响中的通辽市科尔沁左翼中旗，其中这些区域中有40%集中在其他区域，17.5%集中在半农半牧业旗县，42.5%集中在纯牧业旗县，可以看出，与草原生态修复密切相关支出在这些区域超过拐点值，即意味着随着财政支出的增加，这些区域的相对贫困问题有较好的改善，贫困矩降低，相对减贫成效显著，仍有44个旗县的贫困发生率位于拐点左侧，随着支出的增加，贫困矩呈现上升区域，因此，未来财政支出政策应该予以结构化调整，具体还需参考分项支出的结果。

第三，与草原生态修复密切相关支出对SPG影响中，共有39个旗县位于拐点的右侧，除去影响H旗县的赤峰市松山区和通辽市科尔沁左翼中旗，其中这些区域中有38.46%集中在其他区域，17.95%集中在半农半牧业旗县，43.58%集中在纯牧业旗县，可以看出，财政经济建设支出在这些区域超过拐点值，即意味着随着财政支出的增加，这些区域的相对贫困问题有较好的改善，贫困矩平方降低，即农村贫困人口内部收入差距缩小，相对减贫成效显著，仍有43个旗县的贫困矩平方位于拐点左侧，随着支出增加，贫困发生率呈现上升区域，因此，未来财政支出政策应该予以结构化调整，具体还需参考分项支出的结果。

总之，通过以上分析可以发现，草原生态修复密切相关支出对H、PG和SPG的影响，绝大多数集中在半农半牧业和其他区域，这也就说明了为了财政支出安排的结构和方向应该根据具体旗县实际情况动态调整，使处于拐点左侧的部分旗县尽快过渡到拐点右侧，进而发挥草原生态修复财政支出政策的减贫效应。接下来进一步从财政支出的各自分项支出情况予以详尽检验。

8.3.2 异质性分析

8.3.2.1 分支出类型

根据与草原生态修复密切相关的城乡社区和交通运输支出，基准回归中分析了农林水支出和节能环保支出，进一步分析城乡社区和交通运输支出对相对贫困的影响，进而分析各自影响路径的异质性。采用固定效应模型首先判断是否存在时间效应，如存在则需要控制年份效应，如不存在，则不控制年份。具体年份固定效应判断的结果如表8－9所示。

表8－9　　　　　　　　　　年份固定效应判断

	F统计值	Prob > F	是否拒绝原假设	年份固定效应
H：rfisubru1	5.45	0.0001	拒绝	否
H：rfisubru12	6.05	0.0000	拒绝	否
H：rfistras1	4.99	0.0002	拒绝	否
H：rfistras12	5.00	0.0002	拒绝	否
PG：rfisubru1	1.18	0.3203	接受	是
PG：rfisubru12	1.63	0.1506	接受	是
PG：rfistras1	1.26	0.2819	接受	是
PG：rfistras12	1.40	0.2232	接受	是
SPG：rfisubru1	5.45	0.0001	拒绝	否
SPG：rfisubru12	6.09	0.0000	拒绝	否
SPG：rfistras1	4.97	0.0002	拒绝	否
SPG：rfistras12	5.00	0.0002	拒绝	否

通过表8－9可以看出，固定效应的年份选择上，H在1%统计水平上显著，因此拒绝原假设，PG在10%的统计水平上不显著，因此接受原假设，存在显著的年份固定效应；SPG在1%的统计水平上显著，因此拒绝原假设，不存在显著的年份固定效应。交通运输和城乡社区支出对PG的回归，不需要控制年份固定效应。具体对H、PG和SPG的回归结果分别如表8－10—表8－12所示。

表8－10　　与草原生态修复密切相关分项支出对H的回归结果

变量	DIF - GMM		变量	FE	
	(1)	(2)		(3)	(4)
L. H1	0.156 *** (10.98)	0.172 *** (10.28)	rfisubru1	-0.362 ** (-2.82)	
L2. H1	-0.119 *** (-11.66)	-0.118 *** (-12.79)	rfisubru12	0.224 ** (2.07)	

续表

变量	DIF - GMM		变量	FE	
	(1)	(2)		(3)	(4)
rfisubru1	-0.031 *** (-4.31)		rfistras1		0.006 (0.11)
rfisubru12			rfistras12		-0.110 ** (-2.67)
rfistras1		0.035 *** (5.37)	lnnulivestock1	-0.439 *** (-6.27)	-0.453 *** (-6.66)
rfistras12			loutpbm1	0.200 ** (3.80)	0.223 *** (5.23)
lnnulivestock1	-0.720 *** (-15.25)	-0.690 *** (-9.88)	lrdisincome1	-0.479 *** (-12.19)	-0.509 *** (-12.29)
loutpbm1	0.281 *** (10.22)	0.276 *** (11.92)	lareagre1	0.058 (0.74)	0.067 (1.01)
lrdisincome1	-0.040 (-0.64)	-0.003 (-0.07)	ltoconsu1	0.119 ** (4.02)	0.105 *** (4.25)
lareagre1	-0.384 ** (-2.25)	-0.662 *** (-3.54)	lindustri1	-0.108 *** (-9.83)	-0.126 *** (-10.56)
ltoconsu1	-0.111 ** (-2.03)	-0.177 *** (-4.85)	lnuhealthins1	-0.164 ** (-3.31)	-0.186 ** (-3.71)
lindustri1	0.136 *** (7.31)	0.115 *** (4.59)	lnuhighstu1	0.129 *** (4.17)	0.094 * (2.37)
lnuhealthins1	0.240 (1.40)	-0.181 (-1.16)	temp1	-0.122 *** (-5.96)	-0.105 *** (-4.64)
lnuhighstu1	0.050 (1.35)	0.005 (0.15)	precip1	-0.010 (-0.46)	-0.006 (-0.26)
temp1	-0.023 (-0.55)	-0.010 (-0.29)	mfisauto1	-0.168 *** (-8.89)	-0.256 *** (-9.09)
precip1	-0.004 (-0.85)	0.005 (0.92)	Constant	0.000 ** (3.16)	0.000 *** (10.94)
mfisauto1	0.277 *** (8.35)	0.347 *** (10.96)	Observations	504	504
			R - squared	0.433	0.428
Observations	336	336	Country FE	YES	YES
Number of ide	84	84	Year FE	NO	NO
AR (2)	1.8596 **	1.6222	极值点	0.8078	0.0286807
Prob > |z|	0.0629	0.1048	P > |t|	0.101	0.064
Sargan	0.5689	0.4562			

通过表 8-10 的第（3）—（4）列可以看出，采取固定效应的结果中，交通运输支出呈现出显著的倒"U"形关系，而城乡社区支出呈现负向相关关系，进一步地采取 DIF-GMM 方法予以检验，结果如表 8-10 的第（1）—（2）列所示，由于部分指标的 AR（2）没有通过，所以汇报一次项的结果，通过结果可以看出，采用此方法后，解决了可能存在的内生性问题后，结果更加稳健，交通运输支出为显著的正向关系，城乡社区支出呈现显著的负向关系，在与草原生态修复密切相关的支出分类科目中，异质性较为明显，在支出结构中，通过各自的相关关系，也应该调整各自的财政支出结构，减少交通运输支出，增加城乡社区支出。

表 8-11　与草原生态修复密切相关分项支出对 PG 的回归结果

变量	DIF-GMM		变量	FE	
	(1)	(2)		(3)	(4)
L.PG1	0.041 *** (7.33)	0.045 *** (6.26)	rfisubru1	-0.458 *** (-2.91)	
L2.PG1	-0.102 *** (-13.82)	-0.097 *** (-12.67)	rfisubru12	0.416 * (1.92)	
rfisubru1	-0.150 *** (-14.85)		rfistras1		0.276 ** (2.35)
rfisubru12	0.091 *** (10.82)		rfistras12		-0.283 ** (-2.05)
rfistras1		0.061 *** (5.33)	lnnulivestock1	0.066 (1.05)	0.017 (0.27)
rfistras12		-0.036 *** (-3.65)	loutpbm1	0.202 *** (5.42)	0.195 *** (4.16)
lnnulivestock1	-0.274 *** (-7.48)	-0.323 *** (-8.72)	lrdisincome1	-0.271 *** (-8.71)	-0.311 *** (-7.93)
loutpbm1	0.249 *** (19.67)	0.230 *** (12.86)	lareagre1	-0.208 *** (-5.52)	-0.190 *** (-13.33)
lrdisincome1	0.102 *** (4.10)	0.086 ** (2.53)	ltoconsu1	0.154 *** (3.23)	0.164 *** (5.65)
lareagre1	-0.290 *** (-2.99)	-0.116 (-1.05)	lindustri1	0.010 (0.37)	-0.012 (-0.59)

续表

变量	DIF-GMM		变量	FE	
	(1)	(2)		(3)	(4)
ltoconsu1	-0.041 (-1.35)	0.000 (0.01)	lnuhealthins1	-0.102 (-1.21)	-0.121 (-1.48)
lindustri1	0.088*** (7.45)	0.100*** (7.37)	lnuhighstu1	0.267** (2.15)	0.276** (2.41)
lnuhealthins1	0.968*** (9.54)	0.645*** (6.17)	temp1	0.037 (1.28)	0.040 (1.59)
lnuhighstu1	-0.055* (-1.76)	-0.071* (-1.88)	precip1	0.138*** (3.67)	0.139*** (3.41)
temp1	0.028* (1.72)	0.030* (1.76)	mfisauto1	-0.196*** (-5.97)	-0.231*** (-9.01)
precip1	-0.008* (-1.91)	-0.006** (-2.35)	Constant	-0.070*** (-4.15)	-0.086*** (-2.82)
mfisauto1	0.168*** (5.48)	0.192*** (6.22)	Observations	504	504
			Country FE	YES	YES
Observations	336	336	Year FE	YES	YES
Number of ide	84	84	极值点	0.5502405	0.4878838
AR (2)	1.2183	2.8671	P>|t|	0.0348	0.0226
Prob>|z|	0.2231	0.0041			
Sargan	0.5623	0.9996			
极值点	0.91915***	2.0248			
P>|t|	0.0001	0.344			

通过表8-11的第(3)—(4)列可以看出，采取固定效应的结果中，交通运输支出呈现出显著的倒"U"形关系，而城乡社区支出呈现显著的"U"形关系，因此需要重点关注城乡支出对相对贫困的变化影响。进一步地采取DIF-GMM方法予以检验，结果如表8-11的第(1)—(2)列所示，通过结果可以看出，城乡社区支出仍然具有显著的"U"形关系，具体进行详尽的分析。

具体来看，城乡社区支出对PG的影响中，有79个旗县位于拐点的左侧，包括乌兰察布市丰镇市、兴和县、凉城县、化德县、卓资县、商都县、四子王旗、察哈尔右翼中旗、察哈尔右翼后旗、察哈尔右翼前旗、集宁区；

兴安盟乌兰浩特市、扎赉特旗、科尔沁右翼中旗、科尔沁右翼前旗、突泉县；包头市固阳县、土默特右旗、达尔罕茂明安联合旗；呼伦贝尔市扎兰屯市、新巴尔虎左旗、新巴尔虎左旗右旗、海拉尔区、牙克石市、鄂伦春自治旗、鄂温克族自治旗、阿荣旗、陈巴尔虎旗；呼和浩特市和林格尔县、回民区、土默特左旗、托克托县、武川县、清水河县、玉泉区；巴彦淖尔市临河区、乌拉特中旗、乌拉特前旗、乌拉特后旗、五原县、杭锦后旗、磴口县；赤峰市元宝山区、克什克腾旗、喀喇沁旗、宁城县、巴林右旗、巴林左旗、敖汉旗、松山区、林西县、红山区、翁牛特旗、阿鲁科尔沁旗；通辽市奈曼旗、库伦旗、开鲁县、扎鲁特旗、科尔沁区、科尔沁左翼中旗、科尔沁左翼后旗；鄂尔多斯市东胜区、乌审旗、杭锦旗、达拉特旗、鄂托克前旗；锡林郭勒盟东乌珠穆沁旗、多伦县、太仆寺旗、正蓝旗、正镶白旗、苏尼特左旗、苏尼特右旗、西乌珠穆沁旗、锡林浩特市、镶黄旗、阿巴嘎旗；阿拉善盟阿拉善右旗、阿拉善左旗。仅有5个旗县处于拐点右侧，也就意味着这些旗县的城乡社区支出虽然具有异质性，但是从具体旗县分析来看，几乎所有旗县都随着支出的增加，农牧区的贫困人口距离贫困县的距离在初步缩减，也就意味着减贫效果显著。未来对于另外5个旗县不能继续增加支出，因为增加支出反而会导致贫困距加大。

表8-12 与草原生态修复密切相关分项支出对 SPG 的回归结果

变量	DIF - GMM		变量	FE	
	(1)	(2)		(3)	(4)
L.SPG1	0.189 *** (18.13)	0.202 *** (11.00)	rfisubru1	-0.358 ** (-2.85)	
L2.SPG1	-0.111 *** (-9.73)	-0.118 *** (-12.19)	rfisubru12	0.235 (1.66)	
rfisubru1	-0.050 ** (-2.13)		rfistras1		0.011 (0.21)
rfisubru12	0.014 (0.72)		rfistras12		-0.121 ** (-2.78)
rfistras1		0.068 *** (3.12)	lnnulivestock1	-0.377 *** (-6.87)	-0.391 *** (-6.83)
rfistras12		-0.038 * (-1.90)	loutpbm1	0.180 ** (3.40)	0.199 *** (4.79)

续表

变量	DIF-GMM		变量	FE	
	(1)	(2)		(3)	(4)
lnnulivestock1	-0.477*** (-14.55)	-0.494*** (-11.30)	lrdisincome1	-0.485*** (-12.96)	-0.513*** (-12.46)
loutpbm1	0.261*** (11.80)	0.242*** (12.93)	lareagre1	0.033 (0.44)	0.045 (0.70)
lrdisincome1	-0.006 (-0.11)	0.033 (0.77)	ltoconsu1	0.136*** (4.93)	0.123*** (5.76)
lareagre1	-0.552*** (-2.59)	-0.849*** (-4.44)	lindustri1	-0.109*** (-9.48)	-0.127*** (-9.86)
ltoconsu1	-0.086 (-1.60)	-0.127*** (-2.66)	lnuhealthins1	-0.134* (-2.13)	-0.155* (-2.51)
lindustri1	0.092*** (4.30)	0.099*** (3.42)	lnuhighstu1	0.148*** (4.39)	0.112** (2.64)
lnuhealthins1	0.078 (0.43)	-0.015 (-0.08)	temp1	-0.093*** (-4.31)	-0.073** (-3.03)
lnuhighstu1	-0.007 (-0.20)	-0.005 (-0.17)	precip1	-0.001 (-0.04)	0.003 (0.13)
temp1	0.019 (0.43)	0.037 (1.09)	mfisauto1	-0.194*** (-12.14)	-0.275*** (-10.52)
precip1	0.001 (0.35)	0.002 (0.39)	Constant	-0.000*** (-4.41)	-0.000*** (-6.39)
mfisauto1	0.311*** (9.38)	0.350*** (8.52)	Observations	504	504
			Country FE	YES	YES
Observations	336	336	Year FE	NO	NO
Number of ide	84	84	极值点	1.1985	1.2154
AR(2)	1.5663	1.4595	P>|t|	0.041458	0.04717
Prob>|z|	0.1173	0.1444			
Sargan	0.9996	0.9996			
极值点	0.90214	0.8302279**			
P>|t|	0.01274	0.0104			

通过表8-12的第(3)—(4)列可以看出,采取固定效应的实证分析结果中,交通运输支出呈现出显著的倒"U"形关系,而城乡社区支出呈现显著的"U"形关系。进一步地采取DIF-GMM方法予以检验,结果如表8-12

的第（1）—（2）列所示，通过结果可以看出，交通运输支出呈现显著倒"U"形关系，城乡社区支出为正"U"形关系，具有明显异质性存在。

具体来看，交通运输支出对 SPG 的影响中，有 33 个旗县位于拐点的右侧，包括乌兰察布市兴和县、察哈尔右翼前旗；兴安盟扎赉特旗；包头市固阳县、达尔罕茂明安联合旗；呼伦贝尔市新巴尔虎左旗、新巴尔虎左旗右旗、陈巴尔虎旗；呼和浩特市和林格尔县、清水河县；巴彦淖尔市乌拉特中旗、乌拉特后旗、五原县、磴口县；赤峰市宁城县、松山区、阿鲁科尔沁旗；通辽市奈曼旗、开鲁县、科尔沁区、科尔沁左翼中旗、科尔沁左翼后旗；鄂尔多斯市乌审旗、伊金霍洛旗、杭锦旗、鄂托克前旗；锡林郭勒盟正蓝旗、正镶白旗、苏尼特左旗、西乌珠穆沁旗、镶黄旗、阿巴嘎旗；阿拉善盟阿拉善左旗。其中 57.58% 集中在纯牧业旗县，18.18% 集中在半农半牧业旗县，24.24% 集中在其他区域，仍有 51 个旗县处于拐点左侧，但是可以看出，交通运输支出在纯牧业旗县绝大部分都处于拐点右侧，这意味着随着交通运输在这些区域的增加，贫困人口的相对减贫得到了较好的抑制。未来政策安排时应该增加对其他拐点左侧半农半牧业旗县和其他区域资金安排。

总之，按照财政支出类型分析对相对贫困的影响可以发现，与草原生态修复密切相关支出对 H、PG、SPG 影响中，未来财政支出结构的调整应该向农牧区的基础设施领域倾斜，增加草原区域的基础设施建设投入，增加交通运输支出，为牧民提升自身素养提供良好的硬件基础设施，更加能够激励农牧民，特别是贫困农牧民群体"扶志"。

8.3.2.2 分草原类型

按草原类型予以异质性检验，分析纯牧业旗县、半农半牧业旗县和其他区域，由于受到样本限制，本部分仅以固定效应模型予以分析。具体结果如表 8-13 所示。

通过表 8-13 可以看出，农林水支出、节能环保支出和与草原生态修复密切相关支出在不同草原类型具有异质性，其中，农林水支出在纯牧业旗县呈现显著倒"U"形关系，在半农半牧和其他区域虽然不显著，但是倒"U"形关系仍然存在；节能环保支出在纯牧业和其他区域呈现显著的倒"U"形；经济建设支出在其他区域呈现显著的倒"U"形，而在纯牧业和半农半牧业旗县虽然不显著，但是具有倒"U"形关系。结合异质性分析可以看出，在不同区域，财政支出政策对贫困率的影响具有异质性。通过两者的关系可以看

表 8-13 不同草原类型对 H 影响估计结果

变量	纯牧业旗县			半农半牧业旗县			其他区域		
	(1)	(2)	(3)	(4)	(5)	(6)	(7)	(8)	(9)
rfisafw1	-0.299 (-0.32)			0.572 (1.71)			1.451*** (7.87)		
rfisafw12	0.264 (0.38)			-0.541 (-1.88)			-1.729*** (-9.29)		
rfisenvir1		0.141 (1.20)			0.307 (1.20)			0.093 (0.36)	
rfisenvir12		-0.230** (-2.08)			-0.236 (-0.85)			-0.125 (-0.50)	
rfiseconw1			-0.131 (-0.17)			0.395 (1.14)			1.452*** (4.70)
rfiseconw12			0.222 (0.31)			-0.440 (-1.25)			-1.749*** (-5.85)
lnnulivestock1	0.335 (0.61)	0.345 (0.69)	0.327 (0.62)	-0.259*** (-4.53)	-0.329*** (-3.27)	-0.274*** (-3.24)	-0.332*** (-8.40)	-0.334*** (-9.04)	-0.375*** (-5.43)
loutpbm1	-0.022 (-0.08)	0.027 (0.12)	-0.053 (-0.19)	-0.073 (-0.90)	-0.034 (-0.33)	-0.023 (-0.21)	-0.128 (-1.70)	0.069 (1.52)	0.065 (1.06)
lrdisincome1	0.099 (0.39)	0.068 (0.28)	0.064 (0.23)	-0.436*** (-4.28)	-0.467*** (-3.08)	-0.444*** (-3.59)	-0.496*** (-11.38)	-0.537*** (-12.05)	-0.523*** (-13.02)
lareagre1	3.213 (1.23)	2.407 (1.01)	3.474 (1.50)	-0.107** (-2.62)	-0.060 (-0.87)	-0.106** (-2.95)	0.514*** (11.10)	0.573*** (8.24)	0.537*** (5.82)
ltoconsu1	-0.062 (-0.42)	-0.076 (-0.51)	-0.057 (-0.39)	-0.117 (-1.24)	-0.044 (-0.73)	-0.091 (-1.05)	0.258*** (9.65)	0.333*** (10.29)	0.263*** (7.39)

续表

变量	纯牧业旗县			半农半牧业旗县			其他区域		
	(1)	(2)	(3)	(4)	(5)	(6)	(7)	(8)	(9)
lindustri1	0.368*	0.381*	0.392**	-0.028	0.012	-0.015	-0.157***	-0.179***	-0.145***
	(2.02)	(1.84)	(2.18)	(-0.75)	(0.27)	(-0.44)	(-4.61)	(-4.40)	(-4.37)
lnuhealthins1	0.295	0.415	0.333	0.100	0.099	0.072	-0.154	-0.196**	-0.221***
	(0.48)	(0.88)	(0.66)	(1.43)	(1.44)	(1.36)	(-2.01)	(-3.91)	(-5.54)
lnuhighstu1	-0.750*	-0.735	-0.867*	-0.111	-0.159	-0.184	-0.037	-0.060	-0.093
	(-1.77)	(-1.61)	(-2.03)	(-0.78)	(-1.24)	(-1.42)	(-0.41)	(-0.71)	(-1.57)
temp1	0.181	0.219	0.119	-0.474**	-0.394***	-0.430**	0.117***	0.093*	0.098
	(0.68)	(1.06)	(0.48)	(-3.44)	(-4.78)	(-3.84)	(4.08)	(2.44)	(1.72)
precip1	-0.044	-0.017	-0.035	-0.090**	-0.093**	-0.085**	-0.181**	-0.203**	-0.152*
	(-0.59)	(-0.24)	(-0.49)	(-3.03)	(-2.68)	(-2.93)	(-3.58)	(-2.92)	(-2.25)
mfisauto1	0.513*	0.405	0.492*	-0.152	-0.238**	-0.179	-0.236***	-0.192***	-0.176***
	(1.79)	(1.56)	(1.71)	(-1.17)	(-2.66)	(-1.71)	(-9.19)	(-8.87)	(-7.27)
Constant	-3.710	-2.959	-4.091*	0.113**	0.113	0.102	0.436***	0.635***	0.500***
	(-1.46)	(-1.33)	(-1.83)	(2.86)	(1.86)	(1.97)	(10.00)	(13.43)	(10.32)
Observations	192	192	192	120	120	120	191	191	191
R-squared	0.247	0.280	0.262	0.759	0.760	0.753	0.647	0.577	0.624
Country FE	YES	YES	YES	YES	YES	YES	YES	YES	YES
Year FE	NO	NO	NO	NO	NO	NO	NO	NO	NO

出，随着农林水支出的增加，纯牧业旗县的农牧民的贫困发生率呈现先上升后下降的趋势；随着节能环保支出的增加，在纯牧业旗县和其他区域的贫困发生率仍然呈现先升后降的趋势；随着与草原生态修复密切相关的财政支出的增加，在其他区域的贫困发生率呈现先升后降的趋势，因此，未来应该根据不同区域的草原生态修复财政支出政策的社会效益合理优化财政支出结构。

通过表8-14可以看出，农林水支出在纯牧业旗县、半农半牧业旗县和其他区域呈现显著的关系，与草原生态修复的密切相关财政支出在不同类型的草原区域都不显著，但是两者间呈现出来负向关系，即意味着随着财政支出的增加，相对贫困问题有所降低，特别是在不同类型的草原区域，都呈现一个下降趋势，即草原生态修复的相关财政支出对农牧业区域的贫困群体的收入距离贫困县的差距有所缩小。同时，在纯牧业旗县，这种相对贫困的影响程度要低于半农半牧业旗县和其他区域，而在草原较为集中的纯牧业旗县，相对贫困的解决需要更多地资金投入。

通过表8-15可以看出，农林水支出在其他区域呈现显著的倒"U"形关系；节能环保支出在纯牧业旗县和其他区域呈现显著的倒"U"形关系；与草原生态修复密切相关的财政支出在其他区域具有显著的倒"U"形关系，而在纯牧业旗县和半农半牧业旗县虽然呈现倒"U"形关系，但是不显著。因此可以看出，相对贫困问题在纯牧业旗县和半农半牧业旗县内部，贫困家庭之间的收入分配差距不断扩大，极端贫困者的贫困程度并没有真正解决。

8.3.2.3 按支出分位数

接下来，按照财政支出三分位数进行异质性分析，由于样本数据受限，本部分仍然采用固定效应予以分析，具体分析结果如表8-16—表8-18所示。

根据表8-16可以看出，农林水支出和与草原生态修复密切支出随着支出分位数的不断增加，一直具有显著的倒"U"形关系，而节能环保支出随着支出分位数的增加，显著关系开始逐步减弱，但是倒"U"形关系仍然存在，这就证明节能环保支出随着财政资金的增加，对于贫困发生率并不会产生显著影响，因而，财政支出结构应该予以调整，这也有可能是受到草原生态修复中节能环保支出资金占比不高的影响。

表8-14 不同草原类型对PG影响估计结果

变量	纯牧业旗县			半农半牧业旗县			其他区域		
	(1)	(2)	(3)	(4)	(5)	(6)	(7)	(8)	(9)
rfisafw1	-1.185 (-1.39)			0.538 (1.99)			1.440*** (8.06)		
rfisafw12	0.914 (1.45)			-0.406 (-1.71)			-1.234*** (-6.54)		
rfisenvir1		0.117 (1.34)			0.310* (2.52)			-0.131 (-0.61)	
rfisenvir12		-0.155* (-1.82)			-0.282* (-2.45)			0.089 (0.60)	
rfiseconw1			-0.694 (-0.95)			0.486 (1.33)			0.421 (0.90)
rfiseconw12			0.725 (1.08)			-0.288 (-0.81)			-0.387 (-0.75)
lnmulivestock1	0.191 (0.47)	0.263 (0.72)	0.267 (0.76)	-0.006 (-0.09)	-0.008 (-0.10)	0.013 (0.32)	0.241* (2.48)	0.367** (3.94)	0.325** (3.83)
loutpbm1	0.021 (0.11)	0.037 (0.21)	-0.041 (-0.22)	0.188** (3.79)	0.199** (3.84)	0.211*** (4.30)	-0.169** (-3.15)	-0.061 (-1.29)	-0.048 (-1.00)
lrdisincome1	0.443* (1.78)	0.382 (1.64)	0.378 (1.34)	-0.227** (-3.03)	-0.304** (-2.63)	-0.220** (-2.84)	0.017 (0.72)	-0.081** (-2.64)	-0.077** (-2.18)
lareagre1	-0.649 (-0.27)	-1.070 (-0.46)	-0.222 (-0.12)	-0.176** (-3.51)	-0.144* (-2.57)	-0.179*** (-5.49)	0.309*** (7.02)	0.460*** (6.18)	0.414*** (5.43)
ltoconsu1	-0.028 (-0.35)	-0.018 (-0.17)	0.005 (0.05)	0.008 (0.17)	0.047 (1.00)	0.002 (0.06)	-0.205*** (-6.89)	-0.185*** (-3.56)	-0.158** (-2.89)

续表

变量	纯牧业旗县			半农半牧业旗县			其他区域		
	(1)	(2)	(3)	(4)	(5)	(6)	(7)	(8)	(9)
lindustri1	0.095 (0.78)	0.162 (1.19)	0.162 (1.46)	-0.034 (-1.41)	-0.008 (-0.40)	-0.019 (-1.11)	-0.082** (-4.01)	-0.105*** (-5.02)	-0.098** (-3.85)
lnuhealthins1	1.311* (1.95)	1.274* (1.87)	1.166* (1.81)	-0.025 (-0.62)	-0.020 (-0.41)	-0.062 (-1.71)	0.045 (0.33)	-0.076 (-0.50)	-0.045 (-0.29)
lnuhighstu1	0.537 (1.26)	0.623 (1.64)	0.399 (1.13)	0.027 (0.54)	-0.029 (-0.44)	0.013 (0.23)	0.726*** (8.78)	0.583*** (4.47)	0.588*** (6.24)
temp1	0.312 (1.13)	0.284 (1.11)	0.196 (0.77)	-0.014 (-0.25)	0.047 (0.70)	0.016 (0.38)	-0.013 (-0.52)	0.099* (2.46)	0.066 (1.76)
precip1	-0.079 (-0.83)	-0.045 (-0.60)	-0.045 (-0.58)	0.016 (0.32)	0.022 (0.47)	0.010 (0.40)	-0.046 (-0.70)	-0.047 (-0.82)	-0.027 (-0.43)
mfisauto1	-0.190 (-0.44)	-0.265 (-0.68)	-0.257 (-0.69)	0.155 (1.49)	0.059 (0.77)	0.011 (0.12)	-0.150*** (-41.24)	-0.134*** (-9.82)	-0.153*** (-8.53)
Constant	1.129 (0.52)	1.341 (0.63)	0.381 (0.23)	0.341*** (9.56)	0.312*** (6.33)	0.324*** (10.84)	0.452*** (13.59)	0.627*** (13.40)	0.598*** (16.24)
Observations	192	192	192	120	120	120	191	191	191
R-squared	0.219	0.188	0.217	0.580	0.579	0.663	0.649	0.589	0.593
Country FE	YES	YES	YES	YES	YES	YES	YES	YES	YES
Year FE	YES	YES	YES	YES	YES	YES	YES	YES	YES

表 8-15　不同草原类型对 SPG 影响结果

变量	纯牧业旗县			半农半牧业旗县			其他区域		
	(1)	(2)	(3)	(4)	(5)	(6)	(7)	(8)	(9)
rfisafw1	-0.541 (-0.63)			0.591 (1.73)			1.431*** (7.70)		
rfisafw12	0.453 (0.72)			-0.548 (-1.88)			-1.685*** (-9.01)		
rfisenvir1		0.144 (1.28)			0.320 (1.29)			0.001 (0.00)	
rfisenvir12		-0.224* (-1.99)			-0.252 (-0.94)			-0.043 (-0.17)	
rfiseconw1			-0.307 (-0.42)			0.455 (1.33)			1.204** (3.58)
rfiseconw12			0.365 (0.55)			-0.474 (-1.36)			-1.474*** (-4.34)
lnmulivestock1	0.293 (0.58)	0.320 (0.70)	0.315 (0.65)	-0.262*** (-4.87)	-0.327*** (-3.39)	-0.276** (-3.43)	-0.256*** (-5.94)	-0.249*** (-5.23)	-0.280*** (-4.24)
loutpbm1	-0.043 (-0.16)	-0.000 (-0.00)	-0.081 (-0.29)	-0.048 (-0.62)	-0.011 (-0.11)	0.001 (0.01)	-0.162* (-2.17)	0.026 (0.49)	0.023 (0.39)
lrdisincome1	0.056 (0.26)	0.008 (0.04)	0.003 (0.01)	-0.439*** (-4.28)	-0.477** (-3.12)	-0.445** (-3.59)	-0.467*** (-10.22)	-0.506*** (-10.81)	-0.500*** (-11.84)
lareagre1	2.374 (0.97)	1.592 (0.75)	2.603 (1.19)	-0.106** (-2.72)	-0.060 (-0.86)	-0.106** (-2.91)	0.523*** (10.94)	0.587*** (8.87)	0.558*** (6.26)
ltoconsu1	-0.062 (-0.46)	-0.071 (-0.50)	-0.048 (-0.34)	-0.106 (-1.25)	-0.034 (-0.61)	-0.083 (-1.06)	0.223*** (9.55)	0.288*** (12.48)	0.233*** (5.75)

续表

变量	纯牧业旗县			半农半牧业旗县			其他区域		
	(1)	(2)	(3)	(4)	(5)	(6)	(7)	(8)	(9)
lindustri1	0.337*	0.366*	0.374**	-0.025	0.015	-0.012	-0.166***	-0.186***	-0.160***
	(1.89)	(1.80)	(2.13)	(-0.67)	(0.33)	(-0.34)	(-5.91)	(-5.19)	(-5.65)
lnuhealthins1	0.514	0.616	0.517	0.107	0.107	0.078	-0.061	-0.106	-0.133
	(0.80)	(1.17)	(0.96)	(1.63)	(1.71)	(1.62)	(-0.71)	(-1.35)	(-1.95)
lnuhighstu1	-0.655	-0.638	-0.797*	-0.096	-0.147	-0.163	-0.032	-0.070	-0.085
	(-1.60)	(-1.47)	(-1.87)	(-0.71)	(-1.22)	(-1.36)	(-0.36)	(-0.79)	(-1.64)
temp1	0.265	0.295	0.206	-0.458**	-0.376***	-0.415**	0.105**	0.091*	0.096
	(1.07)	(1.57)	(0.92)	(-3.44)	(-4.88)	(-3.90)	(3.65)	(2.47)	(1.78)
precip1	-0.042	-0.009	-0.022	-0.086**	-0.088**	-0.082**	-0.172**	-0.191**	-0.151*
	(-0.61)	(-0.14)	(-0.33)	(-2.64)	(-2.82)	(-2.73)	(-3.22)	(-2.91)	(-2.29)
mfisauto1	0.466	0.364	0.439	-0.124	-0.215*	-0.165	-0.236***	-0.193***	-0.175***
	(1.67)	(1.49)	(1.56)	(-1.00)	(-2.53)	(-1.67)	(-11.30)	(-10.44)	(-7.54)
Constant	-2.869	-2.187	-3.273	0.153**	0.150*	0.141**	0.498***	0.700***	0.573***
	(-1.17)	(-1.06)	(-1.49)	(3.83)	(2.52)	(2.84)	(11.41)	(14.61)	(10.37)
Observations	192	192	192	120	120	120	191	191	191
R-squared	0.272	0.297	0.281	0.758	0.759	0.751	0.658	0.591	0.628
Country FE	YES	YES	YES	YES	YES	YES	YES	YES	YES
Year FE	NO	NO	NO	NO	NO	NO	NO	NO	NO

表 8-16　财政支出分位数对 H 的影响结果

变量	财政支出第一分位数			财政支出第二分位数			财政支出第三分位数		
	(1)	(2)	(3)	(4)	(5)	(6)	(7)	(8)	(9)
rfisafw1	1.920*** (4.95)			2.086*** (5.24)			2.175*** (6.18)		
rfisafwl2	-2.061*** (-5.41)			-2.047*** (-5.89)			-1.853*** (-6.60)		
rfisenvir1		1.358*** (3.57)			0.458 (1.47)			0.098 (0.38)	
rfisenvirl2		-1.881*** (-2.87)			-0.232 (-0.65)			-0.058 (-0.28)	
rfiseconw1			2.029*** (3.70)			2.150*** (3.93)			0.689 (1.16)
rfiseconwl2			-2.452*** (-4.03)			-2.402*** (-4.43)			-0.887* (-1.67)
lnnulivestock1	-0.428*** (-3.46)	-0.565*** (-3.95)	-0.549*** (-3.85)	2.086*** (5.24)	-0.588*** (-4.22)	-0.453*** (-3.54)	-0.584*** (-4.29)	-0.426*** (-3.06)	-0.463*** (-3.31)
loutpbm1	0.028 (0.26)	0.274** (2.39)	0.196* (1.84)	-2.047*** (-5.89)	0.322*** (2.81)	0.118 (1.12)	-0.012 (-0.11)	0.173 (1.47)	0.161 (1.30)
lrdisincome1	-0.295*** (-3.56)	-0.552*** (-6.92)	-0.400*** (-5.04)	2.086*** (5.24)	-0.490*** (-5.88)	-0.448*** (-5.44)	-0.414*** (-4.74)	-0.525*** (-5.96)	-0.496*** (-5.64)
lareagre1	-0.087 (-0.93)	0.038 (0.37)	0.059 (0.62)	-2.047*** (-5.89)	0.085 (0.87)	0.135 (1.42)	0.146 (1.58)	0.036 (0.34)	0.183* (1.77)
ltoconsu1	0.078 (0.95)	0.154* (1.92)	0.007 (0.09)	2.086*** (5.24)	0.054 (0.64)	0.024 (0.32)	0.085 (1.13)	0.171** (2.00)	0.177** (2.05)

续表

变量	财政支出第一分位数				财政支出第二分位数			财政支出第三分位数		
	(1)	(2)	(3)	(4)	(5)	(6)	(7)	(8)	(9)
lindustri1	-0.100 (-1.60)	-0.114 (-1.58)	-0.160** (-2.49)	-2.047*** (-5.89)	-0.147** (-2.24)	-0.115* (-1.80)	-0.181*** (-2.80)	-0.061 (-0.94)	-0.112* (-1.69)
lnuhealthins1	-0.047 (-0.41)	-0.119 (-1.06)	-0.082 (-0.68)	2.086*** (5.24)	-0.069 (-0.57)	-0.105 (-0.96)	-0.034 (-0.31)	-0.211* (-1.68)	-0.224* (-1.94)
lnuhighstu1	0.011 (0.09)	0.043 (0.35)	-0.006 (-0.05)	-2.047*** (-5.89)	0.152 (1.23)	0.081 (0.67)	0.258** (2.29)	0.111 (0.84)	-0.019 (-0.15)
temp1	-0.141* (-1.96)	-0.145** (-2.00)	-0.092 (-1.26)	2.086*** (5.24)	-0.165** (-2.32)	-0.148** (-2.01)	-0.262*** (-3.76)	-0.084 (-1.13)	0.014 (0.18)
precip1	0.055 (0.78)	0.072 (0.91)	-0.062 (-0.87)	-2.047*** (-5.89)	-0.030 (-0.40)	0.062 (0.90)	0.007 (0.10)	-0.009 (-0.13)	0.031 (0.38)
mfisauto1	-0.204** (-2.42)	-0.224*** (-2.65)	-0.283*** (-3.53)	2.086*** (5.24)	-0.197** (-2.44)	-0.190** (-2.35)	-0.277*** (-3.57)	-0.316*** (-3.61)	-0.241*** (-2.71)
Constant	-0.191*** (-2.63)	0.088 (0.74)	-0.258*** (-2.98)	-2.047*** (-5.89)	-0.038 (-0.60)	-0.072 (-1.25)	0.038 (0.56)	-0.075 (-0.83)	0.173** (2.06)
Observations	170	168	168	166	168	168	168	168	168
R-squared	0.444	0.492	0.467	0.585	0.473	0.513	0.556	0.440	0.468
Country FE	YES	YES	YES	YES	YES	YES	YES	YES	YES
Year FE	NO	NO	NO	NO	NO	NO	NO	NO	NO

表 8-17 财政支出分位数对 PG 的影响结果

变量	财政支出第一分位数			财政支出第二分位数			财政支出第三分位数		
	(1)	(2)	(3)	(4)	(5)	(6)	(7)	(8)	(9)
rfisafw1	1.075*** (2.65)			1.012** (2.38)			1.348*** (4.07)		
rfisafw12	-1.222*** (-3.07)			-1.124*** (-3.03)			-1.067*** (-4.04)		
rfisenvir1		0.761** (2.15)			0.347 (1.10)			-0.284 (-1.12)	
rfisenvir12		-0.858 (-1.40)			-0.263 (-0.73)			0.302 (1.49)	
rfiseconw1			2.286*** (4.07)			2.537*** (4.96)			1.134** (2.07)
rfiseconw12			-2.759*** (-4.42)			-2.664*** (-5.25)			-1.103** (-2.26)
lnmulivestock1	0.097 (0.75)	-0.070 (-0.52)	-0.068 (-0.47)	-0.212 (-1.51)	-0.102 (-0.72)	0.095 (0.80)	-0.149 (-1.16)	0.050 (0.36)	-0.126 (-0.98)
loutpbm1	0.018 (0.16)	0.259** (2.42)	0.193* (1.76)	0.192 (1.60)	0.306*** (2.64)	0.092 (0.93)	0.185* (1.71)	0.192* (1.66)	0.196* (1.73)
lrdisincome1	-0.174** (-2.00)	-0.354*** (-4.76)	-0.289*** (-3.56)	-0.292*** (-3.08)	-0.291*** (-3.46)	-0.229*** (-2.98)	-0.191** (-2.32)	-0.238*** (-2.75)	-0.158* (-1.95)
lareagre1	-0.228** (-2.34)	-0.277** (-2.89)	-0.222** (-2.29)	-0.111 (-1.15)	-0.102 (-1.03)	-0.235*** (-2.65)	-0.231*** (-2.66)	-0.251** (-2.44)	-0.058 (-0.61)
ltoconsu1	0.092 (1.07)	0.337*** (4.52)	0.054 (0.66)	0.068 (0.83)	0.088 (1.04)	0.129* (1.82)	0.236*** (3.34)	0.067 (0.80)	0.162** (2.04)

续表

变量	财政支出第一分位数			财政支出第二分位数			财政支出第三分位数		
	(1)	(2)	(3)	(4)	(5)	(6)	(7)	(8)	(9)
lindustri1	0.013 (0.20)	0.086 (1.28)	0.063 (0.96)	-0.031 (-0.48)	-0.052 (-0.79)	-0.056 (-0.93)	0.010 (0.16)	0.024 (0.38)	-0.017 (-0.28)
lnuhealthins1	0.066 (0.54)	-0.233** (-2.22)	0.085 (0.70)	0.137 (1.13)	0.042 (0.35)	-0.137 (-1.34)	-0.254** (-2.46)	-0.012 (-0.10)	-0.079 (-0.74)
lnuhighstu1	0.119 (0.90)	0.156 (1.33)	0.012 (0.10)	0.154 (1.25)	0.249** (2.00)	0.285** (2.50)	0.434*** (4.10)	0.283** (2.19)	0.227* (1.91)
temp1	0.054 (0.72)	0.065 (0.97)	0.013 (0.17)	0.025 (0.35)	0.008 (0.12)	0.012 (0.17)	-0.024 (-0.36)	0.035 (0.48)	0.162** (2.24)
precip1	0.208*** (2.84)	0.218*** (2.94)	0.138* (1.89)	0.070 (0.98)	0.085 (1.12)	0.191*** (2.94)	0.196*** (2.84)	0.164** (2.32)	0.133* (1.79)
mfisauto1	-0.261*** (-2.96)	-0.188** (-2.39)	-0.256*** (-3.12)	-0.301*** (-3.46)	-0.240*** (-2.93)	-0.228*** (-3.02)	-0.225*** (-3.09)	-0.290*** (-3.36)	-0.337*** (-4.12)
Constant	-0.132* (-1.74)	0.128 (1.16)	-0.278*** (-3.13)	-0.044 (-0.75)	-0.027 (-0.42)	-0.133** (-2.46)	-0.005 (-0.07)	0.004 (0.04)	0.088 (1.14)
Observations	170	168	168	166	168	168	168	168	168
R-squared	0.472	0.516	0.498	0.519	0.483	0.599	0.537	0.482	0.464
Country FE	YES	YES	YES	YES	YES	YES	YES	YES	YES
Year FE	YES	YES	YES	YES	YES	YES	YES	YES	YES

表 8-18　财政支出分位数对 SPG 的影响结果

变量	财政支出第一分位数			财政支出第二分位数			财政支出第三分位数		
	(1)	(2)	(3)	(4)	(5)	(6)	(7)	(8)	(9)
rfisafw1	1.882*** (4.94)			1.966*** (4.98)			2.120*** (6.15)		
rfisafw12	-2.074*** (-5.54)			-1.986*** (-5.76)			-1.802*** (-6.56)		
rfisenvir1		1.331*** (3.57)			0.403 (1.32)			0.028 (0.11)	
rfisenvir12		-1.822*** (-2.83)			-0.172 (-0.49)			0.011 (0.06)	
rfiseconw1			1.889*** (3.46)			1.886*** (3.51)			0.568 (0.96)
rfiseconw12			-2.311*** (-3.82)			-2.159*** (-4.05)			-0.761 (-1.44)
lnmulivestock1	-0.384*** (-3.15)	-0.538*** (-3.83)	-0.513*** (-3.62)	-0.731*** (-5.59)	-0.535*** (-3.91)	-0.324** (-2.57)	-0.558*** (-4.19)	-0.337** (-2.44)	-0.428*** (-3.07)
loutpbm1	0.011 (0.11)	0.261** (2.32)	0.197* (1.85)	0.122 (1.10)	0.309*** (2.74)	0.063 (0.61)	-0.003 (-0.03)	0.141 (1.21)	0.154 (1.26)
lrdisincome1	-0.303*** (-3.72)	-0.559*** (-7.14)	-0.413*** (-5.24)	-0.444*** (-5.05)	-0.487*** (-5.95)	-0.466*** (-5.76)	-0.413*** (-4.83)	-0.525*** (-6.02)	-0.501*** (-5.72)
lareagre1	-0.096 (-1.05)	0.028 (0.27)	0.049 (0.52)	0.070 (0.78)	0.061 (0.64)	0.091 (0.97)	0.138 (1.53)	-0.007 (-0.07)	0.174* (1.68)
ltoconsu1	0.082 (1.02)	0.191** (2.43)	0.015 (0.19)	0.062 (0.81)	0.070 (0.85)	0.050 (0.67)	0.131* (1.79)	0.168** (1.99)	0.202** (2.36)

续表

变量	财政支出第一分位数			财政支出第二分位数			财政支出第三分位数		
	(1)	(2)	(3)	(4)	(5)	(6)	(7)	(8)	(9)
lindustri1	-0.094	-0.098	-0.152**	-0.144**	-0.147**	-0.127**	-0.180***	-0.071	-0.113*
	(-1.54)	(-1.39)	(-2.37)	(-2.38)	(-2.28)	(-2.02)	(-2.85)	(-1.10)	(-1.72)
lnuhealthins1	0.004	-0.138	-0.026	0.042	-0.035	-0.098	-0.050	-0.115	-0.204*
	(0.03)	(-1.25)	(-0.22)	(0.38)	(-0.29)	(-0.92)	(-0.47)	(-0.92)	(-1.77)
lnuhighstu1	0.007	0.099	-0.013	0.098	0.159	0.100	0.299***	0.082	0.024
	(0.06)	(0.80)	(-0.11)	(0.85)	(1.31)	(0.83)	(2.71)	(0.64)	(0.19)
temp1	-0.099	-0.106	-0.068	-0.162**	-0.130*	-0.100	-0.235***	-0.069	0.043
	(-1.39)	(-1.49)	(-0.94)	(-2.42)	(-1.85)	(-1.38)	(-3.44)	(-0.94)	(0.54)
precip1	0.070	0.092	-0.062	-0.079	-0.023	0.084	0.004	-0.010	0.033
	(1.01)	(1.19)	(-0.88)	(-1.18)	(-0.32)	(1.24)	(0.06)	(-0.13)	(0.41)
mfisauto1	-0.243***	-0.245***	-0.302***	-0.315***	-0.223***	-0.207***	-0.293***	-0.328***	-0.271***
	(-2.93)	(-2.95)	(-3.78)	(-3.91)	(-2.79)	(-2.61)	(-3.86)	(-3.78)	(-3.06)
Constant	-0.217***	0.104	-0.257***	-0.050	-0.032	-0.076	0.050	-0.077	0.174**
	(-3.04)	(0.89)	(-2.99)	(-0.91)	(-0.52)	(-1.33)	(0.74)	(-0.86)	(2.08)
Observations	170	168	168	168	168	168	168	168	168
R-squared	0.464	0.510	0.473	0.590	0.489	0.532	0.565	0.482	0.475
Country FE	YES	YES	YES	YES	YES	YES	YES	YES	YES
Year FE	NO	NO	NO	NO	NO	NO	NO	NO	NO

通过表 8-17 所示，农林水支出、节能环保支出和草原密切相关的支出仍然呈现和上文类似的结果，即随着财政支出分位数的不断增加，贫困人口内部的收入分配情况的影响主要在农林水支出领域和与草原生态修复密切相关的支出领域作用较为明显。

在第三分位分析中，农林水支出随着财政支出分位数的增加，相对减贫效果明显，在节能环保支出领域，仍然和之前的发展态势趋于一致，但是在与草原生态修复密切相关的财政支出领域，随着财政支出分数的增加，特别是在第三分位数，相对贫困问题并没有真正解决，反而不具有显著性关系，在贫困人口内部的收入结构仍然存在收入差距大的问题。因此，通过以上的研究分析，进一步验证了本章所提出的研究假设 2。

8.3.3 中介效应分析

本章接下来分析不同类型财政支出政策影响草原生态修复社会效益的相对贫困的中介效应影响，根据理论和现实经验，选取经济增长率、劳动力就业水平两个指标予以分析。具体方法选择上，Iacobucci 等（2007）认为通过回归框架下分析中介效应标准误较大，导致参数估计不准确，Zhao 等（2010）[①] 和李思龙（2022）[②] 采用 Sobel 检验时假定 a×b 服从正态分布方法，可是在实际使用中未必能真正满足这个假设。继而本章采用 Mehmetoglu 等（2018）[③] 提出的基于结构方程模型的中介效应方法能够较好地解决上述问题，因此接下来采用该方法进行分析。

8.3.3.1 经济增长的中介效应

本章在进行中介效应结果的汇报时，主要基于结构方程模型估计的系数值作为汇报结果，具体结果如表 8-19 所示。

通过表 8-19 可以看出，农林水支出和与草原生态修复密切相关支出的二次项在 1% 统计水平上显著为负，证明两者存在显著的倒 "U" 形关系，

[①] Zhao, X., Lynch Jr, J. G., Chen, Q. Reconsidering Baron and Kenny: Myths and truths about mediation analysis [J]. Journal of consumer research, 2010, 37 (2): 197-206.

[②] 李思龙, 仝菲菲, 韩阳阳. 公共教育投资、人力资本积累和区域创新能力 [J]. 财经研究, 2022 (9): 94-108.

[③] Mehmetoglu M. Medsem: A Stata package for statistical mediation analysis [J]. International Journal of Computational Economics and Econometrics, 2018, 8 (1): 63-78.

这也进一步印证了本书基准回归结论的可靠性。同时这也印证了经济增长水平是通过影响财政支出进而降低农牧民相对贫困水平的重要推动力。具体来看，农林水支出一次项 SEM 系数不显著，故不存在中介效应，同时也可以看出农林水支出二次项对 H 的倒"U"形关系影响中，经济增长有 6.5% 的中介效应，根据 RID 的系数可以看出，农林水支出的二次项系数显著，经济增长的中介效应大约是直接效应的 0.061 倍；同时节能环保支出的一次项系数显著，对 H 的影响中，经济增长起到了 22.4% 的中介效应，根据 RID 的系数可以看出，节能环保支出的二次项系数显著，经济增长的中介效应大约是直接效应的 0.289 倍；与草原生态修复密切相关的财政支出的二次项影响中，经济增长起到了 12.2% 的中介效应，经济增长的中介效应大约是直接效应的 0.139 倍。

通过表 8-20 可以看出，农林水支出和与草原生态修复密切相关支出的二次项在 1% 统计水平上显著为负，证明两者存在显著的倒"U"形关系，这也进一步印证了本书基准回归结论的可靠性。同时 SEM 估计系数显著为负，这也印证了经济增长水平通过影响财政支出进而降低贫困距，影响贫困深度具有重要推动力。

具体来看，节能环保支出的 SEM 估计系数不显著，不具备中介效应，故此不汇报。农林水支出二次项对 PG 的影响中，经济增长的中介效应占总效应比重，主要有 3.3% 的中介效应，与草原生态修复密切相关支出二次项对 PG 的中介效应作用机制中，起到了 5.5% 的中介效应。同时根据 RID 的系数可以看出，农林水支出二次项影响中，经济增长的中介效应大约是直接效应的 0.032 倍；与草原生态修复密切相关支出二次项的影响中，经济增长的中介效应大约是直接效应的 0.058 倍。

通过表 8-21 可以看出，农林水支出和与草原生态修复密切相关支出二次项在 1% 统计水平上显著为负，证明两者存在显著的倒"U"形关系，这也进一步印证了本书基准回归结论的可靠性。同时 SEM 估计系数显著为负，而节能环保支出的 SEM 估计系数不显著，故不存在中介效应，这也印证了经济增长水平通过影响财政支出进而降低贫困距平方也具有重要推动力。

具体来看，农林水支出对 SPG 的影响中，二次项对 SPG 的影响中，经济增长的中介效应占总效应比重，主要有 6.4% 的中介效应，与草原生态修复密切相关支出二次项对 SPG 的中介效应作用机制中，起到了 5.5% 的中介效

表 8-19　经济增长对财政支出影响 H 的中介效应结果

Y = H1, M = Lrgdpl

	rfisafw1		rfisafw12		rfisenvir1		rfisenvir12		rfiseconw1		rfiseconw12	
	估计系数	P统计值	估计系数	P统计值	估计系数	P统计值	估计系数	P统计值	估计系数	P统计值	估计系数	P统计值
Step1: X -> M	-0.221***	0.000	-0.180***	0.000	-0.040	0.372	0.032	0.468	0.312***	0.000	0.342***	0.000
Step2: M -> Y	-0.535***	0.000	-0.486***	0.000	-0.529***	0.000	0.527***	0.000	-0.521***	0.000	-0.488***	0.000
Step3: X -> Y	-0.055	0.305	-1.434***	0.000	0.073**	0.037	-0.103	0.330	-0.061	0.163	-1.197***	0.000
RIT	1.879		0.065		0.224		0.198		0.726		0.122	
RID	2.138		0.061		0.289		0.165		2.655		0.139	
SEM 估计系数	-0.054 (0.307)		-0.1804*** (0.000)		0.0712** (0.037)		-0.100 (0.329)		-0.0595201 (0.163)		-1.151711*** (0.000)	

表 8-20　经济增长对财政支出影响 PG 的中介效应结果

Y = PG1, M = Lrgdpl

	rfisafw1		rfisafw12		rfisenvir1		rfisenvir12		rfiseconw1		rfiseconw12	
	估计系数	P统计值	估计系数	P统计值	估计系数	P统计值	估计系数	P统计值	估计系数	P统计值	估计系数	P统计值
Step1: X -> M	-0.221***	0.000	-0.180***	0.000	-0.040	0.372	-0.032	0.468	0.312***	0.000	0.342***	0.000
Step2: M -> Y	-0.235***	0.001	-0.184***	0.008	-0.228***	0.001	-0.230***	0.001	-0.231***	0.001	-0.193***	0.005
Step3: X -> Y	-0.033	0.563	-1.042***	0.000	0.065**	0.075	-0.065	0.557	0.021	0.646	-1.130***	0.000
RIT	2.824		0.033		0.121		0.102		1.412		0.055	
RID	1.548		0.032		0.138		0.113		3.426		0.058	
SEM 估计系数	-0.2207*** (0.000)		-0.1804*** (0.000)		-0.0397 (0.372)		-0.0322 (0.469)		0.3121*** (0.000)		-0.342*** (0.000)	

应。同时根据 RID 的系数可以看出,农林水支出二次项的影响中,经济增长的中介效应大约是直接效应的 0.06 倍;与草原生态修复密切相关支出二次项的影响中,经济增长的中介效应大约是直接效应的 0.058 倍。

8.3.3.2 劳动力就业水平的中介效应

接下来分析劳动力就业水平的影响,具体以农村劳动力人口占农村总人口的比重予以衡量,具体结果如表 8-22 所示。

通过表 8-22 可以看出,农林水支出和与草原生态修复密切相关支出二次项在 1% 统计水平上显著为负,证明两者存在显著的倒"U"形关系,这也进一步印证了本书基准回归结论的可靠性。同时 SEM 估计系数显著,故存在中介效应。

具体来看,农林水支出二次项对 H 的影响中,劳动力的中介效应占总效应比重,主要有 0.1% 的中介效应;与草原生态修复密切相关支出一次项对 H 的中介效应作用机制中,起到了 2.5% 的中介效应,二次项对 H 的中介效应作用机制中,起到了 13.9% 的中介效应。同时根据 RID 的系数可以看出,农林水支出二次项影响中,劳动力的中介效应大约是直接效应的 0.001 倍;与草原生态修复密切相关支出一次项影响中,劳动力的中介效应大约为直接效应的 0.053 倍,二次项影响中,劳动力的中介效应大约是直接效应的 0.139 倍。可以看出,劳动力的中介效应影响并没有经济增长作用大,这可能主要受到农牧民就业结构中主要在草原上从事畜牧业生产,这也证明未来应进一步增强农牧民劳动力就业岗前培训及增加就业支出,提高劳动力就业水平,进而助力农牧民实现脱贫减贫的重要任务。

通过表 8-23 可以看出,农林水支出和与草原生态修复密切支出二次项在 1% 统计水平上显著为负,证明两者存在显著的倒"U"形关系,这也进一步印证了本书基准回归结论的可靠性。同时 SEM 估计系数显著,具体来看,农林水支出二次项对 PG 的影响中,劳动力的中介效应占总效应比重有 1.3% 的中介效应,劳动力的中介效应大约是直接效应的 0.013 倍。因此,劳动力在缓解农牧民贫困人口内部的相对贫困问题作用机制不大,但是这也间接证明了应该提高劳动力的就业水平,进而为农牧区减贫提供必要条件。

通过表 8-24 可以看出,农林水支出和与草原生态修复密切相关支出二次项在 1% 统计水平上显著为负,证明两者存在显著的倒"U"形关系,这也进一步印证了本书基准回归结论的可靠性。同时 SEM 估计系数显著,故存在中介效应。

表 8-21 经济增长对财政支出影响 SPG 的中介效应结果

Y = SPG1
M = Lrgdp1

	rfisafw1		rfisafw12		rfisenvir1		rfisenvir12		rfiseconw1		rfiseconw12	
	估计系数	P统计值	估计系数	P统计值	估计系数	P统计值	估计系数	P统计值	估计系数	P统计值	估计系数	P统计值
Step1: X -> M	-0.221***	0.000	-0.180***	0.000	-0.040	0.372	-0.032	0.468	0.312***	0.000	0.342***	0.000
Step2: M -> Y	-0.535**	0.000	-0.484***	0.000	-0.527***	0.000	-0.526***	0.000	-0.517***	0.000	-0.193***	0.005
Step3: X -> Y	-0.068	0.212	-1.449***	0.000	0.075**	0.033	-0.055	0.608	-0.061	0.167	-1.130***	0.000
RIT	0.359		0.064		0.218		0.447		0.725		0.055	
RID	1.736		0.060		0.278		0.309		2.639		0.058	
SEM 估计系数	-0.2207*** (0.000)		-1.1804*** (0.000)		-0.0397 (0.372)		-0.0325 (0.469)		0.3121*** (0.000)		-0.342*** (0.000)	

表 8-22 劳动力对财政支出影响 H 的中介效应

Y = H1
M = rlabor1

	rfisafw1		rfisafw12		rfisenvir1		rfisenvir12		rfiseconw1		rfiseconw12	
	估计系数	P统计值	估计系数	P统计值	估计系数	P统计值	估计系数	P统计值	估计系数	P统计值	估计系数	P统计值
Step1: X -> M	0.066	0.139	-0.122**	-0.046	0.304	0.566	0.032	0.566	-0.099**	0.025	-0.109**	0.013
Step2: M -> Y	0.001	0.988	-0.011	-0.003	0.932	0.830	0.527***	0.000	-0.028	0.484	0.014	0.728
Step3: X -> Y	0.026	0.663	-1.535***	-0.149	0.177	0.046	-0.103	0.330	-0.116	0.011	-1.355***	0.000
RIT	0.002		0.001		0.003		0.001		0.025		0.122	
RID	0.002		0.001		0.003		0.001		0.024		0.139	
SEM 估计系数	0.0655 (0.140)		0.1224*** (0.006)		-0.0255** (0.566)		0.0033 (0.163)		0.988** (0.026)		0.1087** (0.014)	

表 8-23 劳动力对财政支出影响 PG 的中介效应

Y = PG1	rfisafw1		rfisafw12		rfisenvir1		rfisenvir12		rfiseconw1		rfiseconw12	
M = Lrgdp1	估计系数	P统计值	估计系数	P统计值	估计系数	P统计值	估计系数	P统计值	估计系数	P统计值	估计系数	P统计值
Step1: X -> M	0.066	0.139	0.122***	0.005	-0.026	0.566	-0.046	0.304	0.099**	0.025	0.109**	0.013
Step2: M -> Y	-0.120***	0.003	-0.113***	0.003	-0.105***	0.005	-0.105***	0.005	-0.111***	0.004	-0.124***	0.001
Step3: X -> Y	0.057	0.311	-1.062***	0.000	0.059**	0.086	0.013	0.903	0.025	0.560	-1.200***	0.000
RIT	0.160		0.013		0.043		0.272		0.762		0.011	
RID	0.138		0.013		0.045		0.373		0.432		0.011	
SEM 估计系数	0.0656		-0.1224***		-0.0255		-0.00456		-0.0988**		-0.1087**	
	(0.140)		(0.006)		(0.566)		(0.305)		(0.026)		(0.014)	

表 8-24 劳动力对财政支出影响 SPG 的中介效应

Y = SPG1	rfisafw1		rfisafw12		rfisenvir1		rfisenvir12		rfiseconw1		rfiseconw12	
M = Lrgdp1	估计系数	P统计值	估计系数	P统计值	估计系数	P统计值	估计系数	P统计值	估计系数	P统计值	估计系数	P统计值
Step1: X -> M	0.066	0.139	0.122***	0.005	-0.0026	0.56	-0.046	0.304	0.312***	0.000	0.342***	0.000
Step2: M -> Y	-0.052	0.208	-0.041***	0.281	-0.042***	0.285	-0.045***	0.244	-0.517***	0.000	-0.193***	0.005
Step3: X -> Y	0.037	0.529	-1.509***	0.000	0.072**	0.044	-0.112	0.302	-0.061	0.167	-1.130***	0.000
RIT	0.101		0.003		0.015		0.019		0.725		0.055	
RID	0.092		0.003		0.015		0.018		2.639		0.058	
SEM 估计系数	0.0655		-0.1224***		-0.0255		-0.0456		0.3121***		-0.342***	
	(0.140)		(0.006)		(0.566)		(0.305)		(0.000)		(0.000)	

具体来看，农林水支出对 SPG 的影响中，二次项对 SPG 的影响中，劳动力的中介效应占总效应比重有 0.3% 的中介效应；与草原生态修复密切相关支出二次项对 SPG 的中介效应作用机制中，起到了 5.5% 的中介效应。同时根据 RID 的系数可以看出，农林水支出二次项影响中，劳动力的中介效应大约是直接效应的 0.003 倍；与草原生态修复密切相关支出二次项的影响中，劳动力的中介效应大约为直接效应的 0.058 倍。这也进一步验证了研究假设 3。

8.3.4 拓展性分析

草原生态修复不仅创造了生态财富和经济财富，也是最普惠的民生福祉，这正契合了生态文明建设的总要求。习近平总书记指出："良好的生态环境是最为公平的公共产品，是最普惠的民生福祉。"随着中国社会矛盾转向了人民日益增长的美好生活需要和不平衡不充分的发展之间的矛盾，人民群众对于美好生态环境的需要已经成了这一矛盾的主要方面，加强草原生态修复，促进草原生态环境改善，解决草原生态环境问题的同时，农牧民也实现了高品质的生活质量。基于此，本章将继续从与草原生态修复密切相关的民生性支出的安排作进一步的拓展分析，草原生态修复的财政支出政策安排不仅通过直接和密切支出影响相对贫困，也可以通过与草原生态修复的民生性支出影响农牧民福祉，进而改变相对贫困现状，如通过教育、医疗和社会保障支出的拓展性分析，可以更加保证社会效益衡量的全面性，视野更加宽广。

8.3.4.1 变量说明与描述性统计

本部分的解释变量为财政民生性支出（rfislive），在借鉴李永友（2007）将教育（rfisedu）、医疗（rfisheal）和社会保障（rfissoc）作为民生支出衡量指标的基础上，综合考量王宇伟等（2019）年的指标设定，并结合草原经济发展的特殊性，最终将教育、医疗、社会保障和就业作为民生性支出的构成。主要变量的描述性统计如表 8-25 所示。

通过表 8-25 可以看出，样本包含 504 个，其中 H、PG、SPG 的均值分别为 8.511、83.11 和 7.776，同时民生性财政支出的均值为 0.377，其中主要由教育、医疗和社会保障支出构成，且各自的均值分别为 0.142、0.0693 和 0.166，可看出支出的排序为社会保障支出、教育和医疗支出。通过民生性财

表 8-25　　　　　　　主要变量的描述性统计特征

变量	N	mean	Sd	min	max
H	504	8.511	5.790	0.490	24.69
PG	504	83.11	22.78	9.420	98.96
SPG	504	7.776	5.966	0.0600	24.33
rfislive	504	0.377	0.0903	0.189	0.578
rfisedu	504	0.142	0.0507	0.0558	0.296
rfissoc	504	0.166	0.0636	0.0486	0.362
rfisheal	504	0.0693	0.0202	0.0319	0.128
lnulivestock	504	1.754	0.471	-0.267	2.381
loutpbm	504	4.313	0.421	3.171	5.042
lrdisincome	504	4.179	0.186	3.841	4.734
lareagre	504	9.596	0.568	7.778	10.65
ltoconsu	504	4.880	0.344	4.121	5.599
lindustri	504	5.156	0.599	4.428	6.610
lnuhealthins	504	2.300	0.349	1.230	3.001
lnuhighstu	504	3.429	0.515	1.724	4.424
temp	502	6.198	2.362	-0.324	9.716
precip	502	518.3	69.69	329.4	686.6
mfisauto	504	0.294	0.273	0.0398	1.240

政分项支出的排序，后期将进一步检验民生财政性支出规模以及各分项财政支出对减贫产生直接影响，进而验证社会效益是否实现。

通过表 8-26 可以看出，财政民生性支出与 H、PG 和 SPG 呈现正相关（r = -0.3491，p < 0.1）、（r = -0.4067，p < 0.1）、（r = -0.3798，p < 0.1），同时二次项也呈现出相同的相关关系（0.3164，p < 0.1；0.3626，p < 0.1；0.3465，p < 0.1）。通过方差膨胀因子（VIF）检验来消除整体变量和各个变量之间的多重共线性问题，以此判断样本是否具备进一步回归的基本条件，通过检验可以发现，财政民生性支出的方差膨胀因子分别为 2.41，小于经验值 5，因此以上变量之间不存在多重共线性。

表 8-26　　　　　　　主要变量相关系数表

	H1	PG1	SPG1	rfislive1	rfislive12
H1	1				
PG1	0.5342*	1			
	0.0000				
SPG1	0.9882*	0.6177*	1		
	0.0000	0.0000			
rfislive1	0.3491*	0.4067*	0.3798*	1	
	0.0000	0.0000	0.0000		
rfislive12	0.3164*	0.3626*	0.3465*	0.9898*	1
	0.0000	0.0000	0.0000	0.0000	

注：*** $p<0.01$，** $p<0.05$，* $p<0.1$；H1、PG1、SPG1、rfislive1 分别表示贫困发生率、贫困距、贫困距平方、民生性财政支出占财政支出的比重，rfislive12 表示平方项。

为了更加直观的刻画草原生态修复的不同财政支出分项与社会效益的关系，绘制出了拟合趋势线。从图 8-4 中可以看出，民生性支出与相对贫困的社会效益间存在明显的相关关系，这种非线性关系呈现出倒"U"形关系，但是具体两者间的关系还需要进一步的严谨的实证予以检验。

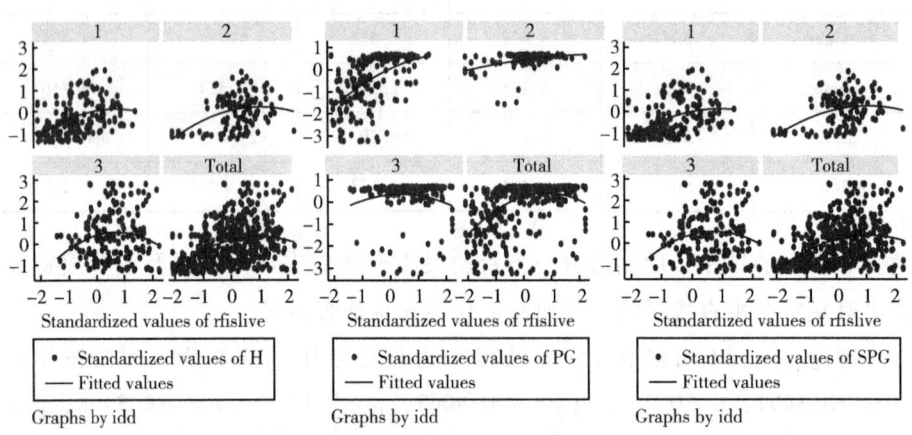

图 8-4　民生性支出与 H、PG、SPG 拟合趋势图

8.3.4.2　实证结果分析

基于模型（2）给出了基本回归结果，主要采取动态面板一阶差分模型和固定效应模型予以分析，具体结果如表 8-27 所示。

表 8-27 民生性支出对社会效益的影响估计结果

变量	H: DIF-GMM (1)	PG: DIF-GMM (3)	SPG: DIF-GMM (5)	变量	H: FE (7)	PG: RE (9)	SPG: FE (11)
L.H1	0.219*** (12.03)			rfislive1	1.219** (3.55)	1.391*** (4.16)	1.122** (3.35)
L2.H1	-0.099*** (-9.19)			rfislive12	-0.943*** (-2.89)	-1.283*** (-4.98)	-0.849** (-2.72)
L.PG1		-0.007* (-1.83)		lnmulivestock1	-0.402*** (-6.46)	0.037 (0.52)	-0.339*** (-6.72)
L2.PG1		-0.137*** (-18.70)		loutpbm1	0.132*** (3.76)	0.161*** (2.78)	0.111** (3.13)
L.SPG1			0.230*** (10.39)	lrdisincome1	-0.435*** (-12.09)	-0.237*** (-8.67)	-0.444*** (-12.75)
L2.SPG1			-0.094*** (-8.53)	lareagre1	0.170* (2.44)	-0.137*** (-5.08)	0.144* (2.14)
rfislive1	0.713*** (9.97)	0.653*** (19.90)	0.859*** (8.59)	ltoconsu1	0.085*** (4.38)	0.176*** (6.57)	0.102*** (6.28)
rfislive12	-0.730*** (-10.62)	-0.633*** (-20.62)	-0.849*** (-8.68)	lindustri1	-0.134*** (-9.65)	-0.000 (-0.02)	-0.135*** (-9.38)
lnmulivestock1	-0.668*** (-9.11)	-0.210*** (-5.50)	-0.468*** (-11.38)	lnuhealthins1	-0.190*** (-6.85)	-0.108 (-1.48)	-0.159*** (-3.79)

续表

变量	H: DIF-GMM (1)	PG: DIF-GMM (3)	SPG: DIF-GMM (5)	变量	H: FE (7)	PG: RE (9)	SPG: FE (11)
loutpbm1	0.298*** (15.93)	0.214*** (11.61)	0.301*** (21.04)	lnuhighstu1	0.007 (0.22)	0.176 (1.20)	0.032 (0.77)
lrdisincome1	0.001 (0.02)	0.108*** (3.27)	0.074 (1.03)	temp1	-0.020 (-0.82)	0.097*** (4.77)	0.008 (0.34)
lareagre1	-0.451** (-2.33)	-0.193*** (-3.20)	-0.643*** (-3.10)	precip1	-0.001 (-0.04)	0.154*** (4.34)	0.007 (0.29)
ltoconsu1	-0.026 (-0.48)	-0.023 (-0.85)	0.057 (1.34)	mfisauto1	-0.178*** (-4.61)	-0.231*** (-6.30)	-0.196*** (-5.36)
lindustri1	0.077*** (3.45)	0.053*** (6.61)	0.043 (1.54)	Constant	0.002*** (10.62)	-0.008 (-0.42)	0.002*** (10.18)
lnuhealthins1	-0.446* (-1.66)	1.211*** (9.33)	0.446*** (2.65)	Observations	502	502	502
lnuhighstu1	-0.192*** (-5.12)	-0.106*** (-3.56)	-0.089** (-2.39)	R-squared	0.461		0.476
temp1	0.026 (0.65)	0.038* (1.95)	0.052 (1.41)	Country FE	YES	YES	YES
precip1	-0.002 (-0.31)	-0.001 (-0.32)	0.011** (1.98)	Year FE	NO	YES	NO
				极值点	0.4878	0.4088***	0.4985
				P>|t|	0.116	0.000213	0.146
				Lower bound	8.2835***	—	7.7271***
					0.0047	—	0.0061

续表

变量	H: DIF-GMM (1)	PG: DIF-GMM (3)	SPG: DIF-GMM (5)	H: FE (7)	PG: RE (9)	SPG: FE (11)
mfisauto1	0.331*** (10.46)	0.230*** (11.24)	0.362*** (9.65)			
Observations	336	336	336			
Number of ide	84	84	84			
AR (2)	1.5476	0.9610	1.4816			
Prob > |z|	0.1217	0.3365	0.1384			
Sargan	0.5996	0.5196	0.4996			
Wald 检验值	2597.08	698.10	3277.93			
Prob > chi2	0.0000	0.0000	0.0000			
极值点	0.3706***	0.3896***	0.3817***			
P > |t|	0.0000	0.0000	0.0000			

通过表 8-27 的第 (4)—(6) 列可以看出，大部分的回归结果显示，至少在 5% 的统计水平上，财政民生性支出对 H、PG 和 SPG 的影响是显著的，且呈现倒"U"形关系，因此，财政民生支出与社会效益之间存在着这样一种关系，即随着财政民生性资金投入的增加，社会效益也随之变好，但是增加到极值点后，财政支出的增加并不会促使社会效益显著提高，反而还会下降。

具体来看拐点值分布情况，财政民生性支出对相对贫困的影响结果分析：

第一，财政民生性支出对 H 影响中，共有 25 个旗县位于拐点的右侧，分别为乌兰察布市丰镇市、兴和县、凉城县、化德县、卓资县、商都县、察哈尔右旗中旗、集宁区；兴安盟科尔沁右翼前旗；呼伦贝尔市扎兰屯市、海拉尔区、牙克石市、鄂伦春自治旗；呼和浩特市回民区、玉泉区；赤峰市元宝山区、喀喇沁旗、宁城县、敖汉旗、松山区、翁牛特旗；通辽市开鲁县、科尔沁区、科尔沁左翼中旗；锡林郭勒盟太仆寺旗，其中这些区域中有 64% 集中在其他区域，28% 集中在半农半牧业旗县，8% 集中在纯牧业旗县，可以看出，财政民生性支出在这些区域超过拐点值，即意味着随着财政支出的增加，这些区域的相对贫困问题有较好的改善，贫困发生率降低，减贫成效显著，但仍有 59 个旗县的贫困发生率位于拐点左侧，随着财政民生性支出的增加，贫困发生率呈现上升区域，且这些区域绝大部分都是纯牧业旗县，这也印证了理论上的福利陷阱，未来财政民生性支出结构也应予以调整，具体调整方案还需要结合民生性支出分项的结果进一步分析，在后文也进一步验证了分项支出的影响。

第二，财政民生性支出对 PG 的影响中，共有 49 个旗县位于拐点的右侧，除了上述 25 个旗县外，还有 24 个旗县位于拐点右侧，分别为乌兰察布市四子王旗、察哈尔右翼后旗；兴安盟扎赉特旗、突泉县；呼伦贝尔市鄂温克族自治旗、阿荣旗；呼和浩特市土默特左旗、托克托县、新城区、武川县、赛罕区；巴彦淖尔市临河区、乌拉特前旗、杭锦后旗；赤峰市巴林左旗、林西县、红山区、阿鲁科尔沁旗；通辽市奈曼旗、扎鲁特旗、科尔沁区、科尔沁左翼后旗；鄂尔多斯市达拉特旗、锡林郭勒盟多伦县，可以看出，财政民生性支出在这些区域超过拐点值，即意味着随着财政支出的增加，这些区域中的农村贫困群体的相对贫困问题有了较好的改善，相对减贫成效显著。其中这些区域中有 51.02% 集中在其他区域，32.65% 集中在半农半牧业旗县，16.33% 集中在纯牧业旗县。

第三，财政民生性支出对 SPG 的影响中，共有 21 个旗县位于拐点的右侧，分别为乌兰察布市丰镇市、兴和县、凉城县、化德县、商都县、察哈尔右旗中旗、集宁区；呼伦贝尔市扎兰屯市、海拉尔区、牙克石市、鄂伦春自治旗；呼和浩特市回民区、玉泉区；赤峰市元宝山区、喀喇沁旗、宁城县、敖汉旗、松山区；通辽市开鲁县、科尔沁区、科尔沁左翼中旗，这些区域中的农村贫困群体的相对贫困问题有了较好的改善，相对减贫成效显著，同时，仍有 63 个旗县处于拐点的左侧，随着财政民生性支出的增加，农村贫困群体的减贫效果并不明显，且这些区域中占比最大的集中在其他区域为 71.43%，仅有 4.76% 处于纯牧业旗县，也同时意味有绝大部分的纯牧业旗县处于拐点左侧，即随着财政民生性支出的增加，农村贫困人口的减贫效果并不明显。

采用差分广义矩估计的结果如表 8-27 第（1）—（3）列所示，财政民生性支出对相对贫困的影响呈现显著的倒"U"形关系，具体来看，财政民生性支出影响贫困发生率、贫困距和贫困距平方的一次项系数分别为 0.713、0.653 和 0.859，证明两者存在正相关关系，同时，二次项系数分别为 -0.73、-0.633、-0.849，这种关系具有倒"U"形，即在样本期间内，随着财政民生性支出的增加，贫困发生率、贫困距和贫困距的平方呈现先上升，达到一个阈值后，呈现下降的趋势。

具体来看拐点值分布情况，财政民生性支出对相对贫困的影响结果分析：

第一，财政民生性支出对 H 影响中，共有 61 个旗县位于拐点的右侧，分别为乌兰察布市丰镇市、兴和县、凉城县、化德县、卓资县、商都县、四子王旗、察哈尔右旗中旗、察哈尔右翼后旗、察哈尔右翼前旗、集宁区；兴安盟乌兰浩特市、扎赉特旗、科尔沁右翼前旗、科尔沁右翼中旗、突泉县；包头市固阳县、土默特右旗；呼伦贝尔市扎兰屯市、海拉尔区、牙克石市、鄂伦春自治旗、鄂温克自治旗、阿荣旗、陈巴尔虎旗；呼和浩特市和林格尔县、回民区、土默特左旗、托克托县、新城区、武川县、清水河县、赛罕区、玉泉区；巴彦淖尔市临河区、乌拉特前旗、五原县、杭锦后旗、磴口县；赤峰市元宝山区、克什克腾旗、喀喇沁旗、宁城县、巴林左旗、敖汉旗、松山区、林西县、红山区、翁牛特旗、阿鲁科尔沁旗；通辽市奈曼旗、库伦旗、开鲁县、科尔沁区、科尔沁左翼中旗、科尔沁左翼后旗；鄂尔多斯市达拉特旗、准格尔旗；锡林郭勒盟多伦县、太仆寺旗、苏尼特右旗，其中这些区域中有 52.46% 集中在其他区域，29.51% 集中在半农半牧业旗县，18.03% 集中在纯牧业旗县，可以看出，财政民生性支出在这些区域超过拐点值，即意味着随着财政支出的增加，这些区域的相对贫困问题有较好的改善，贫困发生率降低，减贫成效显著，仍有23个旗县的贫困发生率位于拐点左侧，随着财政民生性支出的增加，贫困发生率呈现上升区域，且这些区域绝大部分都是纯牧业旗县，一是继续增加对纯牧业旗县的民生性支出，二是调整民生性支出的内部结构，具体见分项支出的分析。

第二，财政民生性支出对PG影响中，共有59个旗县位于拐点的右侧，上述H影响分析旗县中除去巴彦淖尔市五原县和鄂尔多斯市准格尔旗；其中这些区域中有52.54%集中在其他区域，28.81%集中在半农半牧业旗县，18.64%集中在纯牧业旗县，可以看出，财政民生性支出在这些区域超过拐点值，即意味着随着财政支出的增加，这些区域的相对贫困问题有较好的改善，贫困矩降低，相对减贫成效显著，仍有25个旗县的贫困发生率位于拐点左侧。

第三，财政民生性支出对SPG影响中，共有61个旗县位于拐点的右侧，减少H影响旗县中的巴彦淖尔市五原县，增加通辽市扎鲁特旗，其中这些区域中有52.46%集中在其他区域，29.51%集中在半农半牧业旗县，18.03%集中在纯牧业旗县。

综上所述，财政民生性支出对H、PG和SPG的影响在区域上以及作用机制上呈现出来的趋势为拐点右侧的集中在其他区域的绝大多数旗县，而纯牧业旗县中绝大多数都位于拐点的左侧，财政民生性支出的内部结构和规模都应该在这些纯牧业旗县予以调整。

8.3.4.3 不同分项支出的异质性结果分析

根据财政支出的分项支出对相对贫困的影响，进而分析各自影响路径的异质性。其中民生性支出分析教育、社会保障和就业、医疗卫生支出。采用固定效应模型首先判断是否存在时间效应，如存在则需要控制年份效应，如不存在，则不控制年份。民生性财政支出对相对贫困的年份固定效应判断的结果如表8-28所示。

表8-28　　　　　　　　年份固定效应判断

变量	F 统计值	Prob > F	是否拒绝原假设	年份固定效应
H：rfisedu1	4.85	0.0002	拒绝	否
H：rfisedu12	4.78	0.0003	拒绝	否
H：rfissoc1	8.38	0.0000	拒绝	否

续表

变量	F统计值	Prob > F	是否拒绝原假设	年份固定效应
H：rfissoc12	8.29	0.0000	拒绝	否
H：rfisheal1	4.92	0.0002	拒绝	否
H：rfisheal12	4.69	0.0003	拒绝	否
PG：rfisedu1	1.38	0.2292	接受	是
PG：rfisedu12	1.25	0.2831	接受	是
PG：rfissoc1	1.50	0.1885	接受	是
PG：rfissoc12	1.44	0.2078	接受	是
PG：rfisheal1	1.03	0.4006	接受	是
PG：rfisheal12	1.00	0.4181	接受	是
SPG：rfisedu1	4.79	0.0003	拒绝	否
SPG：rfisedu12	4.73	0.0003	拒绝	否
SPG：rfissoc1	8.73	0.0000	拒绝	否
SPG：rfissoc12	8.65	0.0000	拒绝	否
SPG：rfisheal1	4.90	0.0002	拒绝	否
SPG：rfisheal12	4.69	0.0003	拒绝	否

通过表8-28可以看出，固定效应的年份选择上，民生性分项支出对PG的回归，不需要控制年份固定效应。具体民生性分项支出对H、PG和SPG的回归结果分别如表8-29、表8-30、表8-31所示。

通过表8-29的第（4）—（9）列可以看出，采取固定效应的研究中，教育支出一次项呈现负相关关系，这也意味着教育是培养人力资本的一个过程，随着教育支出的增加，贫困发生率会呈现下降趋势；但是加入二次项虽然不显著，也呈现出倒"U"形，这也就意味着教育支出的结构需要调整，增加教育支出使其超过拐点值是当前习总书记提出的"扶志扶智"政策的重要体现；社会保障和就业支出一次项呈现正向显著关系，这种关系也意味着两者间是随着该项财政支出的增加，贫困发生率不降反增，也就极有可能存在"福利陷阱"的现象，二次项不显著但是也具有倒"U"形方向存在，所以未来应该尽可能减少此类支出，在"扶志扶智"的同时增强农牧民自力更生的能力；医疗卫生支出一次项呈现显著的正相关关系，同时二次项具有显著的倒"U"形存在，这意味着在医疗领域，随着医疗卫生支出的增加，贫困发生率要超过一个拐点值后才可发挥相对减贫的作用，具体来看，在医疗卫生

表 8-29　民生性分项支出对 H 的回归结果

变量	DIF-GMM				FE				
	(1)	(2)	(3)	(4)	(5)	(6)	(7)	(8)	(9)
L.H1	0.193*** (13.58)	0.142*** (7.62)	0.190*** (13.32)						
L2.H1	-0.102*** (-8.59)	-0.116*** (-15.89)	-0.122*** (-11.68)						
rfisedu1	0.081** (2.18)			-0.185*** (-4.19)	-0.002 (-0.01)				
rfisedu12	-0.101** (-2.57)				-0.179 (-1.11)				
rfissoc1		0.114** (2.43)				0.377*** (26.85)	0.403 (1.85)		
rfissoc12		-0.203*** (-4.22)					-0.025 (-0.12)		
rfisheal1			0.195*** (5.74)					0.189*** (4.75)	0.656*** (4.24)
rfisheal12			-0.224*** (-6.30)						-0.464** (-3.01)
lnmulivestock1				-0.561*** (-9.58)	-0.574*** (-10.17)	-0.460*** (-6.54)	-0.460*** (-6.53)	-0.476*** (-7.33)	-0.498*** (-7.70)
loutpbm1				0.305*** (9.34)	0.310*** (8.80)	0.211*** (6.70)	0.209*** (5.21)	0.196*** (4.97)	0.210*** (6.30)

续表

变量	DIF-GMM			变量	FE					
	(1)	(2)	(3)		(4)	(5)	(6)	(7)	(8)	(9)
lnmulivestock1	-0.711*** (-15.73)	-0.707*** (-17.36)	-0.747*** (-19.75)	lrdisincome1	-0.534*** (-17.67)	-0.535*** (-17.70)	-0.465*** (-16.57)	-0.464*** (-15.48)	-0.503*** (-14.37)	-0.500*** (-13.83)
loutpbm1	0.268*** (11.50)	0.296*** (12.96)	0.272*** (13.12)	lareagre1	0.072 (0.99)	0.071 (1.01)	0.223** (3.72)	0.225** (2.99)	0.141* (2.22)	0.161* (2.55)
lrdisincome1	0.001 (0.02)	0.022 (0.39)	0.018 (0.29)	ltocons_u1	0.112*** (5.39)	0.111*** (5.25)	0.033 (1.38)	0.034 (1.28)	0.092*** (8.17)	0.091*** (9.47)
lareagre1	-0.397* (-1.86)	-0.718*** (-4.91)	-0.706*** (-3.84)	lindustri1	-0.108*** (-9.73)	-0.108*** (-8.61)	-0.119*** (-12.50)	-0.119*** (-10.88)	-0.137*** (-7.51)	-0.133*** (-7.34)
ltoconsu1	-0.111*** (-3.18)	-0.056 (-0.97)	-0.080*** (-2.60)	lnuhealthins1	-0.154* (-2.29)	-0.157* (-2.23)	-0.168*** (-3.53)	-0.168*** (-3.74)	-0.174** (-3.57)	-0.173*** (-3.58)
lindustri1	0.050* (1.65)	0.118*** (4.26)	0.077*** (3.66)	lnuhighstu1	0.200*** (4.73)	0.184*** (4.14)	0.106** (3.35)	0.106** (3.43)	0.113** (3.69)	0.117** (4.15)
lnuhealthins1	-0.116 (-0.51)	-0.109 (-0.58)	-0.222 (-1.04)	temp1	-0.128*** (-8.76)	-0.124*** (-7.04)	0.019 (0.92)	0.019 (0.95)	-0.083*** (-4.57)	-0.065*** (-3.43)
lnuhighstu1	-0.060 (-1.20)	0.003 (0.12)	-0.048 (-1.46)	precip1	0.004 (0.14)	0.001 (0.06)	-0.019 (-0.55)	-0.019 (-0.53)	0.014 (0.54)	0.013 (0.55)

续表

变量	DIF-GMM			变量	FE					
	(1)	(2)	(3)		(4)	(5)	(6)	(7)	(8)	(9)
temp1	-0.017 (-0.35)	0.025 (0.49)	-0.059* (-1.92)	mfisauto1	-0.216*** (-8.92)	-0.209*** (-7.22)	-0.052 (-1.29)	-0.051 (-1.52)	-0.200*** (-4.83)	-0.191*** (-4.20)
precip1	-0.010*** (-3.02)	-0.004 (-0.70)	-0.005 (-0.79)	Constant	0.000*** (13.12)	0.000*** (25.62)	0.000 (5.96)	0.000*** (5.33)	0.000*** (20.99)	0.000*** (7.58)
mfisauto1	0.299*** (10.49)	0.375*** (6.10)	0.309*** (9.24)	Observations	504	504	504	504	504	504
Observations	336	336	336	R-squared	0.434	0.435	0.483	0.483	0.444	0.450
Number of ide	84	84	84	Country FE	YES	YES	YES	YES	YES	YES
AR (2)	1.5609	1.6362	1.3562	Year FE	NO	NO	NO	NO	NO	NO
Prob > |z|	0.1185	0.1018	0.1750							
Sargan	0.5996	0.4296	0.5096							
极值点	0.4043***	0.2806***	0.4350***							
P > |t|	0.00651	0.0000677	0.0000							

支出影响相对贫困的旗县中，有39个旗县位于拐点的右侧，包括乌兰察布市丰镇市、兴和县、凉城县、化德县、卓资县、商都县、察哈尔右旗中旗、察哈尔右翼后旗、集宁区；呼伦贝尔市集宁区、扎兰屯市、海拉尔区、牙克石市、鄂伦春自治旗、鄂温克族自治旗、阿荣旗；呼和浩特市回民区、托克托县、玉泉区；巴彦淖尔市临河区、乌拉特中旗、乌拉特前旗、五原县、杭锦后旗、磴口县；赤峰市元宝山区、克什克腾旗、喀喇沁旗、宁城县、巴林左旗、敖汉旗、松山区、林西县、翁牛特旗、阿鲁科尔沁旗；通辽市开鲁县、扎鲁特旗、科尔沁区；锡林郭勒盟正蓝旗。在医疗卫生支出领域，以上旗县位于拐点右侧，意味着随着支出的增加，相对减贫效果显著，但是仍然有45个旗县位于拐点左侧，这些旗县的医疗卫生支出结构需要调整，不能一味增加支出规模，同时还要调整结果降低拐点值，以此让更多旗县的相对减贫问题能够发挥更大的作用。

总之，财政民生性分项支出对相对贫困的影响路径和作用机制是不同的，在教育支出领域，这种财政扶贫机制应该更加侧重未来长期的人力资本积累，增加教育支出的投入；在社会保障和医疗领域，为了避免过度陷入"福利陷阱"，应该减少其支出规模，尽可能培养农牧民自力更生的能力，通过"扶志扶智"机制发挥作用后带动农牧民增强自身的综合素养的培养。

接下来进一步采取DIF-GMM方法予以检验，结果如表8-29的第(1)—(3)列所示，可以看出，采用此方法后，解决了可能存在的内生性问题后，结果更加显著，教育支出、社会保障和医疗都呈现显著的倒"U"形关系，并且都具有正向的相关关系，这也和前面的基准回归模型得出的结论较为接近。

具体来看，教育支出对H的影响中，有37个旗县位于拐点的右侧，包括兴安盟扎赉特旗、科尔沁右翼中旗、科尔沁右翼前旗、突泉县；呼伦贝尔市海拉尔区、鄂温克族自治旗；呼和浩特市和林格尔县、回民区、土默特左旗、托克托县、新城区、赛罕区、玉泉区；巴彦淖尔市临河区；赤峰市元宝山区、喀喇沁旗、宁城县、巴林右旗、巴林左旗、敖汉旗、松山区、林西县、红山区、翁牛特旗、阿鲁科尔沁旗；通辽市奈曼旗、库伦旗、开鲁县、扎鲁特旗、科尔沁区、科尔沁左翼中旗、科尔沁左翼后旗；鄂尔多斯市东胜区、达拉特旗；锡林郭勒盟多伦县、太仆寺旗、锡林浩特市。其中27.02%区域集中在纯牧业旗县，32.43%集中在半农半牧业旗县，40.54%集中在其他区域。在教育支出领域，以上旗县位于拐点右侧，意味着随着支出的增加，相对减贫效果显著，但仍有47个旗县位于拐点左侧，且大部分集中在纯牧业旗县，因此，更应该调整纯牧业旗县的教育支出结构，根据人力资本的回报周期，见效较慢，增加教育支出的人力资本积累是减缓贫困发生率的关键。

社会保障对H的影响中，有45个旗县位于拐点的右侧，包括乌兰察布市丰镇市、兴和县、凉城县、化德县、卓资县、商都县、四子王旗、察哈尔右翼中旗、察哈尔右翼前旗、察哈尔右翼后旗、集宁区；兴安盟乌兰浩特市、科尔沁右翼前旗、突泉县；包头市固阳县；呼伦贝尔市扎兰屯市、海拉尔区、牙克石市、鄂伦春自治旗、鄂温克族自治旗、阿荣旗；呼和浩特市和林格县、土默特左旗、托克托县、武川县、玉泉区；巴彦淖尔市临河区、乌拉特后旗、乌拉特前旗、杭锦后旗、磴口县；赤峰市元宝山区、克什克腾旗、喀喇沁旗、宁城县、敖汉旗、红山区、林西县、翁牛特旗；通辽市库伦旗、开鲁县、科尔沁区、科尔沁左翼后旗；锡林郭勒盟多伦县、太仆寺旗。其中13.33%区域集中在纯牧业旗县，31.11%集中在半农半牧业旗县，55.56%集中在其他区域。在社会保障支出领域，以上旗县位于拐点右侧，意味着随着支出的增加，相对减贫效果显著，但仍有39个旗县位于拐点左侧，且大部分集中在纯牧业旗县，因此，更应该调整纯牧业旗县的社会保障支出结构，根据社会保障支出存在的福利陷阱理论，并不能一味增加社会保障支出规模，同时还要尽量降低拐点的顶峰值，让更多的农牧民顺利过渡到拐点右侧。

医疗卫生支出对H的影响中，有45个旗县位于拐点的右侧，包括乌兰察布市丰镇市、兴和县、凉城县、化德县、卓资县、商都县、四子王旗、察哈尔右翼中旗、察哈尔右翼后旗、集宁区；呼伦贝尔市扎兰屯市、海拉尔区、牙克石市、鄂伦春自治旗、鄂温克族自治旗、阿荣旗；呼和浩特市回民区、托克托县、玉泉区；巴彦淖尔市临河区、乌拉特中旗、乌拉特前旗、乌拉特后旗、杭锦后旗、磴口县；赤峰市元宝山区、克什克腾旗、喀喇沁旗、宁城县、巴林左旗、敖汉旗、松山区、林西县、翁牛特旗、阿鲁科尔沁旗；通辽市奈曼旗、开鲁县、扎鲁特旗、科尔沁区、科尔沁左翼中旗、科尔沁左翼后旗；鄂尔多斯市乌审旗、达拉特旗；锡林郭勒盟正蓝旗、苏尼特右旗。其中26.67%集中在纯牧业旗县，26.67%集中在半农半牧业旗县，46.66%集中在其他区域。在医疗卫生支出领域，以上旗县位于拐点右侧，意味着随着支出的增加，相对减贫效果显著，但仍有39个旗县位于拐点左侧。

通过表8-30的第（5）—（10）列可以看出，采取固定效应的分析中，教育和社会保障支出一次项呈现正相关关系，二次项呈现显著倒"U"形；医疗卫生支出虽然不显著，但是也具有倒"U"形关系存在。这意味着财政民生性分项支出对相对贫困的影响呈现出随着财政民生性各分项支出的增加，相对贫困问题并没有彻底解决，仅仅在一个时间段内增加财政支出并不能发挥作用，应该确保财政支出政策的可持续性，使各分项支出的作用路径超过拐点值。

进一步采取 DIF-GMM 方法予以检验，结果如表8-30的第（1）—（4）列所示，可以看出与固定效应方法的结果不太一致，教育和医疗卫生支出呈现显著的倒"U"形正相关关系，和上文分析的旗县结果类似，这里不做具体汇报，而社会保障支出虽然不显著，但是也仍有倒"U"形存在，这里以一次项显著的关系作为最终汇报结果，即随着社会保障支出的增加，农牧民贫困人口脱贫程度较好。社会保障支出则随着支出规模的增加，农牧民的贫困人口脱贫仍然存在较大压力。

具体来看，社会保障对PG的影响中，有36个旗县位于拐点的右侧，包括乌兰察布市丰镇市、兴和县、凉城县、化德县、卓资县、商都县、四子王旗、察哈尔右翼中旗、察哈尔右翼前旗、察哈尔右翼后旗、集宁区；兴安盟突泉县；包头市固阳县；呼伦贝尔市扎兰屯市、海拉尔区、牙克石市、鄂伦春自治旗、鄂温克族自治旗、阿荣旗；呼和浩特市土默特左旗、托克托县、武川县；巴彦淖尔市乌拉特后旗、乌拉特前旗、杭锦后旗、磴口县；赤峰市元喀喇沁旗、宁城县、敖汉旗、红山区、林西县；通辽市开鲁县、科尔沁区、科尔沁左翼中旗；锡林郭勒盟多伦县、太仆寺旗。其中8.33%区域集中在纯牧业旗县，38.71%集中在半农半牧业旗县，67.74%集中在其他区域。在社会保障支出领域，以上旗县位于拐点右侧，意味着随着支出的增加，农牧区贫困人口脱贫效果显著，但仍有48个旗县位于拐点左侧，且绝大部分集中在纯牧业旗县，这也和之前结论大体一致，这次估计结果显示财政支出对相对减贫的影响更为严峻。

通过表8-31的第（4）—（9）列可以看出，采取固定效应的分析中，教育和社会保障支出一次项呈现正相关关系，二次项呈现倒"U"形，但是教育呈现显著的负相关，社会保障呈现显著正相关；医疗卫生支出呈现显著倒"U"形关系。

表8-30　民生性分项支出对PG的回归结果

变量	DIF-GMM						变量	FE			
	(1)	(2)	(3)	(4)	(5)	(6)		(7)	(8)	(9)	(10)
L.PG1	0.034*** (6.57)	0.038*** (7.42)	0.045*** (6.00)	0.042*** (6.59)	-0.158*** (-3.72)	0.250* (1.95)	rfisedu1				
L2.PG1	-0.095*** (-13.16)	-0.112*** (-21.88)	-0.107*** (-15.72)	-0.114*** (-16.45)		-0.401*** (-3.12)	rfisedu12				
rfisedu1	0.304*** (10.45)						rfissoc1	0.206*** (5.27)	0.862*** (6.18)		
rfisedu12	-0.288*** (-11.36)						rfissoc12		-0.636*** (-5.61)		
rfissoc1		-0.059*** (-10.19)	-0.049** (-2.25)				rfisheal1			0.069 (1.57)	0.349 (1.25)
rfissoc12			-0.006 (-0.24)				rfisheal12				-0.278 (-7.01)
rfisheal1				0.244*** (10.62)	-0.048 (-0.80)	-0.077 (-1.31)	lnnulivestock1	0.037 (0.58)	0.038 (0.55)	0.030 (0.48)	0.017 (0.23)
rfisheal12				-0.236*** (-10.58)	0.274*** (5.52)	0.284*** (5.84)	loutpbm1	0.198*** (3.94)	0.152*** (3.13)	0.196*** (4.24)	0.204*** (3.73)

续表

变量	DIF-GMM				变量	FE					
	(1)	(2)	(3)	(4)		(5)	(6)	(7)	(8)	(9)	(10)
lnnulivestock1	-0.299*** (-6.79)	-0.306*** (-7.82)	-0.308*** (-6.81)	-0.298*** (-7.24)	lrdisincome1	-0.320*** (-12.09)	-0.322*** (-11.91)	-0.278*** (-9.02)	-0.235*** (-11.17)	-0.302*** (-10.77)	-0.301*** (-11.69)
loutpbm1	0.245*** (10.21)	0.237*** (11.85)	0.231*** (13.17)	0.247*** (16.31)	lareagre1	-0.180*** (-7.96)	-0.180*** (-7.89)	-0.102*** (-10.29)	-0.051*** (-2.91)	-0.162*** (-6.05)	-0.150*** (-4.49)
lrdisincome1	0.096** (2.51)	0.130*** (3.59)	0.167*** (6.43)	0.183*** (5.79)	ltoconsu1	0.168*** (5.77)	0.165*** (5.86)	0.124*** (4.25)	0.142*** (4.17)	0.159*** (6.97)	0.159*** (7.86)
lareagre1	-0.166 (-1.57)	-0.095 (-0.83)	-0.135 (-1.01)	-0.149** (-2.31)	lindustri1	0.011 (0.46)	0.011 (0.46)	-0.000 (-0.01)	-0.008 (-0.30)	-0.008 (-0.37)	-0.006 (-0.28)
ltoconsu1	-0.029 (-0.97)	0.042 (1.24)	0.068 (1.57)	-0.026 (-1.17)	lnuhealthins1	-0.092 (-0.98)	-0.099 (-1.04)	-0.109 (-1.31)	-0.122 (-1.48)	-0.115 (-1.30)	-0.114 (-1.29)
lindustri1	0.077*** (9.88)	0.091*** (12.26)	0.088*** (8.21)	0.083*** (8.02)	lnuhighstu1	0.325** (2.36)	0.289** (2.24)	0.250** (2.00)	0.266** (2.10)	0.256** (2.09)	0.258** (2.18)
lnuhealthins1	0.915*** (11.21)	0.876*** (7.85)	0.758*** (6.21)	0.895*** (6.49)	temp1	0.042 (1.37)	0.051 (1.54)	0.123*** (5.28)	0.126*** (4.98)	0.059* (1.80)	0.070** (2.51)
lnuhighstu1	-0.080** (-2.00)	-0.097*** (-2.99)	-0.036 (-0.91)	0.007 (0.18)	precip1	0.149*** (3.59)	0.145*** (3.78)	0.135*** (3.66)	0.144*** (4.23)	0.150*** (4.15)	0.150*** (3.96)

续表

变量	DIF-GMM				变量	FE					
	(1)	(2)	(3)	(4)		(5)	(6)	(7)	(8)	(9)	(10)
temp1	0.033 (1.33)	0.060*** (2.95)	0.073*** (3.47)	0.006 (0.45)	mfisautol	-0.215*** (-10.17)	-0.199*** (-8.33)	-0.137*** (-3.58)	-0.111*** (-2.80)	-0.227*** (-6.80)	-0.222*** (-6.21)
precip1	-0.008** (-2.57)	-0.006 (-1.59)	-0.008* (-1.93)	-0.006* (-1.84)	Constant	-0.046** (-2.31)	-0.043** (-2.07)	-0.070*** (-4.23)	-0.057*** (-4.16)	-0.029** (-2.28)	-0.025 (-1.20)
mfisautol	0.202*** (5.68)	0.168*** (4.86)	0.175*** (5.44)	0.232*** (8.72)	Observations	504	504	504	504	504	504
Observations	336	336	336	336	Country FE	YES	YES	YES	YES	YES	YES
Number of ide	84	84	84	84	Year FE	YES	YES	YES	YES	YES	YES
AR (2)	1.1074	1.1082	1.1082	1.0086	Extreme point	-0.158*** (-3.72)	0.250* (1.95)				
Prob > |z|	0.3642	0.2678	0.2678	0.3132							
Sargan	0.9996	0.9997	0.9997	0.9996							
Extreme point	0.5269***	0.50253***	—	0.5165***							
P > |t|	0.0000	0.009	—	0.000							

表 8-31　民生性分项支出对 SPG 的回归结果

变量	DIF-GMM			变量	FE					
	(1)	(2)	(3)		(4)	(5)	(6)	(7)	(8)	(9)
L.PG1	0.208*** (11.71)	0.162*** (12.37)	0.192*** (13.49)							
L2.SPG1	-0.120*** (-14.12)	-0.113*** (-14.95)	-0.119*** (-13.71)							
rfisedu1	0.095*** (2.83)			rfisedu1	-0.208*** (-4.99)	-0.057 (-0.32)				
rfisedu12	-0.114*** (-3.17)			rfisedu12		-0.148 (-0.90)				
rfissoc1		0.202*** (4.06)		rfissoc1			0.393*** (26.58)	0.411 (1.92)		
rfissoc12		-0.279*** (-5.37)		rfissoc12				-0.017 (-0.09)		
rfisheal1			0.154*** (5.48)	rfisheal1					0.185*** (4.62)	0.589*** (3.63)
rfisheal12			-0.180*** (-6.09)	rfisheal12						-0.402* (-2.21)
				lnmulivestock1	-0.511*** (-10.83)	-0.522*** (-11.44)	-0.398*** (-6.86)	-0.398*** (-6.86)	-0.414*** (-7.96)	-0.433*** (-7.89)
				loutpbm1	0.292*** (8.52)	0.295*** (8.01)	0.187*** (6.74)	0.186*** (4.92)	0.174*** (4.70)	0.186*** (5.54)

续表

变量	DIF-GMM			变量	FE					
	(1)	(2)	(3)		(4)	(5)	(6)	(7)	(8)	(9)
lnnulivestock1	-0.488*** (-10.58)	-0.481*** (-12.41)	-0.482*** (-10.46)	lrdisincome1	-0.540*** (-18.74)	-0.541*** (-18.92)	-0.467*** (-17.41)	-0.466*** (-17.38)	-0.508*** (-15.09)	-0.505*** (-14.84)
loutpbm1	0.267*** (12.96)	0.264*** (14.30)	0.267*** (12.21)	lareagre1	0.050 (0.72)	0.050 (0.73)	0.207*** (3.60)	0.208*** (2.86)	0.116 (1.98)	0.133* (2.24)
lrdisincome1	-0.018 (-0.30)	0.094 (1.51)	0.054 (0.98)	ltoconsu1	0.132*** (7.30)	0.131*** (6.94)	0.049* (2.14)	0.050* (2.08)	0.112*** (13.77)	0.111*** (14.49)
lareagre1	-0.525*** (-3.52)	-0.789*** (-5.60)	-0.710*** (-3.64)	lindustri1	-0.107*** (-8.72)	-0.107*** (-7.98)	-0.119*** (-12.86)	-0.119*** (-10.95)	-0.137*** (-7.24)	-0.134*** (-7.10)
ltoconsu1	-0.022 (-0.84)	-0.089 (-1.21)	-0.045 (-1.47)	lnuhealthins1	-0.119 (-1.45)	-0.122 (-1.44)	-0.136* (-2.33)	-0.137* (-2.47)	-0.143* (-2.29)	-0.142* (-2.30)
lindustri1	0.058*** (3.18)	0.120*** (5.12)	0.047** (2.87)	lnuhighstu1	0.229*** (5.22)	0.216*** (5.06)	0.124*** (3.35)	0.125*** (3.60)	0.133*** (4.13)	0.136*** (4.75)
lnuhealthins1	0.021 (0.12)	-0.195 (-1.21)	-0.268 (-1.17)	temp1	-0.098*** (-5.75)	-0.095*** (-4.58)	0.055** (2.64)	0.055** (2.73)	-0.054* (-2.45)	-0.038 (-1.75)
lnuhighstu1	-0.076** (-2.28)	-0.045* (-1.67)	-0.093*** (-2.60)	precip1	0.013 (0.58)	0.012 (0.54)	-0.011 (-0.34)	-0.011 (-0.33)	0.022 (1.02)	0.022 (1.02)

续表

变量	DIF-GMM			变量	FE					
	(1)	(2)	(3)		(4)	(5)	(6)	(7)	(8)	(9)
temp1	0.040 (1.05)	0.073 (1.45)	-0.007 (-0.25)	mfisauto1	-0.230*** (-9.88)	-0.225*** (-8.23)	-0.062 (-1.63)	-0.062 (-1.91)	-0.220*** (-5.42)	-0.212*** (-4.86)
precip1	-0.000 (-0.01)	0.001 (0.23)	0.003 (0.39)	Constant	-0.000*** (-8.45)	-0.000*** (-4.69)	-0.000*** (-17.01)	-0.000*** (-4.30)	-0.000*** (-13.02)	-0.000* (-2.04)
mfisauto1	0.295*** (9.27)	0.339*** (9.80)	0.335*** (10.63)	Observations	504	504	504	504	504	504
Observations	336	336	336	R-squared	0.456	0.456	0.506	0.506	0.462	0.466
Number of ide	84	84	84	Country FE	YES	YES	YES	YES	YES	YES
AR (2)	1.7649	1.4542	1.2808	Year FE	NO	NO	NO	NO	NO	NO
Prob > |z|	0.0776	0.1459	0.2003							
Sargan	0.9996	0.9996	0.9996							
极值点	0.41658	0.3631249	0.4262099							
P > |t|	0.00102	0.0000	0.0000							

进一步采取 DIF-GMM 方法予以检验，结果如表 8-31 的第（1）—（3）列所示，可以看出与固定效应方法的结果不太一致，教育、社会保障和医疗卫生支出呈现显著的倒"U"形正相关关系，和上文分析的旗县基本分析结果类似，这里不再做具体汇报。

8.3.5 稳健性检验

8.3.5.1 更换实证检验方法

本章在进行实证分析时，采取了 OLS、固定效应、DIF-GMM 以及结构方程等方法，接下来本书将采用控制年份固定效应以及控制其他不可观测的随时间和旗县变化的因素，利用面板交互固定效应模型予以检验，具体结果如表 8-32 所示。

通过表 8-32 分析结果显示，农林水支出、节能环保支出和与草原生态修复密切相关支出与 H、PG 和 SPG 的关系大部分虽然不显著，但是仍然具有倒"U"形的关系存在，因此，这也进一步验证了本书基准回归结果的可信度和可靠性。

8.3.5.2 更换被解释变量

本章将进一步通过采用被解释变量增长率的方法进行稳健性检验，但是由于增长率的数据年份较短，数据样本不足以使用广义矩估计，因此接下来将采用 OLS 和双向固定效应模型予以检验。具体结果如表 8-33 所示。

由于样本量的限制，部分二次项不显著，但是系数的方向仍然呈现出了倒"U"形的倾向。这也在一定程度上表明了上述主要结论的稳健性。

通过表 8-34 可以看出，由于部分样本指标数据受限，部分指标的二次项不显著，但是整体上还是具有倒"U"形倾向，这也进一步证明了上述基准回归结果的可靠性。

通过表 8-35 可以看出，由于部分样本指标数据受限，部分指标的二次项不显著，但是整体上还是具有倒"U"形倾向，这同样也进一步证明了上述基准回归结果的可靠性和可信性。

表 8-32 面板交互固定效应模型实证结果

变量	H			PG			SPG		
	(1)	(2)	(3)	(4)	(5)	(6)	(7)	(8)	(9)
rfisafw1	0.296* (1.94)			0.103 (0.74)			0.254* (1.78)		
rfisafw12	-0.181 (-1.41)			-0.048 (-0.41)			-0.157 (-1.31)		
rfisenvir1		0.092* (1.65)			0.002 (0.04)			0.079 (1.53)	
rfisenvir12		-0.092* (-1.77)			0.016 (0.36)			-0.076 (-1.57)	
rfiseconw1			0.388*** (2.70)			0.105 (0.80)			0.402*** (3.02)
rfiseconw12			-0.363** (-2.57)			-0.091 (-0.71)			-0.387*** (-2.95)
lnnulivestock1	-0.444*** (-2.89)	-0.468*** (-2.97)	-0.475*** (-3.05)	-0.311** (-2.12)	-0.314** (-2.13)	-0.325** (-2.19)	-0.334** (-2.32)	-0.363** (-2.45)	-0.371** (-2.55)
loutpbm1	0.229** (2.50)	0.229** (2.47)	0.244*** (2.65)	0.247*** (3.03)	0.244*** (2.97)	0.255*** (3.10)	0.227*** (2.67)	0.225*** (2.62)	0.245*** (2.86)
lrdisincome1	-0.012 (-0.07)	0.022 (0.12)	0.080 (0.45)	0.217 (1.60)	0.241* (1.77)	0.245* (1.79)	0.043 (0.27)	0.076 (0.46)	0.125 (0.78)

续表

变量	H			PG			SPG		
	(1)	(2)	(3)	(4)	(5)	(6)	(7)	(8)	(9)
lareagre1	-0.925*	-1.110**	-0.984**	-0.420	-0.454	-0.453	-1.077**	-1.260***	-1.123**
	(-1.89)	(-2.13)	(-1.97)	(-1.15)	(-1.23)	(-1.23)	(-2.36)	(-2.62)	(-2.44)
ltoconsu1	-0.078	-0.079	-0.080	0.015	0.008	0.012	-0.067	-0.067	-0.065
	(-0.85)	(-0.86)	(-0.88)	(0.18)	(0.10)	(0.16)	(-0.79)	(-0.78)	(-0.77)
lindustri1	0.037	0.010	0.007	0.033	0.022	0.023	0.044	0.017	0.017
	(0.57)	(0.15)	(0.10)	(0.57)	(0.39)	(0.40)	(0.73)	(0.29)	(0.28)
lnuhealthins1	-0.323**	-0.317**	-0.323**	0.084	0.098	0.088	-0.237	-0.235	-0.241
	(-2.03)	(-2.00)	(-2.04)	(0.55)	(0.64)	(0.57)	(-1.57)	(-1.56)	(-1.61)
lnuhighstu1	0.130	0.130	0.088	-0.036	-0.042	-0.052	0.103	0.109	0.061
	(0.91)	(0.91)	(0.62)	(-0.29)	(-0.34)	(-0.42)	(0.79)	(0.83)	(0.47)
temp1	0.016	0.041	0.047	0.050	0.065	0.063	0.050	0.074	0.079
	(0.12)	(0.31)	(0.37)	(0.44)	(0.58)	(0.56)	(0.42)	(0.61)	(0.67)
precip1	0.011	0.008	0.013	-0.014	-0.016	-0.014	0.015	0.011	0.017
	(0.43)	(0.31)	(0.48)	(-0.58)	(-0.68)	(-0.59)	(0.62)	(0.44)	(0.69)
mfisauto1	0.254*	0.222	0.317**	0.168	0.189	0.191	0.278**	0.248*	0.338**
	(1.71)	(1.45)	(2.12)	(1.40)	(1.57)	(1.58)	(2.03)	(1.76)	(2.46)
Observations	504	504	504	504	504	504	504	504	504
Country FE	YES	YES	YES	YES	YES	YES	YES	YES	YES
Year FE	NO	NO	NO	YES	YES	YES	NO	NO	NO

表 8-33　　　　　　　财政支出增长率对 H 的影响

变量	OLS			FE		
	(1)	(2)	(3)	(5)	(6)	(7)
rfisafw1				0.278 (0.82)		
rfisafw12				-0.289 (-1.04)		
rfisenvir1					0.352** (2.24)	
rfisenvir12					-0.261* (-1.76)	
rfiseconw1			0.102 (1.33)			0.467 (1.02)
rfiseconw12						-0.360 (-0.80)
lnnulivestock1	-1.276** (-2.59)	-1.198** (-2.50)	-1.294*** (-2.60)	-1.258** (-2.63)	-1.363*** (-2.77)	-1.295*** (-2.65)
loutpbm1	0.243 (1.14)	0.277 (1.29)	0.230 (1.07)	0.241 (1.17)	0.201 (0.92)	0.242 (1.18)
lrdisincome1	0.521 (1.54)	0.532 (1.54)	0.540 (1.60)	0.503* (1.76)	0.510* (1.85)	0.538* (1.78)
lareagre1	-0.038 (-0.05)	-0.413 (-0.54)	-0.010 (-0.01)	-0.130 (-0.15)	-0.252 (-0.31)	-0.059 (-0.07)
ltoconsu1	0.109 (0.89)	0.156 (1.16)	0.116 (0.97)	0.096 (0.97)	0.095 (1.01)	0.124 (1.26)
lindustri1	0.038 (0.28)	-0.007 (-0.05)	0.040 (0.29)	0.044 (0.38)	0.040 (0.34)	0.044 (0.39)
lnuhealthins1	-0.990 (-0.48)	-0.972 (-0.50)	-0.999 (-0.49)	-0.904 (-0.58)	-1.154 (-0.75)	-1.034 (-0.68)
lnuhighstu1	-0.213 (-0.67)	-0.245 (-0.79)	-0.209 (-0.64)	-0.249 (-1.12)	-0.231 (-0.99)	-0.226 (-0.99)

续表

变量	OLS			FE		
	(1)	(2)	(3)	(5)	(6)	(7)
temp1	-0.003 (-0.01)	0.036 (0.06)	-0.033 (-0.06)	0.029 (0.06)	0.004 (0.01)	-0.014 (-0.03)
precip1	0.122 (1.26)	0.150 (1.46)	0.119 (1.23)	0.133 (1.35)	0.123 (1.29)	0.130 (1.26)
mfisauto1	0.097 (0.40)	0.182 (0.73)	0.060 (0.25)	0.123 (0.49)	0.056 (0.22)	0.089 (0.36)
Constant	-0.926 (-0.89)	-0.610 (-0.65)	-0.778 (-0.78)	-0.276 (-1.63)	-1.363*** (-2.77)	-0.233 (-1.53)
Observations	420	420	420	420	420	420
R-squared	0.253	0.270	0.256	0.156	0.163	0.159
Country FE	YES	YES	YES	YES	YES	YES
Year FE	YES	YES	YES	NO	NO	NO

表8-34　财政支出增长率对PG的影响

变量	OLS			FE		
	(1)	(2)	(3)	(4)	(5)	(6)
rfisafw1				0.537 (1.00)		
rfisafw12				-0.346 (-0.71)		
rfisenvir1					-0.002 (-0.01)	
rfisenvir12					0.040 (0.31)	
rfiseconw1			0.102 (1.33)			0.326 (0.73)
rfiseconw12						-0.239 (-0.53)

续表

变量	OLS			FE		
	(1)	(2)	(3)	(4)	(5)	(6)
lnnulivestock1	-1.276**	-1.198**	-1.294***	-0.188	-0.210	-0.222
	(-2.59)	(-2.50)	(-2.60)	(-0.32)	(-0.35)	(-0.36)
loutpbm1	0.243	0.277	0.230	-0.082	-0.086	-0.077
	(1.14)	(1.29)	(1.07)	(-0.34)	(-0.36)	(-0.31)
lrdisincome1	0.521	0.532	0.540	-0.202	-0.216	-0.207
	(1.54)	(1.54)	(1.60)	(-0.51)	(-0.56)	(-0.54)
lareagre1	-0.038	-0.413	-0.010	1.619	1.612	1.618
	(-0.05)	(-0.54)	(-0.01)	(1.50)	(1.40)	(1.45)
ltoconsu1	0.109	0.156	0.116	-0.152	-0.153	-0.135
	(0.89)	(1.16)	(0.97)	(-1.24)	(-1.28)	(-1.14)
lindustri1	0.038	-0.007	0.040	0.032	0.023	0.030
	(0.28)	(-0.05)	(0.29)	(0.19)	(0.14)	(0.18)
lnuhealthins1	-0.990	-0.972	-0.999	1.304	1.131	1.117
	(-0.48)	(-0.50)	(-0.49)	(1.12)	(0.92)	(0.92)
lnuhighstu1	-0.213	-0.245	-0.209	-0.171	-0.213	-0.216
	(-0.67)	(-0.79)	(-0.64)	(-0.78)	(-0.93)	(-0.96)
temp1	-0.003	0.036	-0.033	-0.779**	-0.746**	-0.766**
	(-0.01)	(0.06)	(-0.06)	(-2.43)	(-2.36)	(-2.41)
precip1	0.122	0.150	0.119	-0.085	-0.089	-0.083
	(1.26)	(1.46)	(1.23)	(-1.11)	(-1.17)	(-1.11)
mfisauto1	0.097	0.182	0.060	0.077	0.149	0.125
	(0.40)	(0.73)	(0.25)	(0.27)	(0.45)	(0.42)
Constant	-0.926	-0.610	-0.778	0.144	0.107	-0.233
	(-0.89)	(-0.65)	(-0.78)	(0.89)	(0.72)	(-1.53)
Observations	420	420	420	420	420	420
R-squared	0.253	0.270	0.256	0.456	0.463	0.454
Country FE	YES	YES	YES	YES	YES	YES
Year FE	YES	YES	YES	YES	YES	YES

表 8-35　　　　　　　　　财政支出增长率对 SPG 的影响

变量	OLS			FE		
	(1)	(2)	(3)	(4)	(5)	(6)
rfisafw1				0.278 (0.82)		
rfisafw12				-0.289 (-1.04)		
rfisenvir1					0.352** (2.24)	
rfisenvir12					-0.261* (-1.76)	
rfiseconw1			0.102 (1.33)			0.467 (1.02)
rfiseconw12						-0.360 (-0.80)
lnnulivestock1	-1.276** (-2.59)	-1.198** (-2.50)	-1.294*** (-2.60)	-1.258** (-2.63)	-1.363*** (-2.77)	-1.295*** (-2.65)
loutpbm1	0.243 (1.14)	0.277 (1.29)	0.230 (1.07)	0.241 (1.17)	0.201 (0.92)	0.242 (1.18)
lrdisincome1	0.521 (1.54)	0.532 (1.54)	0.540 (1.60)	0.503* (1.76)	0.510* (1.85)	0.538* (1.78)
lareagre1	-0.038 (-0.05)	-0.413 (-0.54)	-0.010 (-0.01)	-0.130 (-0.15)	-0.252 (-0.31)	-0.059 (-0.07)
ltoconsu1	0.109 (0.89)	0.156 (1.16)	0.116 (0.97)	0.096 (0.97)	0.095 (1.01)	0.124 (1.26)
lindustri1	0.038 (0.28)	-0.007 (-0.05)	0.040 (0.29)	0.044 (0.38)	0.040 (0.34)	0.044 (0.39)
lnuhealthins1	-0.990 (-0.48)	-0.972 (-0.50)	-0.999 (-0.49)	-0.904 (-0.58)	-1.154 (-0.75)	-1.034 (-0.68)
lnuhighstu1	-0.213 (-0.67)	-0.245 (-0.79)	-0.209 (-0.64)	-0.249 (-1.12)	-0.231 (-0.99)	-0.226 (-0.99)

续表

变量	OLS			FE		
	(1)	(2)	(3)	(4)	(5)	(6)
temp1	-0.003 (-0.01)	0.036 (0.06)	-0.033 (-0.06)	0.029 (0.06)	0.004 (0.01)	-0.014 (-0.03)
precip1	0.122 (1.26)	0.150 (1.46)	0.119 (1.23)	0.133 (1.35)	0.123 (1.29)	0.130 (1.26)
mfisauto1	0.097 (0.40)	0.182 (0.73)	0.060 (0.25)	0.123 (0.49)	0.056 (0.22)	0.089 (0.36)
Constant	-0.926 (-0.89)	-0.610 (-0.65)	-0.778 (-0.78)	-0.276 (-1.63)	-1.363*** (-2.77)	-0.233 (-1.53)
Observations	420	420	420	420	420	420
R-squared	0.253	0.270	0.256	0.156	0.163	0.159
Country FE	YES	YES	YES	YES	YES	YES
Year FE	YES	YES	YES	NO	NO	NO

8.4 本章小结

本章基于草原生态修复的财政支出与相对贫困的影响，从社会公平视角出发分析社会效益是否充分实现，在总结相关学者研究成果和理论分析的基础上，通过测度内蒙古农牧民的相对贫困和财政扶贫现状，以草原生态修复领域的两大主要财政支出资金安排为研究对象，以经济发展水平、劳动力就业情况的中介效应，具体得出如下主要结论：草原生态修复的财政支出政策作为一项重要的生态补偿方式，在减贫领域确实起到了一定的积极作用；在异质性分析中发现，不同类型的财政支出规模和结构、不同类型的草原区域对于相对减贫的影响是不同的。随着财政支出分位数的增大，相对减贫成效越发显著，而民生性支出和经济建设支出的各自分项支出中，对于相对减贫的影响具有异质性；在中介效应分析中，经济增长、劳动力就业水平在财政支出政策的相对贫困的影响中发挥了中介作用，各自发挥的中介效应的大小是不同的。由于经济增长水平与财政支出直接挂钩，因此发挥的中介效应是最大的。

总之，本书采用一阶差分广义矩估计的实证分析方法进行估计，为草原生态修复的财政支出政策的相对减贫效应提供更为可信估计结果。在分析不同类型草原生态修复财政支出规模和结构对草原地区的相对贫困的影响，通过研究可以初步发现，财政支出政策的安排解决了绝对贫困问题，但是未来的相对贫困问题的解决仍然任重道远，特别是在当前精准贫扶阶段，如何构建"扶志扶智"的长效机制是实现社会效益的关键。未来在财政支出规模和结构的安排上，应该增加对造血型的教育支出和与农牧民生产生活息息相关的规模，动态调整不同草原区域的财政支出结构，增强财政支出政策的可持续性，进而提升草原生态修复财政支出政策的相对减贫成效。

第9章

结论、政策建议与研究展望

财政支出政策作为政府治理草原生态修复的重要手段，确保支出政策有效性可以实现草原生态修复的三大效益目标。本书通过对财政支持草原生态修复的现状描述，运用动态演化博弈模型将影响草原生态修复效益提升的三方参与主体纳入统一分析框架，进一步通过实证检验分析财政支出政策的生态效益、经济效益和社会效益是否充分实现，最后得出草原生态修复财政支出政策效益提升的作用路径，本书通过研究主要得出以下结论，并提出相关的政策建议。

9.1 研究结论

自20世纪50年代以来，草原生态环境逐步遭到自然因素和人为因素的不同程度破坏，据统计，截止到20世纪90年代，草原退化面积已经超过90%，自此，国家开始关注草原生态环境的保护，特别是21世纪以来，草原生态修复治理工程和项目受到国家高度重视，财政资金投入力度不断增强，以2011年开始的为期五年一期的草原补奖政策，现已进行到第三轮，草原生态环境逐步改善，在"以人为本"的目标下，牧民的增收也被列为政策的目标之一，而在当前乡村振兴和实现共同富裕背景下，牧民的增收除了考虑绝对数额增加外，还离不开相对减贫机制的构建，防止农牧民陷入返贫陷阱。本书在科学合理的评析财政支出政策的三大效益是否充分实现外，还关注在理论框架下重构效益提升路径。

9.1.1 草原生态修复财政支出政策效益提升机制重构

以三方动态演化博弈的有限理性为出发点，运用演化博弈理论分析草原生态修复治理过程中地方政府、企业和牧民的决策策略行为，重点考察了央地政府的草原生态修复治理的政策目标和实际执行效果，三方参与主体的初始意愿会影响均衡策略选择；中央政府财政补贴额度和力度的大小影响均衡策略选择；地方政府的激励机制会影响最终策略选择；牧民预期成本会影响策略选择。但结果显示只有牧民自身会受到这种预期成本的影响，呈现"U"形关系；中央政府政策激励机制会对效益提升起到显著影响。在社会福利分析中，发现经济效益会随着补贴投入的增加而呈现正向变化，生态效益会随着补贴投入的增加逐步上升后达到一个极值。社会效益随着财政补贴的变化较为敏感，在短期内，增加财政补贴后，社会效益并没有呈现出一直好转态势，因此，未来构建"志智双扶"的长效脱贫机制。

9.1.2 草原生态修复的财政支出政策的生态效益呈现倒"U"形关系

具体来看，通过遥感数据获取影响草原生态修复的生态效益的植被覆盖度指数，确保本书估计的可靠性和可信性，同时与相关部门工作人员的深度访谈获取了大量一手数据，同时将影响生态效益的自然因素予以考量，最终得出的结论如下：

第一，草原生态修复的财政支出政策的生态效益呈现倒"U"形关系。通过将影响生态效益的自然因素，影响草原质量的牛羊肉指标等作为控制变量后，采取面板交互固定效应模型予以分析，财政支出政策的生态效益呈现倒"U"形，即随着财政支出的增加，生态效益呈现变好态势，但是一旦到达拐点后，财政支出的增加并不会带来良好的生态效益。

第二，不同财政支出政策和不同草原区域的异质性较为明显。通过对节能环保支出和农林水支出分项来看，农林水支出中涵盖了大部分的草原生态保护补助奖励资金，作为经常性支出的重要组成，其政策效果比较显著；而节能环保支出主要集中了工程类项目的治理支出，其政策效果不显著，这也是本书研究发现的创新点之一，后期财政支出政策的调整方向应建立动态机制，将资金重点转向产生生态效益较强的区域；同时，分不同类型的草原区域来看，纯牧区的政策效果要好于半农半牧业区域，这主要是由于纯牧区集中了大部分的草原区域，其受到政策影响范围较大，享受的财政支出政策效益也就越明显。

第三，财政自主程度和政府相对绩效具有调节效应。财政自给率和政府相对绩效拟合后，分箱估计量大都处于模型拟合区域内，政府相对绩效拟合结果可以看出财政总支出的生态效益影响从负向作用开始转向正向作用；而财政自给率的调节效应有正有负，但整体都是位于正向调节。

9.1.3 草原生态修复的财政支出政策的经济效益并未充分实现

基于内蒙古自治区家庭微观调查数据，获取较以往研究所不同的全部旗县的大样本数据，采用双重差分法缓解直接估计带来的估计偏差，得到的主要结论如下：

第一，草原补奖政策并未显著增加牧民家庭的总收入。从分项收入来看，草原补奖政策显著增加了政府补贴收入和非畜牧收入，但是使畜牧收入下降幅度较大。由于非畜牧收入的增加并不能弥补畜牧收入的下降，因此在现有补贴标准下，政府补贴收入仅能维持牧民总收入平均保持不变，并不能使牧民增收。

第二，不同区域的牧民收入存在异质性响应。"草畜平衡区"的牧民家庭总收入显著增加，实现了增收目标，而"禁牧区"的牧民家庭总收入显著下降。这是由于"草畜平衡区"对畜牧行为的限制更小，对牧民畜牧收入冲击更小，因此能够使牧民更平滑地过渡和转型。

第三，影响牧民增收的障碍在于家庭受教育程度不高。从机制层面上看，牧民家庭总收入的增收程度与家庭的教育支出密切相关，家庭教育支出越高，牧民家庭总收入增加的幅度越大。但牧民家庭教育支出总体较低，90%以上的家庭教育支出低于能够让总收入显著增加的界限。这是由于家庭的教育支出决定了年轻劳动力的受教育水平，较低的受教育水平难以在劳动力市场上获得足够的竞争力，从而导致无法顺利转向非畜牧业。

9.1.4 草原生态修复的财政支出政策的社会效益存在提升空间

具体来看，通过民政厅获取的一手数据整理出相对贫困的三大指标，并结合相关宏观数据和深度访谈数据作为主要的变量指标，确保本书估计的可靠性和可信性，运用一阶广义矩估计的实证分析方法，最终得出的结论如下：

第一，草原生态修复的财政支出政策的社会效益呈现倒"U"形关系。通过分析三大相对贫困指标——H、PG和SPG，将影响草原经济社会指标纳入控制变量，采取一阶差分广义矩估计方法予以实证检验，财政支出政策的社会效益呈现倒"U"形关系，即随着财政支出的增加，相对减贫并没有直接表现为线性的下降趋势，而是呈现出先上升后下降的态势，一旦财政支出资金安排到达拐点后，随着财政支出的增加并不会带来良好的相对减贫成效，进而社会效益也不会充分实现。

第二，不同财政支出规模和结构以及不同草原区域的异质性较为明显。通过对与草原生态修复直接相关支出和密切相关支出总和和各自的分项支出的具体分析，发现两者对相对贫困的影响路径和作用机制是不同的。同时在进一步的拓展性分析中，影响草原生态修复的相对减贫效果不仅在于直接相关的支出，也在于民生性支出的安排情况，通过进一步分析发现，在教育支出领域，这种财政扶贫机制应该更加侧重未来长期的人力资本积累，增加教育支出的投入；在社会保障和医疗领域，为了避免过度陷入"福利陷阱"，应该减少其支出规模，尽可能培养农牧民自力更生的能力，通过"扶志扶智"机制发挥作用后带动农牧民增强自身的综合素养的培养。

第三，经济增长、劳动力就业水平具有中介效应。各自发挥的中介效应的大小是不同的。由于经济增长水平与财政支出直接挂钩，因此发挥的中介效应是最大的；由于农牧民主要在草原从事畜牧业生产，中介作用较小，但是通过就业结构水平分析也可以间接证明未来农牧民就业转型仍然存在较大挑战。

9.2　政策建议

本书以典型草原区域内蒙古自治区为例，结合理论和实证分析，得出具有内蒙古特色的草原生态修复的财政支出政策效益的政策优化路径。内蒙古自治区各级政府严格按照党的十九大和党的十九届三中、四中、五中、六中全会及习近平总书记考察内蒙古重要讲话精神的指导，遵循统筹推进、政府主导、突出特色、硬化约束的原则，合理利用财政资金，积极探索符合少数民族边疆地域特征的草原生态修复效益提升的特色之路，为加快实现碳达峰、碳中和及共同富裕进程，建设生态文明和美丽中国奠定基础，为不断夯实中国生态文明建设强国地位和大国担当，实现全球生态文明建设贡献中国智慧。

9.2.1 加强顶层设计和制度建设,坚定草原生态修复战略定力

内蒙古作为草原资源富集区域,是构建绿色生态安全屏障的重要主体,也是实现"山水林田湖草"共同体的重要组成;作为边疆少数民族地区,是中国实现北方生态安全屏障的重要指引,也是实现民族团结进步的根本保障;作为资源能源型经济区域,是实现生态环境保护和经济协调发展的重点区域,也是中国打造亮丽北疆的桥头堡。

9.2.1.1 加快草原生态修复的相关配套立法工作

立法是国之大计。内蒙古自治区党委、政府及草原行政主管部门高度重视,草原立法工作走在全国前列,加强规范性文件、行政许可证等配套措施。随着《国务院办公厅关于加强草原保护修复的若干意见》(国办发〔2021〕7号)通过,草原生态治理体系和治理能力进入现代化的新时期,加强草原生态修复是实现内蒙古生态、经济、政治、社会协调发展的纽带,需要从顶层设计和制度建设方面,完善立法、制度监管和政策引导。

第一,区人大及常务委员会要加快自治区草原生态修复立法工作。深化草原生态修复的法治保障、政策支撑和技术支持,加快整合修改《内蒙古自治区草原管理条例》相关内容,增加具有针对性地解决草原生态修复条款,对违法行为惩处作出明确界定;合理界定"草原"法律属性,根据不同类型草原制定或细化不同立法程序;加快制定地方性《草原生态修复法规》及《草原生态修复实施条例》。

第二,地方层面应该细化规章制度。结合《中华人民共和国草原法》《内蒙古草原管理条例》《关于加强草原保护修复的若干意见》及盟市草原管理实施细则及各项监管规定,整理分散章程,针对内蒙古草原类型,详尽划定不同生态保护线,结合法规条例,设定黄线和绿线,结合每年草原恢复情况动态调整;将草原生态补奖政策纳入草原生态修复的政策法规,确保政策可持续性。

9.2.1.2 深入开展农牧民政策引导和宣传

第一,建立草原生态修复的科学引导机制。引导广大牧民推行"划区轮牧""季节性休牧""舍饲半舍饲",提高牲畜良种率和单位产出,少养精养,加快周转期,减轻草场压力;支持牧户联户适度规模经营,促进草场合理流

转，调整优化和减少网围栏，实现草原生态休养生息和良性循环。

第二，加强对农牧民草原生态修复工作必要性的政策宣传。对基层政府，要设立驻嘎查村干部定期深入群众中做宣传工作，通过对上级政策的解读，让群众深知草原生态修复治理的紧迫性；利用广播、电视、微信、农牧业综合服务短信平台等媒体，将草原生态修复的具体流程通过具体化、条块化的方式展现在宣传栏，并以蒙汉双语予以标识；加大对牧民家庭子女的政策宣传，在每年寒暑假期间，对家庭子女进行短期培训，将政策宣传工作传达到自己家庭中。

9.2.2 完善中央政府的财政激励机制，为草原生态修复提供资金保障

中央纵向财政转移支付是草原生态修复治理资金的主要来源，为实现农业农村现代化及"双碳"目标，为了达到2035年基本实现共同富裕的战略目标，这都对内蒙古自治区草原生态修复的财政支出政策的效益提升提出了更高的要求。

长期以来，中国经济保持高速增长的一个关键因素就是进行了财政分权。而草原生态环境保护作为一项外部性很强的公共物品，由中央政府统筹协调是当前绝大多数国家的主要做法，但是作为辖区内的公共物品，给予地方政府更多的自主权，特别是应给予更多的基层地方政府更多的权利，完善省以下地方政府事权与支出责任是当前解决草原生态修复补偿主体的关键。牧区基层政府作为草原生态修复的责任主体，在草原生态修复治理过程中大都是在等上级政府的各项指令，自主动机不强，赋予基层政府财权，让其根据区域经济发展的真实情况，合理制定生态修复的具体方案。

第一，不断扩大中央政府转移支付力度。中央政府对草原地区生态补偿资金的发放主要是通过转移支付实现，而中央对地方的财政支出除了依靠中央本级的财政收入以外，还有一部分是通过税收返还的方式返还给地方，当前对于发达地区的税收返还可以根据实际经济发展需要，将这部分资金补充到转移支付资金中，继续充实转移支付资金，将资金更多的应用于生态修复治理领域，加快生态环境的保护，特别是在地方基层政府运行较为困难的当下，内蒙古基层政府财政可持续运行面临着较大的困难，对于生态修复应由

中央政府通过转移支付的方式给予更多资金支持，缓解基层政府财政运行压力。

第二，不断优化纵向转移支付制度。草原生态保护修复资金列入一般性转移支付中的共同财政事权转移支付，要不断完善纵向财政转移支付计算公式，将草原生态环境影响因子列入，明确中央财政转移支付资金用于生态补偿的功能。整合部门支出项目，例如对民族地区转移支付、工资补偿转移支付等都是针对少数民族边远地区，可以考虑将其整合到具有专项转移支付性质的"专项转移支付"中，并将用于生态环境保护的各项支出予以合并，统一纳入预算进行管理。

第三，尽快实现中央生态环保转移支付资金项目储备制度管理。为适应预算需要，加快预算执行进程，草原生态修复治理资金属于中央生态环保转移支付资金范畴，根据各地实际项目申报情况，合理安排转移性支出。纳入中央项目库的草原生态修复项目，定期予以考察，原则上实行动态滚动管理机制，在规定的年限内，可以申请使用中央转移支付资金安排，同时如果资金使用效率较高，项目建设周期长，确实需要延期的项目，可以根据草原植被的恢复情况予以延期。

第四，尽快完善财政资金的直达机制。草原生态修复治理本就集中在基层政府，建立常态化的资金直达机制，确保生态修复治理工程顺利实施。中央根据草原生态修复大数据库，确定需要拨付给基层政府的资金，特别是重点生态功能区的资金更要直接拨付提前安排下达，同时省级政府要加强资金的全程监督管理，采用信息化手段对资金进行审查、监督，保障资金投向落实到位。

9.2.3 优化财政支出结构，提高草原生态修复资金使用效率

9.2.3.1 加快牧区基础设施建设资金投入

牧区基础设施建设落后是制约实现草原牧区现代化发展的最主要外在因素之一[①]。2020年，内蒙古自治区持续加大农村牧区公路建设力度，不断完善支线公路建设项目，截至2020年8月，共计投资35.9亿元，但是相比于城镇公路建设，差距仍然很大；应该加快完善边远牧区的交通、电力、供水、

---

① 其其格. 中国草原畜牧业现代化发展现状及对策[J]. 乡村科技, 2021, 12 (06): 85-87, 90.

通信和新型基础设施的普及，例如可移动垃圾清运车、户厕、公厕、标准化卫生室等，为农牧民的生产生活创造条件；重点完善基础设施修建，例如必备交通道路建设、通用机场新建扩建项目、人工增雨、人工飞播等应急救灾需要、人畜共饮水资源、长电设施、电力通信服务、大数据信息化应用平台建设项目，保证牧民可与外界顺利畅通无阻的联系，保证牧民最基本的生活需要。

9.2.3.2 大力发展牧区各项教育事业

随着国家通用语言文字的不断深入和加强，在少数民族地区，普及国家通用语言不仅是维护国家统一的基础工作，也是少数民族地区真正融入中华文化、加强与外界沟通的一项重要工作。教育是国之大计，特别是草原牧区的基础教育水平相较其他地区比较落后，受到以往语言学习环境的困扰，很多接受教育的学生也是从大学开始才正式接受普通话教育。政府应加大对贫困地区子女接受教育的资金支持力度。例如，尽快完善城乡教育一体化发展，高度重视农牧区的义务教育水平；办好各类学前教育、特殊教育和网络教育，普及高中阶段教育；各地根据财政资金实际情况，健全学生资助制度。

9.2.3.3 增加人力资本财政投入

草原生态修复作为一项投入资金较多，恢复周期较慢的政策性项目，在人力资本投资方面，应加强对牧区受教育主体的学习能力、创新能力、组织能力等人力资源的开发，制定留住本地人才和引进发达地区人才的储备战略。要不断提高吸引优秀人才深入边疆地区，为牧民带来知识、技术的支持，设置志愿服务边疆岗位，政府还要出台相关配套政策给予志愿者或优秀人才必要补偿。例如，加大"草原英才"奖励机制，完善人才存量的质量，引进国外高等院校毕业的高层次人才来内蒙古林草部门工作，并给予必要的经济支持；完善人才队伍的结构，从年龄、学历、性别等方面优化队伍结构，由于草原生态修复的相关工作需要人员定期调研，需要从性别方面予以考虑男性优先，而草原生态修复工作的相关科研管理工作，可以优先考虑女性。

9.2.3.4 构建"扶志扶智"长效机制

虽然我国2020年底已经完成了全部脱贫的任务，但是相对贫困在一定时期内仍将存在，特别是在草原的纯牧业和半农半牧业旗县，集中了绝大多数的贫困人口，由于教育、劳动力就业转型困难，虽然绝对贫困问题解决了，但是影响农牧民社会福利效益提升的相对贫困仍存在返贫率较高的特征，因此，针对草原生态修复的财政支出政策不仅要考虑与农牧民脱贫相关的基础性保障，调整影响草原生态修复直接相关的农林水支出和节能环保支出的投资方向，还要从基础设施建设（交通运输和城乡社区支出）和民生（教育、医疗和社会保障）等领域加强资金安排，增加教育和就业培训扶持政策的经费保障。

9.2.4 分级分区域精准施策，动态调整财政资金投向

草原生态修复是实现草原保护的首要任务，因地制宜、精准施策，利用科学手段是有效治理草原生态修复效益提升的必要措施，草原不仅体现在生态功能上，也体现在生产功能上，而牧民是利用草原资源的直接生产者，草原生态系统实现良性循环，离不开所有牧民的共同参与，共建人与自然和谐共生的新格局需要从政策支持角度出发，为牧民的生产生活创造良好的外部环境。

9.2.4.1 推进精准施策分区分类科学管理

分级分区分类界定草原属性，草原生态系统是一个包含植被、土壤和野生动植物的综合体，将这些指标整合成生态系统健康指数，这些指数的筛选，将草原类型划分为不同类型，系统统筹草原治理体系，采取不同的分级恢复措施，不断提升生态环境治理体系和治理能力的现代化，确保生态系统的稳定性和可持续性。划分区域如表9－1所示。

表9－1　　　　　　内蒙古草原保护建设分区及区域范围

类型	区域	草原类型	措施
草原合理利用区（24个）	陈巴尔虎旗；新巴尔虎右旗；新巴尔虎左旗；鄂温克旗；海拉尔区；科尔沁右翼前旗；科尔沁右翼中旗；扎鲁特旗；科尔沁左翼后旗；科尔沁左翼中旗；锡林郭勒市；克什克腾旗；翁牛特旗；巴林右旗；巴林左旗；阿鲁科尔沁旗；锡林浩特市；阿巴嘎旗；东乌珠穆沁旗（乌拉盖管理区）；西乌珠穆沁旗；镶黄旗；正蓝旗；正镶白旗	典型草原和草甸草原	严格执行草畜平衡制度、春季休牧制度、划区轮牧制度；实行"三年一休"或"两年一休"的轮牧制度
草原保护恢复区（14个）	二连浩特市；苏尼特左旗；苏尼特右旗；四子王旗；达茂旗；鄂托克前旗；鄂托克旗；杭锦旗；乌审旗；乌拉特中旗；乌拉特后旗；阿拉善左旗；阿拉善右旗；额济纳旗	荒漠草原、草化荒漠；荒漠草场	禁牧和休牧以自然恢复为主

续表

类型	区域	草原类型	措施
草原重点开发区（38个）	阿荣旗；莫力达瓦旗；鄂伦春自治旗；扎兰屯市；额尔古纳市；突泉县；扎赉特旗；奈曼旗；库伦旗；开鲁县；林西县；宁城县；喀喇沁旗；敖汉旗；太仆寺旗；多伦县；商都县；化德县；兴和县；凉城县；卓资县；察哈尔右翼前旗；察哈尔右翼中旗；察哈尔右翼后旗；土默特左旗；托克托县；和林格尔县；清水河县；武川县；土默特右旗；固阳县；准格尔旗；伊金霍洛旗；乌拉特前旗；杭锦后旗；五原县；磴口县	农区及半农半牧区域	粮草轮作；坡耕地、中低产田退耕还草；建立优良牧草繁育基地和高产人工草地；发展特色畜牧业

资料来源：根据内蒙古农牧业厅资料整理得出。

表9-1中，草原区域的划分是按照草原生态情况予以分类，草原合理利用区主要是分布在中东部纯牧业旗县为主；草原保护恢复区以北部边境区域，生态环境较为恶劣，这个区域的草原退化沙化面积达到了2/3以上；草原重点开发区主要集中在农区和半农半牧区。通过分级恢复草原的方式，轻度破坏草原可以采取自然恢复方式；中度破坏的草原可以采取人工补播方式；重度和极度破坏的草原要采取重建或人工改良方式①。

贯彻落实"人与自然和谐共生"的生态观，合理利用草原是最为重要的前提，对于天然草原的利用，应重点鼓励农牧民改变传统散养方式，减轻草原压力，严格落实禁牧休牧和草畜平衡制度，推行"舍饲半舍饲""划区轮牧""季节性休牧"的生产方式，结合牧民放牧习惯实行合作经营；积极推动人工种草，实施饲草料的保障能力提升工程，发展优质草产品，满足国内饲草需求；加快推进草原确权基础性工作，推行草牧场"三权分置"，建立动态生态保护补偿机制，通过草原确权或划区轮牧的方式，对草原予以围栏管理，解决草原承包地块，特别是边界地出现的四至不清②、征地不符、交叉重叠的问题。国家林草局强调"草原围栏是有序利用草原的科学合理手段"，草原围栏从生产和生态的角度，对草原生态保护起到了至关重要的作用，在围栏过程中，要充分尊重牧民意愿，引导牧民将权属性围栏转变为功

---

① 国家林业和草原局政府网．分级分类推进草原生态恢复，2021-01-13．http://www.forestry.gov.cn/main/5501/20210114/145250644929780.html．

② 四至就是地籍上每宗地四邻的名称，一宗地四个方位与相邻土地的交接界线。

能性围栏，调整优化网围栏布局，待草原恢复达到一定阈值后，解除围栏或采取轮牧的方式，通过适度干扰方式得到恢复；引导广大牧民调整畜种畜群结构，结合实际"减羊增牛""北牛南羊""北繁南育""全面推广应用冷配技术"，适应草原生态承载力，利用产业发展优势，稳步提升牧民收益。

9.2.4.2 完善农牧民社会保障制度

良好的草原生态环境是最普惠的民生福祉，不断完善社会保障兜底扶贫制度体系，在农牧区，农村低保制度是连接社会保障与扶贫开发的有效衔接，满足人民日益增长的优美生态环境的需要。内蒙古自治区农牧区157万贫困人口于2020年底前完成脱贫，这离不开强大的社会保障体系的布局。但同时还应继续加强牧民的基本社会保障体系的构建，提高抗风险的保障能力；健全牧区公共卫生和医疗服务体系，完善特殊因病致贫家庭的基本情况，建立对牧民患重大疾病的医疗救助机制；重点解决牧区教育成本高，完善牧民家庭子女的教育支持，增加助学补贴和奖学金，建设幼儿园教师编制配置，提高整体牧民的受教育水平，有条件的地区尽快将高中纳入义务教育；针对养老服务缺失的问题，继续加强农村牧区留守老年人关爱服务，围绕养老、孝老、敬老加强社会养老文化氛围；完善农村牧区养老服务体系，加快建设牧区老年公寓、养老服务站、养老幸福院的建设等。接下来应该从以下几个方面着手：在社会保障资金管理、社会保障组织机构建设方面应加大法律法规的制定，加大对农牧区社会保障体系的宣传引导工作；加大社会资本融资渠道；加强社会保障队伍人才建设，鼓励大学生和复转军人回嘎查创业，为培养大批职业牧民奠定基础。

9.2.5　转变政府职能，加强部门间权责分工

解决草原生态修复的关键在于实现经济发展与环境保护的正向作用，政府职能要从传统草原生态环境的领导者和指挥者，转变为草原生态修复的组织者和服务者，合理利用财政手段，加强宏观调控作用，赋予地方政府更多的财权和管理权限，加强各部门协调沟通配合，明晰各部门的管理权限，使草原生态保护的相关事宜责任主体清晰。

9.2.5.1　明晰各级政府职权，建立和完善地方政府目标责任制

2021年3月，国务院办公厅在《关于加强草原保护修复的若干意见》中，

提出了完善草原保护修复的各项制度，不断加强草原保护管理，推进草原生态修复，促进草原合理利用，中国草原生态保护修复迈向新的台阶。根据2020年生态保护红线的划分，内蒙古自治区50.46%的国土面积被列入保护底线，面临着比较繁重的生态保护任务，地方各级政府作为组织领导者，应按照省级政府负总责，基层政府目标责任制，并尽快完善责任清单制。由于草原大都分布在基层政府，应减少市级政府职权，实现省直管县的治理模式，基层政府草原承包经营活动、禁牧、草畜平衡、草原保护、草原违法案件处理、牧民实际收入水平等相关制度、草原生态保护效果纳入基层政府年度目标考核，从制度落实考察政府职责是否落实到位，细化各项考核指标，压实基层政府责任。

9.2.5.2 明确各相关部门职责，加强部门协调沟通

负责草原生态保护修复工作的职能部门较多，整合各部门执法职责，认真做好草原保护修复相关工作。2018年，国务院机构改革方案中，组建自然资源部，将分散在发改委、住建部、水利部、农业部、国家林业局的自然资源的调查和确权登记职责统一整合；组建生态环境部负责对生态环境进行监测和执法，国家林草局负责林业和草原资源的生态保护及生态修复的监管。进一步完善草原各职能部门的职责分工。建立必要的刑事司法衔接机制，国家林草局、自然资源部、生态环境部对草原生态修复的管理工作、行政司法部门负责监管工作，统计部门负责草原生态信息整理记录工作等，加强各部门的职责分工，强化部门间沟通和协调，具体各部门相关职责优化措施如表9-2所示。

表9-2　　　　　　内蒙古自治区相关部门职责进一步分工

相关部门	政策优化
内蒙古自治区文化和旅游厅	加强基层文化资源整合，继续开展公共文化资源下移，为牧区配备流动图书文化车，健全公共文化服务体系；加强基层文化队伍培训机制，对相关从业人员和业务广安加强培训和指导，持续开展乌兰牧骑下乡演出活动；推动数字文化服务，持续开展公共数字文化工程和有群众基础的群众性文化，举办文艺汇演、广场舞大赛、中老年合唱节等文化活动；加强非物质文化遗产的保护，建立传统工艺工作站、非遗保护项目、提升畜牧业产品绿色数字化网上交易服务；推动旅游资源发展示范区建设
内蒙古自治区林业和草原局	结合国土三调结果，加快草原确权验收工作，化解矛盾纠纷，巩固草原承包经营权，协调自然资源部门统一登记颁证；探索推进草原所有权、承包权和经营权"三权分置"；继续向符合条件的农牧区安排落实退牧还草、京津风沙源治理工程，落实第三轮草原生态补奖政策的草原类型界定；重点安排草原生态保护修复工程项目，扩大草原生态修复面积，安排生态修复工程

续表

相关部门	政策优化
内蒙古自治区人力资源和社会保障厅	加大支持农牧区各类人才引进政策，各苏木、嘎查制订更加宽松、优惠的人才引进计划；加大牧区毕业生到基层就业创业的比例，完善"三支一扶""社区民生志愿者"招募制度，对优秀的牧区学生给予绿色晋升通道
内蒙古自治区市场监督管理局	全面提升牧区传统产品质量，完善苏木检验检测机构，与区内高等院校建立长效合作共建机制，提升产品研发关键技术支撑；加强与媒体合作，将绿色优质品牌扩大品牌影响力和销售面
内蒙古工业和信息化厅	加大畜产品加工企业扶持力度，重点推动精深加工率；完善农牧区信息化升级，加强网络化、数据化、智能化的信息服务水平；加强对相关企业扶持力度，实施"专精特新"中小企业培育，为成长型小微企业注入扶持资金
内蒙古自治区教育厅	开展产学研专业团队围绕产业融合发展、建立产权明晰的畜产品加工仓储物流公司；编制草原资金保险方案，尽快提交人大通过《草原资源保险条例》的审核，为推进牧民意识到草原生态修复重要性提供必要的智力支持
内蒙古自治区交通运输厅	加大对牧区公路建设和养护项目支持力度，推进农牧区基础设施通行能力；督促地方政府落实主体责任，健全农牧区公路养护机制，形成公路建、管、养、运长效机制；并进一步加大对农牧区公路建设和养护工作的监察力度
内蒙古自治区水利厅	加强农牧区机电、横向取水井眼工程，解决牧区饮水安全问题；安装单户自来水工程或自动化牲畜饮水槽，提高牧户用水需求；加强农牧区基层防汛预报预警体系建设
内蒙古自治区科技厅	推动农牧区科技发展水平，与高水平院校共同申报草原生态修复相关的科研项目；指导农牧区引进专业技术人才，加大技术成果的应用和推广；鼓励农牧区技术转移工作站或12396科技信息化平台的投入使用

资料来源：根据内蒙古自治区政府资料整理得出。

财政部门、林草部门、应急管理部门、医疗部门、森林防火部门等，由于各自职责范围有限，共同协调治理草原生态环境很不现实，根据当前经济发展需要，急需将各部门的职责分工予以归类，由林草部门专门全程负责草原生态修复治理的相关工作，降低部门间沟通协调的时间成本。

9.2.6 健全多元化融资渠道，加快构建绿色长效的生态补偿机制

习近平总书记指出中国生态文明建设正处于"压力叠加、负重前行的关键期，提供更多优质生态产品满足人民日益增长的优美生态环境的攻坚期，有条件有能力解决生态环境突出问题的窗口期"，对于生态文明所处的"三期"叠加，加大生态文明建设迫在眉睫。多元化生态补偿融资体制应该从政

府与市场、政府与社会、政府间、政府内部及各职能部门出发,明确各自的治理责任,形成激励相容、共同共治的良好生态治理局面。构建绿色长效草原生态修复治理,完善草原生态补偿多元化融资机制,创造以政府为主体,引导社会资本积极参与生态修复治理新模式。

9.2.6.1 不断完善绿色金融体系

第一,不断推进设立草原生态修复领域的国家绿色发展基金。草原生态修复属于国家环保战略,2020年7月发行的885亿元的国家绿色发展基金,解决了在环境保护领域的融资难问题,发挥出政府财政的杠杆效应,内蒙古自治区可复制经验,草原生态修复绿色发展基金可以由财政部门、生态环境保护部门、内蒙古自治区政府共同发起设立,由13个参与草原生态补奖的省区地方财政共同出资,吸引部门金融保险机构和相关企业共同出资,创新多元化的草原生态修复投融资机制。

第二,推动发行绿色基金。按照市场化运作方式对基金进行专业管理,将基金所有权、管理权和托管权分离,同时基金的设立、选择管理人、退出市场等要严格按市场规则运作;如设立专项鼠害治理资金、增加防控蒙古国草原森林火灾专项资金,增强草原生态修复治理的资金支持。

第三,发行绿色债券。对于内蒙古自治区有条件的企业发行绿色债券,用于草原生态修复工程;支持高科技能力较强的企业上市融资;允许内蒙古具备条件的企业发行绿色资产证券化产品,进一步盘活资源和资产。

第四,健全草原保险制度。加强保险公司对牧区小微企业与牧户间的合作,扩展保险覆盖面,争取实现肉牛、肉羊政策性保险全覆盖,推进农畜产品成本价格保险业务,政府与保险公司共同建立"联保共办"模式;对于重点帮扶牧业专业合作社等新型农牧业经营主体,尽量优化贷款审批发放程序;构建政策保险为主导,商业保险为补充的保险制度;建立抗灾补贴长效机制,建立完善畜牧业保险;加快建立应急抗灾储草机制,推行灾年冬季转场养殖,完善灾害风险防范和分散机制。

9.2.6.2 拓宽PPP融资模式

首先,创新融资模式,加强"PPP+EOD"①模式引入草原生态修复治理领域,减少政府付费和可行性缺口补助,推进PPP项目的顺利实施。对于有

---

① EOD是指以生态环境为导向的城市发展模式。2018年环境部探索开展此模式,推进生态环境治理与生态旅游、城镇开发等产业融合发展。

融资意愿且技术较高的企业，可以适当降低其考核标准，根据工程实际完成情况给予必要补贴和税收优惠政策。

其次，在满足财政可承受能力论证前提下，应该尽量避免采用政府付费方式作为项目入库的一个限制条件，对于有回报能力的经营性项目，如成立草原经营管理合作社，通过发展家庭承包和专业养殖合作社转变生产经营方式，通过租赁草原获得收入的项目，可以适当提高企业的资本回报率，吸引更多有实力的企业，通过技术创新、合理成本控制加入项目投资。

最后，完善PPP模式中的政府责任，规范制度性操作的项目运行。在政府权力方面建立责任清单制，规定无限期追求责任，对于企业要进行负面清单准入机制，保证有实力的企业能够加入到项目中。

9.2.6.3 完善政府绿色采购政策

绿色采购是政府在采购过程中，确保提高采购质量和效率的前提下，从整个社会公共环境利益角度出发，达到环境保护的目的，采取优先采购或禁止采购等措施，督促企业生产、投资和销售投向保护生态环境的领域。

第一，加快完善绿色采购清单。草原生态修复工程通过统一的政府采购方式予以完成，在招标环节，应明确规定具备采购绿色项目的投标公司可以优先投标，对企业的绿色采购资质予以登记备案，根据企业采取绿色投标方式获取的中标项目越多，则将企业认定为优质企业；简化节能产品、环境标志产品的政府采购执行机制，从源头上增加采购商采购这些产品的概率；充分利用电商平台的作用，加大对草原畜产品和奶产品的推广，深入牧民群众中，减少中间采购商，让牧民获取更多的利润。

第二，健全绿色政府采购的责任机制。多元主体的参与是政府购买草原生态修复环境治理服务的特点，但是由于多元化责任主体会引发责任较为分散，追责难度较大，尽快设计绿色采购流程的设计原则，加快完善政府购买责任监管机制，并将绩效责任分配到诸多参与主体，建立起更加科学规范的追责机制。

第三，完善政府采购的绩效评价指标体系。除了必要的经济指标，还要加大生态指标和社会指标的比重，由于草原生态修复治理是一项生态政治职责，因此，生态指标的占比应适当与经济指标平等，在内蒙古的生态战略地位的背景下，生态指标的考核设定应大于经济指标。完善评估流程，不仅要注重评估的结果，还要更加注重评估的过程，加快构建第三方独立评估主体的参与，并加大社会公众共同参与评价评估机制。

第四，完善绿色采购管理的监管机制。应建立公开透明的认证管理机制，公开认证结果，方便采购人查询，对已列入物品清单的，还可以提出更加节约资源的环保要求，并优先考虑获得绿色环保证书的产品。

9.2.6.4 增加地方政府专项债券发行

地方政府债券是有财政收入的地方政府发行的债券，用于地方性公共设施的建设，按照债券用途和偿还资金的来源分为一般责任债券和专项债券。而专项债券是通过发行债券筹集地方政府市政工程建设，充分利用地方政府债券助力草原生态修复，利用专项债发行成本低、发行期限灵活、信息披露透明、专款专用等优势特征，自2018年四川省绵阳市永兴污水处理专项债券发行后，生态环保领域专项债券发行的大门打开。

第一，大力发行生态环境保护的专项债。根据《中华人民共和国环境保护法》的规定，草原生态修复属于生态保护领域，可以通过发行生态环保专项债。发行专项债用于草原生态修复资本金，生态修复治理项目前期投入较大，后期经济效益较少，因此，通过发行专项债充当项目资本金，弥补前期巨大的投入成本，对于有旅游开发价值地域的草原生态修复，后期可以通过门票收入弥补项目成本。

第二，积极防范地方政府专项债券风险。生态环境保护项目在实践中，由于发债期限短，地方政府对环保领域的专项债券的功能认知、项目范围及风险意识和防范机制不到位，在整个专项债的发行、使用、到期还本付息的各个环节存在非规范操作，存在不可预测的债务风险。应提前设定好风险防范化解机制，严防专项债的偿付风险，在资金前期审批、资金使用、资金管理和资金偿还方面防范债务风险，进一步增加内蒙古中央专项彩票公益金的使用范围，将草原保护与修复治理纳入其中。

9.3 研究展望

本书的研究主要围绕如何评析草原生态修复财政支出政策的生态效益、经济效益和社会效益是否充分实现的基础上，通过动态演化博弈模型重构财政政策效益提升的作用路径，从财政支出政策视角出发，分析草原生态修复离不开政府的财政资金支持，科学的财政体制是确保财政支出政策有效性的重要保障，并从财政激励制度、行政激励制度的构建上分析财政支出政策的效益提升空间。

第一，本书应用多学科多领域的相关基础理论进行了深入分析，并提出研究假设，通过实证检验，得出结论和政策建议。但是纵观全书，囿于篇幅和作者能力有限，本书将重点放在了检验草原生态修复财政支出政策的三大效益是否实现上，在各项效益指标选择上，被解释变量的选择遵循相关研究的基础上，限于宏微观数据获取的困难，采用目前较为流行的、最有代表性的指标予以分析，在分析过程中，如能将指标的构建采取合成指标，分析结果更加全面。考虑到本书的研究主题涉及生态经济学、地理信息系统、遥感数据分析、农业经济学等领域，由于能力有限，关于跨学科专业知识的学习还有待提升。

第二，在本书实证分析的过程中，囿于数据获取的难度，本书的三个主要实证的分析虽然选择了内蒙古自治区 103 个旗县的面板数据进行分析，样本量虽然满足了实证要求，后期也做了各种详尽的检验，确保了结果的可靠性，但是仍然会有内生性问题没有得到彻底解决，未来在实证分析方法的学习上，利用现有数据，还仍有进一步学习的空间。在作用机制的分析过程中，本书虽然用到了较为新的中介调节效应予以分析，但是在中介和调节效应的指标选择上，还有其他影响因素并未全面充分考虑进来。

第三，在理论模型的重构机制上，本书运用动态演化博弈模型，进一步分析效益提升机制的作用路径，将影响草原生态修复的财政支出政策效益提升的最为重要的三方主体纳入模型中，但是由于本书篇幅有限，关于企业与政府行为的博弈分析将其纳入稳健性检验中予以考量，这将是本书今后继续研究的另一个方向。

参考文献

[1] 奥成宁,卢金钟.草原生态补偿政策下政府与牧民的博弈分析[J].内蒙古统计,2019(04):55-57.

[2] 陈真玲,王文举.环境税制下政府与污染企业演化博弈分析[J].管理评论,2017,29(05):226-236.

[3] 戴微著,谭淑豪.草原生态奖补政策效果评价——基于内蒙古典型牧区调研的制度分析[J].生态经济,2018,34(03):196-201.

[4] 丁力.关于财政支持生态环境保护的探析[J].财政监督,2021(20):79-85.

[5] 董丽华,冯利盈,罗秀婷,杨发林,杨国涛,马红彬.草原生态保护补助奖励政策实施效果评价——基于宁夏牧区农户的实证调查[J].生态经济,2019,35(03):212-215.

[6] 董晓宇,姚华荣,戴君虎,朱梦瑶.2000—2017年内蒙古荒漠草原植被物候变化及对净初级生产力的影响[J].地理科学进展,2020,39(01):24-35.

[7] 冯秀,李元恒,李平,丁勇,王育青.草原生态补奖政策下牧户草畜平衡调控行为研究[J].中国草地学报,2019,41(06):132-142.

[8] 伏润民,缪小林.中国生态功能区财政转移支付制度体系重构——基于拓展的能值模型衡量的生态外溢价值[J].经济研究,2015,50(03):47-61.

[9] 高培勇.论国家治理现代化框架下的财政基础理论建设[J].中国社会科学,2014(12):102-122,207.

[10] 盖志毅,包庆丰,杨志勇.草原生态系统可持续发展与国家安全[J].北方经济,2006(03):17-19.

[11] 巩芳,陈宝新.基于DPSIR模型的草原生态补偿效果综合评价研

究——以内蒙古为例［J］．内蒙古农业大学学报（社会科学版），2019，21（05）：1-6．

［12］巩芳．生态补偿机制对草原生态环境库兹尼茨曲线的优化研究［J］．干旱区资源与环境，2016，30（03）：38-42．

［13］何明刚．转移支付对地方环保支出效率影响研究［J］．北京信息科技大学学报（自然科学版），2021，36（02）：82-86．

［14］何燕，李静．授人以渔：数字普惠金融的减贫效应及就业机制［J］．消费经济，2021，37（03）：69-79．

［15］侯向阳，尹燕亭，运向军，李西良，丁勇．北方草原牧户心理载畜率与草畜平衡模式转移研究［J］．中国草地学报，2013，35（01）：1-11．

［16］胡鞍钢，童旭光．中国减贫理论与实践——青海视角［J］．清华大学学报（哲学社会科学版），2010，25（04）：106-112，125，161．

［17］胡振通，孔德帅，靳乐山．草原生态补偿：弱监管下的博弈分析［J］．农业经济问题，2016，37（01）：95-102，112．

［18］黄季焜．农业供给侧结构性改革的关键问题：政府职能和市场作用［J］．中国农村经济，2018（02）：2-14．

［19］贾康，刘薇．生态补偿财税制度改革与政策建议［J］．环境保护，2014，42（09）：10-13．

［20］蒋胜竞，冯天骄，刘国华，贺金生．草地生态修复技术应用的文献计量分析［J］．草业科学，2020，37（04）：685-702．

［21］孔德帅，胡振通，靳乐山．草原生态补偿机制中的资金分配模式研究——基于内蒙古34个嘎查的实证分析［J］．干旱区资源与环境，2016，30（05）：1-6．

［22］李冰，张志涛，谭淑豪，王建浩，张欣晔，张宁．完善草原生态保护政策机制促进林草体制机制融合发展［J］．林业经济，2019，41（04）：3-9．

［23］李昊楠，郭彦男．小微企业减税、纳税遵从与财政可持续发展［J］．世界经济，2021，44（10）：103-129．

［24］李平，孙小龙，张江丽，张贤，任卫波．草原生态补奖政策问题与建议［J］．中国草地学报，2017，39（01）：1-6．

［25］李淑瑞，薛钢．省以下生态转移支付制度环境保护激励效应［J］．

中国人口·资源与环境, 2022, 32 (01): 138-145.

[26] 李涛, 刘思玥. 分权体制下辖区竞争、策略性财政政策对雾霾污染治理的影响 [J]. 中国人口·资源与环境, 2018, 28 (06): 120-129.

[27] 李晓嘉, 蒋承, 胡涟漪. 民生性财政支出对我国家庭多维贫困的影响研究 [J]. 数量经济技术经济研究, 2019, 36 (11): 160-177.

[28] 李玉新, 魏同洋, 靳乐山. 牧民对草原生态补偿政策评价及其影响因素研究——以内蒙古四子王旗为例 [J]. 资源科学, 2014, 36 (11): 2442-2450.

[29] 李永友, 沈坤荣. 财政支出结构、相对贫困与经济增长 [J]. 管理世界, 2007 (11): 14-26, 171.

[30] 李臻, 耿曙. 中国地方政府绩效考核机制的再研究——基于省级官员的相关数据 [J]. 党政研究, 2019 (03): 106-115.

[31] 刘璨, 陈珂, 刘浩, 陈同峰, 何丹. 国家重点生态功能区转移支付相关问题研究——以甘肃五县、内蒙二县为例 [J]. 林业经济, 2017, 39 (03): 3-15.

[32] 林毅夫, 付才辉, 郑洁. 新结构环境经济学: 一个理论框架初探 [J]. 南昌大学学报 (人文社会科学版), 2021, 52 (05): 25-43.

[33] 刘加文. 大力开展草原生态修复 [J]. 草地学报, 2018, 26 (05): 1052-1055.

[34] 刘明慧, 章润兰. 财政转移支付、地方财政收支决策与相对贫困 [J]. 财政研究, 2021 (04): 34-49.

[35] 刘瑞超, 张肖艳, 路兰. 财政分权与地方政府环保支出对环境治理效率的影响分析——基于一项省级面板数据的双向固定效应模型 [J/OL]. 重庆理工大学学报 (社会科学): 1-15 [2022-08-13].

[36] 刘尚希, 孙喜宁. 论财政政策的有效性——基于公共风险分析框架 [J]. 财政研究, 2021 (01): 10-23.

[37] 刘玮琳, 夏英. 中国农村公共支出减贫的空间溢出效应研究 [J]. 世界农业, 2021 (03): 108-119.

[38] 刘兴元, 尚占环, 龙瑞军. 草地生态补偿机制与补偿方案探讨 [J]. 草地学报, 2010, 18 (01): 126-131.

[39] 刘焕, 吴建南, 孟凡蓉. 相对绩效、创新驱动与政府绩效目标偏

差——来自中国省级动态面板数据的证据[J].公共管理学报,2016,13(03):23-35,153-154.

[40]柳文宗.生态补偿的三大经济学理论依据[J].中国林业,2007(01):10-11.

[41]卢洪友,杜亦譞.中国财政再分配与减贫效应的数量测度[J].经济研究,2019,54(02):4-20.

[42]罗媛月,张会萍,肖人瑞.草原生态补奖实现生态保护与农户增收双赢了吗?——来自农牧交错带的证据[J].农村经济,2020(02):74-82.

[43]马海丽,林慧龙,熊潇雨,韩学平.草原生态补奖政策对青藏高原草地植被状况的影响分析[J].草地学报,2021,29(03):545-554.

[44]马海涛,王东伟.国内政府采购政策功能效应研究:综述与展望[J].经济与管理评论,2014,30(03):53-59.

[45]曼昆.经济学原理(第四版),微观经济学分册[M].北京:北京大学出版社,2009.

[46]缪言,白仲林,尹彦辉.财政支出政策的减贫效应:相对贫困治理视角[J].经济学动态,2021(09):120-133.

[47]彭飞,范闻捷,徐希孺,刘星.2000—2014年呼伦贝尔草原植被覆盖度时空变化分析[J].北京大学学报(自然科学版),2017,53(03):563-572.

[48]祁毓,陈建伟,李万新,宋平凡.生态环境治理、经济发展与公共服务供给——来自国家重点生态功能区及其转移支付的准实验证据[J].管理世界,2019,35(01):115-134,227-228.

[49]秦建军,戎爱萍.财政支出结构对农村相对贫困的影响分析[J].经济问题,2012(11):95-98.

[50]屈莹波,赵媛媛,丁国栋,高广磊.气候变化和人类活动对锡林郭勒草原植被覆盖度的影响[J].干旱区研究,2021,38(03):802-811.

[51]沈满洪,何灵巧.外部性的分类及外部性理论的演化[J].浙江大学学报(人文社会科学版),2002(01):152-160.

[52]沈扬扬,滕阳川,李实.扶贫政策转型中城市低保瞄准度与反贫困效果分析[J].南开经济研究,2021(05):3-18.

[53]盛晓菲.政绩诉求、经济高质量发展与雾霾污染[J].山西财经

大学学报, 2022, 44 (07): 16-28.

[54] 宋文娟, 杨楠. 示范区创建对公共服务均等化的影响研究 [J]. 经济纵横, 2022 (06): 111-120.

[55] 孙博文, 谢贤君. 财政分权是否有助于降低贫困水平?——基于生存型与发展型投资支出的视角 [J]. 经济科学, 2018 (02): 30-44.

[56] 孙秀林, 周飞舟. 土地财政与分税制: 一个实证解释 [J]. 中国社会科学, 2013 (04): 40-59, 205.

[57] 孙英杰, 林春. 试论环境规制与中国经济增长质量提升——基于环境库兹涅茨倒"U"形曲线 [J]. 上海经济研究, 2018 (03): 84-94.

[58] 唐芳林, 杨智, 王卓然, 孙暖, 韩丰泽, 赵金龙. 生态文明视域下草原治理体系构建研究 [J]. 草地学报, 2021, 29 (11): 2381-2390.

[59] 田嘉莉, 付书科, 刘萧玮. 财政支出政策能实现减污降碳协同效应吗? [J]. 财政科学, 2022 (02): 100-115.

[60] 王加亭, 王宗礼, 徐林波, 丁勇. 草原生态补助奖励机制落实中的问题与对策——基于锡林浩特市牧户的调查实证分析 [J]. 中国草地学报, 2016, 38 (02): 1-7, 12.

[61] 魏晓博, 肖瑜君, 张柯贤, 王静, 施乃夫, 刘小凤. 财政分权的多维减贫效应研究 [J]. 经济地理, 2021, 41 (06): 39-48.

[62] 温来成. 财政投融资专题研究 [M]. 北京: 中国财政经济出版社, 2018.

[63] 温来成. 完善农村社区公共服务体系的政府财政政策研究 [J]. 兰州商学院学报, 2011, 27 (01): 64-74.

[64] 温来成. 更加积极的财政政策促增长降风险惠民生 [N]. 中国经济时报, 2019-03-01 (012).

[65] 温来成, 王若讷. 进一步完善财政资金直达机制常态化监管问题研究 [J]. 财政监督, 2022 (09): 17-21.

[66] 王宝顺, 刘京焕. 公共资本性支出、经常性支出与内生经济增长 [J]. 中南财经政法大学学报, 2011 (03): 55-62, 143.

[67] 王铁梅. 中国草原生态保护建设体系及其市场主体建设研究 [J]. 南京林业大学学报 (人文社会科学版), 2016, 16 (03): 77-84.

[68] 王晓芳, 谢贤君. 财政分权是否有助于降低农村贫困水平——基

于生产性与非生产性财政支出视角 [J]. 财经科学, 2018 (03): 55-66.

[69] 王宇伟, 范从来. 财政支出结构与益贫式增长 [J]. 社会科学辑刊, 2019 (03): 191-201.

[70] 王雍君. 财政政策"更加积极有为": 支出整合视角的解读 [J]. 中国财政, 2020 (12): 29-31.

[71] 王雍君. 中国真正需要的是兼容性财政政策 [N]. 社会科学报, 2019-04-25 (001).

[72] 王雍君. 财政政策的合理目标是可持续性 [N]. 社会科学报, 2020-07-09 (001).

[73] 肖仁乾, 宁攸凉, 何友均, 谢和生, 许单云. 草原生态保护补助奖励政策实施效果评估 [J]. 林业经济问题, 2021, 41 (06): 645-650.

[74] 解垩, 李敏. 政府公共转移支付的扶志效应 [J]. 中国人口科学, 2022 (01): 99-112, 128.

[75] 闫坤, 杨谨夫. 我国税收分享和转移支付制度效应研究 [J]. 经济学动态, 2013 (04): 31-36.

[76] 杨春, 王明利. 草原生态保护补奖政策评价指标体系设计 [J]. 中国农学通报, 2014, 30 (05): 185-188.

[77] 杨春, 尹俊. 云南省实施草原生态保护补助奖励政策的成效及对策建议 [J]. 云南农业, 2015 (10): 12-14.

[78] 殷金朋, 钟彬斌, 陈永立. 地方政府的环境行为与居民幸福感 [J]. 产业经济评论（山东大学）, 2021, 20 (04): 88-118.

[79] 杨旭东, 杨春, 孟志兴. 中国草原生态保护现状、存在问题及建议 [J]. 草业科学, 2016, 33 (09): 1901-1909.

[80] 杨志安, 吕程. 财政分权视角下生态文明建设的困境与对策 [J]. 地方财政研究, 2021 (02): 76-83.

[81] 叶祥松, 刘敬. 异质性研发、政府支持与中国科技创新困境 [J]. 经济研究, 2018, 53 (09): 116-132.

[82] 于长革. 健全财政环保支出保障机制的思路和政策建议 [J]. 西部财会, 2020 (09): 7-9.

[83] 余锦亮. 异质性分权的污染效应: 来自市县政府体制改革的证据 [J]. 世界经济, 2022, 45 (05): 185-207.

[84] 苑德宇，宋小宁. 转移支付与地方政府投资决策 [J]. 财贸经济，2015（03）：43-54，87.

[85] 赵世萍. 节能环保视角下财政支出政策的思考 [J]. 财政科学，2019（07）：55-63.

[86] 张会萍，肖人瑞，罗媛月. 草原生态补奖对农户收入的影响——对新一轮草原生态补奖的政策效果评估 [J]. 财政研究，2018（12）：72-83.

[87] 张力恒. 财政支出对县域经济影响的文献综述 [J]. 财会研究，2022（06）：20-27，67.

[88] 张楠，寇璇，刘蓉. 财政工具的农村减贫效应与效率——基于三条相对贫困线的分析 [J]. 中国农村经济，2021（01）：49-71.

[89] 张倩，范明明. 生态补偿能否保护草场生态？——基于阿拉善左旗的案例研究 [J]. 中国农业大学学报（社会科学版），2020，37（03）：36-46.

[90] 张惜伟，汪季，海春兴，丁延龙，宝成. 呼伦贝尔沙质草原风蚀坑地表风沙流结构特征 [J]. 干旱区研究，2018，35（06）：1505-1511.

[91] 张瑶，徐涛，赵敏娟. 生态认知、生计资本与牧民草原保护意愿——基于结构方程模型的实证分析 [J]. 干旱区资源与环境，2019，33（04）：35-42.

[92] 智荣，闫敏，李平. 草原生态环境、经济社会与草牧业产业耦合协调关系研究——基于全国五大牧区的实证分析 [J]. 林业经济，2022，44（05）：59-76.

[93] 周京奎，王文波，龚明远，黄征学. 农地流转、职业分层与减贫效应 [J]. 经济研究，2020，55（06）：155-171.

[94] 周黎安，李宏彬，陈烨. 相对绩效考核：中国地方官员晋升机制的一项经验研究 [J]. 经济学报，2005（01）：83-96.

[95] 周升强，赵凯. 草原生态补奖认知、收入影响与农牧户政策满意度——基于禁牧区与草畜平衡区的实证对比 [J]. 干旱区资源与环境，2019，33（05）：36-41.

[96] 朱·弗登博格，让·梯若尔等. 博弈论 [M]. 北京：中国人民大学出版社，2015.

[97] 朱小华，杨倩，丁筱悠，李传荣，唐伶俐，陈宾宾. 荒漠草原生态系统格局变化及其对气候的响应 [J/OL]. 生态学杂志，2022（07）：1-14.

[98] 张莉. 财政规则与国家治理能力建设——以环境治理为例 [J]. 中国社会科学, 2020 (08): 47-63, 205.

[99] 张楠, 寇璇, 刘蓉. 财政工具的农村减贫效应与效率——基于三条相对贫困线的分析 [J]. 中国农村经济, 2021 (01): 49-71.

[100] 张维迎. 博弈论与信息经济学 (新1版) [M]. 北京: 格致出版社, 2012.

[101] Adam Smith. An inquiry into the nature and causes of the wealth nations [M]. 清华大学出版社, 2010.

[102] Adhikari B, Agrawal A. Understanding the social and ecological outcomes of PES projects: A review and an analysis [J]. Conservation and Society, 2013, 11 (4): 359.

[103] Bateman, I. J., Mace, G. M., Fezzi, C., Atkinson, G., & Turner, K. Economic analysis for ecosystem service assessments. Environmental and Resource Economics, 2011, 48 (2), 177-218.

[104] Cuperus Ruud, Kalsbeek Marleen, De Haes Helias A Udo, Canters Kees J. Preparation and implementation of seven ecological compensation plans for Dutch highways. [J]. Environmental management, 2002, 29 (6).

[105] D. J. Crookes, J. N. Blignaut, M. P. de Wit, K. J. Esler, D. C. Le Maitre, S. J. Milton, S. A. Mitchell, J. Cloete, P. de Abreu, H. Fourie (nee Vlok), K. Gull, D. Marx, W. Mugido, T. Ndhlovu, M. Nowell, M. Pauw, A. Rebelo. System dynamic modelling to assess economic viability and risk trade-offs for ecological restoration in South Africa [J]. Journal of Environmental Management, 2013, 120 (2): 138-147.

[106] Dagmar Hagen, Kristin Svavarsdottir, Christer Nilsson, Anne K. Tolvanen, Karsten Raulund-Rasmussen, Àsa L. Aradòttir, Anna Maria Fosaa, Gudmundur Halldorsson. Ecological and social dimensions of ecosystem restoration in the nordic countries [J]. Ecology and Society, 2013, 18 (4).

[107] Dobson, A. P., Bradshaw, A. D., Baker, A. J. M. Hopes for the future: restoration ecology and conservation biology. Science. 1997, 277 (3), 515-522.

[108] Drew E. Bennett, Hannah Gosnell. Integrating multiple perspectives on payments for ecosystem services through a social-ecological systems framework

[J]. Ecological Economics, 2015, 116: 172 - 181.

[109] Dyson IW. Canada's Prairie Conservation Action Plan. In: Fred B. D. and Fritz L. K. eds. Prairie conservation - preserving north America's most endangered ecosystems. regina: Prairie farm rehabilitation administration, Agriculture Canada, 1996: 175 - 186.

[110] Felipe Vásquez Lavín, Ricardo Flores, Verónica Ibarnegaray. A Bayesian quantile binary regression approach to estimate payments for environmental services. 2016, 22 (2): 156 - 176.

[111] Florence Bétrisey, Christophe Mager, Stephan Rist. Local views and structural determinants of poverty alleviation through payments for environmental services: Bolivian insights [J]. World Development Perspectives, 2016, 05 (1): 6 - 11.

[112] Gerardo Ceballos, Ana Davidson, Rurik List, et al. Rapid decline of a grassland system and its ecological and conservation implications [J]. PLoSONE, 2010, 5 (1): 8562.

[113] Gan T, Yang H, Liang W. How do urban haze pollution and economic development affect each other? Empirical evidence from 287 Chinese cities during 2000 - 2016 [J]. Sustainable Cities and Society, 2021, 65 (4): 102 - 642.

[114] Grieg - Gran, M., Porras, I., Wunder, S., . How can market mechanisms for forest environmental services help the poor? Preliminary lessons from Latin America. World Development, 2005, 33 (9): 1511 - 1527.

[115] Holling C. S. Resilience and stability of ecological systems [J]. Annual Review of Ecology and Systematics, 1973, 9 (4): 1 - 23.

[116] Hou, L., Xia, F., Chen, Q., Huang, J., He, Y., Rose, N., & Rozelle, S. Grassland ecological compensation policy in China improves grassland quality and increases herders' income. Nature Communications, 2021, 12 (1), 1 - 12.

[117] Jack E. Norland, Kristine Askerooth. Outcomes of past grassland reconstructions in eastern north Dakota and northwestern Minnesota: Analysis of practices. 2015, 33 (4): 408 - 417.

[118] John R, Chen J, Kim Y, Ou - Yang Z T, Xiao J, Park H, Shao C, Zhang Y, AMARJARGAL A, BATKHSHIG O. Differentiating anthropogenic

modification and precipitation – driven change on vegetation productivity on the Mongolian Plateau [J]. Landscape Ecology, 2016b, 31 (3): 547 –566.

[119] Kate C. Fagan, Richard F. Pywell, James M. Bullock, Rob H. Marrs. Do restored calcareous grasslands on former arable fields resemble ancient targets? The effect of time, methods and environment on outcomes [J]. Journal of Applied Ecology, 2008, 45 (4): 1293 –1303.

[120] Kristina Rundcrantz, Erik Skärbäck. Environmental compensation in planning: a review of five different countries with major emphasis on the German system [J]. John Wiley & Sons, Ltd, 2003, 13 (4): 204 –226.

[121] Lindsey Nieratkaa, David Bray, Pallab Mozumder. Can payments for environmental services strengthen social capital, encourage distributional equity, and reduce poverty? . 2015, 13 (4): 345 –355.

[122] Liu M, Dries L, Heijman W, et al. The impact of ecological construction programs on grassland conservation in Inner Mongolia, China [J]. Land Degradation & Development, 2018, 29 (2): 326 –336.

[123] Maria E, Frenandez – Gimenez, Barbara allen – Diaz. Testing a non – equilibrium model of rangeland vegetation dynamics in Mongolia [J]. Journal of Applied Ecology, 1999 (36): 871 –885.

[124] Marx K. Das Kapital [M]. Atlantic Monthly Press. 2013.

[125] O. I. Adesiyan, M. O. Rauf, W. A. Adewole. Preferences of the poor farming household for credit – based payment for environmental services: Attributes for environmental resource conservation in the Oyo State Farm Settlements. 2019, 12 (1): 1 –9.

[126] S. Muller, T. Dutoit, D. Alard, F. Grévilliot. restoration and rehabilitation of species – rich grassland ecosystems in France: A review [J]. Restoration Ecology, 1998, 6 (1): 94 –101.

[127] Sabine Tischew, Annett Baasch, Mareike K. Conrad, Anita Kirmer. Evaluating restoration success of frequently implemented compensation measures: Results and demands for control procedures [J]. Restoration Ecology, 2010, 18 (4): 467 –480.

[128] Sean Nicholson – Crotty, Jill Nicholson – Crotty. Interest group influ-

ence on managerial priorities in public organizations [J]. Journal of Public Administration Research and Theory: J-PART, 2004, 14 (4): 571-583.

[129] Stefanie Engel, Stefano Pagiola, Sven Wunder. Designing payments for environmental services in theory and practice: An overview of the issues [J]. Ecological Economics, 2008, 65 (4): 663-674.

[130] Stefano Pagiola, Agustin Arcenas, Gunars Platais. Can payments for environmental services help reduce poverty? An exploration of the issues and the evidence to date from Latin America [J]. World Development, 2004, 33 (2): 237-253.

[131] Susan Baker, Katarina Eckerberg. A policy analysis perspective on ecological restoration [J]. Ecology and Society, 2013, 18 (2).

[132] Sutherland J P. Multiple stable points in natural communities [J]. American Naturalist, 1974 (108): 859-873.

[133] Wolff S, Hüttel S, Nendel C, et al. Identifying agricultural landscape types for Brandenburg, Germany using IACS data. Berlin: Humboldt University Berlin, DFG Research Unit, 2020.

[134] Wunder, S., , . Payments for environmental services and poor: concepts and preliminary evidence. Environment and Development Economics 2008, 13 (3).

[135] Xie Gaodi, Cao Shuyan, Lu Chunxia, et al. Current Status and Future Trends for Eco-Compensation in China. 2015, 6 (6): 355-362.

[136] Yin, R., & Yin, G. China's primary programs of terrestrial ecosystem restoration: Initiation, implementation, and challenges. Environmental Management, 2010, 45 (3), 429-41.

[137] Zhang J N, Wang J L, Yang X D, et al. Does local government competition aggravate haze pollution? A New Perspective of Factor Market Distortion [J]. Socio-Economic Planning Sciences, 2021, 76: 100959.

附 录

附录 1

1. 地方政府等价性收益证明

$$V(\overline{\pi}) = \int V(\pi) \cdot f(\theta) \cdot d\theta$$

$$-e^{-\rho\overline{\pi}} = \int -e^{-\rho(\beta \cdot h(C_1,\theta)-B)} f(\theta) \cdot d\theta$$

所以有：

$$-\rho\overline{\pi} = \ln\left\{\int e^{-\rho(\beta \cdot h(C_1,\theta)-B)} f(\theta) \cdot d\theta\right\}$$

$$\overline{\pi} = -\frac{1}{\rho}\ln\left\{\int e^{-\rho(\beta \cdot h(C_1,\theta)-B)} f(\theta) \cdot d\theta\right\}$$

2. 由 Ito 公式有：

$$\frac{\partial\left[-\frac{1}{\rho}\ln\left\{\int e^{-\rho(\beta \cdot h(C_1,\theta)-B)} f(\theta) \cdot d\theta\right\}\right]}{\partial h(C_1,\theta)} = -\frac{1}{\rho}\left[\frac{\frac{\partial \int e^{-\rho(\beta \cdot h(C_1,\theta)-B)} f(\theta) \cdot d\theta}{\partial h(C_1,\theta)}}{\int e^{-\rho(\beta \cdot h(C_1,\theta)-B)} f(\theta) \cdot d\theta}\right]$$

因为

$$\frac{\partial \int e^{-\rho(\beta \cdot h(C_1,\theta)-B)} f(\theta) \cdot d\theta}{\partial h(C_1,\theta)} = 0$$

所以

$$\int \frac{\partial e^{-\rho(\beta \cdot h(C_1,\theta)-B)} \cdot f(\theta)}{\partial h(C_1,\theta)} d\theta = 0$$

进一步有：

$$\int h_{C_1}(C_1,\theta)(-\rho\beta) + \frac{1}{2}h_\theta^2(C_1,\theta)(-\rho\beta)^2 dC_1 +$$

$$\int \frac{h_\theta(C_1,\theta)(-\rho\beta)d\theta \cdot e^{-\rho(\beta \cdot h(C_1,\theta)-B)} \cdot f(\theta)d\theta}{h_{C_1}(C_1,\theta)dC_1 + h_\theta(C_1,\theta)d\theta} = 0$$

通过整理可以得出：

$$\int \left[\frac{h_{C_1}(C_1,\theta)(-\rho\beta)dC_1 + h_\theta(C_1,\theta)(-\rho\beta)d\theta}{h_{C_1}(C_1,\theta)dC_1 + h_\theta(C_1,\theta)d\theta} + \right.$$

$$\left. \frac{\frac{1}{2}h_\theta^2(C_1,\theta)(-\rho\beta)^2 dC_1}{h_{C_1}(C_1,\theta)dC_1 + h_\theta(C_1,\theta)d\theta} \right] e^{-\rho(\beta \cdot h(C_1,\theta)-B)} \cdot f(\theta)d\theta = 0$$

进一步有：

$$\int \left[(-\rho\beta) + \frac{\frac{1}{2}h_\theta^2(C_1,\theta)(-\rho\beta)^2 dC_1 dC_1}{h_{C_1}(C_1,\theta)dC_1 dC_1 + h_\theta(C_1,\theta)d\theta dC_1} \right] \cdot e^{-\rho(\beta \cdot h(C_1,\theta)-B)} \cdot$$

$$f(\theta)d\theta = 0$$

因为 $\int g(x)d\theta dC_1 = 0$ 恒成立，

根据 Ito 公式有：

$$\int \left[(-\rho\beta) + \frac{\frac{1}{2}h_\theta^2(C_1,\theta)(-\rho\beta)^2}{h_{C_1}(C_1,\theta)} \right] e^{-\rho(\beta \cdot h(C_1,\theta)-B)} \cdot f(\theta)d\theta = 0$$

因为 $e^{-\rho \cdot h(C_1,\theta)-B} > 0$ 恒成立，

所以 $-\rho\beta + \dfrac{\frac{1}{2}h_\theta^2(C_1,\theta)(-\rho\beta)^2}{h_{C_1}(C_1,\theta)} = 0$

进一步有：

$$h_{C_1}(C_1,\theta) = \frac{1}{2}h_\theta^2(C_1,\theta)(-\rho\beta)^2$$

3. 证 $U_1(\overline{E} + h(C_1,\theta), C_1 + h(C_1,\theta)) = U_1$

式（5-21）可以写为：

$$\int U_1 \cdot \beta \cdot f(\theta)d\theta + \lambda_1 \left\{ -\frac{1}{\rho} \frac{\int h(C_1,\theta)e^{-\rho(\beta \cdot h(C_1,\theta)-B)} \cdot f(\theta)d\theta}{\int e^{-\rho(\beta \cdot h(C_1,\theta)-B)} \cdot f(\theta)d\theta} \right\} = 0$$

其中：

$$\int e^{-\rho(\beta \cdot h(C_1,\theta)-B)} \cdot f(\theta)d\theta = E(V(\pi))$$

所以：

$$BE(U_1) \cdot E(V(\overline{\pi})) = -\lambda_1 \frac{1}{\rho} \int h(C_1,\theta) e^{-\rho(\beta \cdot h(C_1,\theta)-B)} \cdot f(\theta)d\theta$$

4. 根据 $\dfrac{\partial \int U \cdot f(\theta)d\theta}{\partial h} = 0$，则有：$\int \dfrac{\partial U}{\partial h} \cdot f(\theta)d\theta = 0$

因为 $dU = \left(h_1 U_1 + \dfrac{1}{2} \cdot h_2^2 \cdot U_1\right)dC_1 + h_2 \cdot U_1 d\theta + \left(\beta h_1 U_2 + \beta \dfrac{1}{2} \cdot h_2^2 \cdot U_2\right)dC_1 + \beta h_2 U_2 \cdot d\theta$

$dh = h_1 dC_1 + h_2 \cdot d\theta$

带入上式则有：

$$\int \left[\frac{\left(h_1 U_1 + \frac{1}{2} \cdot h_2^2 \cdot U_1\right)dC_1 + h_2 \cdot U_1 d\theta + \left(\beta h_1 U_2 + \beta \frac{1}{2} \cdot h_2^2 \cdot U_2\right)dC_1 + \beta h_2 U_2 \cdot d\theta}{(h_1 dC_1 + h_2 d\theta)} f(\theta)d\theta\right] = 0$$

将上式整理后得出：

$$\int \frac{(h_1 dC_1 + h_2 d\theta)(U_1 + \beta U_2) + \frac{1}{2} \cdot h_2^2(U_1 + \beta U_2)dC_1}{h_1 dC_1 + h_2 \cdot d\theta} f(\theta)d\theta = 0$$

即：$U_1 + \beta U_2 = 0$，或 $\dfrac{\frac{1}{2} \cdot h_2^2}{h_1} = -1$

5. 雅可比矩阵计算

由正文中表 5-2 矩阵有：

$\dfrac{\partial F(x)}{\partial x} = (1-2x)[yz(\Delta B + \beta(\Delta E_{HYY} - \Delta E_{LYY})) + y(1-z)(\Delta B +$

$\qquad \beta(\Delta E_{HYN} - \Delta E_{LYN})) + (1-y)z(\Delta B + \beta(\Delta E_{HNY} - \Delta E_{LNY})) +$

$\qquad (1-y)(1-z)(\Delta B + \beta(\Delta E_{HNN} - \Delta E_{LNN}))]$

$\dfrac{\partial F(x)}{\partial y} = x(1-x)[z\beta(\Delta E_{HYY} - \Delta E_{LYY} - \Delta E_{HNY} + \Delta E_{LNY}) +$

$\qquad (1-z)\beta(\Delta E_{HYN} - \Delta E_{LYN} - \Delta E_{HNN} + \Delta E_{LNN})]$

$\dfrac{\partial F(x)}{\partial z} = x(1-x)[y\beta(\Delta E_{HYY} - \Delta E_{LYY} - \Delta E_{HYN} + \Delta E_{LYN}) +$

$$(1-y)\beta(\Delta E_{HNY} - \Delta E_{LNY} - \Delta E_{HNN} + \Delta E_{LNN})]$$

$$\frac{\alpha F(y)}{\alpha x} = y(1-y)[z\delta_2(\Delta E_{HYY} - \Delta E_{HNY} - \Delta E_{LYY} + \Delta E_{LNY}) +$$

$$(1-z)\delta_2(\Delta E_{HYN} - \Delta E_{HNN} - \Delta E_{LYN} + \Delta E_{LNN})]$$

$$\frac{\partial F(y)}{\partial y} = (1-2y)[xz(-C_S + \delta_2 \cdot (\Delta E_{HYY} - \Delta E_{HNY})) + (1-x)z(-C_S + \delta_2$$

$$\cdot (\Delta E_{LYY} - \Delta E_{LNY}) + (1-z)x(-C_S + \delta_2 \cdot (\Delta E_{HYN} - \Delta E_{HNN}))$$

$$+ (1-z)(1-x)(-C_S + \delta_2 \cdot (\Delta E_{LYN} - \Delta E_{LNN}))]$$

$$\frac{\partial F(y)}{\partial z} = y(1-y)[\delta_2 x \cdot (\Delta E_{HYY} - \Delta E_{HNY} - \Delta E_{HYN} + \Delta E_{HNN}) +$$

$$\delta_2(1-x)(\Delta E_{LYY} - \Delta E_{LNY} - \Delta E_{LYN} - \Delta E_{LNN})]$$

$$\frac{\partial F(z)}{\partial x} = z(1-z)[\delta_3 y \cdot (\Delta E_{HYY} - \Delta E_{HYN} - \Delta E_{LYY} + \Delta E_{LYN}) +$$

$$\delta_3(1-y)(\Delta E_{LNY} - \Delta E_{HNN} - \Delta E_{LNY} + \Delta E_{LNN})]$$

$$\frac{\alpha F(z)}{\alpha y} = z(1-z)[\delta_3 x(\Delta E_{HYY} - \Delta E_{HYN} - \Delta E_{HNY} + \Delta E_{HNN}) +$$

$$\delta_3(1-x)(\Delta E_{LYY} - \Delta E_{LYN} - \Delta E_{LNY} + \Delta E_{LNN})]$$

$$\frac{\partial F(z)}{\partial z} = (1-2z)[xy(1-\alpha)C_1 - C_M + \delta_3(\Delta E_{HYY} - \Delta E_{HYN})) +$$

$$y(1-x)(1-\alpha)C_1 - C_M + \delta_3(\Delta E_{LYY} - \Delta E_{LYN}) +$$

$$(1-y)x((1-\alpha)C_1 - C_M + \delta_3(\Delta E_{HNY} - \Delta E_{HNN})) +$$

$$(1-y)(1-x)((1-\alpha)C_1 - C_M + \delta_3(\Delta E_{LNY} - \Delta E_{LNN}))]$$

附录 2 标准化后的描述性统计特征

变量	牧业旗县样本			半农半牧旗县样本			其他样本			全样本		
	Obs	Mean	SD	Obs	Mean	SD	Obs	Mean	SD	Obs	Mean	SD
lnndvi1	363	-0.503	1.23	231	0.38	0.654	538	0.175	0.8	1133	-1.94E-09	1
rxpafwe1	363	0.167	0.584	231	-0.0816	0.611	538	-0.0766	1.3	1133	-8.33E-10	1
rxpafwe12	363	0.368	1.406	231	0.378	0.913	538	1.693	6.373	1133	0.999	4.528
rxpenvir1	363	0.0473	0.762	231	-0.206	0.563	538	0.0573	1.248	1133	-4.01E-10	1
rxpenvir12	363	0.582	1.38	231	0.358	0.504	538	1.558	5.897	1133	0.999	4.177
rxpafee1	363	0.14	0.584	231	-0.073	0.709	538	-0.0622	1.282	1133	8.16E-10	1
rxpafee12	363	0.359	1.399	231	0.506	1.91	538	1.644	6.276	1133	0.999	4.52
lmulivestock1	363	0.554	0.514	231	0.579	0.548	538	-0.621	1.031	1133	-7.26E-10	1
lnoutpbm1	363	0.302	0.675	231	0.545	0.703	538	-0.438	1.099	1133	-1.03E-09	1
lnrdisincome1	363	-0.031	0.908	231	-0.345	0.834	538	0.168	1.083	1133	-1.11E-09	1
lnareagre1	363	0.96	0.552	231	0.208	0.509	538	-0.735	0.78	1133	-7.60E-10	1
lntolconsumer1	363	-0.419	1.062	231	0.347	0.995	538	0.133	0.857	1133	-1.34E-09	1
rlabor1	363	-0.106	0.518	231	-0.175	0.141	538	0.146	1.37	1133	6.48E-10	1
lnrgdp1	363	0.297	0.986	231	-0.337	1.058	538	-0.0559	0.928	1133	-1.99E-09	1
lnrgdp21	363	0.297	1.013	231	-0.325	1.05	538	-0.0605	0.914	1133	2.22E-09	1
rindustri1	363	0.42	1.137	231	0.0203	0.977	538	-0.293	0.788	1133	5.61E-10	1
nuhealthins1	363	-0.17	0.962	231	0.428	0.933	538	-0.0696	1.004	1133	-3.85E-10	1
nuhighstu1	363	-0.598	1.077	231	0.275	0.92	538	0.284	0.779	1133	-1.81E-09	1
temp1	362	-0.145	0.974	231	0.184	0.681	538	0.017	1.113	1132	-1.20E-09	1
precip1	363	0.0145	0.704	231	0.334	0.755	538	-0.153	1.208	1133	-4.83E-10	1

注：此表对应正文中的表 6-1。

附录 3 基于面板固定效应模型滞后 3 期的回归结果

变量	FE					
rxpafee1	0.076*** (3.60)	0.038* (1.79)	0.014 (0.98)	0.071** (2.34)	0.077*** (3.08)	0.018 (0.83)
rxpafee12			0.002 (0.45)	-0.013*** (-2.97)	-0.001 (-0.26)	
rxpafee1						-0.052* (-1.82)
rxpafee12						0.009** (2.28)
lnnulivestock1	-0.075* (-1.68)	-0.045 (-1.52)		-0.086* (-1.93)	-0.046 (-1.52)	0.010 (0.24)
lnoutpbm1	0.047 (0.99)	-0.014 (-0.38)		0.047 (0.99)	-0.014 (-0.37)	-0.007 (-0.20)
lnareagre1	0.013 (0.17)	-0.010 (-0.16)		0.022 (0.29)	-0.010 (-0.15)	-0.032 (-0.38)
rlabor1	0.010 (0.89)	-0.014 (-1.08)		0.009 (0.91)	-0.014 (-1.08)	0.002 (0.16)
lnrgdp1	0.144*** (3.14)	0.071 (1.51)		0.134*** (3.04)	0.071 (1.51)	-0.215 (-0.63)
lnrgdp21	-0.120*** (-4.14)	-0.100*** (-5.04)		-0.111*** (-4.19)	-0.100*** (-5.14)	0.113 (0.38)
temp1	-0.105*** (-3.08)	-0.207*** (-4.09)		-0.083** (-2.46)	-0.203*** (-3.39)	-0.209*** (-2.72)
precip1	0.150*** (10.53)	0.117*** (5.57)		0.157*** (11.10)	0.118*** (5.70)	0.132*** (4.95)
rindustri1	-0.020 (-1.60)	0.011 (0.87)		-0.017 (-1.27)	0.012 (0.87)	0.004 (0.22)
nuhighstu1	-0.036 (-1.11)	-0.031 (-1.08)		-0.034 (-1.04)	-0.031 (-1.07)	-0.032 (-0.75)

续表

变量	FE						
Constant	-0.000***	0.001***	53.011	-0.002	0.014***	52.685	69.612
	(-24.77)	(6.34)	(0.53)	(-0.45)	(3.10)	(0.52)	(0.63)
Country	YES	YES	YES	YES	YES	YES	YES
YEAR	NO	NO	YES	NO	NO	YES	YES
Observations	1133	1132	1132	1133	1132	1132	823
R-squared	0.016	0.196	0.373	0.016	0.200	0.373	0.340
极值点					2.894985**		3.035703
					0.0183		0.0581*

注：此表结果对应正文中的表6-3。

附录 4 基于自然因子模型方法的回归结果

变量	交叉模型						自然因子方法	
	(1)	(2)	(3)	(4)	(5)	(6)	(7)	(8)
rxpafee1	0.013 (0.79)	0.003 (0.17)	0.001 (0.05)	0.046** (2.02)	0.058*** (2.61)	0.048** (2.08)	0.013 (0.93)	0.022 (1.08)
rxpafee12				-0.011** (-2.09)	-0.023*** (-4.56)	-0.016*** (-3.10)		-0.003 (-0.59)
lnnulivestock1	-0.036 (-0.90)	-0.045 (-1.04)	-0.044 (-1.14)	-0.045 (-1.13)	-0.065* (-1.65)	-0.059 (-1.51)	-0.049 (-1.43)	-0.052 (-1.49)
lnoutpbm1	-0.002 (-0.07)	0.026 (0.78)	0.027 (0.85)	-0.002 (-0.06)	0.057* (1.84)	0.032 (1.00)	0.008 (0.29)	0.009 (0.31)
lnareagre1	0.067 (1.10)	0.044 (0.64)	0.019 (0.31)	0.073 (1.21)	0.039 (0.66)	0.034 (0.56)	-0.028 (-0.49)	-0.026 (-0.46)
rlabor1	-0.010 (-0.90)	-0.010 (-0.83)	-0.022* (-1.95)	-0.009 (-0.83)	-0.011 (-1.02)	-0.020* (-1.72)	-0.012 (-1.26)	-0.012 (-1.23)
lnrgdp1	0.070 (1.06)	0.041 (0.63)	0.051 (0.84)	0.066 (1.00)	0.091 (1.60)	0.049 (0.81)	0.111* (1.96)	0.110* (1.95)
lnrgdp21	-0.084 (-1.39)	-0.028 (-0.48)	-0.048 (-0.88)	-0.078 (-1.30)	-0.071 (-1.37)	-0.043 (-0.80)	-0.114** (-2.23)	-0.113** (-2.21)

续表

变量		交叉模型					自然因子方法	
	(1)	(2)	(3)	(4)	(5)	(6)	(7)	(8)
temp1	-0.069**	-0.035	-0.097**	-0.038	0.131***	-0.033	-0.174***	-0.165***
	(-2.02)	(-1.20)	(-2.54)	(-1.06)	(3.86)	(-0.77)	(-5.32)	(-4.61)
precip1	0.087***	0.082***	0.121***	0.094***	0.119***	0.135***	0.101***	0.102***
	(7.28)	(7.27)	(10.36)	(7.54)	(10.60)	(10.78)	(9.06)	(8.86)
rindustri1	0.006	-0.006	0.011	0.008	0.005	0.013	0.017	0.017
	(0.48)	(-0.49)	(0.95)	(0.60)	(0.44)	(1.11)	(1.57)	(1.60)
nuhighstu1	-0.036	-0.052	-0.047	-0.034	-0.049	-0.048	-0.033	-0.032
	(-1.09)	(-1.56)	(-1.56)	(-1.04)	(-1.65)	(-1.62)	(-1.16)	(-1.15)
Constant	2.527***	0.001	0.001	2.350***	0.024***	0.017**	0.001	0.004
	(6.63)	(0.17)	(0.18)	(6.79)	(3.53)	(2.40)	(0.17)	(0.53)
Observations	1132	1132	1132	1132	1132	1132	1132	1132
Country FE	NO	YES	YES	NO	YES	YES	YES	YES
Year FE	NO	NO	YES	NO	NO	YES	YES	YES
F	10.97	5.525	10.88	11.28	11.24	10.81	10.24	9.41
Extreme point				2.108143	1.26474***	1.46424***		3.946077
				0.0422**	0.000262	0.00494		0.394

注：此表结果对应正文中的表 6-3。

附录 5　农林水支出基于 OLS 方法的回归结果

变量	LSDV				OLS	
	(1)	(2)	(3)	(4)	(5)	(6)
rxpafwe1	0.056*** (2.64)	0.090*** (3.51)	0.020 (1.04)	0.021 (0.88)	-0.058** (-2.55)	-0.198*** (-5.00)
rxpafwe12		-0.013** (-2.36)		-0.000 (-0.07)		0.041*** (4.30)
lnnulivestock1	-0.081* (-1.77)	-0.092** (-2.00)	-0.048 (-1.16)	-0.048 (-1.16)	-0.123** (-2.51)	-0.071 (-1.42)
lnoutpbm1	0.051 (1.41)	0.051 (1.42)	-0.013 (-0.38)	-0.012 (-0.38)	0.522*** (12.25)	0.514*** (12.16)
lnareagre1	0.021 (0.28)	0.032 (0.43)	-0.008 (-0.11)	-0.007 (-0.11)	-0.344*** (-10.80)	-0.322*** (-10.06)
rlabor1	0.007 (0.55)	0.007 (0.58)	-0.015 (-1.26)	-0.015 (-1.25)	-0.084*** (-4.24)	-0.071*** (-3.58)
lnrgdp1	0.141* (1.96)	0.130* (1.80)	0.071 (1.06)	0.071 (1.06)	-0.262 (-1.55)	-0.228 (-1.35)
lnrgdp21	-0.118* (-1.75)	-0.110 (-1.63)	-0.099 (-1.64)	-0.099 (-1.64)	0.163 (0.96)	0.115 (0.68)
temp1	-0.117*** (-3.89)	-0.093*** (-2.96)	-0.210*** (-5.42)	-0.209*** (-4.89)	-0.507*** (-23.31)	-0.514*** (-23.75)
precip1	0.147*** (13.37)	0.155*** (13.51)	0.116*** (8.87)	0.116*** (8.45)	0.364*** (16.90)	0.332*** (14.69)
rindustri1	-0.021 (-1.51)	-0.017 (-1.21)	0.011 (0.89)	0.011 (0.89)	-0.025 (-1.25)	-0.034* (-1.72)
nuhighstu1	-0.031 (-0.83)	-0.030 (-0.80)	-0.029 (-0.88)	-0.029 (-0.88)	0.221*** (9.44)	0.214*** (9.19)
Constant	0.381*** (5.23)	0.396*** (5.43)	-59.903*** (-8.98)	-59.796*** (-8.74)	-0.000 (-0.01)	-0.041** (-2.00)

续表

变量	LSDV				OLS	
	(1)	(2)	(3)	(4)	(5)	(6)
Country	YES	YES	YES	YES	NO	NO
YEAR	NO	NO	YES	YES	NO	NO
Observations	1132	1132	1132	1132	1132	1132
R-squared	0.957	0.957	0.966	0.966	0.625	0.631
Extreme point		3.427974				
		0.106				
Lower bound Slope		0.1152469				
		0.0002347				

附录6　农林水支出基于 FE 方法的回归结果

变量	FX				
	(1)	(2)	(3)	(5)	(6)
rxpafwe1	0.095*** (5.30)	0.056** (2.34)	0.020 (1.25)	0.090*** (3.37)	0.021 (1.06)
rxpafwe12				-0.013*** (-3.02)	-0.000 (-0.08)
lnnulivestock1		-0.081* (-1.78)	-0.048 (-1.58)	-0.092** (-2.03)	-0.048 (-1.56)
lnoutpbm1		0.051 (1.06)	-0.013 (-0.33)	0.051 (1.07)	-0.012 (-0.33)
lnareagre1		0.021 (0.28)	-0.008 (-0.12)	0.032 (0.41)	-0.007 (-0.11)
rlabor1		0.007 (0.63)	-0.015 (-1.12)	0.007 (0.70)	-0.015 (-1.13)
lnrgdp1		0.141*** (3.16)	0.071 (1.50)	0.130*** (3.06)	0.071 (1.51)
lnrgdp21		-0.118*** (-4.33)	-0.099*** (-4.98)	-0.110*** (-4.51)	-0.099*** (-5.07)
temp1		-0.117*** (-3.27)	-0.210*** (-4.12)	-0.093*** (-2.65)	-0.209*** (-3.45)
precip1		0.147*** (10.33)	0.116*** (5.51)	0.155*** (10.90)	0.116*** (5.59)
rindustri1		-0.021 (-1.61)	0.011 (0.83)	-0.017 (-1.22)	0.011 (0.82)
nuhighstu1		-0.031 (-0.98)	-0.029 (-1.03)	-0.030 (-0.95)	-0.029 (-1.03)
Constant	-0.000*** (-22.50)	0.001*** (6.18)	54.070 (0.54)	0.014*** (3.15)	54.010 (0.54)

续表

变量	FX				
	(1)	(2)	(3)	(5)	(6)
Observations	1133	1132	1132	1132	1132
R-squared	0.021	0.199	0.373	0.203	0.373
Country FE	YES	YES	YES	YES	YES
Year FE	NO	NO	YES	NO	YES
R^2	0.0206	0.199	0.373	0.203	0.373
F	28.14	18.91	23.03	18.48	22.22
Extreme point				3.427974*	
				0.0508	

附录7　农林水支出自然因子法回归结果

变量	PDIFE	
rxpafwe1	0.021 (1.30)	0.026 (1.28)
rxpafwe12		−0.002 (−0.40)
lnnulivestock1	−0.052 (−1.50)	−0.053 (−1.54)
lnoutpbm1	0.010 (0.35)	0.010 (0.37)
lnareagre1	−0.024 (−0.43)	−0.023 (−0.40)
rlabor1	−0.013 (−1.35)	−0.013 (−1.31)
lnrgdp1	0.110* (1.95)	0.110* (1.94)
lnrgdp21	−0.113** (−2.21)	−0.113** (−2.20)
temp1	−0.177*** (−5.40)	−0.171*** (−4.74)
precip1	0.100*** (8.96)	0.101*** (8.64)
rindustri1	0.016 (1.52)	0.016 (1.55)
nuhighstu1	−0.031 (−1.09)	−0.031 (−1.09)
Constant	0.001 (0.17)	0.003 (0.40)
Observations	1132	1132
Country FE	YES	YES
Year FE	YES	YES
F	10.32	9.468

附录 8　节能环保支出 OLS 回归结果

变量	LSDV			OLS	
rxpenvir1	-0.006 (-0.43)	0.001 (0.08)	0.006 (0.49)	-0.066*** (-3.01)	-0.154*** (-4.71)
rxpenvir12		-0.004 (-0.80)			0.031*** (3.62)
lnnulivestock1	-0.073 (-1.59)	-0.076* (-1.66)	-0.043 (-1.06)	-0.133*** (-2.71)	-0.101** (-2.05)
lnoutpbm1	0.049 (1.36)	0.049 (1.34)	-0.015 (-0.46)	0.521*** (12.26)	0.511*** (12.06)
lnareagre1	0.003 (0.03)	0.002 (0.03)	-0.015 (-0.23)	-0.341*** (-10.72)	-0.329*** (-10.33)
rlabor1	0.014 (1.11)	0.014 (1.12)	-0.013 (-1.15)	-0.084*** (-4.24)	-0.072*** (-3.65)
lnrgdp1	0.141* (1.95)	0.138* (1.90)	0.070 (1.05)	-0.282* (-1.67)	-0.295* (-1.75)
lnrgdp21	-0.123* (-1.82)	-0.120* (-1.77)	-0.100* (-1.66)	0.178 (1.05)	0.180 (1.07)
temp1	-0.086*** (-3.06)	-0.074** (-2.32)	-0.204*** (-5.33)	-0.507*** (-23.59)	-0.518*** (-23.99)
precip1	0.155*** (14.37)	0.159*** (13.83)	0.117*** (8.99)	0.364*** (17.37)	0.333*** (14.78)
rindustri1	-0.020 (-1.43)	-0.019 (-1.36)	0.011 (0.92)	-0.025 (-1.29)	-0.033* (-1.66)
nuhighstu1	-0.047 (-1.27)	-0.048 (-1.28)	-0.033 (-0.99)	0.225*** (9.88)	0.232*** (10.19)
Constant	0.344*** (4.79)	0.345*** (4.80)	-61.341*** (-9.30)	-0.000 (-0.01)	-0.031 (-1.56)
Country	YES	YES	YES	NO	NO
YEAR	NO	NO	YES	NO	NO
Observations	1132	1132	1132	1132	1132
R-squared	0.956	0.956	0.966	0.626	0.630
Extreme point		0.156272			
		0.351			

附录9 节能环保支出FE回归结果

变量	FE					
rxpenvir1	0.023 (1.05)	-0.006 (-0.32)	0.006 (0.46)	0.002 (0.06)	0.001 (0.06)	0.005 (0.31)
rxpenvir12				0.011*** (2.99)	-0.004 (-0.96)	0.001 (0.14)
lnnulivestock1		-0.073 (-1.65)	-0.043 (-1.45)		-0.076* (-1.73)	-0.043 (-1.42)
lnoutpbm1		0.049 (1.05)	-0.015 (-0.40)		0.049 (1.03)	-0.015 (-0.40)
lnareagre1		0.003 (0.03)	-0.015 (-0.23)		0.002 (0.03)	-0.015 (-0.23)
rlabor1		0.014 (1.28)	-0.013 (-1.04)		0.014 (1.33)	-0.013 (-1.05)
lnrgdp1		0.141*** (3.06)	0.070 (1.49)		0.138*** (3.01)	0.070 (1.50)
lnrgdp21		-0.123*** (-4.03)	-0.100*** (-4.99)		-0.120*** (-3.95)	-0.100*** (-5.08)
temp1		-0.086*** (-2.76)	-0.204*** (-4.09)		-0.074** (-2.11)	-0.207*** (-3.40)
precip1		0.155*** (11.08)	0.117*** (5.57)		0.159*** (10.95)	0.117*** (5.58)
rindustri1		-0.020 (-1.59)	0.011 (0.86)		-0.019 (-1.53)	0.011 (0.85)
nuhighstu1		-0.047 (-1.45)	-0.033 (-1.14)		-0.048 (-1.45)	-0.033 (-1.14)
Constant	-0.000*** (-25.38)	0.001*** (6.36)	51.593 (0.51)	-0.011*** (-2.99)	0.005 (1.10)	51.847 (0.52)
Observations	1133	1132	1132	1133	1132	1132
R-squared	0.002	0.193	0.373	0.006	0.194	0.373
Country FE	YES	YES	YES	YES	YES	YES
Year FE	NO	NO	YES	NO	NO	YES
Extreme point				-0.0741022 0.284	0.156272 0.374	

附录10　节能环保支出自然因子方法回归结果

变量	PDIFE	
rxpenvir1	0.006 (0.51)	0.006 (0.43)
rxpenvir12		0.000 (0.00)
lnnulivestock1	-0.048 (-1.38)	-0.048 (-1.37)
lnoutpbm1	0.007 (0.26)	0.007 (0.26)
lnareagre1	-0.032 (-0.57)	-0.032 (-0.57)
rlabor1	-0.012 (-1.20)	-0.012 (-1.20)
lnrgdp1	0.110* (1.94)	0.110* (1.94)
lnrgdp21	-0.114** (-2.23)	-0.114** (-2.23)
temp1	-0.171*** (-5.26)	-0.171*** (-4.63)
precip1	0.101*** (9.12)	0.101*** (8.71)
rindustri1	0.017 (1.56)	0.017 (1.56)
nuhighstu1	-0.035 (-1.23)	-0.034 (-1.23)
Constant	0.001 (0.17)	0.001 (0.13)
Observations	1132	1132
Country FE	YES	YES
Year FE	YES	YES
F	10.18	9.321

附录11　纯牧业和半农半牧业旗县异质性回归结果

变量	(1)	(2)	(3)	(4)	(5)	(6)
rxpafee1	0.010 (0.56)	0.093*** (2.67)				
rxpafee12		-0.028*** (-2.76)				
rxpafwe1			0.056** (2.17)	0.092*** (2.88)		
rxpafwe12				-0.025* (-1.95)		
rxpenvir1					0.002 (0.11)	0.017 (0.81)
rxpenvir12						-0.013 (-1.09)
lnnulivestock1	-0.040 (-0.82)	-0.039 (-0.80)	-0.042 (-0.86)	-0.036 (-0.73)	-0.041 (-0.84)	-0.047 (-0.95)
lnoutpbm1	0.077* (1.83)	0.071* (1.68)	0.071* (1.68)	0.069 (1.64)	0.079* (1.88)	0.077* (1.84)
lnareagre1	0.015 (0.15)	0.027 (0.25)	0.026 (0.25)	0.021 (0.20)	0.013 (0.12)	0.017 (0.16)
rlabor1	-0.030 (-1.52)	-0.022 (-1.14)	-0.035* (-1.76)	-0.025 (-1.23)	-0.029 (-1.47)	-0.023 (-1.10)
lnrgdp1	-0.009 (-0.13)	0.003 (0.05)	-0.014 (-0.20)	-0.012 (-0.18)	-0.010 (-0.14)	-0.007 (-0.10)
lnrgdp21	0.014 (0.23)	0.009 (0.14)	0.022 (0.35)	0.022 (0.36)	0.014 (0.22)	0.012 (0.20)
temp1	0.057 (1.05)	0.042 (0.78)	0.067 (1.24)	0.046 (0.85)	0.056 (1.04)	0.046 (0.86)
precip1	0.086*** (4.88)	0.087*** (5.02)	0.088*** (5.03)	0.090*** (5.17)	0.085*** (4.84)	0.084*** (4.76)
rindustri1	0.013 (0.99)	0.016 (1.22)	0.015 (1.08)	0.017 (1.25)	0.013 (0.94)	0.014 (1.01)

续表

变量	(1)	(2)	(3)	(4)	(5)	(6)
nuhighstu1	-0.016 (-0.46)	-0.003 (-0.07)	-0.003 (-0.09)	-0.002 (-0.06)	-0.017 (-0.48)	-0.017 (-0.47)
Constant	-0.200*** (-2.66)	-0.195*** (-2.62)	-0.205*** (-2.74)	-0.197*** (-2.64)	-0.197*** (-2.63)	-0.189** (-2.51)
Observations	593	593	593	593	593	593
Country FE	NO	YES	NO	YES	NO	YES
Year FE	YES	YES	YES	YES	YES	YES
F	2.655	3.096	3.100	3.160	2.620	2.489
		1.643752***		1.860614		0.6869522
		0.0064		0.116		0.154
Lower bound				0.1401454***		
				0.0029233		

附录12 收入三分位数的异质性回归结果

变量	财政总支出			农林水支出			节能环保支出		
	低	中	高	低	中	高	低	中	高
	(1)	(2)	(3)	(4)	(5)	(6)	(7)	(8)	(9)
rxpafee1/rxpafwe1/rxpenvir1	0.157**	-0.005	-0.020	0.191***	0.013	0.080	-0.018	-0.072**	0.033
	(2.46)	(-0.11)	(-0.47)	(3.10)	(0.35)	(0.77)	(-0.52)	(-2.18)	(0.65)
lnnulivestock1	0.101	0.075	-0.574	0.102	0.072	-0.601	0.063	-0.188	-0.603
	(1.30)	(0.97)	(-1.45)	(1.33)	(0.93)	(-1.55)	(0.79)	(-0.86)	(-1.53)
lnoutpbm1	-0.035	0.038	-0.069	-0.022	0.037	-0.065	-0.035	0.178*	-0.065
	(-0.36)	(0.83)	(-0.49)	(-0.23)	(0.82)	(-0.47)	(-0.36)	(1.69)	(-0.46)
lnareagre1	0.066	0.300	0.279	0.071	0.302	0.357	0.054	0.591	0.308
	(0.71)	(1.37)	(0.39)	(0.77)	(1.38)	(0.51)	(0.58)	(1.55)	(0.44)
rlabor1	-0.014	0.072*	-0.012	-0.019	0.069*	-0.013	0.028	0.080*	-0.013
	(-0.11)	(1.82)	(-0.41)	(-0.14)	(1.74)	(-0.46)	(0.21)	(1.99)	(-0.48)
lnrgdp1	-0.274	-0.189	0.060	-0.310	-0.203	0.082	-0.233	1.181	0.108
	(-1.13)	(-0.67)	(0.12)	(-1.25)	(-0.72)	(0.16)	(-1.12)	(1.25)	(0.21)
lnrgdp21	0.359	0.162	-0.107	0.389	0.176	-0.133	0.308	-1.106	-0.139
	(1.49)	(0.60)	(-0.26)	(1.59)	(0.65)	(-0.32)	(1.51)	(-1.21)	(-0.34)

续表

变量	财政总支出			农林水支出			节能环保支出		
	低	中	高	低	中	高	低	中	高
	(1)	(2)	(3)	(4)	(5)	(6)	(7)	(8)	(9)
temp1	-0.494***	-0.124	-0.218	-0.516***	-0.127	-0.143	-0.352***	0.065	-0.174
	(-4.59)	(-1.29)	(-0.82)	(-4.87)	(-1.33)	(-0.54)	(-3.48)	(0.54)	(-0.66)
precip1	0.015	0.230***	0.184**	0.018	0.230***	0.161**	0.036	0.344***	0.173**
	(0.61)	(9.90)	(2.63)	(0.73)	(9.91)	(2.29)	(1.37)	(10.16)	(2.52)
rindustri1	0.025	-0.021	-0.065	0.027	-0.022	-0.058	0.017	0.024	-0.065
	(0.90)	(-0.74)	(-0.50)	(0.97)	(-0.76)	(-0.45)	(0.60)	(0.27)	(-0.50)
nuhighstu1	0.003	0.131	-0.236	0.006	0.133	-0.187	-0.014	0.170	-0.175
	(0.06)	(1.26)	(-0.37)	(0.11)	(1.28)	(-0.30)	(-0.28)	(1.35)	(-0.27)
Constant	-0.114***	-0.027*	0.095**	-0.111***	-0.027*	0.076*	-0.100***	-0.056**	0.088**
	(-3.97)	(-1.87)	(2.51)	(-3.91)	(-1.88)	(1.88)	(-3.44)	(-2.55)	(2.39)
Observations	408	410	302	408	410	302	408	410	302
County FE	YES	YES	YES	YES	YES	YES	YES	YES	YES
Year FE	YES	YES	YES	YES	YES	YES	YES	YES	YES
F	2.577	10.43	0.965	2.948	10.45	0.991	1.863	13.78	0.976

注：此表结果对应正文中的表6-8。

附录 13　更换变量的回归结果

变量	Ologit						Xtologit		
	(1)	(2)	(3)	(4)	(5)	(6)	(7)	(8)	(9)
rxpafee1	0.350** (2.16)	0.159 (0.66)					0.159 (-0.66)		
rxpafee12		-0.010 (-0.17)					-0.01 (-0.17)		
rxpafwe1		0.130 (0.77)	0.650*** (3.45)	0.332 (1.36)				0.332 (-1.36)	
rxpafwe12				-0.003 (0.06)				0.003 (-0.06)	
rxpenvir1			0.159 (0.66)		-0.064 (-0.52)	-0.047 (-0.30)			-0.047 (-0.30)
rxpenvir12			-0.010 (-0.17)			0.068 (1.23)			0.068 -1.23
lnmulivestock1	-1.298*** (-3.32)	-1.187*** (-2.90)	-1.374*** (-3.44)	-1.222*** (-2.96)	-1.283*** (-3.32)	-1.138*** (-2.79)	-1.187*** (-2.90)	-1.222*** (-2.96)	-1.138*** (-2.79)
lnoutpbm1	1.038*** (3.38)	0.553* (1.68)	1.073*** (3.49)	0.574* (1.74)	1.068*** (3.47)	0.548* (1.66)	0.553* (-1.68)	0.574* -1.74	0.548* -1.66
lnareagre1	-0.880 (-1.20)	-1.653* (-1.96)	-0.733 (-0.99)	-1.558* (-1.86)	-0.976 (-1.33)	-1.651** (-1.98)	-1.653* (-1.96)	-1.558* (-1.86)	-1.651** (-1.98)

续表

变量	Ologit						Xtologit		
	(1)	(2)	(3)	(4)	(5)	(6)	(7)	(8)	(9)
rlaborl	0.043 (0.40)	-0.154 (-1.30)	0.003 (0.03)	-0.177 (-1.49)	0.086 (0.80)	-0.153 (-1.30)	-0.154 (-1.30)	-0.177 (-1.49)	-0.153 (-1.30)
lnrgdpl	2.615 (1.47)	1.657 (0.97)	2.248 (1.29)	1.533 (0.94)	2.737 (1.53)	1.729 (1.00)	1.656 (-0.97)	1.533 (-0.94)	1.729 -1
lnrgdp21	-2.432 (-1.37)	-1.753 (-1.04)	-2.055 (-1.18)	-1.615 (-1.00)	-2.618 (-1.47)	-1.854 (-1.09)	-1.752 (-1.04)	-1.615 (-1.00)	-1.855 (-1.09)
templ	-0.467* (-1.78)	-1.364*** (-3.02)	-0.601** (-2.23)	-1.468*** (-3.22)	-0.330 (-1.30)	-1.606*** (-3.46)	-1.363*** (-3.02)	-1.468*** (-3.22)	-1.606*** (-3.46)
precipl	1.461*** (13.76)	1.534*** (10.10)	1.434*** (13.44)	1.505*** (9.83)	1.500*** (14.27)	1.489*** (9.80)	1.534*** (-10.1)	1.505*** (-9.83)	1.489*** (-9.8)
rindustril	-0.197 (-1.62)	0.097 (0.74)	-0.208* (-1.70)	0.085 (0.64)	-0.199 (-1.64)	0.087 (0.66)	0.097 (-0.74)	0.085 (-0.64)	0.087 -0.66
nuhighstul	-0.537* (-1.72)	-0.564 (-1.64)	-0.473 (-1.50)	-0.512 (-1.48)	-0.629** (-2.03)	-0.567* (-1.65)	-0.564 (-1.64)	-0.512 (-1.48)	-0.567* (-1.65)
Observations	1132	1132	1132	1132	1132	1132	1132	1132	1132
city FE	YES	YES	YES	YES	YES	YES	YES	YES	YES
Year FE	NO	YES	NO	YES	NO	YES	YES	YES	YES
ll	0.102	0.235	0.104	0.236	0.101	0.236			
	-1393	-1186	-1389	-1185	-1395	-1186	-1186	-1185	-1186

注：括号里为 Z 统计值，此表结果对应正文中的表 6-11。

附录 14

草原生态补奖政策调查问卷

草原生态保护补助奖励政策自 2011 年开始实施。草原生态环境好坏直接关系牧民生产和生活,先通过此问卷了解牧民家庭的对草原生态保护补奖政策的满意情况,以此分析近年来国家对于草原生态保护的政策有效性!感谢您百忙之中参与问卷调研!谢谢!

牧民家庭基本情况表

1. 被访者姓名［填空题］* _____
2. 联系方式(手机号码)［填空题］* _____
3. 家庭详细地址(具体到苏木和嘎查)［填空题］* _____
4. 家中子女数［填空题］* _____
5. 家中劳动力数量［填空题］* _____
6. 家中草场总面积(亩)［填空题］* _____
7. 草场使用权［单选题］*

   ○全部自有　○小部分租赁　○大部分租赁　○全部租赁

8. 租入草场面积(亩)［填空题］* _____
9. 租用草场租金(元/亩)［填空题］* _____
10. 牲畜存栏数量［填空题］* _____
11. 家中草场禁牧区面积(亩)［填空题］* _____
12. 家中草原休牧区面积(亩)［填空题］* _____
13. 家中草场草蓄平衡区面积(亩)［填空题］* _____
14. 是否有水井［单选题］* ○有　○没有
15. 牲畜圈养方式［单选题］*

    ○完全圈养　○圈养放牧相结合　○完全放牧

16. 家中贷款情况［多选题］*

    □金融机构贷款　□朋友借款　□私人机构借款

牧民家庭拥有牲畜数量及畜产品生产销售情况

17. 牧民家庭基本情况表 [矩阵单选题] *

	0—50只（头）	50—100只（头）	100—200只（头）	200—300只（头）	300—400只（头）	400—500只（头）	500只（头）及以上
2013年养羊数量	○	○	○	○	○	○	○
2016年养羊数量	○	○	○	○	○	○	○
2019年养羊数量	○	○	○	○	○	○	○
2013年养牛数量	○	○	○	○	○	○	○
2016年养牛数量	○	○	○	○	○	○	○
2019年养牛数量	○	○	○	○	○	○	○

18. 牧民家庭出售牛羊收入情况一览表　单位：元 [矩阵单选题] *

	0—5000	5000—3万	3万—8万	8万—15万	15万—30万	30万—50万	50万及以上
2013年出售羊的收入	○	○	○	○	○	○	○
2016年出售羊的收入	○	○	○	○	○	○	○
2019年出售羊的收入	○	○	○	○	○	○	○
2013年出售牛的收入	○	○	○	○	○	○	○
2016年出售牛的收入	○	○	○	○	○	○	○
2019年出售牛的收入	○	○	○	○	○	○	○

19. 牧民饲养牛羊的成本情况表　单位：元 [矩阵单选题] *

	0—5000	5000—2万	2万—6万	6万—12万	12万—18万	18万—30万	30万及以上
2013年养羊购买饲料的花费	○	○	○	○	○	○	○
2013年养羊的其他花费（生病、防疫、清洗等）	○	○	○	○	○	○	○

续表

	0—5000	5000—2万	2万—6万	6万—12万	12万—18万	18万—30万	30万及以上
2016年养羊购买饲料的花费	○	○	○	○	○	○	○
2016年养羊的其他花费（生病、防疫、清洗等）	○	○	○	○	○	○	○
2019年养羊购买饲料的花费	○	○	○	○	○	○	○
2019年养羊的其他花费（生病、防疫、清洗等）	○	○	○	○	○	○	○
2013年养牛购买饲料的花费	○	○	○	○	○	○	○
2013年养牛的其他花费（生病、防疫、清洗等）	○	○	○	○	○	○	○
2016年养牛购买饲料的花费	○	○	○	○	○	○	○
2016年养牛的其他花费（生病、防疫、清洗等）	○	○	○	○	○	○	○
2019年养牛购买饲料花费	○	○	○	○	○	○	○
2019年养牛的其他花费（生病、防疫、清洗等）	○	○	○	○	○	○	○

牧民家庭收入情况一览表

20. 牧民家庭总收入情况　　单位：元　[矩阵单选题] *

	0—5000	5000—1万	1万—2万	2万—3万	3万—4万	4万—6万	6万—8万	8万—10万	10万—15万	15万—20万	20万及以上
2013年家庭总收入	○	○	○	○	○	○	○	○	○	○	○
1. 畜牧业收入	○	○	○	○	○	○	○	○	○	○	○

续表

	0—5000	5000—1万	1万—2万	2万—3万	3万—4万	4万—6万	6万—8万	8万—10万	10万—15万	15万—20万	20万及以上
2. 非畜牧业收入（打工收入、个体经营收入、接受捐赠收入、出售牧草收入、出租生产设备收入、其他收入等）	○	○	○	○	○	○	○	○	○	○	○
3. 政府补贴收入（生产资料补贴、教育补贴、低保、燃油、牧草良种补贴、禁牧和草蓄平衡补贴）	○	○	○	○	○	○	○	○	○	○	○
2016年家庭总收入	○	○	○	○	○	○	○	○	○	○	○
1. 畜牧业收入	○	○	○	○	○	○	○	○	○	○	○
2. 非畜牧业收入（打工收入、个体经营收入、接受捐赠收入、出售牧草收入、出租生产设备收入、其他收入等）	○	○	○	○	○	○	○	○	○	○	○
3. 政府补贴收入（生产资料补贴、教育补贴、低保、燃油、牧草良种补贴、禁牧和草蓄平衡补贴）	○	○	○	○	○	○	○	○	○	○	○
2019年家庭总收入	○	○	○	○	○	○	○	○	○	○	○
1. 畜牧业收入	○	○	○	○	○	○	○	○	○	○	○
2. 非畜牧业收入（打工收入、个体经营收入、接受捐赠收入、出售牧草收入、出租生产设备收入、其他收入等）	○	○	○	○	○	○	○	○	○	○	○
3. 政府补贴收入（生产资料补贴、教育补贴、低保、燃油、牧草良种补贴、禁牧和草蓄平衡补贴）	○	○	○	○	○	○	○	○	○	○	○

牧民消费支出情况一览表

21. 牧民家庭消费支出情况　单位：元［矩阵单选题］*

	0—1万	1万—2万	2万—3万	3万—5万	5万—8万	8万—10万	10万—15万	15万—20万	20万及以上
2013年家庭消费支出	○	○	○	○	○	○	○	○	○
1. 日常基本消费总支出（衣食住行的支出）	○	○	○	○	○	○	○	○	○
2. 草畜平衡和禁牧超载放牧的支出	○	○	○	○	○	○	○	○	○
3. 家庭教育支出和生病的支出	○	○	○	○	○	○	○	○	○
4. 其他支出	○	○	○	○	○	○	○	○	○
2016年家庭消费支出	○	○	○	○	○	○	○	○	○
1. 日常基本消费总支出（衣食住行的支出）	○	○	○	○	○	○	○	○	○
2. 草畜平衡以及禁牧超载放牧的支出	○	○	○	○	○	○	○	○	○
3. 家庭教育支出和生病支出	○	○	○	○	○	○	○	○	○
4. 其他支出	○	○	○	○	○	○	○	○	○
2019年家庭消费支出	○	○	○	○	○	○	○	○	○
1. 日常基本消费支出（衣食住行的支出）	○	○	○	○	○	○	○	○	○
2. 草畜平衡和禁牧超载放牧的罚款支出	○	○	○	○	○	○	○	○	○
3. 家庭教育支出和生病支出	○	○	○	○	○	○	○	○	○
4. 其他支出	○	○	○	○	○	○	○	○	○

附录 15

DID 部分相关实证分析结果

一、调查对象基本信息

附表 15-1　　　　调查对象的家庭基本状况

	均值	标准差	最小值	最大值
子女数（人）	1.6343	0.7065	0	4
劳动力（人）	2.1631	0.7261	0	5
教育支出（分级变量）	2.0604	1.5104	0	11

注：教育支出的均值 2.0604 意味着平均每年教育支出 2000 元到 5000 元。

二、变量分级对应情况

（一）收入支出相关变量

附表 15-2 为收入支出相关变量的分级对应表，涉及的变量包括总收入、政府补贴收入、畜牧收入、非畜牧收入、基础消费支出、超载放牧支出、其他支出、羊饲料花费、羊其他花费、牛饲料花费、牛其他花费、羊收入、牛收入。

附表 15-2　　　收入支出相关变量的分级对应表　　　　单位：元

收入（支出）	分级变量
0	0
0—2000	1
2000—5000	2
5000—1万	3
1万—2万	4
2万—3万	5
3万—4万	6
4万—6万	7
6万—8万	8
8万—10万	9
10万—15万	10
15万—20万	11
20万及以上	12

（二）牛羊数量相关变量

附表 15-3 为养牛羊数量的分级对应表，涉及的变量为养羊数量（羊数）、养牛数量（牛数）。

附表 15-3　　养牛羊数量的分级对应表

养羊（牛）数量（只、头）	分级变量
0	0
0—50	1
50—100	2
100—200	3
200—300	4
300—400	5
400—500	6
500 以上	7

三、不包含控制变量的回归结果

在该部分附录也提供了未加入控制变量的结果供参考，从结果来看，与加入控制变量之后没有显著差异，进一步佐证的结果的稳健性。

附表 15-4　　无控制变量——草原生态补偿政策对家庭收入的影响

	（1）	（2）	（3）	（4）
	总收入	政府补贴收入	畜牧收入	非畜牧收入
Treat × Post	0.0592	0.3457***	-0.7530***	0.3457***
	(0.0575)	(0.0361)	(0.0598)	(0.0560)
常数项	6.7765***	2.2499***	5.2627***	2.9406***
	(0.0157)	(0.0099)	(0.0164)	(0.0153)
家庭固定效应	YES	YES	YES	YES
时间固定效应	YES	YES	YES	YES
聚类	家庭	家庭	家庭	家庭
观测值	5775	5775	5775	5775
R^2	0.9284	0.8878	0.9281	0.8821

注：此表对应正文中的表 7-3。

附表 15-5 无控制变量——"禁牧区"和"草畜平衡区"对收入的影响差异

	(1)	(2)	(3)	(4)
	总收入	政府补贴收入	畜牧收入	非畜牧收入
Panel A. 禁牧区				
Treat × Post	-0.4975***	0.3953***	-1.0485***	0.2637
	(0.1823)	(0.1468)	(0.2200)	(0.1974)
常数项	6.0394***	1.8951***	4.2375***	3.0935***
	(0.0032)	(0.0026)	(0.0039)	(0.0035)
观测值	3495	3495	3495	3495
R^2	0.9148	0.8842	0.9093	0.8928
Panel B. 草畜平衡区				
Treat × Post	0.3458***	0.3277***	-0.6876***	0.3944***
	(0.0672)	(0.0403)	(0.0674)	(0.0655)
常数项	6.8180***	2.1679***	5.2353***	3.0113***
	(0.0140)	(0.0084)	(0.0140)	(0.0136)
观测值	4947	4947	4947	4947
R^2	0.9254	0.8916	0.9301	0.8872
Panel C. 禁牧区 + 草畜平衡区				
Treat × Post	-0.4727***	0.3771***	-0.8532***	0.2538***
	(0.0727)	(0.0621)	(0.0902)	(0.0878)
常数项	6.2005***	2.0631***	4.5113***	3.0089***
	(0.0086)	(0.0074)	(0.0107)	(0.0104)
观测值	4137	4137	4137	4137
R^2	0.9224	0.8906	0.9100	0.8852
家庭固定效应	YES	YES	YES	YES
时间固定效应	YES	YES	YES	YES
聚类	家庭	家庭	家庭	家庭

注：此表对应正文中的表 7-4。

附表 15-6 无控制变量——草原生态补偿政策对牧民畜牧业的影响

	(1)	(2)	(3)	(4)
	羊数	羊收入	牛数	牛收入
Treat × Post	-0.2978***	-0.1470***	-0.1887***	-0.0528
	(0.0330)	(0.0333)	(0.0211)	(0.0361)

续表

	(1) 羊数	(2) 羊收入	(3) 牛数	(4) 牛收入
常数项	1.9678*** (0.0090)	2.2041*** (0.0091)	1.4624*** (0.0058)	2.1452*** (0.0099)
家庭固定效应	YES	YES	YES	YES
时间固定效应	YES	YES	YES	YES
聚类	家庭	家庭	家庭	家庭
观测值	5775	5775	5775	5775
R^2	0.9261	0.9492	0.8963	0.9338

注：此表对应正文中的表 7-5。

附表 15-7　无控制变量——"禁牧区"和"草畜平衡区"对畜牧行为的影响差异

	(1) 羊数	(2) 羊收入	(3) 牛数	(4) 牛收入
Panel A. 禁牧区				
Treat × Post	-0.4223*** (0.1407)	-0.4054*** (0.1059)	-0.6692*** (0.2183)	-0.6034*** (0.1470)
常数项	1.2152*** (0.0025)	1.2581*** (0.0019)	1.1366*** (0.0039)	1.2722*** (0.0026)
观测值	3495	3495	3495	3495
R^2	0.9368	0.9790	0.9532	0.9805
Panel B. 草畜平衡区				
Treat × Post	-0.2256*** (0.0372)	-0.0702* (0.0405)	-0.1322*** (0.0196)	0.0448 (0.0414)
常数项	1.7462*** (0.0077)	2.0112*** (0.0084)	1.3764*** (0.0041)	2.0256*** (0.0086)
观测值	4947	4947	4947	4947
R^2	0.9272	0.9550	0.9183	0.9505
Panel C. 禁牧区 + 草畜平衡区				
Treat × Post	-0.4337*** (0.0653)	-0.2757*** (0.0613)	-0.2467*** (0.0441)	-0.1882*** (0.0724)
常数项	1.6076*** (0.0077)	1.6592*** (0.0073)	1.2801*** (0.0052)	1.5425*** (0.0086)

续表

	（1）	（2）	（3）	（4）
	羊数	羊收入	牛数	牛收入
观测值	4137	4137	4137	4137
R^2	0.9412	0.9619	0.9286	0.9360
家庭固定效应	YES	YES	YES	YES
时间固定效应	YES	YES	YES	YES
聚类	家庭	家庭	家庭	家庭

注：此表对应正文中的表7-6。

附录 16

附表 16-1　　　取对数后的描述性统计特征

变量	N	mean	Sd	min	max
h1	504	1.40e-09	1.000	-1.385	2.794
pg1	504	6.12e-11	1.000	-3.235	0.696
spg1	504	-1.38e-09	1.000	-1.293	2.775
rfisafw1	504	1.84e-09	1.000	-2.216	1.943
rfisenvir1	504	1.86e-09	1.000	-1.280	3.990
rfiseconw1	504	2.18e-09	1.000	-2.328	2.340
rfisubru1	504	2.79e-10	1.000	-0.991	3.991
rfistras1	504	-7.46e-10	1.000	-1.369	3.851
hgrowth1	420	-3.01e-09	1.000	-1.200	6.916
pggrowth1	420	1.46e-09	1.000	-2.659	1.237
spggrowth1	420	1.22e-10	1.000	-0.514	6.293
lnnulivestock1	504	9.06e-10	1.000	-4.288	1.331
loutpbm1	504	1.65e-09	1.000	-2.711	1.730
lrdisincome1	504	2.26e-10	1.000	-1.818	2.988
lareagre1	504	-8.40e-10	1.000	-3.198	1.851
ltoconsu1	504	-1.49e-09	1.000	-2.210	2.092
lindustri1	504	-6.32e-10	1.000	-1.215	2.428
lnuhealthins1	504	1.31e-09	1.000	-3.060	2.007
lnuhighstu1	504	2.71e-09	1.000	-3.307	1.932
temp1	502	-1.20e-09	1.000	-2.761	1.489
precip1	502	3.12e-09	1.000	-2.711	2.415
mfisauto1	504	8.86e-10	1.000	-0.932	3.465
mlight1	504	-5.01e-10	1.000	-2.913	2.307
rlabor1	504	-3.21e-10	1.000	-1.108	6.979
lgdp1	504	9.05e-10	1.000	-1.931	2.534
lrgdp1	504	-1.23e-09	1.000	-1.923	2.500

附表 16-2　其他分项支出的相关系数表

	h1	pg1	spg1
rfisedu1	0.1392*	-0.0654	0.5419*
	0.0448	0.0017	0.1429
rfisedu12	-0.1079*	0.0717	-0.0915*
	0.0153	0.1078	0.0401
rfissoc1	0.4793*	0.3931*	0.5003*
	0.0000	0.0000	0.0000
rfissoc12	0.4433*	0.3122*	0.4595*
	0.00000	0.00000	0.00000
rfisheal1	0.2864*	0.2598*	0.2985*
	0.0000	0.0000	0.0000
rfisheal12	0.2625*	0.2499*	0.2771*
	0.0000	0.0000	0.0000
rfisafw1	0.1888*	0.0895*	0.1829*
	0.0000	0.0446	0.0000
rfisafw12	0.1146*	0.0013	0.1036*
	0.0100	0.9765	0.0200
rfisenvir1	0.1546*	0.046	0.1461*
	0.0005	0.3023	0.001
rfisenvir12	0.1383*	0.0533	0.1355*
	0.0019	0.2322	0.0023
rfisubru1	-0.3857*	-0.2548*	-0.3839*
	0.0000	0.0000	0.0000
rfisubru12	-0.3007*	-0.1781*	-0.2973*
	0.0000	0.0001	0.0000
rfistras1	-0.1435*	-0.0937*	-0.1555*
	0.0012	0.0356	0.0005
rfistras12	-0.1631*	-0.1557*	-0.1803*
	0.0002	0.0004	0.0000

附表 16-3 OLS 方法回归结果

变量	H: ols				PG: ols			SPG: ols		
	(1)	(2)	(3)	(4)	(5)	(6)	(7)	(8)	(9)
rfisafw1	0.0314 (0.85)			0.2319 (0.83)			0.066 (0.40)		
rfisafw12	0.0055 (0.972)			-0.1631 (-0.74)			-0.012 (-0.09)		
rfisenvir1		0.1435 (2.08)			-0.286 (-0.40)			0.104 (1.52)	
rfisenvir12		-0.1906 (-2.48)			0.013 (0.23)			-0.151 (-1.95)	
rfiseconw1			0.0990 (0.51)			-0.190 (-0.86)			0.063 (0.35)
rfiseconw12			-0.073 (-0.36)			0.339 (1.49)			-0.026 (-0.14)
lnmulivestock1	-0.294 (-1.63)	-0.296* (-1.67)	-0.29 (-1.67)	0.359 (1.35)	0.365 (1.34)	0.393 (1.41)	-0.068 (-0.58)	-0.086 (-0.74)	-0.062 (-0.53)
loutpbm1	0.131 (1.40)	0.130 (1.37)	0.1302 (1.37)	-0.013 (-0.15)	-0.005 (-0.06)	-0.045 (-0.55)	0.077 (0.90)	0.095 (1.19)	0.076 (0.86)
lrdisincome1	0.212* (1.78)	0.220* (1.84)	0.2209 (1.85)	-0.097 (-0.66)	-0.110 (-0.74)	-0.083 (-0.58)	0.125 (1.20)	0.095 (0.91)	0.123 (1.14)
lareagre1	-0.676** (-2.00)	-0.664** (-2.00)	-0.6797 (-2.08)	-0.399* (-0.67)	-0.376* (-1.89)	-0.390 (-1.96)	-0.752** (-2.31)	-0.799 (-2.46)	-0.766** (-2.30)

续表

变量	H: ols			PG: ols			SPG: ols		
	(1)	(2)	(3)	(4)	(5)	(6)	(7)	(8)	(9)
ltoconsu1	-0.077 (-0.76)	-0.083 (-0.84)	-0.0798 (-1.32)	0.164 (1.50)	0.151 (1.34)	0.144 (1.42)	-0.040 (-0.39)	-0.0315 (-0.28)	-0.045 (-0.44)
lindustri1	0.092 (1.32)	0.095 (1.39)	0.0857 (1.32)	0.039 (0.67)	0.038 (0.67)	0.052 (0.96)	0.082 (1.32)	0.083 (1.32)	0.092 (1.42)
lnuhealthins1	-0.260 (-1.18)	-0.264 (-1.20)	-0.2653 (-1.22)	-0.0125 (-0.07)	-0.031 (-0.18)	-0.024 (-0.13)	-0.265 (-1.53)	-0.295 (-1.65)	-0.273 (-1.57)
lnuhighstu1	-0.038 (-0.23)	-0.031 (-0.19)	-0.0344 (-0.21)	0.0636 (0.59)	0.049 (0.47)	0.070 (0.69)	-0.023 (-0.16)	-0.039 (-0.26)	-0.042 (-0.27)
temp1	0.189 (1.26)	0.187 (1.25)	0.1787 (1.20)	0.1160 (0.80)	0.119 (0.82)	0.080 (0.55)	0.219 (1.61)	0.233 (1.79)	0.241* (1.78)
precip1	0.008 (0.29)	0.008 (0.29)	0.0106 (0.04)	-0.0028 (-0.08)	-0.004 (-0.12)	-0.009 (-0.27)	0.013* (0.56)	0.017 (0.72)	0.013 (0.54)
mfisauto1	0.127 (1.61)	0.125 (1.55)	0.1241 (1.53)	0.322 (2.06)	0.337* (2.07)	0.251 (1.87)	0.191 (2.86)	0.180 (2.66)	0.199*** (2.75)
Constant	2.329*** (10.31)	2.324*** (10.64)	2.3129 (10.71)	0.665*** (3.07)	0.574*** (2.85)	0.736 (3.62)	2.239*** (10.47)	2.093*** (10.15)	2.235*** (10.82)
Observations	502	502	502	502	502	502	502	502	502
Country FE	YES	YES	YES	YES	YES	YES	YES	YES	YES
Year FE	YES	YES	YES	YES	YES	YES	YES	YES	YES

后 记

笔落至此，心情久未能平静，一路走来，发现过程远比结果更为精彩。本书的写作历经整整三年的时间，这本书凝聚了太多人的心血和期望，它的厚重远非这十八万字所能表达的，在此只想表达自己最衷心的谢意。

首先要感谢博导温来成教授，温老师在著作选题和写作过程中倾注了大量心血；还要感谢硕导白贵教授的谆谆教诲，无论是在工作中还是著作写作环节，总能及时为我解惑；还要感谢我那些可爱可亲可敬的同事们和朋友们，在问卷发放环节尽自己最大努力想办法优化问卷发放方式，帮助我获取最真实的有效数据！最后感谢编辑们的辛苦付出，在著作的修改和校对环节付出的辛苦。

本书作为教育部和省自科课题的结项成果，既是博士论文选题的延续，也是未来科研努力的方向。在今后的工作中将延续生态财政投融资和生态经济学方向努力，在这个交叉学科贡献自己的一份薄力。

李 婷

内蒙古财经大学

2024 年 1 月